U0936993

珍藏本·增订本
纪念版

汉译世界学术名著丛书

政府与市场

变革中的政府职能

〔美〕维托·坦茨 著

王宇 等译

本书根据剑桥大学出版社2011年版译出

汉译世界学术名著丛书
（120年纪念版·珍藏本）
增订本出版说明

2017年10月，为纪念商务印书馆创立120周年，本馆推出“汉译世界学术名著丛书”（120年纪念版·珍藏本），计七百种。近五六年来，仰赖学界同人倾力支持，订正旧译，增补新译，拓展新著，积累日多。为满足读者需要，本馆在七百种的基础上，继续推出“汉译世界学术名著丛书”（120年纪念版·珍藏本·增订本）三百种。至此，“汉译世界学术名著丛书”累计出版已达千种。

今后，本馆将继续推进丛书的翻译出版工作，在积累单本名著的基础上陆续分辑刊行，汇印出版。为促进中外文明互鉴、推动我国学术发展，使“汉译世界学术名著丛书”这项对我国学术文化有基本建设意义的重大工程发挥更大作用，诚望海内外学术界、翻译界继续给予支持，帮助我们把这套丛书出得更好。

商务印书馆编辑部

2024年2月

汉译世界学术名著丛书
（120年纪念版·珍藏本）
出版说明

2017年2月11日，商务印书馆迎来120岁的生日。120年前，商务印书馆前贤怀揣文化救国的理想，抱持“昌明教育，开启民智”的使命，立足本土，放眼寰宇，以出版为津梁，沟通中西，为中国、为世界提供最富智慧的思想文化成果。无论世事白云苍狗，潮流左右激荡，甚至战火硝烟弥漫，始终践行学术报国之志，无改初心。

迻译世界各国学术名著，即其一端。早在20世纪初年便出版《原富》《天演论》等影响至今的代表性著作，1950年代后更致力于外国哲学和社会科学经典的译介，及至1980年代，辑为“汉译世界学术名著丛书”，汇涓为流，蔚为大观。丛书自1981年开始出版，历时三十余年，迄今已推出七百种，是我国现代出版史上规模最大、最为重要的学术翻译工程。

丛书所选之书，立场观点不囿于一派，学科领域不限于一门，皆为文明开启以来，各时代、各国家、各民族的思想与文化精粹，代表着人类已经到达过的精神境界。丛书系统译介世界学术经典，引领时代思想，为本土原创学术的发展提供丰富的文化滋养，为推动中国现代学术和现代化进程做出了突出的贡献。

为纪念商务印书馆成立120周年，我们整体推出“汉译世界学术名著丛书”120年纪念版的珍藏本，寄望既利于文化积累，又便于研读查考，同时向长期支持丛书出版的译者、编者和读者致以敬意。

两甲子后的今天，商务印书馆又站在了一个新的历史时间节点上。我们不仅要铭记先辈的身影和足迹，更须让我们的步伐充满新的时代精神。这是商务人代代相传的事业，更是与国家和民族的命运始终紧密相连的事业。我们责无旁贷，必须做好我们这代人的传承与创造，让我们的努力和成果不仅凝聚成民族文化的记忆，还能成为后来人可以接续的事业。唯此，才能不负前贤，无愧来者。

商务印书馆编辑部

2017年10月

推荐者序　在政府和市场不断变化和延伸的边界中探寻平衡

2011年岁末的一个中午，我像往常一样去位于华盛顿的国际货币基金组织职工餐厅要了一份盒装午餐，准备带回办公室用。正当我匆匆走出餐厅时，忽然瞥见临近餐桌围坐着几位年轻的中国人，我放慢脚步，趋前一问，居然是中国人民银行的同事，顿时备感亲切。于是我拉了一把椅子也坐了下来，和他们聊了起来。原来他们是中国人民银行来国际货币基金组织参加英语同声翻译培训的人员。我常年工作在中文和英文的双语环境中，深知外语的重要性，我经常鼓励年轻人在业余时间做些书著的翻译。谈着谈着，我止不住又建议他们在业余时间做些关于国际经济金融书著的翻译，我则自告奋勇地提出可以为他们推荐好书。

非常巧合的是，几天之后，我主持了国际货币基金组织前财政事务局局长维托·坦茨的新书发布会。这本书就是《政府与市场——变革中的政府职能》。举办读书交流活动是我加入国际货币基金组织以后积极倡导并且经常参加的事情。一方面是因为我自己酷好读书，每天都在大量阅读中追踪着国际经济金融理论和政策的前沿，但凡读到好书，常常邀请作者来做读书交流；另一方面，国际货币基金组织有许多著作等身的经济学家，谈到读书新体会和学术新进展，大家总有聊不完的话题。后来读书交流活动逐渐成为国际货币基金组织的一种文化、一道风景。

维托·坦茨长期在国际货币基金组织工作，其中，有近20年时间担任国际货币基金组织财政事务部主任，主要负责全球财政政策的研究和制定。在税收政策、税收管理、财政支出、中央与地方政府之间转移支付等方面具有非常深厚的理论功底和非常丰富的管理经验，在国际上享有盛誉。以其名字命名的"奥利维拉-坦茨效应"，在经济学和财政学研究领域，以及在经济政策和财税政策决策层面均得到广泛关注，为许多国家的财税体制改革提供了启示。尽管维托·坦茨新书发布会那天华盛顿阴雨霏霏，但挡不住国际货币基金组织同事与各界智库专家学者的热情参加。维托·坦茨结合他多年的国际财税工作经验，以其新书内容为背景，围绕当时的欧洲主权债务危机做了一场既生动又深刻的演讲。

两周之后，我约维托·坦茨午餐。那是一个难得的华盛顿称之为"印第安夏日"的岁末，他和我坐在我们都喜欢的一家意大利餐厅外面的人行道上享用着意大利面条，阳光懒懒地照着，温暖惬意，微风起处，落叶纷飞。在愉快的交谈中，我问维托·坦茨可否乐意让我的同事将其新作翻译成中文，介绍给中国读者，他说他当然非常乐意。

翻译是一项非常严谨的工作，要翻得准确，译得流畅，绝非易事。译者既要对作者负责，又要对读者负责，因此，既要有较强的责任心，又要有较高的学术造诣。由谁来负责这本书的翻译工作呢？我想到了中国人民银行同事王宇。我和王宇相识多年，时有工作往来，常有学术探讨。她工作认真，待人诚恳，在中国人民银行工作已近20年。工作之中，她全心投入、全神贯注；工作之余，她潜心学术研究、关注国际理论动态，将许多国外经济学名著介绍给了中国读者。王宇翻译了诺奖得主阿马蒂亚·森的《伦理学与经济学》和《贫困与饥荒》，诺奖得主加里·贝克尔的《家庭论》，冯·诺伊曼的《博弈论与经济行为》，富兰克·奈特的《风险、不确定性和利润》，威廉·戈兹曼和哥特·罗文霍斯特的《价值起源》等著作，深受学术界认同。我给她发了短信，她在万里之外热情回复，慷慨应诺。

后面的事情都很顺利。2012年夏天，商务印书馆决定出版这本书，我应邀写了推荐者序言。2014年元月，王宇等人完成了这本书的中文翻译工作。2014年6月，《政府与市场》中译本由商务印书馆正式出版发行。此后，这本书在国内各大媒体的好书评选中榜上有名，为此，“第一财经”还专门在美国采访了维托·坦茨。

这是一个美好的结局，故事似乎至此结束了。然而，“好事”总与“好书”牵着手。2021年11月，《政府与市场》被选入“汉译世界学术名著丛书”。“汉译世界学术名著丛书”是商务印书馆最为知名的社科学术丛书品牌，是中国改革开放以来规模最为宏大的一套汉译思想译丛，这套书开阔了几代读者的视野，滋养了几代学人的情操，成为中国改革开放时代的一个重要标志。

能够进入这套丛书的著作都是经受住了时间考验的世界学术名著。祝贺该书作者维托·坦茨先生和翻译者王宇博士，感谢商务印书馆为中国读者选了一本题目重要、意义深远、理论紧扣现实的好书。

我想，大洋彼岸的维托·坦茨先生听闻这一消息也会非常高兴。我与维托·坦茨相识多年，20世纪90年代，我在世界银行担任经济学家，那一时期我向他请教的多是发展中国家政府之间转移支付和财政效率问题。2011年，我到国际货币基金组织工作，当时正值全球金融危机和希腊危机，我们就欧元区的财政政策问题进行了多维度的讨论。维托·坦茨非常关注2008年全球金融危机之后各国政府相继实施的扩张性财政政策和货币政策及其对世界经济的影响，非常关心全球金融危机之后政府职能在市场经济中的再定位。他多次强调，2010年的欧洲主权债务危机，不但显示了过度刺激政策的负面后果，也暴露了欧洲福利国家所面临的债务困境，需要进行认真反思。

政府与市场的关系是经济学的永恒主题。维托·坦茨以其深刻的理论洞见和丰富的国际经验对政府职能变革以及政府与市场的关系进行了历史回顾和国别比较。他认为，政府干预经济的理论基础是市场失灵。20世纪以来，西方国家的政府职能日渐扩大，逐渐取代了市场和私人部门。并且随着政府职能扩大，国家预算支出急剧增加、公众税收负担不断加重。由于缺乏市场竞争约束，政府的公共计划还产生了低效率和道德风险问题。维托·坦茨强调，如果一项服务是“免费”的，那么，不需要这项服务的人也会产生需求，更有一些人会利用福利制度谋取私利，他们不工作却坐享社会保障，或将经济活动转入地下以逃避缴税和监管，同时申领失业救济，政府支出的巨大成本实际上是由诚实而勤劳的劳动者承担了。有时出于经济利益的考虑，政府往往倾向于代替市场，而不是真正解决市场失灵问题。

如何在政府与市场之间探寻平衡点，是《政府与市场》一书关注的重点。从理论上讲，市场是资源配置的最佳方式，但在现实世界中，由于存在公共物品和外部性等问题，市场机制无法自动实现资源配置最优。市场失灵产生了对政府干预的需求，但政府干预同样存在着政府失灵的可能性，因此，在一国经济中政府应该发挥什么作用，这是经济学的根本问题。

维托·坦茨提出，政府职能是不断演进的，它会随着市场环境的变化而变化，同时，又会深刻影响着市场环境的演进。政府最初的职能是提供公共产品。后来，随着工业化发展，两极分化出现了，政府职能扩大到收入分配领域。再后来，现代意义上的失业、经济周期和经济危机也出现了，政府职能又进一步扩大到维护宏观经济稳定。20世纪，政府职能发生了更为深刻的变革。一些国家开始向本国国民提供“从摇篮到坟墓”的全方位社会保障。随着政府职能的不断扩大，财政支出越来越多，税收负担越来越沉重。在一些西方国家，政府成为最大的“保险公司”。结果是抑制了企业活力，扭曲了市场机制，不利于经济长期发展。

同时，政府在金融危机中的救助作用也需要重新思考。维托·坦茨批评一些西方国家在2008年全球金融危机以前，信奉市场原教旨主义，相信市场总能自我调整，强调政府应当无为而治。然而，当全球金融危机来临的时候，政府又大规模地动用财政政策和货币政策来刺激经济增长，不恰当地夸大了政府在危机应对中的作用。

维托·坦茨还提出，在经济全球化背景下，资源配置行为、收入分配政策和宏观稳定政策越来越具有国际性特点，这些特点正在改变着未来的政府职能。那些与生态环境恶化、金融市场动荡、全球气候变暖、国际恐怖主义相关的诸多问题都具有国际性，任何一国政府都无力单独应对。由于不存在一个全球性政府来保证各国的共同行动，国际经济金融合作与国际经济金融政策协调就显得尤为重要。2008年全球金融危机表明，金融稳定也是一种全球性公共产品，需要各国政府加强金融监管合作。

维托·坦茨认为，政府职能在20世纪已经发生了重大变化。21世纪政府职能还将会发生什么变化？是延续20世纪的“大政府”趋势，继续扩大政府支出，提高税率，还是回到20世纪以前的“小政府”，削减政府支出，降低税率？维托·坦茨在《政府与市场》一书中认真思考并且明确回答了这些问题。他认为，市场经济就像一个不断进化的生态体系，随着经济全球化、技术进步和制度创新，今天的市场已经能够较为充分地满足人们的多种需要，但也因此而变得更加复杂。未来的政府职能不是回归20世纪之前，更不是以市场失灵为理由而进行大规模的经济干预。相反，政府之间应当加强经济合作与政策协调，各国政府应该在加强监管和信息披露等方面更多地发挥作用。当然，各国政府还应当进一步深化财税制度改革和福利制度改革，以减少政府支出，减轻纳税人的税收负担。

时光如梭。现在距离当年我主持维托·坦茨的新书发布会已经有10年的时间了，但书中的真知灼见在10年后的今天仍然熠熠闪光，具有启示性和建设性。我想这也许就是《政府与市场》能够入选“汉译世界学术名著丛书”的理由吧。在人类历史的长河里，政府与市场都不可或缺，在全球经济金融快速变化和关联的大背景下，政府与市场的边界也是一个不断延伸和变化的过程。在中国经济发展进入高质量发展的新阶段和新时期，希望本书能够对中国深化改革、扩大开放，能够对创建中国新经济模式有所裨益。

朱　民

清华大学国家金融研究院院长

国际货币基金组织前副总裁

2022年3月

译者前言　政府职能变革：历史与未来

一、引言

关于政府职能的讨论是从市场失灵开始的。从理论上讲，市场是资源配置的最佳方式，如果市场机制运行完好，资源配置功能就应当由市场承担。但是，在现实世界中，由于存在公共物品、自然垄断、外部性、信息不对称等问题，市场机制无法自动实现资源配置的帕累托最优。市场失灵产生了对政府干预的需求，但政府干预同样存在着政府失灵的可能性，包括低效率、垄断、寻租、腐败、官僚主义、以权谋私等。政府失灵与市场失灵都是社会福利的损失，由此就产生了关于政府职能界定、政府职能变革以及政府与市场关系等问题。

本书所讨论的政府职能主要是指政府的经济职能。在既存在市场失灵也存在政府失灵的现实世界中，如何界定政府职能、如何认识政府职能变革，如何看待市场作用、如何认识市场变化，如何理解政府与市场的关系、如何在政府与市场之间寻找平衡点等，是本书的基本内容。本书主要使用“提问与回答”的方法，多数章节的起承转合都是以提问或诘问开始的，充满了批判和自省精神。本书在研究英美主流经济学、经济学流派和经济学家的同时，还以较大篇幅讨论了德国和意大利等国的经济学、经济学流派和经济学家，以及北欧福利国家的理论和实践，充分显示了包容和共享精神。本书作者强调，他并不是要对这些重大问题做出结论，而是希望以此书推进更加广泛的讨论，深化大家的思考。

本书作者以财政学专家和财政政策制定者的双重身份，从国家政府机构官员和国际"超政府机构"官员的双重视角，从政府支出和税收的理论和实践入手，详细研究了政府职能界定与政府职能变革，全面分析了政府与市场的关系，深刻说明了政府与市场的历史和未来。

二、本书主要内容

（一）政府职能界定与变革：思想起源及历史变迁

1. 思想起源

有关政府职能的论述可以追溯到亚里士多德、柏拉图、苏格拉底、尼科洛·马基雅维里，以及欧洲启蒙运动时期和美国建国时期的经济学家。从18世纪下半期到20世纪上半期，对政府职能及其变革影响最大的三位经济学家是亚当·斯密、卡尔·马克思和约翰·梅纳德·凯恩斯。本书作者认为，亚当·斯密更关注公共产品问题，即在市场失灵之处如何进行资源配置；卡尔·马克思更关注收入分配问题，尤其是社会财富分配；约翰·梅纳德·凯恩斯更重视宏观经济稳定，强调宏观经济政策及其逆周期作用。

亚当·斯密生活在工业革命前夕，“那时大多数人生活在农村，从来不参加选举”。在18世纪下半期出版的《国富论》等著作中，亚当·斯密着重研究了政府职能和税收等问题。他坚持市场是资源配置的最佳方式，政府只是“守夜人”，为此，他将政府职能概括为与公共产品相关的三个方面：一是建立军队，保护本国安全，防止外来侵略；二是建立司法行政，保护本国公民，使任何个人都不受他人的欺负或压迫；三是建设大型公共设施，以方便人们的生产和生活。亚当·斯密还提出了税收的四项原则：一是公平原则，即根据国民负担税收的能力来确定其应承担的税收份额。二是确定原则，即纳税的时间、方式和数额应当让所有纳税人都知道，并且不得轻意变更。三是便利原则，即纳税的时间和方式要给予纳税人以最大便利。四是费用最小原则，即在征税过程中，减少不必要开支，使国家所得与纳税人所付差额最小化。

“工业革命是所有革命中最具革命性的，它彻底改变了原有世界。”工业革命在极大提高生产力的同时，也带来了收入分配不公和贫富差距扩大等问题。19世纪后半期，卡尔·马克思在《资本论》等著作中研究了收入分配理论。马克思首先区分了价值、使用价值和交换价值，提出劳动是创造价值的唯一源泉。并在此基础上，建立了剩余价值理论。卡尔·马克思认为，资本、劳动和土地源于不同领域，并且在生产过程中发挥不同作用。表面上，资本家获得利润，劳动者得到工资，地主收取地租，实际上，这些都是工人创造的剩余价值的转化形式。工人的工资仅仅是其在“必要劳动时间”内创造的用于补偿其劳动力价值的价值，剩余价值被资本家无偿占有。生产资料的占有决定消费资料的分配。“消费资料的任何一种分配方式，都不过是生产条件分配的结果，而生产条件的分配，则表现出生产方式自身的性质。资本主义生产方式的基础是，生产的物质条件以资本和土地的形式掌握在非劳动者手中，劳动者所有的只是生产的人身条件。既然生产要素是这样分配的，消费资料就必然也是这么分配的。”

1929—1933年世界经济危机，造成大量企业倒闭和大批工人失业。在1936出版的《就业、利息和货币通论》一书中，约翰·梅纳德·凯恩斯提出了有效需求不足理论，解释了失业和经济危机的根源。凯恩斯认为，经济危机根源于有效需要不足所引起的生产过剩，有效需求不足的主要原因在于“三大心理因素”的作用，即边际消费倾向递减、资本边际报酬率递减和流动性偏好。为了减少失业，避免经济危机，政府必须干预经济，用国家的力量扩大总需求。约翰·梅纳德·凯恩斯还提出基于需求管理的“相机抉择政策”，即当一国经济过热时，政府应当实行紧缩性财政和货币政策来降低总需求水平，抑制通货膨胀；当一国经济衰退时，政府应当实行扩张性财政政策和货币政策来提高总需求水平，促进经济增长。这一政策组合也被称为“逆经济风向行事”或“逆周期操作”。

在亚当·斯密、卡尔·马克思和约翰·梅纳德·凯恩斯的理论基础上，德国经济学家理查德·马斯格雷夫将政府职能归纳为资源配置、收入分配和宏观经济稳定三个方面。沿着亚当·斯密、卡尔·马克思和约翰·梅纳德·凯恩斯的理论以及理查德·马斯格雷夫的研究方向，本书作者继续向前推进着关于政府职能界定和政府职能改革的讨论，进一步研究了在现代经济条件下政府与市场的关系。

本书作者认为，在市场失灵的地方进行资源配置，即提供公共产品、收入分配和宏观经济稳定是政府的三项基本职能。在这三项基本职能中，提供公共产品是政府最初也是最根本的职能。历史上，政府最初的责任就是提供公共产品。后来，随着工业化和城市化的发展，两极分化出现，贫富差距扩大，政府职能扩大到收入分配领域。再后来，随着工业化进程加快，现代意义上的失业、经济周期和经济危机开始出现，为了减少失业，减缓经济周期性波动，防控经济危机，政府职能又进一步扩大到维护宏观经济稳定，包括逆周期政策和社会保障体系。

2. 历史变迁

一直到18世纪上半期，政府作用都非常有限。当时，政府部门提供基本公共产品，私人部门提供主要生活保障。在传统大家庭中，家庭成员联系紧密，他们将一部分家庭收入储蓄起来，形成自己的“养老基金”和“医疗保险基金”。一些社会组织和宗教机构也提供各种帮助，以满足人们的基本生活保障。那时人们加入各种合作组织（比如互助会、信用社和合作社），从私人部门（比如私立学校和私立医院）购买服务。

19世纪上半期，随着工业化进程加快，大批农民从农村到城市生活，从农场到工厂工作。进入城市和工厂之后，由于他们无法继续依靠以前由家族、教会、社区和民间组织所提供的生活保障安全网，现代意义上的失业、经济周期和经济危机开始出现。政府职能从提供公共产品扩大到制定收入分配政策和维护宏观经济稳定。

20世纪，政府职能发生了更为深刻的变革。20世纪20年代的世界经济危机终结了自由放任时代；30年代的大萧条扩大了政府干预范围，拓宽了政府职能边界；40—50年代“混合经济”形成；50—60年代“福利国家”流行。政府从公共产品的提供者逐步转变为收入分配的政策制定者、宏观经济稳定的政策操作者、抵御风险冲击的社会保障者。一些国家开始向本国国民提供“从摇篮到坟墓”的全方位社会保障。

随着政府职能不断扩大，财政支出越来越多，税收负担越来越沉重。从政府支出占国内生产总值比重看，18世纪下半期到20世纪初，这一比重微乎其微。20世纪40年代，出现较快增长。自20世纪60年代起，开始以前所未有的速度大幅增长。到20世纪末和21世纪初，一些西方国家已经不堪负重，政府支出占国内生产总值比重从10%左右大幅上升到40%左右。从税收占国内生产总值的比重看，20世纪20年代，美国约为11%，瑞典约为10%，英国约为25%。20世纪60年代，美国约为28%，英国约为30%，瑞典约为35%。20世纪90年代，有六个经合组织国家达到45%。20世纪末，瑞典和丹麦超过50%。由此可见，在整个20世纪，由于西方国家的政府支出和税收双双呈现快速上升趋势，政府变成最大的“保险公司”。社会公众一方面以高税率向“保险公司”缴纳高额保费，另一方面大量获得由“保险公司”提供的“免费”或高额补贴的公共产品。

政府支出与税收的快速增长，不仅抑制了企业活力，增大了政府债务风险，而且扭曲了市场机制，损害了经济长期发展。日益庞大的公共机构和日益增长的公共支出，挤出了私人部门的投资和消费；不断上升的高税率损害了个人和企业的生产性激励，使人们对政府提供的公共产品和工作岗位产生依赖，并且形成地下经济和消极怠工。同时，由于政府收入源于国民税收，政府支出属于公共开支，成本与收益的分离造成预算软约束、低效率、寻租和腐败。

实际上，在政府推出公共计划之前，社会已经自发地建立了私人计划，为个人和家庭提供了基本生活保障和必要经济援助。当公共计划推出之后，私人组织渐渐失去了活动的空间。经济学认为，人们通常都很难抵御“免费”物品的诱惑，因此，“免费”商品是最昂贵的商品，“无偿”服务是最昂贵的服务。20世纪中期以来，正是由于政府提供了大量“免费”的公共产品和“无偿”的公共服务，降低了人们使用市场和私人服务的意愿，从而导致政府支出持续增大，税收负担日益沉重。在此背景下，巨额财政赤字和公共债务成为西方国家的常态，成为一条通往更高政府支出和更重税收负担的单行线。

（二）政府职能界定与变革：理论分析

1. 财政幻觉假说与政府类型

财政幻觉假说最早可追溯到约翰·斯图亚特·穆勒。穆勒提出，与透明的直接税相比，间接税会使纳税人低估税收数量，产生财政幻觉，扩大人们对公共产品的需求。20世纪初，意大利经济学家阿米卡尔·普维亚尼将财政幻觉理论引入现代财政学,并将其分为课税中的财政幻觉和公共支出中的财政幻觉,用以解释政府规模扩大、政府收入增加和税收提高等现象。普维亚尼认为,政府利用其拥有的信息优势,制造财政幻觉,使处于信息劣势的纳税人产生关于税收负担与政府支出收益的种种错觉,以达到政府扩大支出和增加税收的目的。后来,意大利经济学家和德国经济学家进一步发展了财政幻觉理论,并在此基础上研究和分析了多种政府类型。

根据财政幻觉假说,意大利经济学家将政府分为独裁式政府、个人式政府和家长式政府三种类型。独裁式政府的政策目标是实现自己及其利益集团收益最大化,政策工具是财政幻觉,即通过课税的财政幻觉,夸大政府支出可能带来的收益,提高人们对政府支出的接受程度;通过公共支出的财政幻觉,隐藏真实的税收成本,增大人们对税收和公共债务的承受能力。个人式政府认为,公共利益是个体利益的加总,个体利益最大化是公共利益最大化目的和前提。家长式政府认为,公共利益大于个体利益之和,主张通过收入分配政策促进社会公平,实现公共利益最大化。

从财政幻觉假说出发,德国经济学家将18世纪以来的政府分为服务型政府、福利型政府、公社型政府和缺陷型政府四种类型。服务型政府的主要作用是提供公共产品,弥补市场缺陷,降低政府支出水平,减轻国民税收负担。福利型政府主张扩大政府职能,增加政府支出,通过收入分配政策来提高社会福利水平。公社型政府主要使用与传统道德相联系的非正式规则进行社会管理，政府作用有限，税收水平较低，社会公众承担了更多的权利义务和经济决策责任。缺陷型政府的政策目标是实现自己及其利益集团收益最大化，政策工具是财政幻觉和高压政治。

不过，本书作者强调，在现实世界里，纯粹的独裁式政府、个人式政府和家长式政府是根本不存在的。同样，完全的服务型政府、福利型政府、公社型政府和缺陷型政府也是不存在的。世界各国政府都或多或少地拥有这些类型政府的某些特征。

2. 自愿交换理论

公共产品具有两个基本特征：一是非竞争性，即一些人的消费不会影响另外一些人的消费；二是非排他性，即一些人的使用不会排斥另外一些人的使用。比如国防、公安、司法和大型基础设施等。在公共产品市场上，政府与个人之间是否存在自愿交换关系？这个问题涉及公共产品定价，也涉及政府职能。

从理论上讲，政府与国民的关系是既定的，是一国政府和国民都无法选择的。政府垄断了国家权力，通过相关法律规范国民行为；同时，为国民提供公共产品和公共服务。因此，政府与国民之间的交换关系并不是自愿的。

自愿交换理论将个人缴纳的税收假定为他们所得到的公共产品的价格。从表面上看，个人与公共产品的交换类似于市场交换，然而，个人的市场购买行为是完全自愿的，个人对公共产品的购买并非完全自愿。即使对社会来说这种交换为自愿，但由于公共产品价格不是按照一致同意原则决定，而是按照简单多数原则决定，对于少数人来说，仍为非自愿。

在自由市场上，每个人都可以根据自身能力，购买一定数量和质量的商品。如果双方拥有完备的信息，每次交换的结果都是“帕累托改善”，因为自愿交换意味着购买者所得到的商品价值大于其付出的费用价值；自愿交换的结果将是“帕累托最优”，即没有人可以在不损害他人利益的情况下增加自身利益。但是，在公共产品市场上，作为国民的个人却没有买或不买的自由，也没有选择数量和质量的自由。公共产品一旦被生产出来，无论数量和质量如何，都会“免费”或以“高额补贴”的价格提供，无论纳税人是否喜欢，都必须接受。正是这种交换的非自愿性，使公共产品市场无法实现“帕累托改善”，无法达到“帕累托最优”。为此，公共产品生产由政府决定，公共产品市场由政府垄断。

3. 公共选择理论

公共选择是指个人通过民主决策的政治过程来决定公共物品的价格，从而将“个人选择”转化为“集体选择”的过程。由于生活在同一国家的每一个个体之间并不存在“共同意志”“社会意愿”和“公共利益”，存在的仅仅是“参与公共选择的不同个体之间所具有的不同利益”，这意味着，政府只能作为具有独立目标和独立利益的个体代表，而不能作为具有共同目标和共同利益的集体代表。

就每一个政府官员来说，与每一个普通国民一样，他们也是“经济人”，他们也希望通过扩大政府规模、增加政府权力、提高政府官员待遇等途径，实现个人利益最大化。这在一定程度上鼓励了政府部门对公共产品的供给超出社会资源最优配置所需数量，导致公共资源浪费。那种期待政治家按照公共利益行事的愿望是不现实的，因此，政治家的行为必须受到法律约束，尤其是受到国家宪法约束。

（三）政府职能界定与变革：未来走向

1. 适应全球化趋势

在全球化背景下，资源配置行为、收入分配政策和宏观稳定政策越来越具有国际性特点，这些特点正在深刻地改变着政府职能及其未来走向。那些与生态环境恶化、金融市场动荡、全球气候变暖、海洋污染、国际恐怖主义、跨国犯罪、世界贸易争端等相关的诸多问题都具有一定的国际性。这是一种特殊的外部性，任何一国政府都无法单独应对。国家与国际不同，国家是有政府的，国际没有政府。由于不存在一个全球性政府来保证各国的共同行动，国际经济合作与国际政策协调就显得尤为重要。长期以来，各国政府通过多种形式的国际会议和全球论坛，进行宏观政策协调，在此过程中，国际货币基金组织、联合国、欧洲联盟、经济合作与发展组织等国际组织和国际机构都发挥了越来越重要的作用。为了适应全球化趋势，未来各国政府职能必须变革。

2. 应对重大灾难

一个时期以来，人类相继遭遇了卡特里娜飓风、伊朗大地震、印尼海啸、墨西哥湾石油爆炸、巴基斯坦洪灾和俄罗斯大火等重大灾难。每当这些灾难发生时，所有自由放任政策都会被束之高阁，人们期待政府进行干预和救助。但是，每次政府总是措手不及。因为面对这些重大灾难冲击，在本国资源无法满足本国政府的干预行动和救助需求时，必须进行国际合作。联合国通常会扮演全球性政府的角色，统一协调国际合作行动。但是，由于联合国的救助资金主要来源于各国政府捐赠，在一定程度上弱化了联合国对重大灾难的干预和救助作用。今后联合国和世界银行应当建立专项基金，专门用于应对重大灾难。各国政府也必须增强应对重大灾难冲击的能力，提高应对重大灾难冲击的国际合作水平。

3. 应对外部性

随着现代经济快速发展，外部性正在对政府职能构成挑战。从理论上讲，市场之所能够有效配置资源，是因为市场价格中包含了人们进行经济决策所需要的全部信息。但是，在现实生活中，一些人的经济决策会对另外一些人造成非市场化的影响，使成本和收益无法在市场价格中得到真实反映，这就是外部性。外部性是造成市场失灵的重要因素之一。本书作者以吸烟和煤炭石油产品的使用为例，对政府职能与外部性问题进行了讨论。在公共医疗出现前，如果一个人独自居住，他就有权利选择吸烟或不吸烟，因为他的决策不会影响到其他人的权利。但是，在公共医疗体系下，在城市居住密度越来越高的情况下，如果一个人选择吸烟，就会对其他人的福利和健康产生负外部性影响。类似地，大量生产和使用煤炭石油产品会造成大范围乃至世界性的环境污染，引起全球气候变化，这是一种具有全球性质的外部性。与吸烟相比，全球气候变暖更是无法凭借一国力量进行应对的。各国政府、国际组织和国际机构必须重视这场潜在的、具有毁灭性的灾难，未来政府必须承担起解决此类外部性问题的职责。

4. 应对复杂化

现代经济的一个重要特征就是法律体系和金融市场日趋复杂化。随着经济金融快速发展，新的法律法规不断推出，在许多国家法律只能被修订而很难被废止，其结果是法律体系越来越庞大。意大利现行法律多达15万部，美国联邦税收系统有超过70万页的法律条文，并且还附有冗长的解释条款和实施细则。金融市场的复杂程度也越来越高，结构异常复杂的金融衍生产品成为2007年美国次贷危机的重要原因。还有一种情况值得注意，一些政府机构和政府官员为了逃避责任，存在故意将经济决策程序复杂化的现象。为应对日益严重的复杂化问题，未来政府职能必须改革。

三、本书结构

本书分为五个部分。第一部分是提出问题，即提出本书将讨论的所有重要问题，包括政府职能是什么，政府干预的边界在什么地方，政府的政策目标是什么，政府的政策工具有哪些，政府与市场的关系是什么，以及如何在政府与市场之间寻找平衡点。第二部分是历史回顾，详细研究了过去一个多世纪以来政府职能的历史变迁及其推动力量，分析了政府支出与税收大幅增长的趋势及原因。第三部分主要是理论综述和理论分析，既包括英美主流经济学和财政学，也包括德国历史学派、奥地利学派和意大利学派的经济学和财政学。第四部分是干预效果，主要分析了政府支出和税收对相关经济社会指标的影响，并以北欧国家作为具体案例进行了实证分析。第五部分是未来政府，主要讨论了政府职能变革的未来走向，着重分析了那些到目前为止还未引起人们认真关注的重大理论问题和现实问题，包括全球化与全球公共产品问题、重大灾难应对问题，以及外部性和复杂化问题等。

本书由十四章组成。第一章以总论形式，提出了本书所要研究的基本问题，包括政府职能的思想起源及历史变迁、政府职能变革及影响、政府与市场的关系等。第二章详细分析了第二次世界大战以前的政府职能，讨论了当时的政府支出和税收情况。第三章分别从政治、经济、思想三个维度，沿着历史发展轨迹，研究了推动政府职能变革的主要力量。第四章以较为丰富的数据资料为依据，分析了20世纪政府支出与税收的变化情况，及其对政府职能的影响。第五章重点讨论了政府的社会保障职能。第六章研究了全球化的定义、内容和发展进程，以及全球化对政府支出的影响。第七章讨论了政府行为和政府类型。第八章分析了意大利学派的财政幻觉假说和自愿交换理论，以及公共选择学派的公共选择理论，并以此为基础，进一步深化了对政府职能变革的讨论。第九章研究了北欧国家的财政理论、经济理论以及财政政策和金融政策。第十章研究了政府的政策目标与政策工具问题，包括政策目标选择和政策工具运用。第十一章讨论了政府支出变化及其对相关经济社会指标的影响。第十二章从数量经济学出发，讨论了政府职责与社会保障体系。第十三章通过案例分析，研究了北欧的福利国家与混合经济。第十四章讨论了未来的政府职能。

四、本书作者

本书作者维托·坦茨在国际货币基金组织工作了30多年，其中有20年时间担任国际货币基金组织财政事务部主任。在进入国际货币基金组织工作之前，维托·坦茨还曾担任过意大利经济财政部副部长。同时，维托·坦茨长期从事财政政策和公共经济学研究，是一位著作等身的现代财政学专家。以其名字命名的“奥利维拉–坦茨效应”，在经济学和财政学研究领域以及经济政策和财税政策决策层面均得到广泛关注。

在《政府与市场》一书中，关于政府职能变革、政府与市场关系的研究涉及经济学、财政学、公共经济学、哲学、政治学和历史学等众多专业领域。对于这样一本书的写作，不仅需要有丰富的社会阅历、工作经验和学术积累，还需要有对理论与政策、国内与国际、历史与未来的清楚认识和整体把握。面对这样一部内容庞大、历史深远的重大课题，维托·坦茨明确表示，“我已经准备好了”。的确，国际货币基金组织的长期职业生涯，为维托·坦茨观察和研究各国政府行为提供了得天独厚的条件。在国际货币基金组织任职期间，维托·坦茨负责为100多个国家的政府提供政策建议，这使他能够直接观察与分析各国政府的运行情况。“几乎所有与财政政策和政府职能相关的问题，我们都认真讨论过。”

《政府与市场》一书，得到了国际经济学界的高度认可，得到了各国经济学家的普遍好评。时任国际货币基金组织副总裁的朱民博士主持了《政府与市场》一书的发布会，他还热情地向中国读者推荐了这本书。朱民在本书的推荐者序中说："维托·坦茨长期在国际货币基金组织工作，……具有非常深厚的理论功底和非常丰富的管理经验，在国际上享有盛誉。"美国哈佛大学经济学家艾伯托·阿莱斯纳表示，"维托·坦茨是财政政策和公共经济学领域的著名专家。对于那些希望探讨政府在理想世界如何作用、在现实世界如何运行的读者来说，这本书是必读教材"。欧盟委员会经济与金融事务司司长马克·布提认为，"本书凝结了维托·坦茨作为一位经济学家、一位国际货币基金组织高级官员以及一位国家政策制定者的独特经历"。匈牙利科学院院士、哈佛大学教授雅诺什·科尔奈表示，"维托·坦茨不仅是一位严谨的财政学家，一位缜密的政策制定者，还是一位睿智诙谐、洞悉世界的写作者"。

尽管维托·坦茨长期在国家政府机构和国际"超政府机构"中担任要职，但是，作为本书的翻译者，在阅读和翻译此书过程中，我更多的感受是在与一位经济学家进行专业对话。并且，身为一名学者，我深切地感受到了另外一名学者的认真和严谨、博学和包容。他谦卑地站在市场之外，温文地讲述着他对政府与市场关系的看法。

希望维托·坦茨的《政府与市场》一书能够为中国读者带来参考和借鉴。

王　宇

2022年1月16日

于北京康乐里

目　　录

第一部分　政府职能

第二部分　历史回顾

第三部分　理论分析

第四部分　干预效果

第五部分　未来政府

前　　言

在一国经济中,政府应该发挥什么作用?这是经济学的根本问题。在市场经济中,政府应该做什么?什么应该交由市场、个人或者公民团体来做?政府应该如何履行职能?应该运用哪些工具来实现政策目标?法国诗人保罗·瓦勒里(Paul Valéry)曾说过:"国强吾伤,国弱吾亡。"柏拉图(Plato)、托马斯·霍布斯(Thomas Hobbs)、约翰·洛克(John Locke)、大卫·休谟(David Hume)和让·雅克·卢梭(Jean-Jacques Rousseau)等哲学家都曾经探讨过这一问题,不过,他们关注的重点是国家的政治职能。与其他人类活动一样,正确处理政府与市场关系的关键是找到恰当的平衡点。正如贝拉克·侯赛因·奥巴马(Barack Hussein Obama)在其总统就职仪式上所言,关键在于寻找政府有效发挥作用的途径。

那么,政府与市场关系的恰当的平衡点在哪里?政府有效发挥作用的途径是什么?众所周知,在现代社会中,政府必须发挥作用,现代社会需要政府。问题是,政府应该做什么?如何做?回答这个问题的困难在于,如何在两个极端之间确定政府的最优干预度:一个极端是"中央计划经济",即自称代表国家利益的政府代替社会公众做出了所有的经济决定;另一个极端

是“自由放任主义”，即政府的作用仅限于去做那些市场无法做到、社会又不可或缺的事情。如何在这两个极端之间找到恰当的平衡点，是经济学家和政策制定者共同面临的挑战。

为了有效行使职能，政府会使用多种政策工具及其所拥有的各种资产。这些资产有可能是从市场购买来的，也有可能是从原所有者手中没收的。政府可以向个人和企业征收所得税、交易税、财产税，然后，在其他方面给予补贴。政府可以规范个人和企业的经济行为。政府可以通过印刷货币获得铸币税收入。政府可以准许或者禁止某些行业和某些活动。政府还可以将执业资格授予一些人而不授予另外一些人。总之，政府的经济职能是多种多样的，有些是必要的、有益的；有些是不必要的，甚至是有害的；还有一些会限制个人自由、阻碍经济发展。其实，某些政府职能完全可以交给市场去做，市场能够以更高的效率和更低的成本提供同样的服务。

如何对政府最优经济职能进行定义，是一件十分重要而又非常艰难的事。我们不能想当然地认为，当前政府的经济职能就是最优的，因为当前的政府职能可能是时事促成，也可能是错误铸就。我们也不能想当然地认为，如果将过去的政府职能放在现在就是最优的，因为随着经济社会的发展变化，政府的经济职能不可能一成不变。从某种意义上讲，政府职能应该与时俱进，吐故纳新。我们应该树立这样一种理念，即政府的经济职能是不断演进的，它会随市场环境的变化而变化，同时又会影响市场环境。不过，这种变化是遵循一定规则或原则的。

在经济学教科书中，我们经常可以看到这样的观点：政府干预经济的正当性应以市场失灵为前提。每当出现市场失灵或者预期即将出现市场失灵的时候,政府就必须进行干预。在过去将近一个世纪的时间里,特别是最近60年以来,这一直是政府干预经济的主要原则,这也是导致政府支出大幅上升的重要原因之一。因为在社会经济生活中,所谓的市场失灵总会不断出现。实际上,"由于存在市场失灵,政府就必须干预经济"这一观点是错误的:一是它忽视了当前的政府干预对未来私人市场发展的影响。二是它把市场失灵看作当前状况(包括政府推动的改变)所导致的静态结果而非动态结果。三是它从纯技术的角度来定义市场失灵,实际上,对于广大社会公众而言,市场失灵可能存在更广泛的含义。四是市场失灵理论未能认识到,一旦政府干预经济、代替市场,往往会在其干预的部门或领域中建立起自己的垄断,进而阻碍市场经济和公民社会的发展。出于对政治集团或官僚利益的考虑,政府往往倾向于代替市场,而不仅仅只是纠正市场失灵问题。一旦政府代替了市场(在这一过程中增加了新的官员,通过了新的法律),它们就不愿意退出,或者说政治上也不允许其退出。

市场失灵理论并没有认识到,对政府干预的需求不是一成不变的。随着时间的推移,市场会越来越发达,以致有可能满足社会公民更多的需求。正是由于市场变得更加复杂,它对政府干预的需求也相应有所变化。自由市场就像一个不断进化调整的生态体系,由于新的技术和新的管理方法的不断应用,由于经济全球化以及其他变化,今日之市场能够更加高效、更加充分地满足社会公众的多种需求,当然,也会更加复杂并且有失公平。而且，这种不公平会长期存在，因为即便是非常有效率的市场，其运行结果也有可能出现不公平的现象。如果政府致力于提升市场效率和公平性，而不是以市场失灵为借口来代替市场，那么，政府支出和税收职能就会大大弱化，同时，还能给社会公众提供更多、更好的公共服务和公共物品。最近几十年以来，社会公平问题的重要性不断上升，已经被当作政府干预经济的理由之一。

在这本书中，我们探讨了一个十分重要的问题，可以为读者提供一些非常有价值的信息。本书也许无法改变人们对政府职能的认识，但是，如果能够借此推动开诚布公和富有建设性的讨论，也就足够了。当下关于市场与政府关系的讨论变得空前重要，因为在2008—2009年全球金融危机中，各国政府采取了规模庞大的经济刺激计划，从而使各国政府未来的经济政策，尤其是财政政策面临非常严峻的挑战。

对于这样一本书的写作，需要有较为丰富的实际工作经验和学术积累。我认为，我自己已经做好了相应的准备。在长达27年的时间里，我曾担任国际货币基金组织（IMF）税收政策处处长（1974—1981年）以及财政事务部主任（1981—2000年），这些工作经历为我观察世界上许多国家的政府行为提供了得天独厚的条件。尤其是在担任国际货币基金组织财政事务部主任的20年中，我为这一部门建立了最强大的经济学家团队。这些经济学家不仅有丰富的公共财政经验，还有世界一流大学的博士学习经历，具有深厚的理论功底。此外，还有一些公共经济学领域的学者经常到我牵头的项目中进行短期的访问研究。因此，在国际货币基金组织财政事务部（由我负责时期）里，几乎可以找到关于公共财政问题的各个方面的专家，几乎所有问题都被我们深入而详细地讨论过。在国际货币基金组织任职期间，我的工作职责还包括为100多个国家的政府提供政策建议，这也使我有机会能够直接观察到各国政府在现实世界中是如何运行的。

在进入国际货币基金组织之前，我在学术上已颇有建树，曾经为研究生开设公共财政课程达10年之久。从2001年到2003年，我担任意大利经济和财政部副部长，这一职位使我有机会从政府内部亲历其运作过程。在那段时间里，我出版了许多著作，发表了大量论文，参加了许多与财政政策以及政府职能有关的讨论会。由于独特的个人背景，我没有将那些具体的、技术性问题作为本书的重点，尽管有很多学术论著都是围绕着那些问题展开的。本书主要讨论的是一些具有现实意义的重大理论问题。

最近50年来，我对经济问题特别是公共财政问题的思考受到许多人的启示和影响，最初的影响来自于我在公共经济学领域的引路人。我并不打算将所有这些人都一一列举，但我必须提到其中的几位。岁月无情，一些人已经离开了我们，包括我的硕士论文〔“关于尼古拉斯·卡尔多（Nicholas Kaldor）的支出税”〕导师格哈特·科姆（Gerhard Colm），我的博士论文（“关于个人所得税与经济增长的关系”）导师奥托·埃克斯坦（Otto Eckstein），以及我的博士论文第二辅导教授理查德·马斯格雷夫（Richard Musgrave）。许多年来，他们给了我许多真诚的帮助，对我的学术生涯具有重要影响。非常巧合的是，这三位都曾经是逃离不良政府的难民，他们都于20世纪30年代离开德国。

1973—1974年,在我进入国际货币基金组织工作前夕,我在意大利进行了为期一年的教师休假研究,有一段时间是在罗马大学度过的。在那里,我阅读了大量意大利公共财政经济学家的著作,这些经济学家在过去的100年中为公共财政理论的发展做出了巨大贡献。他们对政府职能进行了详细描述,我曾经与塞尔吉奥·史蒂夫(Sergio Steve)、塞萨尔·科西尼亚(Cesare Cosciani)、贾尼诺·帕拉维齐尼(Giannino Parravicini)以及他们的助教进行了深入讨论,这些交流让我受益匪浅。当时他们三位都是非常著名的学者,几位助教后来也成了著名的经济学家。那一年的经历改变了我的生活,从此,我进入了意大利财政学领域,开始研究政府的经济职能问题。那一年,我的思想也发生了深刻变化;此前,我深受当时盛行的盎格鲁—撒克逊学派的影响。意大利银行为我那段时间的休假研究提供了部分资金支持,拨给我一笔非常可观的研究经费,在此谨致以迟到的谢意。

近些年来,我与路德格尔·舒克奈赫特(Ludger Schuknecht)合作完成了一些论文和一本关于政府支出的著作。路德格尔·舒克奈赫特现在供职于欧洲中央银行,本书的部分章节受到了他的启发和影响。我还与另一位同事豪厄尔·齐(Howell Zee)合写过多篇学术论文。最后,我要向"国际货币基金组织—世界银行联合图书馆"的工作人员表示深深的感谢,感谢他们的帮助,感谢杰苏萨·希拉里奥(Jesusa Hilario)夫人为我打印书稿。我还要向我的妻子玛丽亚(Maria)表达特别的感谢,在这本书的写作过程中,她努力保证我不受琐事打扰,并以她的幽默和体贴承担了全部家务。

第一部分

政府职能

政府存在的目的不是把人类生活变成天堂，而是防止其沦为地狱。

——尼古拉·亚历山德罗维奇·柏提耶夫（Nikolai A. Berdyaev）

政府，不是人类生存的目的，只是人类生存的手段。

——爱德华·冯·哈特曼（Eduard von Hartmann）

第一章　总论和主要问题

一、引言

在市场经济国家，政府应该发挥怎样的经济职能？这是经济学最根本的问题。此次全球金融危机之后，对这一问题的讨论显得更为紧迫，因为与以前历次危机一样，此次全球金融危机之后，加强政府干预的呼声再次高涨。政府干预的理论基础主要来自凯恩斯主义。凯恩斯主义认为，在经济危机和危机后的萧条时期，政府应该采取扩张性的宏观经济政策来提振经济。此次全球金融危机之后，人们不仅要求政府采取措施刺激经济，还要求政府加强监管，特别是加强对金融市场的监管。如果加强政府干预还意味着增加政府支出和提高税率的话，那么，此次全球金融危机之后的政府经济职能以及公共财政状况可能发生深刻的变化。

一些观察家认为，在一些国家（尤其是在美国），政府干预很少。统计资料表明，同一国家的政府职能会随时间的变化而改变，不同国家的政府职能存在较大差异。实际上，无论在何时何地，无论是经济学家还是政治学家，都很难就政府职能达成一致。无论一个国家是贫穷还是富有，政府的最优职能都将是一个永恒的话题。

一如通常的做法，经济学家也提出了有关政府职能的规范经济理论。所谓规范经济学主要产生于20世纪的英国和美国，其前提假设是市场经济中会出现"市场失灵"，为此，应该由政府来纠正"市场失灵"，以保护社会公众利益。如果市场机制运行完好，那么，政府的经济职能也许就没必要存在。不过，即使在这种情况下，政府仍然需要承担政治和社会职能，行使这些职能也需资金支出。[1]只是这种情况下，政府职能及其所需支出都会受到限制。

规范经济学假定，纠正"市场失灵"的政府干预行为本身是善意的，而且政府也有能力纠正"市场失灵"。政府作为代表国家的政策制定者，都是选民们忠实、明智而有能力的代理人，他们具有所罗门的智慧、谷歌所能搜索到的广博知识及圣人般的诚信，因此，可以放心地赋予他们独断权。这些政策制定者无意追逐个人或团体利益，全心全意地为大众谋利益。同时，政策的执行机构都具有韦伯式官僚的干练作风，忠实而高效地执行政策制定者的指示。不管是在政策决策层面还是行政实施层面都不存在委托—代理问题（principal-agent problem）。

基于"市场失灵"假设的理论主要与政府在资源配置方面的职能相关。在一个有效率的市场上，收入分配不均即使不是传统意义上的"市场失灵"，至少也是"政治失灵"。这些理论强调，公共物品、准公共物品、自然垄断、外部性和其他因素（最近新增加了信息不对称因素）都会导致私人市场的资源配置功能失灵。这种失灵经常被视为经济疾患，而政府则被看作是诚信博学的医生,能够对症下药,治愈疾患。因此,这些理论呼吁政府干预经济,以纠正市场失灵。

一些“市场失灵”现象,比如,纯公共物品或自然垄断是自发性的、无法避免的。规范经济学通常假设这类“市场失灵”现象外生于政府行为。然而在现实生活中,如果政府能够充分发挥其经济职能,有些“市场失灵”现象是可以减少甚至避免的。比如,取缔非自然垄断和其他市场滥用行为。在美国,政府就曾经采取过强有力的行动,打击非自然垄断和其他市场滥用行为。近期金融市场和实体经济的情况表明,在一些领域中,政府管理和监督职能的有效发挥具有重要意义。如果政府不履行这些职能,或者不能很好地履行这些职能,就会造成一些严重的问题。[2]例如,一些金融机构“大而不能倒”的现实就是“政府失灵”而非“市场失灵”的标志,政府原本应该通过加强金融监管,防止金融机构达到如此庞大的规模。

第二次世界大战之后,凯恩斯主义盛行,为政府干预增加了重要的理论依据:逆周期政策,又被称作稳定政策或者微调。逆周期政策的正当性是基于一种特殊的“市场失灵”,即市场未能创造出有效的总需求水平,以实现经济增长和充分就业目标。凯恩斯主义之前的理论认为,价格灵活、利率合理的市场经济总能创造出足够的总需求,否则就是价格不够灵活或者利率未达到均衡水平。约翰·梅纳德·凯恩斯(John Maynard Keynes)对此提出质疑,他将20世纪30年代的“大萧条”归因为总需求不足。他认为,政府有责任促进投资和储蓄,使其达到充分就业的水平。但是,对充分就业的界定是个有争议的话题,对充分就业的测度也随着时间的变化而变化。20世纪50年代到70年代上半期，逆周期政策或者说稳定政策非常盛行，但由于种种原因，在随后的20年中它饱受冷落，在理论经济学界尤其如此。直到2008—2009年全球金融危机之后，逆周期政策或者说稳定政策才再次流行起来。[3]

关于政府在降低收入不平等、克服贫困以及保护公民免遭风险冲击等方面的具体作用，经济学理论的表述较为模糊。在后面的章节中，我们将会看到，很多国家都将这些作用混淆在一起。但至少在理论上，这些作用各不相同。例如，政府可以通过征税或者运用其他经济政策工具来改善收入分配状况，而不必让社会公众直接面对风险冲击；政府也可以选择让市场机制决定收入分配，与此同时，通过政府的力量帮助穷人免受风险冲击。

大家所熟知的理论无一与此相关，但是，的确有一些经济学家、哲学家和政策制定者主张政府应在收入再分配中发挥更大的作用。最近几十年来，很多政府干预行为都是出于改善收入分配或者保护社会公众免受风险冲击的目的而实施的。改善收入分配与保护公众免受风险冲击有时被看作两个不同的目的，有时又被归于同一目的。在现实生活中，政府的干预行为往往不是因为市场的资源配置功能失灵，而是出于界定模糊的收入再分配目的。

理查德·马斯格雷夫在一本颇有影响力的著作中将政府预算的一部分称作“再分配项”。他认为，再分配项、配置项以及稳定项覆盖了政府几乎所有的经济职能，再分配项应发挥其应有的作用。他认识到，有关再分配的决定不能交由市场来做出，而应当由政府决定,因此,政府干预是必不可少的。但正如许多经济学家和政治学家所担心的那样,这样一来,政府活动就可能偏离公众利益,容易产生寻租行为,导致预想不到的不良后果;这样做还可能对个人产生负面激励,影响市场机制的正常运行。过去时期的政府活动,或者说当权者凭借政治权力进行的管理活动,经常扭曲市场机制,将收入从社会公众手中再分配到寡头统治集团手中。民主制度建立后,法国自由放任派经济学家克洛德·弗雷德里克·巴斯夏(Claude Frédéric Bastiat)曾告诫人们,现代社会的危险在于每个人都想借助国家的名义,以他人的牺牲为代价让自己生活得更好。他认为,现代社会,多数人在推行以少数人利益为代价的政策。

二、20世纪的政府职能

如果各国政府严格按照经济学理论制定经济政策,那么,政府职能——至少通过传统的税收和政府支出体现出来的政府职能——就会少得多,就不会像20世纪后期许多国家出现的情况那样。显然还存在其他因素的影响。当然,那些决定经济政策的政治决策并不是经济学家制定的,他们也不应该因此而受指责。他们至多只是对政策制定者产生了一定影响,而政策制定者往往没有经济学方面的背景,或者正如约翰·梅纳德·凯恩斯所指出的,他们对经济的理解仅仅来自那些“已故的经济学家”。政策制定者会受到经济顾问观点的影响,但选民和竞选赞助人的需求对他们的影响更大,因为有了选民们足够的选票和资金支持他们才能当政。这些需求反映了选民的个人利益或阶级利益，也反映了选民的经济素养（economic literacy）。[4]在一些国家，即便知道政府对于很多问题也无能为力，社会公众也希望依靠政府解决大部分问题；在另一些国家，社会公众清醒地认识到政府作用的局限性，他们会像罗纳德·里根总统一样，将政府当作问题所在。

20世纪，政府的经济职能发生了巨大变化；进入21世纪，这样的变化将会继续，关键是向着哪个方向变化：是延续20世纪的趋势，政府支出不断增长、税率不断提高，还是转向削减政府支出，降低税率？政府将继续依靠税收和支出这样的预算工具来实现自己的目标，抑或主要运用经济政策工具？全球化对主权国家将会产生什么影响？这些问题的答案我们不得而知，只能预测。这就是我在本书中要做的事情。读者可以对我提出的论点和论据持不同看法，也可以批评全书的内容。

为了预测未来，必须研究历史。伦敦国家美术馆有一幅提香的著名画作《谨慎的寓言》，那上面写道："现在应向过去求教，以保全未来。"但是，千万不能想当然地认为，过去的趋势必然会延续到现在甚至将来，那样可能铸成大错。现在有很多人认为，这些年来，政府支出的扩大是正常的事情，甚至预测这种支出将进一步扩大，就像德国著名经济学家阿道夫·瓦格纳（Adolph Wagner）在一个多世纪之前创建的理论中所说的那样（"瓦格纳法则"）。

以今天的标准衡量，20世纪初期，政府支出（和税收）占国民收入的比重可谓微乎其微。然而，到了20世纪末，国家已经不堪重负，尤其是那些一直自称是市场经济的"福利国家"。[5]虽然主流观点认为，与20世纪初相比，20世纪末的政府职能更适当、更合理。但是，这种观点难以令人信服。2008—2009年的全球金融危机表明，尽管政府职能不断扩张，但是，政府并未履行自己的基本职责。

在许多工业化国家，政府支出占国内生产总值（或国民收入）的比重从19世纪70年代的10%左右大幅上升至近年的40%左右；在一些欧洲国家，这一比重也升至较高水平（见表1.1）。在第二次世界大战后的几十年中，特别是20世纪60年代之后，政府支出大幅增长。20世纪60年代到90年代，政府支出（和税收）占国内生产总值的比重以前所未有的速度大幅增加。到20世纪末，许多人的可支配收入主要甚至完全来自政府。

在20世纪，特别是在20世纪下半期，政府支出大幅增长的主要原因在于，许多国家的政府在更多方面担负了更多的新责任，例如提供公共养老金、公共医疗服务、公立和义务教育以及保障性住房，帮助多子女家庭，补贴国有企业，帮助失业者和老幼残人群，等等。值得注意的是，这些新责任往往是面向社会全体公众的，而并非仅仅涉及穷人。这些新的财政支出在20世纪初几乎是不存在的（见表1.2）。在许多国家，政府以促进公共利益为理由，取代了市场和私人部门的公益活动。社会公众逐渐对政府所提供的公共服务和工作岗位产生了依赖，他们认为，政府的新职能是正常的、必不可少的。政府的这些新职能培育出强大的政府支持者群体。乔治·萧伯纳（George Bernard Shaw）曾经说过："取之于一方而用之于另一方的政府，总能得到受益方的支持。"

表 1.1　1870—2007 年广义政府支出增长情况（占 GDP 的比重，%）

国家	19 世纪后期	一战前	一战后	二战前	二战后					
	约 1870[a]	1913	1920	1937	1960	1980	1990	1996	2002	2007
各年均为广义政府数据										
澳大利亚	18.3	16.5	19.3	14.8	21.2	34.1	34.9	35.9	35.6	34.9
奥地利	10.5	17.0	14.7[b]	20.6	35.7	48.1	38.6	51.6	51.3	48.0
加拿大	–		16.7	25.0	28.6	38.8	46.0	44.7	41.4	39.3
法国[c]	12.6	17.0	27.6	29.0	34.6	46.1	49.8	55.0	53.6	52.6
德国	10.0	14.8	25.0	34.1	32.4	47.9	45.1	49.1	48.5	43.9
意大利	13.7	17.1	30.1	31.1	30.1	42.1	53.4	52.7	48.0	48.5
爱尔兰[d]	–		18.8	25.5	28.0	48.9	41.2	42.0	33.5	36.4
日本	8.8	8.3	14.8	25.4	17.5	32.0	31.3	35.9	39.8	36.0
新西兰[b]	–		24.6	25.3	26.9	38.1	41.3	34.7	41.6	39.9
挪威	5.9	9.3	16.0	11.8	29.9	43.8	54.9	49.2	47.5	40.9
瑞典	5.7[b]	10.4	10.9	16.5	31.0	60.1	59.1	64.2	58.3	52.6
瑞士	16.5	14.0	17.0	24.1	17.2	32.8	33.5	39.4	34.3	35.4
英国	9.4	12.7	26.2	30.0	32.2	43.0	39.9	43.0	41.1	44.6
美国	7.3	7.5	12.1	19.7	27.0	31.4	32.8	32.4	34.1	36.6
均值	10.8	13.1	19.6	23.8	28.0	41.9	43.0	45.0	43.5	42.0

（续表）

国家	19 世纪后期 约 1870[a]	一战前 1913	一战后 1920	二战前 1937	二战后					
					1960	1980	1990	1996	2002	2007
1870—1937 年为中央政府数据，之后为广义政府数据										
比利时	–	13.8	22.1	21.8	30.3	57.8	54.3	52.9	50.5	48.8
荷兰	9.1	9.0	13.5	19.0	33.7	55.8	54.1	49.3	47.5	45.9
西班牙	–	11.0	8.3	13.2	18.8	32.2	42.0	43.7	39.9	38.7
均值	9.1	11.3	14.6	18.0	27.6	48.6	50.1	48.6	46.0	44.5
总均值	10.7	12.7	18.7	22.8	27.9	43.1	44.8	45.6	43.9	42.4

[a] 或各列可用的最近年份。部分二战前数据基于GNP或NNP，而不是GDP。
[b] 本年为中央政府数据，新西兰 1960—1970 年、1994—1995 年（用于 1996 年）数据为中央政府数据。
[c] 1996 年和 2002 年数据根据《马斯特里赫特条约》定义计算，小于法国国家统计机构INSEE公布的数据。
[d] 因数据计算中断，以 1995 年数据代替 1996 年数据。
资料来源：Vito Tanzi and Ludger Schuknecht，2000. 作者根据OECD数据更新。

表 1.2　1880—1995 年部分 OECD 国家社会转移支出占 GDP 的比重（%，以当期价格计算）

国家	1880[a]	1890[a]	1900[a]	1910[a]	1920[a]	1930[a]	1960[b]	1970[b]	1980[b]	1990[c]	1995[c]
澳大利亚	0	0	0	1.12	1.66	2.11	7.39	7.37	12.79	10.90	14.84
奥地利	0	0	0	0	0	1.20	15.88	18.90	23.27	23.43	21.39
比利时	0.17	0.22	0.26	0.43	0.52	0.56	13.14	19.26	30.38	22.45	27.13
加拿大	0	0	0	0	0.06	0.31	9.12	11.80	14.96	12.90	18.09
丹麦	0.96	1.11	1.41	1.75	2.71	3.11	12.26	19.13	27.45	26.44	30.86
芬兰	0.66	0.76	0.78	0.90	0.85	2.97	8.81	13.56	19.19	18.32	31.65
法国	0.46	0.54	0.57	0.81	0.64	1.05	13.42	16.68	22.55	22.95	26.93
德国	0.50	0.53	0.59	n.a.	n.a.	4.82	18.10	19.53	25.66	20.42	24.92
希腊	0	0	0	0	0	0.07	10.44	9.03	11.06	8.67	14.43
爱尔兰						3.74	8.70	11.89	19.19	16.20	18.30
意大利	0	0	0	0	0	0.08	13.10	16.94	23.24	17.10	23.71
日本	0.05	0.11	0.17	0.18	0.18	0.21	4.05	5.72	11.94	10.48	12.24
荷兰	0.29	0.30	0.39	0.39	0.99	1.03	11.70	22.45	28.34	26.94	25.70
新西兰	0.17	0.39	1.09	1.35	1.84	2.43	10.37	9.22	15.22	16.22	18.64
挪威	1.07	0.95	1.24	1.18	1.09	2.39	7.85	16.13	20.99	18.50	27.50
瑞典	0.72	0.85	0.85	1.03	1.14	2.59	10.83	16.76	25.94	12.97	19.01
瑞士	n.a.	n.a.	n.a.	n.a.	n.a.	1.17	4.92	8.49	14.33	n.a.	18.87
英国	0.86	0.83	0.55	1.38	1.39	2.24	10.21	13.20	16.42	11.43	13.67
美国	0.29	0.45	0.17	0.56	0.70	0.56	7.26	10.38	15.03	21.36	22.52

[a] 福利、失业、养老、医疗和住房补贴。不包括教育。

[b] OECD旧序列。

[c] OECD新序列。

资料来源：Peter H. Lindert，2002；OECD，1995.

或者由于“财政幻觉”和信息不完备，或者因为受到官方宣传以及公务员工会的影响，越来越多的人相信，扩大政府职能是有益无害的，扩大政府职能能够提高社会福利水平，否则，大多数人就有可能生活在穷困之中。显然，社会公众只看到了政府支出所带来的好处，却没有意识到政府支出的成本——正是他们所缴纳的高额税费为这些公共计划提供了资金，与此同时，政府的公共债务也与日俱增。此外，社会公众还忽略了与这些公共计划相伴的各种低效率问题。[6]行为经济学的研究发现，抵制免费物品的诱惑是非常困难的，即使这些“免费”物品并不值钱（Ariely，2008）。因此，当政府提供无偿的或基本无偿的服务时，社会公众常常认为捡到了大便宜。丹·艾瑞里（Dan Ariely）指出，有时“无偿服务恰恰是最昂贵的服务”。“零价格效应”的威力无比强大，在政府的公共计划中尤其是这样，它导致需求远远高于其他非零成本的项目。

随着政府职能的不断扩大，政府需要不断拓展其财政资源，税率和税收水平因此而急剧上升（见表1.3）。

表1.3　1965—2008年税收收入总额占GDP的比重（%）

国家	1965	1975	1985	1990	1995	2000	2005	2007	2008
加拿大	25.7	32.0	32.5	35.9	35.6	35.6	33.4	33.3	32.2
墨西哥	n.a.	n.a.	17.0	17.3	15.2	16.9	19.1	18.0	21.1
美国	24.7	25.6	25.6	27.3	27.9	29.9	27.3	28.3	26.9
澳大利亚	21.0	25.8	28.3	28.5	28.8	31.1	30.8	30.8	n.a.
日本	18.2	20.9	27.4	29.1	26.8	27.0	27.4	28.3	n.a.
韩国	n.a.	15.1	16.4	18.9	19.4	23.6	25.5	26.5	26.6
新西兰	24.0	28.5	31.1	37.4	36.6	33.6	37.5	35.7	34.5
奥地利	33.9	36.7	40.9	39.6	41.2	42.6	42.1	42.3	42.9
比利时	33.1	39.5	44.4	42.0	43.6	44.9	44.8	44.9	44.3

（续表）

国家	1965	1975	1985	1990	1995	2000	2005	2007	2008
捷克共和国	n.a.	n.a.	n.a.	n.a.	37.5	35.3	37.5	37.4	36.6
丹麦	30.0	38.4	46.1	46.5	48.8	49.4	50.7	48.7	48.3
芬兰	30.4	36.5	39.7	43.5	45.7	47.2	43.9	43.0	42.8
法国	34.1	35.4	42.8	42.0	42.9	44.4	43.9	43.5	43.1
德国	31.6	34.3	36.1	34.8	37.2	37.2	34.8	36.2	36.4
希腊	17.8	19.4	25.5	26.2	28.9	34.1	31.3	32.0	31.3
匈牙利	n.a.	n.a.	n.a.	n.a.	41.3	38.0	37.2	39.5	40.1
冰岛	26.2	30.0	28.2	30.9	31.2	37.2	40.7	40.9	36.0
爱尔兰	24.9	28.7	34.6	33.1	32.5	31.7	30.6	30.8	28.3
意大利	25.5	25.4	33.6	37.8	40.1	42.3	40.9	43.5	43.2
卢森堡	27.7	32.8	39.5	35.7	37.1	39.1	37.8	36.5	38.3
荷兰	32.8	40.7	42.4	42.9	41.5	39.7	38.8	37.5	n.a.
挪威	29.6	39.2	42.6	41.0	40.9	42.6	43.5	43.6	42.1
波兰	n.a.	n.a.	n.a.	n.a.	36.2	32.8	33.0	34.9	n.a.
葡萄牙	15.9	19.7	25.2	27.7	31.7	34.1	34.7	36.4	36.5
斯洛伐克共和国	n.a.	n.a.	n.a.	n.a.	n.a.	33.8	31.8	29.4	29.3
西班牙	14.7	18.4	27.6	32.5	32.1	34.2	35.8	37.2	33.0
瑞典	35.0	41.2	47.3	52.2	47.5	51.8	49.5	48.3	47.1
瑞士	17.5	23.9	25.5	25.8	27.7	30.0	29.2	28.9	29.4
土耳其	10.6	11.9	11.5	14.9	16.8	24.2	24.3	23.7	23.5
英国	30.4	35.2	37.6	36.1	34.0	36.4	35.8	36.1	35.7
OECD 国家	24.2	29.4	32.7	33.8	34.8	36.0	35.7	35.8	n.a.

资料来源：OECD,《1965—2008年政府收入统计数据》,2009。

获取公共资源主要依靠税收,但税收并不是唯一来源。通常与税收水平一同上升的还有公共债务。税制改革一方面引入了新的高税率税种,特别是综合累进所得税、增值税以及社保税；另一方面对已有的税种进一步挖潜。由于工资占国民收入的比重在20世纪持续上升（近年来,这一趋势已有反转）,增加税收并不困难。再者,左翼思潮在许多国家盛行数十年也为扩大政府职能提供了意识形态方面的支持。

最近以来，政府新支出计划的目的已经不再是此前对外宣称的那样，是为了纠正“市场失灵”或者对收入进行再分配，而是为了降低各种风险。这些可能降低社会公众实际收入或阻碍收入增长的风险包括：从未接受过教育，很少接受培训，严重疾病，年老，体弱，失业，赡养大家庭，等等。一些国家还将性别和种族的因素也考虑在内，制定了相应的经济政策，即所谓“肯定性行动”。一些国家提出，扩大政府职能的目的在于通过政府干预为社会公众降低上述风险，于是，新的公共计划随之推出。通常，这些计划在推行伊始政府支出较少，而且只是惠及一小部分人，但随着时间的推移，这些计划的规模会变得越来越庞大，受益者的范围也会越来越广。比如，许多国家的伤残补助计划都曾存在这样的问题，美国政府新政举措之一的“未成年子女援助计划”也是如此。许多政府的公共计划都经历了这样一个发展过程。毋庸置疑，这是政府财政支出不断增长的根本原因之一，几乎可算作政府支出的基本定律。

三、关于扩大政府职能的假设

虽然未经证明，但是扩大政府职能必定基于两个重要假设。第一个假设，也是最重要的假设：社会公众是短视的，缺乏深谋远虑。如果任其自由行动，无论个人还是集体都不会采取必要的风险防范行为，比如，不会为老年而积累储蓄，不会花钱送孩子上私立学校，也不会买保险（或积蓄资产）以备疾病和失业的不时之需。[7]第二个假设是，即便他们有此意愿，各种私营协会

（包括慈善和宗教组织）也没有能力满足他们的需要，只有政府才能把这件事做好。正是基于上述两个假设，政府的作用被认为理应是家长式的，政府的职能应该不断扩展。

20世纪，工业化国家的政府财政支出大幅上升，政府甚至成了面向社会公众的庞大的保险公司和中介机构。社会公众以高税负向这家“保险公司”缴纳保费，得到的回报是免费的或者享有高额补贴的公共服务。瑞典卫生和社会事务部的一位官员曾经说过：“我们的基本原则是，人人缴税做贡献，人人享受高福利。”然而，对于缴纳的税收（成本）与得到的服务（收益）之间存在着怎样的关联，大多数公民却并不了解，一些人误以为，这些公共服务是“免费”的，或者是“零成本”的。[8]当然，这种关联是针对整个公民群体而言的，对于某些公民则不然，因为某些公民缴纳的税金与享受的福利之间不存在直接联系，无论过去还是现在都是如此。在这一强制性的社会契约中，一些人得到的或者失去的远远大于另外一些人。例如，那些具有良好生活习惯因而身体健康的公民要补贴那些没有良好生活习惯因而身体较差的公民；选择少生孩子的公民要补贴那些选择多生孩子的公民；那些能够在公立大学上学的人，得益于那些更贫困家庭的孩子不能上大学。因此，这种再分配不仅是纵向的、自上而下的，而且在很大程度上是横向的。[9]看似为一些人降低了风险，但实际上另一些人却付出了十分高昂的代价。一些国家对横向再分配的包容度较高，但是，横向再分配的公平性却往往不及纵向再分配。

一些公民经常钻福利制度的空子，并且利用福利制度谋取私利：他们通过各种方式逃税；他们游手好闲却享受社会保障；他们将经济活动转入地下以逃避缴税和监管，却申领失业救济；他们装病以获取公职人员带薪病假；他们假装或夸大残疾以领取补贴；他们在政府部门任职却无所事事；等等。他们总是将负担国家支出的大部分成本转嫁给那些诚实而勤劳的人，转嫁给那些由于自身处境（比如，大型私人企业的工人）而无法充分享受福利制度的人。在这一环境中，地下经济活动、逃税、腐败和消极怠工现象与日俱增，特别是在一些高税负、高支出的国家，此类现象已发展到令人担忧的地步。[10]早在2,500年之前，柏拉图（Plato）就已经注意到横向不公平问题，他曾经写道："缴纳直接税或捐款时，正直的人会多缴；而分配利益时，有人会满载而归，有人却一无所获。"约翰·斯图亚特·穆勒（J. S. Mill）和其他学者也意识到了这一问题及其严重性。这种横向不公平将使纸面上最公平的计划变成实践中最不公平的行为。

与此同时，政治家们发现了一些可以为他们赢得选票的极好机会，比如，向社会公众承诺提供工作机会，将政府支出投向特定群体。这些政治家知道，受益的是特定群体，而成本却由全体公民或者大多数公民承担。公共就业和政府支出因此而过度增长，生产性政府支出不断下降。[11]近年来，一直被视为现代国家基础的公民与国家之间隐性的社会契约的合理性正在受到挑战，例如公平与效率问题的挑战。纵向不公平和横向不公平的问题日益突出，已经引起经济学家和政策制定者的高度关注。

在高支出、高税负国家，多数消费者往往会失去按照个人偏好进行选择的自由。为了缴纳高税费，私人可支配收入大幅减少，使用（税前）收入的自由也因此而受到限制。[12]如果能够自由选择，许多人是不会加入现行社会保障契约的。政府自身也失去了按其意愿实施政策的自由，因为每年年度预算的绝大部分已由公共计划预先决定，难以改变。政府支出的“预先决定”是最近几十年来出现的令人十分担忧的现象。越来越多的公民（例如养老金领取者、公务员、病弱者、失业者、福利金领取者、受扶持企业的雇员）依靠政府计划获得全部或大部分收入，并会因此而坚决反对取消这些计划。此外，新政府也很难改变前任政府的政策。由于多数国家政府雇员的任期受到法律保护，即使表现欠佳或人手过剩也不能解雇他们。而财政预算可以灵活调整的余地也是非常小的。在这一背景下，财政改革往往变成了增加政府支出的改革，结果导致财政赤字和高额公共债务成为常态。过去的政策措施使政府形成“路径依赖”，其面对的是一条通往更高支出和更高税负的单行线。

由于税费高企，（税后）可支配现金收入与税前所得之间的差距不断拉大，这对工人的影响尤其明显。例如，2008年，在奥地利、比利时、法国、德国、匈牙利、意大利和其他一些欧洲国家，工资总额处于平均水平的无子女工人在缴税后，工资会减少大约一半（见表1.4）。工资高于平均水平的工人损失更大，因为其边际所得税率更高。尽管关于高税负对个人激励的影响人们看法不一，但这种影响显然存在。在前面的内容中，我们已经提到，公民缴纳的税费实质上是一种集体保费，以获得预期的集体公共物品和服务以及社会保障，如公共服务、公共养老金以及公民从政府获得或期待从政府获得的其他现金补贴等。

表 1.4　普通生产工人税负（%）

国家	2000	2003	2006	2008
澳大利亚	30.6	28.0	28.3	26.9
奥地利	47.3	47.4	48.3	48.8
比利时	57.1	55.7	55.5	56.0
加拿大	33.2	32.0	31.9	31.3
捷克共和国	42.7	43.2	42.9	43.4
丹麦	44.3	42.6	41.3	41.2
芬兰	47.8	45.0	44.0	43.5
法国	49.6	49.8	50.1	49.3
德国	54.0	54.2	53.3	52.0
希腊	38.5	37.9	41.9	42.4
匈牙利	54.6	50.8	52.0	54.1
冰岛	26.2	29.3	29.5	28.3
爱尔兰	28.9	24.2	23.0	22.9
意大利	46.9	45.7	45.9	46.5
日本	24.8	27.4	28.8	29.5
韩国	16.3	16.3	18.1	20.3
卢森堡	37.5	33.5	35.3	35.9
墨西哥	12.6	16.8	15.0	15.1
荷兰	39.7	37.1	44.6	45.0
新西兰	19.4	19.7	21.1	21.2
挪威	38.6	38.1	37.4	37.7
波兰	43.1	43.1	43.7	39.7
葡萄牙	37.3	36.8	37.4	37.6
斯洛伐克共和国	41.7	42.9	38.5	38.9
西班牙	38.6	38.5	39.1	37.8
瑞典	50.1	48.2	47.8	44.6
瑞士	30.0	29.7	29.5	29.5
土耳其[a]	40.4	42.2	42.7	39.7
英国	32.6	33.8	34.0	32.8
美国	30.4	29.9	29.9	30.1
未加权均值				
OECD 国家	37.8	37.3	37.7	37.4
欧盟 15 国	43.4	42.0	42.8	42.4
欧盟 19 国	43.8	42.6	43.1	42.8

[a] 工资数据基于旧版普通工人定义。

资料来源：OECD，2009.

这些公共计划发挥着显著的纵向再分配和横向再分配作用。[13]在一些国家，收入水平较低的人群获得的好处往往超过其缴纳的税款，而在收入水平相近的人群当中，那些经常自称生病的人、较懒散的人、子女较多的人、逃税较多的人比其他人获得的好处更多。这样的现象越多，横向不公平问题就越严重。不过，总的说来，公共保障体系有助于改善可支配收入的分配状况，降低基尼系数。这一作用也被认为是扩大政府职能最重要的原因之一。

在降低公民承担的风险、改善国家收入分配状况的同时，政府干预必然在个人自由、资源配置效率和经济增长等方面付出代价。过去一个世纪，如果政府没有进行如此多的干预活动，政府支出和税收没有大幅增加，那么，现在的情况将会如何？众所周知，在经济学以及其他领域，这些“若是怎样、若非又怎样”的问题往往很难回答，但又非常重要。

高税率导致个人自由减少，一些人为此付出了高昂的代价，这一问题曾引起广泛的社会关注。各国的代价会因其国内团结精神的不同而不同。[14]但是，即使忽略这一代价，支撑公共部门庞大开支的高税率也已经对一部分或大部分公民的激励产生了十分消极的影响。大量研究表明，高税率至少会提高几类工人的福利成本或效率成本，有的研究还加以量化分析。部分研究对公共支出计划也进行了类似的分析。一些经济学家甚至把最近几十年来美国与欧洲经济增长率的差距归因于税率的不同。不过，实证研究的结果还未得到普遍认可。

从长期看，福利成本越高，政府支出职能的吸引力就越小。

而且，如果政府不能有效使用手中的资金（当然，有些政府效率较高），如果新的税项造成更多扭曲，情况就会更糟。[15]倘若没有提高税率，那些高税负国家的经济增长也许更快，人均收入也许更高，社会公众就能更加方便地从市场购得他们所需要的社会保障。有观点认为，政府的公共计划给予社会公众的保障可能还不如在没有政府干预的情况下社会公众自己为自己购买的保障。

公共选择学派的经济学家詹姆斯·布坎南（James M. Buchanan）、戈登·图洛克（Gordon Tullock）、威廉·尼斯克南（William Niskanen）、曼瑟尔·奥尔森（Mancur Olson）等人提出，与私人部门项目相比，政府项目往往是低效率的，因为决策者（政策制定者）会倾向于自身或其集团利益的最大化。[16]不仅如此，因为政府的公共计划缺少竞争者从而缺少竞争约束，所以，公共计划的运营者缺乏节省开支、提高效率的动力。再者，如果一项服务是免费的或者费用极低的，那些并不需要这项服务的人也会产生需求，而同样的服务如果需要付费或费用较高的话，这些人则不会购买。

近期的研究表明，官僚主义和政治腐败也是政府的公共支出不断上升的重要原因（参见Rose Ackerman，1999；Tanzi，1998）。公共项目往往被政府垄断，成为政策制定者或当权者推行利己目标的工具，继而导致公共就业过度、公共服务效率低下、公共部门工资高企（公务员工会也起了一定的推波助澜作用）以及贿赂行为。就公立教育而言，这一领域的公共服务被大量用来推行某些目标（比如，爱国主义和种族融合等）。除却其内在意义外,这些目标未必有助于学生的未来就业。[17]

在一些国家的公共计划中,低效率是一个非常突出的问题。近期有研究进行了估算,结果显示,这些公共计划为实现既定目标而付出了非常高昂的财政成本。并且,除了财政成本之外,还必须考虑财政赤字所带来的宏观经济成本以及与高额政府支出相联系的高额公共债务。

大多数公民都是目光短浅的吗?这是一个值得探讨的问题。即便的确如此,代表他们做出决定的政府,或者说政策制定者就一定目光长远吗?[18]

一些国家的公共债务居高不下,公共养老金体系以及医保体系中累积了大量无资金准备的未来负债,这些例证足以说明政府或者说政策制定者的短视行为。[19]这些负债使我们对当前公共计划的可持续性表示怀疑,继而质疑这些公共计划为公民承保未来风险的能力。意大利中央银行在其年报(2008年5月31日)中估计,在意大利公共养老金中,无资金准备的负债约为当期国内生产总值的100%,大致相当于意大利官方公布的公共债务。[20]如此看来,未来意大利政府将不可能按照承诺的水平和条件向退休人员发放养老金。据估计,在一些国家的养老金体系中,尤其是医保体系中,无资金准备的负债规模更大,而此次全球金融危机将进一步使世界性的养老金问题雪上加霜。2010年8月5日,美国社会保障理事会发布报告称,到2015年,各项公共计划支出将永久超出税收收入;到2037年,自社会保障体系建立以来累积的各项信托基金将耗费殆尽。一些国家的公共计划已成为"庞氏骗局",向未来受益人发放的款项只能从新成员的缴款中支出。随着人口结构的变化，财政收入有下降的趋势，一如许多国家已经出现的情况一样，目前的“现收现付”模式将无法存续。

综上所述，将部分公民的短视与政策制定者的短视进行比较，相信将来总会有一天，公共计划的潜在受益人会感到失望。[21]部分公民也许缺乏远见，但相对于公共养老金和公共医保体系而言，真正缺乏远见的却是政府或者说政策制定者。究竟哪一种短视对社会公众福利的影响更大呢？

四、转变政府职能的可能性

在有记载的历史中，20世纪以前，世界上几乎没有政府在向公民征收高额税收的同时，代表公民将这些钱用于养老金、医疗、教育、社会援助等公共计划，但世界照常运转。尽管一部分人可能因为缺少政府的公共计划而遇到一些困难，但大多数国家和大多数人民的生活却越来越好。因为那个时候，除了政府的公共计划之外，其他制度安排也提供了较为充分的社会保障。肯尼思·阿罗（Kenneth Arrow）早在40年前就做出如下结论：将集体行动限定于政府行动是错误的。他解释说，伦理道德等方面的社会行为准则会促使社会成员团结起来，以弥补市场失灵（Arrow，1970）。当社会出现新的需求时，大多数社会成员会自发应对，虽然应对效果有好有差。已有的“社会准则”会促使人们按照“公平理念”行事，以弥补“市场失灵”。为了防范未来的风险，社会公众会加强家庭之间的联系，组成大家庭，将收入的一部分储蓄起来（那时候储蓄还被看作美德），并且建立社区自发互助网络。[22]只要还能工作，他们就会一直从事经济活动（而不是在政府规定的年龄退休）。家庭、社会团体以及宗教机构都会给予他们各种各样的支持。他们也会加入一些私营联合会（比如兄弟会、互助会、信用社），他们会从私营服务机构（比如私立学校、私人执业医生和私立医院）购买服务。由于那时国家还远不及现在富有，个人收入水平也很低，因此，按照当今富裕国家的标准，那时个人得到的政府援助非常有限。从卡洛·奇波拉（Carlo Cipolla）（1969）的著作中，我们可了解到过去学校的简陋情况。即使那时候就有政府支出计划，政府提供的公共服务也远不及现在慷慨，就好比如今发展中国家的政府提供的公共服务远不及发达国家政府一样。

历史学家和社会学家的大量著述表明，在政府推出公共计划、开始进行大规模干预之前，社会公众已经自发开展了影响较大的私人部门计划。考虑到当时的收入水平较低，这些私人计划发挥了较大作用，为个人和家庭提供了基本援助。例如，在19世纪30年代的美国之行中，亚历克西斯·德·托克维尔（Alexis de Tocqueville）"特别注意到了志愿协会在美国社会中所发挥的重要作用……教会、社区团体、互助会和民间组织自发所做的事情，正是其他国家的人民指望政府和精英人士为他们做的事"（Wuthnow，1991）。罗伯特·伍斯诺（Robert Wuthnow）还写道："值得注意的还有亚历克西斯·德·托克维尔的警示：通过自发努力而无法满足的需求，成了政府干预的借口，政府干预带来了控制，控制带来了极权主义。"

亚历克西斯·德·托克维尔在美国观察到的情况在瑞典也出现过。在有政府干预之前，瑞典的工会和其他工人组织成立了自愿入会的互助会（参见Rexed，2000；若想了解其他国家类似的情形，参见Alston and Ferrie，1999；Beito，2000；Beito，Gordon and Tabarrok，2002；Ritter，1996；和Zamagni，2000）。[23]

公共计划推出之后，这些私人组织渐渐失去了活动的空间，甚至被政府取缔。而在政府干预较少的国家，私人组织仍然发挥着十分重要的作用。例如，与大多数欧洲国家相比，美国政府的职能非常有限，在今天的美国，在对慈善事业、医院、私立学校等的捐款中，非政府性质的社会公益组织依然非常活跃。这些私人捐款直接或间接地缩小了美国与欧洲国家社会援助总额的差距（参见第12章的统计数据）。[24]按照肯尼思·阿罗和丹·艾瑞里的说法，随着福利国家的出现，已有的"社会准则"逐步被"市场准则"取代。人们认为，既然政府承担了提供社会保障的责任，他们就没有义务，也没有必要再帮助他人。他们也不会再像过去那样因为没有帮助那些无助的人而感到愧疚了。在一些情况下，政府干预可能降低人们彼此之间的信任，从而毁掉部分原有的社会资源。丹·艾瑞里还认为，与政府的公共计划相比，社会准则对公民的激励作用更大，更能使他们在社会活动中表现出更高的积极性。[25]

那么，如果取消现在以高税负作为资金来源的公共计划会怎么样呢？为了分析的方便，我们忽略了现实中的过渡期问题，尽管这样做会让这个实验看起来不够真实，特别是在政治层面上。例如，已经退休的老人希望继续领到政府的养老金，因为他们在工作期间一直向政府缴税；还未退休的老人已经向公共养老金缴款多年，他们希望在退休时政府能够兑现其承诺；在政府岗位工作的雇员希望在任期内继续领到工资。这个假想实验本应包括一段过渡期，这一时期应持续超过一代人的时间，以逐步弱化社会公众与政府公共计划之间的联系。

取消政府公共计划所带来的政府支出下降，将逐步降低征收高额税收的必要性。减税之后，大多数公民现在和将来的（税后）可支配收入会相应增加。随着收入的提高，社会公众可以用自己口袋里多出来的钱在国内市场甚至国际市场上购买服务，以防范未来的风险。而在过去要获得这些服务，他们须以缴纳高额税金作为代价，从政府那里购买。有人武断地认为，这些服务中的绝大部分都是市场无法提供的，这一看法非常荒谬。当然，会有部分公民由于贫困或者残障可能无法凭一己之力购买此前由政府免费提供的服务；也会有一些公民（由于种种原因被视作风险较高）在购买私人服务时可能要支付更高的价格。我们应当关心他们，考虑如何为他们提供更好的服务。

在上述形势下，政府面临重大抉择：要么袖手旁观，让公民随意使用手中新增的可支配收入（即回归多年前还未出现公共计划时的状况，那时，政府不承担任何社会责任）；[26]要么对如何使用财政收入做出明确规定，以尝试通过其他方式继续推行最近几十年来公共计划所追求的目标。无论政府如何选择，都必须承担起更多的监管责任，以确保私人服务的提供者能够满足更多的社会期许。政府在卸下部分支出责任的同时，应当在提高市场效率和增加透明度方面承担更多的责任。

在第一种选择中，政府可以想当然地认为，大多数公民都是负责的、理智的（不是短视的和不负责的），或者干脆说，公民是会对自己的行为负责的。这一选择完全尊重公民自由（负责任的自由或不负责任的自由），公民只需遵守某种“黄金规则”，即我有我的自由，我的行为我负责。极端保守的经济学家、哲学家以及部分公民（特别是在美国）偏爱这样的世界。《无政府、国家和乌托邦》的作者，哲学家罗伯特·诺齐克（Robert Nozick）可能是“最小政府”理论最著名的倡导者。一位书评家曾经这样写道：“罗伯特·诺齐克认为，每个人都是独立于他人的个体，有任意选择自己生活方式的不可侵犯的权利，唯一的前提条件是，他也必须尊重其他人同样的权利，包括不受干涉的权利……但不包括未经约定就接受他人帮助的权利。”（Lacey，2001）

批评家认为，罗伯特·诺齐克的观点太过极端。[27]问题的关键在于，不管愿意或不愿意，当一个人生活在社会中，尤其是城市社会中时，完全的个人自由将会对同一社会的其他人带来负外部性。假设其他条件不变，人口密度越大，潜在的负外部性就越大，例如传染病和极端贫困。因此，在推广甚至强制开展公共卫生运动，以及强制接种传染病防治疫苗等方面，政府的作用早已被社会公众广泛接受（在维多利亚时代，伦敦由于城市人口密度上升而不断出现问题时，政府的职能随之扩大。参见Walvin，1966）。因为每个人都担心自己的利益可能会因为他人的不良卫生状况而受到影响，也可能会因为自己家附近人行道上的病人或穷人而受到影响。[28]当然，有人会说，我有搬家的自由，但是，我的产权无法保证我不受这些问题的困扰。1991年诺贝尔经济学奖获得者罗纳德·哈里·科斯（R. H. Coase）也许会问：我的产权之中包括让我家门前这条街上没有病人和穷人的权利吗？[29]

与第一种选择相比，第二种选择没那么极端。在第二种选择中，政府以家长制的方式促使甚至要求公民用自己的收入（如对一些“必须救助的”个案，用政府或民间组织给最贫困者的现金转移支付款）从私人市场购买服务，以防范特定的风险，这些原本是由政府依靠高额税收免费提供或者给予高额补贴的服务。在此情况下，政府干预的目标没有改变，改变的是干预方式。[30]这一做法符合行为经济学的实验结果，即一些人如果任其自由选择，就有可能做出非理性决定。许多人不会介意“自由家长式”的善意引导，甚至不会介意受到政府干预，但前提条件是，他们必须认识到这种引导或干预能够帮助他们做出理性的选择。他们会被鼓励或强迫去改变其行为方式，从而行事更加理性。但一些观察家认为，这样做妨碍了个人自由，因为完全的自由应该包括非理性的自由。

第二种选择看上去好像是新生事物，在一些倡导者的渲染下更是给人这样的感觉，其实不然。许多国家的政府已然扮演了家长式的角色，例如，要求个人购买车险、进行车检，在住宅或办公室中安装火警警报器，系安全带（或戴安全帽），驾车时不开手机，公共场所禁烟，买香烟额外付费，接种防病疫苗，居住检验合格的房屋，规定孩子的入学年龄，对垃圾进行分类，等等。政府可以要求个人购买基本的医疗保险，取得最低养老金权益（或在个人退休账户中为老年储蓄），送孩子接受学校教育或给予孩子

"居家教育",等等。[31]这些家长式的政府行为并不一定涉及财政支出。在一些国家,如美国和一些美洲国家,政府已经这样做了。

不少国家都存在着某种形式的"家长式"做法,以代替过去依靠政府支出的公共计划。仿效1981年智利的做法,抑或是仿效更早的美国教师退休基金会计划,一些国家规定,雇员必须将一定比例的收入存入一个个人账户中,账户中的钱投资于受监管的私人基金,以实现逐步增值,这样雇员在退休的时候就能得到一笔款项。[32]这些公共计划建立在"界定供款"而不是"界定收益"的基础上,法律仅规定雇员的供款额,[33]而不保证其具体收益。

那种认为提前多年就能确定未来养老金水平的想法是不现实的。雇员退休时从私人基金得到的收益取决于他们的供款总额及其在这一时期的回报率。一些国家要求居民购买私人健康保险或者把钱存入专门的"健康账户"(比如新加坡),生病的时候首先动用其中的资金以待公共款项到位。[34]在一些国家(比如,美国、部分拉美国家和印度),私立学校一直很普遍或者已经变得十分普遍。即使能享受免费的公立教育,许多家庭还是将孩子送入私立学校,因为人们认为,私立学校能够提供更好的、更高质量的、更受市场欢迎的教育。美国等国家还设立了专门的教育账户。

毫无疑问,如果政府放弃了对某些部门(养老金、医疗、教育)的垄断权,私人部门的替代服务就会迅速出现,正如政府放弃了对航空和电信领域垄断时所发生的事情一样。国际市场提供的一些替代服务也许成本更低。教育和医疗服务已经越来越市场化了,一些选择与另一些选择相比,可能好处更多而费用更低。例如,印度正逐步成为出口高质量医疗服务的国家,而英国则成为教育服务的主要出口国。在过去几十年间，由于常常遭到政府禁止，在许多国家，这些选择都是不可能实现的。此外，政府提供的“免费”（即以税收来提供资金支持）服务也大大降低了人们使用私人部门服务的意愿，因为选择私人部门的服务不仅要承担私人部门服务的费用，还要继续为政府的“免费”服务缴纳税费。比如，如果政府提供免费的公立教育而父母要送孩子上私立学校，那么，这个家庭仍要为公立教育缴纳税费。为解决这个问题，以智利为代表的一些国家推出了教育券，人们可以使用教育券来支付私立学校的学费，而不需要直接付费。

由于技术进步和社会变革，现在的市场深度和广度都是过去无法比拟的。与今天的市场体系相比，或者说与今日之市场能够达到的水平相比，早年的市场体系比较封闭，也不够成熟。[35]因此，现在的一些选择是过去无法提供的。然而，一些政府行为却成为市场发展的羁绊。在经济全球化的过程中，政府应在监管私人市场（为防止出现卡特尔、垄断及其他滥用行为）、提高服务的运作透明度等方面发挥更大的作用，对一些服务的监管必须向全球市场扩展。可以由私人部门提供服务并不代表政府就可以袖手旁观，仅仅依靠无形之手来推动。相反，它意味着政府应该及时转变职能，运用经济政策工具而不是行政工具予以监管。

政府应该为公民提供更多、更好、更有用的信息，为公众选择社会服务创造条件。过去，政府在金融监管和提供信息方面的作用一直未得到重视，有关政府职能的讨论往往过分强调公共部门应在出现市场失灵的时候代替私人部门，却忽略了及时纠正市场失灵。

在新形势下，政府应该为那些真正“值得救助的穷人”（客观上无法工作的人）提供资金支持（即专项款），以使他们能够从市场上购买必不可少的基本服务，这些原本是由政府提供的免费或基本免费的服务。一些形式的代币券也可以发挥同样的作用。在此情况下，政府职能从提供昂贵的普惠服务转向了提供定向的专款专用的现金援助。需要指出的是，普惠援助的财政成本很高，但从管理角度尤其从政治角度来看较为简单易行。[36]之所以说定向援助的难度较大，是因为需要确定援助对象以及有权获得公共援助的个人收入或残障标准，[37]这种标准制定以及与之相联系的收入测评绝非易事，例如，在一个人口流动的社会，在一个逃税现象比比皆是的社会，要获得有关个人或家庭的可靠信息困难重重。鉴于上述情况，纳税人申报的收入不一定能够成为确定其需求的可靠依据。[38]事实上，许多年以前，没有所得税，人口流动也比现在低得多，教区牧师或者互助会会员对区内每个家庭的经济状况了如指掌（Beito et al.，2002；Solomon，1972）。

五、政府支出与“再分配悖论”

一些经济学家可能会以所谓的“再分配悖论”，反对我们在前面所提出的政策建议。“再分配悖论”认为，较高的政府支出有助于实现收入再分配。如果私人市场创造的收入出现了分配不公平的现象，政府干预是有可能大大减轻收入分配的不公平程度的，即使这些公共计划是全民普惠式的（并非仅仅惠及穷人），即使较高的收入阶层从政府支出总额中受益较多。再分配作用主要通过政府支出政策实现，而不是税收政策。只要保持较高的支出水平，即使采用比例税，仍有可能产生显著的再分配效果。

表1.5给出了13个发达国家的相关数据，似乎能够佐证“再分配悖论”。该表显示，在实行再分配之前，这些国家的私人收入的基尼系数较高，介于荷兰的0.372到英国的0.498之间，平均基尼系数为0.446。然而，当私人高收入因缴税而降低、私人低收入因公共转移支出而上升时，（税后和转移后）可支配收入的基尼系数大幅下降至0.280的平均水平，其中，丹麦和荷兰最低，分别为0.228和0.231；美国最高，为0.372。

表 1.5　OECD 国家的再分配：税收和公共转移支出的作用

国家	年份	基尼系数		财政再分配	贡献占再分配比重（%）		公共支出
		私人收入	可支配收入		税收	转移支出	占 GDP 百分比
澳大利亚	2003	0.460	0.312	0.140	31.8	68.2	34.0
比利时	1997	0.481	0.250	0.231	32.0	68.0	51.2
加拿大	2000	0.429	0.315	0.114	35.1	64.9	40.6
丹麦	2004	0.419	0.228	0.191	22.0	78.0	54.4
芬兰	2004	0.463	0.252	0.211	21.8	78.2	50.1
法国	1994	0.485	0.288	0.197	9.1	90.9	54.2
德国	2000	0.473	0.275	0.198	25.3	74.7	45.1
荷兰	1999	0.372	0.231	0.141	31.2	68.8	46.0
挪威	2000	0.403	0.251	0.152	25.7	74.3	39.3
瑞典	2000	0.447	0.252	0.195	19.0	81.0	55.6
瑞士	2002	0.392	0.274	0.118	1.7	98.3	35.0
英国	1999	0.498	0.343	0.155	20.0	80.0	39.5
美国	2004	0.481	0.372	0.109	40.4	59.6	36.0
平均值		0.446	0.280	0.166	24.2	75.8	44.7

资料来源：政府支出数据（最后一列）来自欧盟和国际货币基金组织，其他数据来自戴维·杰苏伊特（David Jesuit）提供的“卢森堡收入研究”。

表1.5还显示，平均75.8%的再分配来自政府支出，换言之，约有3/4的再分配来自政府支出，但是，只有1/4或者25.3%来自税收的拉平效应。税收仅在几个盎格鲁—撒克逊国家（美国、加拿大、澳大利亚）发挥了重要作用。美国没有增值税，而且收入过低的家庭免缴所得税。与其他国家相比，税收制度是美国较重要的收入再分配工具。

图1.1是一个散点图，它是根据表1.5中13个国家的数据绘制而成的，反映了政府支出总额占国内生产总值的比重与政府支出和税收所产生的财政再分配作用之间的关系。从图中可以清楚地看到，政府支出在国内生产总值中的占比越高，财政政策的再分配作用越大。两个变量之间的相关系数高达0.82。

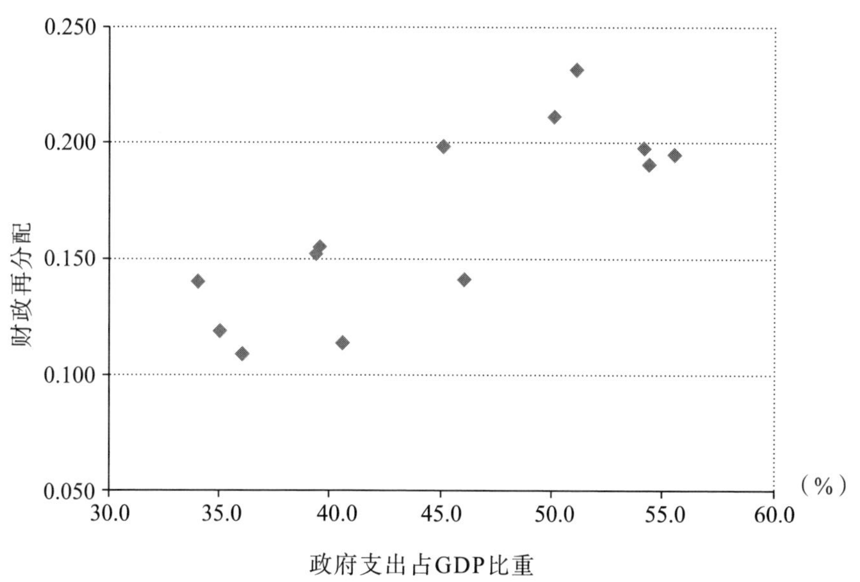

图1.1　样本国家政府支出和财政再分配

反对定向收入再分配政策还有一条理由——高支出、普惠式的公共计划比定向计划的再分配效果更好。这实际上是一个政治理由，因为后者得不到中产阶级的支持，很难被采纳。持有这一观点的人认为，与盎格鲁—撒克逊国家相比，那些政府支出水平较高、实行全民普惠的国家，特别是福利国家，之所以能够更好地降低社会不平等程度，是因为前者实施的是定向计划，而非普惠计划。这一观点的前提假设是：中产阶级都受到某种财政幻觉的影响，只看到政府支出带来的好处，看不到缴纳高额税费的成本。

倘若降低收入分配的不平等是国家经济活动唯一的或最重要的目标，倘若用于穷人的钱真的成了穷人的现金收入，一如“再分配悖论”所认为的那样，那么，全民普惠计划就的确更有利于改善基尼系数和社会福利水平。但是，这一观点至少存在以下两个方面的问题。

其一，在全球化进程中，在充满竞争的世界里，降低收入不平等固然重要，但是，它不可能成为经济政策的唯一目标，或者最重要的目标。否则，过去实行计划经济的国家、今天的古巴和朝鲜所推行的经济政策就应该大受称赞，并为其他国家所效法。古巴和朝鲜的经济政策产生了理想的基尼系数，但是，其经济长期停滞不前。[39]因此，中央计划经济来了又走了，现在已经基本消失。

其二，我们必须认识到，本应用于低收入群体的款项，一部分（甚至大部分）可能通过高工资、低效率的渠道分流给提供服务的人（比如教师、公共管理人员、护士、医生），而低收入群体却被当作所有这些资金的受益人。政府的公共财政支出有时对意向中的受益人帮助较少，反而是大大有利于那些提供公共服务的人，[40]最后却依然被认为是惠及了那些意向中的受助者。但提供服务的人通常不属于收入分配中的最底层人群，他们往往来自中产阶级（Tanzi，1974，2008；Alesina，1998）。这就是“迪雷克托法则”（Director’s Law）。芝加哥大学教授艾伦·迪雷克托（Aaron Director）在20世纪60年代初曾提出过一项“政府支出法则”，即不论其对外宣称的目的是什么，政府支出往往旨在让中产阶级受益，而政府支出的资金则主要来自对穷人和富人征收的税费（Stigler，1970）。艾伦·迪雷克托关于政府支出受益者的判断可能是对的，但对资金来源的认识似乎欠妥。近些年，发达国家的税负水平大幅提高，并且实行了增值税和工资税，导致中产阶级税负偏重。在这些国家中，“迪雷克托法则”适用于对中产阶级而言更为重要的“税收支出”，因为税收支出的某些特点（比如，递减减免或有限减免）使其对高收入者较为不利。

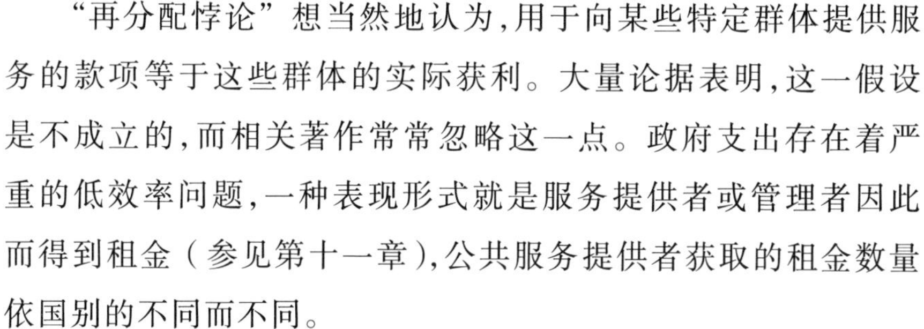

“再分配悖论”想当然地认为，用于向某些特定群体提供服务的款项等于这些群体的实际获利。大量论据表明，这一假设是不成立的，而相关著作常常忽略这一点。政府支出存在着严重的低效率问题，一种表现形式就是服务提供者或管理者因此而得到租金（参见第十一章），公共服务提供者获取的租金数量依国别的不同而不同。

最后一点，由于全球化和社会变革，继续实行高税收会越来越困难，因为各种形式的“财政白蚁”正在侵蚀着许多国家税收制度的基础（Tanzi，2001）。这意味着，与过去几十年“白蚁”现象还不突出时相比,全民普惠式的公共计划正面临越来越严重的资金困难。未来数年中,财政白蚁现象将迫使各个国家转变政府职能——降低政府支出和税收,更多地运用经济政策工具而不是财政政策工具。而全球化和代币券的出现有利于实行定向现金转移支付。在此情况下,低收入者可用这笔资金从市场甚至国外以较低的价格购买所需的服务,以防范特定风险。例如,医疗旅游业正逐步升温,富裕国家的公民可以从较贫穷的国家,比如印度,购买那些在本国较为昂贵的医疗服务,不仅价格划算,而且质量过关。一些教育服务也可以从国外购买,实际上这种购买也已经开始了。比如,包括英国在内的一些发达国家已经成为教育服务的重要出口国。很快,连照顾老人(或看管犯人)的服务也有可能从国外购买,并且质优价廉。[41]不仅如此,其实我们没有理由要求人们只能将养老的积蓄用于国内,而不能投向国际市场,投向那些风险低、管理好的项目。[42]

今后,政府必须发挥比过去更加警觉、更为有效的监督和管理作用,这是市场经济国家中政府的根本职能,也是政府一直未履行好或者根本未履行的一项重要职能。芝加哥大学经济学家就曾撰文质疑国家在金融监管方面所发挥的作用。[43]随着政府支出的削减,需要更多、更好的规章制度,以及执行这些规章制度的更有效率的制度安排。已故的法国领导人让·莫内(Jean Monnet)在欧盟建立的过程中发挥过重要作用,他曾经说过:“没有人,一切皆无可能;没有制度,一切皆不可持续。”关键问题是,政府是否能够建立起一个合适的制度安排,公平而有效率地发挥作用。如果答案是肯定的,转变政府职能就一定能实现,甚至受到欢迎。增加政府职能就不需要那么多的财政支出和那么高的税收,而是需要更有效的监管和引导,以及进一步的国际协调。

六、结束语

在接下来的章节中,我们将对上面提出的各种问题进行分析和回答。其中,第二部分进行了历史回顾,讲述过去一个世纪以来政府支出大幅增长的原因。第三部分侧重于理论分析,介绍不同背景下政府职能的理论变迁,并且讨论了相关政策工具。第四部分以经合组织国家为主要研究对象,研究政府支出增长对社会经济指标的影响,当然,也会涉及其他国家。第五部分分析影响未来政府职能的因素,讨论那些到目前为止还未引起我们重视的问题。第五部分还会对正在进行的全球性变革及其所代表的发展趋势予以分析。由于运用支出和税收以外的经济政策工具(尤其是监管工具)变得越来越重要,从某种意义上讲,政府职能有可能向19世纪之前回归。不过,无论如何,现代的政府职能将完全不同于历史的政府职能。与19世纪之前相比,现代政府的支出和税收水平已经大幅提高了,其目的是为公民社会提供公共服务,而不是为特权阶层提供寻租机会。现代社会的政府职能是否能够实现,是否更有效率,我们将拭目以待。未来市场经济的发展也许就取决于政府职能的变革。

参考文献

Alesina, Alberto. 1998. "The Political Economy of Macroeconomic Stabilization and Income Inequality: Myths and Reality," in *Income Distribution and High-Quality Growth*, edited by Vito Tanzi and Ke-Young Chu (Cambridge, Mass.: MIT Press).

Alonso, Antonio, Ludger Schuknecht, and Vito Tanzi. 2005. "Public Sector Efficiency: An International Comparison." *Public Choice* 123:321-47.

Alston, Lee J., and Joseph P. Ferrie. 1999. *Southern Paternalism and the American Welfare State: Economics, Politics, and Institutions in the South, 1865-1965* (Cambridge: Cambridge University Press).

Andreoni, James. 2006. "Philanthropy," in *Handbook of Giving, Altruism, and Reciprocity,* vol. 2, edited by Serge-Christophe Kolm and lean, Mercier Ythier (Amsterdam: Elsevier, North-Holland), pp. 1201-65.

Angelopoulos, Konstantinos, Apostolis Philippopoulos, and Efthymios Tsionas. 2008. "Does Public Sector Efficiency Matter? Revisiting the Relation between Fiscal Size and Economic Growth in a World Sample." *Public Choice* 137, nos. 1-2 (October): 245-78.

Ariely, Dan. 2008. *Predictably Irrationah The Hidden Forces That Shape Our Decisions* (New York: Harpers and Collins).

Arrow, Kenneth J. 1970. "The Organization of Economic Activity: Issues Pertinent to the Choice of Market versus Nonmarket Allocation," in *Public Expenditure and Policy Analysis*, edited by Robert H. Haveman and Julius Margolis (Skokie, Illinois:) (Rand McNally College Publishing).

Atkinson, A. B. 2004. "Social Europe and the Contribution of Public Economics." *Rivista di Diritto Finanziario e Scienza delle Finanze*, Anno LXII, Fase. 4.

Auerback, A. J., J. Gokhale, and L. Kotlikoff. 1991. "Generational Accounts; A Meaningful Alternative to Deficit Accounting," in *Tax Policy and the Economy,* edited by David Bradford (Cambridge, Mass.: MIT Press).

Auerback, A. J., Laurence J. Kotlikoff, and Willi Leibritz. 1998. "Generational Accounting around the World." IMES (Institute of Monetary and Economic

Studies, Bank of Japan), *Discussion Paper* No. 98-E-2.

Banca d'Italia. 2008. *Relazione Annuale* (Rome, May 31).

Bastiat, F. 1864. *Oeuvres Completes*. 7 vols. (Paris: Guillaumin).

Bator, Francis M. 1960. *The Question of Government Spending: Public Needs and Private Wants* (New York: Harper and Brothers).

Beito, David. 2000. *From Mutual Aid to the Welfare State: Fraternal Societies and Social Services, 1890-1967* (Chapel Hill: University of North Carolina Press).

Beito, David, Peter Gordon, and Alexander Tabarrok, eds. 2002. *The Voluntary City* (Ann Arbor: University of Michigan Press - Independent Institute).

Callan, Tim, and John Walsh. 2006. "Assessing the Impact of Tax/Transfer Policy Changes on Poverty: Methodological Issues and Some European Evidence." *Euromod Work- ing Paper* No. EM1/06.

Cipolla, Carlo M. 1969. *Literacy and Development in the West* (Harmondsworth: Penguin Books).

Coase, Ronald. 1937. "The Nature of the Firm." *Economica* 4: 386-405.

1960. "The Problem of Social Cost." *Journal of Law and Economics* 3 (October): 1-44.

Della Vigna, Stefano. 2009. "Psychology and Economics: Evidence from the Field." *Journal of Economic Literature* 47, no. 2 (June): 315-72.

de Molinari, Gustave. 1849. *Les Soirées de la Rue Saint-Lazare: Entretiens sur les Lois Economique et Défense de la Propriété*. Translated as *Le Serate di Rue Saint-Lazare* (Macerata: Liberi Libri, 2009).

De Viti de Marco, Antonio. 1936. *First Principles of Public Finance* (London: Jonathan Cape). Previously published in Italian.

Down, Anthony. 1957. *An Economic Theory of Democracy* (New York: Harper).

European Commission. 2008. *Public Finances in EMU* (Brussels).

European Foundation for the Improvement of Living and Working Conditions. 2008. *Second European Quality of Life: First Findings* (Dublin).

Gustafsson, Bjorn. 2008. "The Swedish Model in the Era of Integration and Globaliza-tion," in *Institutions for Social Well-Being: Alternatives for Europe*, edited by Lilia Costabile (London: Palgrave Macmillan), pp. 171-97.

Haveman, Robert. 1994. "Should Generational Account Replace Public Budgets and Deficits?" *Journal of Economic Perspective* 1:55-111.

Hochman, H. M., and J. D. Rodgers. 1969. "Pareto Optimal Redistribution." *American Economic Review* 59: 542-57.

Korpi, Walter, and Joakim Palme. 1998. "The Strategy of Equality and the Paradox of Redistribution." *American Sociological Review* 63, no. 5: 661-87.

Lacey, A. R. 2001. *Robert Nozick* (Princeton: Princeton University Press).

Lindert, Peter H. 2002. "What Drives Social Spending? 1780 to 2020," in *When Markets Fail: Social Policy and Economic Reform*, edited by Ethan B. Kapstein and Branko Milanovic (New York: Russell Sage Foundation, 2002), pp. 185-214.

McCaffery, Edward J., and Joel Slemrod, eds. 2006. *Behavioural Public Finance* (New York: Russell Sage Foundation).

Mill, John Stuart. 2004. *Principles of Political Economy* (Amherst, N.Y.: Prometheus Books).

Musgrave, Richard. 1959. *The Theory of Public Finance* (New York: McGraw-Hill).

Myrdal, Gunnar. 1954. *The Political Element in the Development of Economic Theory* (Cambridge, Mass.: Harvard University Press). Originally published in Swedish in 1929.

Nozick, Robert. 1974. *Anarchy, State and Utopia* (New York: Basic Books).

OECD. 1985. *Social Expenditure*, 1960-1990 (Paris: OECD).

2009. *Taxing Wages* (Paris: OECD).

2010. *Revenue Statistics of OECD Countries* (Paris: OECD).

Pigou, Arthur. 1924. *The Economics of Welfare*. 2nd ed. (London: Macmillan).

Plato. 1961. Republic I, in *The Collected Dialogues of Plato*, edited by Edith Hamilton, Bollinger Series 71 (New York: Pantheon Books).

Rawls, John. 1971. *A Theory of Justice* (Cambridge, Mass.: Belknap Press of Harvard University Press).

1974. "Some Reasons for the Maximin Criterion." *American Economic Review* 64:141-46.

Rexed, Knut. 2000. "Public Sector Reform: Lessons from the Nordic Countries, the Swedish Experience." Swedish Agency for Administrative

Development. Mimeo (May 19).

Ritter, Gerhard A. 1996. *Storia dello Stato Sociale* (Rome: Laterza). Translated from *Der Sozialstaat Entstehung und Entwiklung im Internationalen Vergleich* (Munich: R. Oldenbourg Verlas, 1991).

Rizza, P., and P. Tommasino. 2008. "Will We Treat Future Generations Fairly? Italian Fiscal Policy through the Prism of Generational Accounting," in *Fiscal Sustainability: Analytical Developments and Emerging Policy Issues*, edited by Daniele Franco. Banca d' Italia, Workshop on Public Finance (April).

Rose-Ackerman, Susan. 1999. *Corruption and Government: Causes, Consequences and Reform* (Cambridge: Cambridge University Press).

Say, J. B. 1841. *Traité de économie politique* (Paris: Guillaumin).

Savedoff, William D., and Pablo Gottret. 2008. *Governing Mandatory Health Insurance* (Washington, D.C.: World Bank).

Sen, Amartya. 1979. "Personal Utilities and Public Judgments: Or What Is Wrong with Welfare Economics?" *Economic Journal* 89: 537-89.

Solomon, Howard M. 1972. *Public Welfare, Science and Propaganda in Seventeenth Century France* (Princeton: Princeton University Press).

Stigler, George J. 1970. "Director's Law of Public Income Redistribution." *Journal of Law and Economics* 13 (April): 1-10.

1989. *The Economic Role of the State* (Cambridge, Mass.: Basil Blackwell).

1975. *The Citizen and the State: Essays on Regulation* (Chicago: University of Chicago Press).

Tanzi, Vito. 1974. "Redistributing Income through the Budget in Latin America." Banca Nazionale del Lavoro, *Quarterly Review*, no. 108: 65-87.

1998. "Corruption around the World." *IMF Staff Papers* 45, no. 4 (December): 559-94.

2000. "Rationalizing the Government Budget," in *Economic Policy Reform: The Second Stage*, edited by Anne Krueger (Chicago: University of Chicago Press), pp. 435-52.

2001. "Globalization, Technological Developments and the Work of Fiscal Termites." *Brooklyn Journal of International Law* 26, no. 4: 1261-84.

2005a. "Social Protection in a Globalizing World." *Rivista di Politica*

Economica, Anno XCV, Serie III (March-April): 3-23.

2005b. "The Economic Role of the State in the 21st Century." *Cato Journal* 25, no. 3 (Fall): 617-638.

2005c. "The Role of Government and Public Spending in a Changing World." *Rivista di Diritto Finanziario e Scienza delle Finanze*, Anno LXIV, Fasc. 3: 321-39.

2007. "Fiscal Policy and Fiscal Rules in the European Union," in *Europe after Enlargement*, edited by Anders Aslund and Marek Dabrowski (Cambridge: Cambridge University Press), pp. 50-64.

2008. "The Role of the State and Public Finance in the Next Generation." *OECD Journal on Budgeting* 8, no. 2: 1-27.

2010. "Complexity in Taxation: Origin and Consequences." Mimeo (November).

Tanzi, Vito, and L. Schuknecht. 2000. *Public Spending in the 20th Century: A Global Perspective* (Cambridge: Cambridge University Press).

Thaler, Richard H., and Cass R. Sunstein. 2008. *Nudge: Improving Decisions about Health, Wealth, and Happiness* (New Haven: Yale University Press).

Tooley, J. 1996. *Education without the State* (London: Institute of Economic Affairs).

U.S. Government. 1962. *Economic Report of the President* (Washington, D.C.: GPO).

Walvin, James. 1988. *Victorian Values* (Athens: University of Georgia Press).

West, E. G. 1970. "Resource Allocation and Growth in Early-Nineteenth Century British Education." *Economic History Review* 23: 68-95.

World Bank. 2008. *Governing Mandatory Health Insurance*. Edited by William D. Savedoff and Pablo Gottret (Washington, D.C.).

Wuthnow, Robert. 1991. "The Voluntary Sector: Legacy of the Past, Hope for the Future?" in *Between States and Markets: The Voluntary Sector in Comparative Perspective*, edited by Robert Wuthnow (Princeton: Princeton University Press).

Zamagni, Vera, ed. 2000. *Povertá e Innovazione Istituzionale in Italia: Dal Medioevo ad Oggi* (Bologna: Il Mulino).

第二部分

历史回顾

我不知道是什么能够使一个人更加保守——是只了解当前，还是只了解过去。

——约翰·梅纳德·凯恩斯，《自由放任的终结》，第16页

第二章 第二次世界大战之前的政府职能

一、引言

本章由五节组成，主要介绍了历史上，特别是19世纪和20世纪中，政府职能的变迁过程。本章内容包括政府职能变迁的原因、影响政府职能变迁的经济学家，以及政府经济行为的变化。其中，第一节作为本章的引言，主要介绍了社会公众对贫困和收入分配的态度及其变化，以及社会给予个人机会的变迁情况。由于各国情况不同，也许会有一些例外，不过，政府职能的变迁过程，大体上可以划分为三个阶段。

第一阶段是中世纪至19世纪上半叶。在这一阶段，个人的经济地位和社会地位几乎完全取决于家庭出身。家庭和家庭关系是个人经济地位和社会地位变化的最重要因素。贫困（或低收入阶层）被认为是大自然的安排。塞尔吉奥·里科萨（Sergio Ricossa）曾经引用过13世纪初一位著名神学家和布道者的话："如果所有人都成国王了，那么，谁还劳作呢？既然上帝已经把人分成了穷人和富人，穷人服侍富人、富人帮助穷人就是理所当然的了。”这位神学家和布道者的名字是乔达诺·达·里瓦尔多（Giordano da Rivalto）。塞尔吉奥·里科萨认为，乔达诺·达·里瓦尔多的上述看法代表了教会的观点，即通过富人资助的慈善机构来帮助穷人一直是教会乐意做的事情。这种相信自然秩序的观点并不局限于13世纪，也不局限于意大利。卢埃林·伍德沃德（Llewllyn Woodward）爵士（1962）在一本名为《改革时代，1815—1870年》的著作中提到，19世纪上半叶的英格兰对贫困也有类似的观点。1835年，亚历克西斯·德·托克维尔出版了《论美国的民主》一书，在书中，托克维尔也表达了类似的观点。2009年，艾伦·沃尔夫（Alan Wolfe）出版了《自由的未来》一书，在这本著作中，他重申了19世纪卢埃林·伍德沃德关于社会不平等的观点：“我们应该承认现实，接受现实世界，尽管这个世界的本质是不平等的。”罗伯特·基弗·韦布（R. K. Webb）重申：

> 19世纪早期，国家曾经希望通过立法来帮助穷人，然而他们失败了，一个重要原因是当时社会的中上阶层认为，在一个快速变化的经济中，无法对社会福利进行有效监管。但穷人是整个社会中必然存在的一部分，政府干预是不可避免的，这可能是上天安排好的。当然，他们当中还有一小部分人信奉“自由放任”，认为政府干预是无效的。（Webb, 1980）

1834年2月，英国议会通过立法帮助穷人，自此，占英国人口1/6的穷人都不同程度地获得过某种帮助（Tocqueville，1998）。这项工作的进展，一方面得益于国家政治的进步；另一方面也是由于很多出身贫寒的人在工业革命中变为有钱人，成为具有经济实力和政治影响力的新"资产阶级"。受其影响，从19世纪下半叶开始，社会公众对贫困的态度开始有所转变，推动个人机会平等（例如，对选举权、工人权利、妇女权利、儿童权利进行立法）的压力日益增大。从某种角度讲，这个阶段一直持续到第一次世界大战或者经济"大萧条"之前。至此，社会从接受贫困现象，认为贫困阶层是上天的自然安排，转变到关注机会平等问题上。这是一个非常重要的转变，至少为人们摆脱贫困、脱离贫困阶层创造了条件。

19世纪的大部分文献资料对越来越多的民众参与普选表示担忧，当时，社会公众表现出了越来越高的政治参与度以及越来越高的投票热情。一些学者担心，这可能引发更多的政府救助以及收入和财富再分配。越来越多的人，不仅仅是穷人，要求政府维护收入分配公平，结果导致了越来越高的政府支出、越来越高的税收，以及越来越集中的政治权利，进而增加了将个人自由处于大部分人暴政之中的危险。推动平等的力量越大，对个人自由的限制也就越多。此外，平等仅仅是一种事实，而自由则更主要的是一种价值观。亚历克西斯·德·托克维尔（1835）已将这一观点进行了明确的阐述。在较为保守的政治圈子里，这一观点被普遍接受。与他们的观点不同，一些左翼人士认为，政府应该帮助和改造穷人，因为贫困可能引发犯罪，对社会带来负面影响。

经济“大萧条”之后，社会公众开始把对机会平等的关注转移到对结果平等的关注上。仅仅帮助穷人生存下来是不够的，新的目标是促进结果平等，结果平等被认为更有意义。现代社会中，很多人不能接受生活水平的差异，特别是获取“基本商品”的差异。这里，我们暂时不考虑某些国家的某种尝试或者实验——将平等目标推向极端，压制个人自由，以福利国家为政府目标。

需要指出的是，这一变化带来了很多争议。除前面提到的“自由”概念外，“平等是不是自然法则”也成为人们讨论的焦点之一。有些人认为，平等违背了自然法则。人是社会动物，过着群体生活，个人自由总是有限制的，这种限制包括所处环境的影响。除少数情况外，社会等级总是存在的。在家庭内部，丈夫总是比妻子更有权力；家长总是比孩子更有权力；男孩子总是比女孩子更有权力；大孩子总是比小孩子更有权力；等等。在历史上，凡是较大的部落都有类似的等级存在，在一些国家则一直延续至今，成为社会传统。漫长的中世纪反映了这些等级的变迁，决定了集体成果如何在群体之间分配。上面三个例子分别从“自然”、“生物学”、“历史”三个角度说明，除了道德优势和一些极端的例子之外，“人人平等”违背了长期存在的自然法则。因此，许多人一直拒绝结果平等的过程及目标，他们将结果平等视为对个人自由的挑战。不过，在市场经济中，这仍然是一个很有争议的问题（见Berke，2000；Wolfe，2009）。

罗伯特·诺齐克和保守派人士已经在政治层面上讨论了平等在多大程度上限制了个人自由等问题。与结果平等相比，保守派人士更看重个人自由，并相信追求结果平等将会限制个人自由。

二、政府职能：两种截然相反的观点

在现代社会中，国家的作用，或者说，政府职能取决于多种多样的因素，其中包括构成国家的个体的归属感、选举和政治规则、政策制定者的观点、政治压力和制度限制、惯例。当然，这些因素会受到流行的社会思潮的影响。近年来，经济学家和政治学家一直致力于上述因素的研究工作，公共选择理论就是其中的成果之一。公共选择理论将重点放在限制或应该限制政府行为的规则上（比如宪法）。从长期看，即使宪法成为政治制度的一个组成部分，宪法也经常会发生变化。

经济学家和政治学家通常将研究对象假设为具有民主政体的市场经济，并关注与此相关的组织和制度问题，因此，他们在某种程度上也存在“时间狭隘主义”。所谓“时间狭隘主义”，是由莱昂内尔·罗宾斯（Lionel Robbins）爵士提出的，现在他已经离开我们了。我们将文献综述安排在随后的章节中，现在，我们先来看一下关于政府职能的两种极端观点。如果我们回到约瑟夫·熊彼特（Joseph Schumpeter）（1954）所说的“故纸堆”里，那么，对于大多数国家来讲，政府职能必然介于两种极端的观点之间。

一种观点认为，政府职能是有限的。公民借助运行良好的市场机制、自身努力和劳动收入，完全能够满足个体和社会的需求。在这种社会中,个人可以自由结社,寻求社团。有限的政府职能主要体现在纠正市场失灵,提供公共物品,弥补市场不足。政府可能会在其他力量失灵的情况下,例如发生自然灾害的时候,对经济活动进行干预(Moss,2002)。当灾难发生时,大多数人都希望自己的政府能够迅速介入并发挥重要作用。当然,在海地或者在2010年的巴基斯坦,外国政府在经济援助中也发挥了重要作用。经济学家将这种政府发挥有限职能的经济制度称为“自由放任”。这种经济制度主要流行于19世纪,“古典经济学家”是其主要代表。

与之相对立的观点认为,应该由政治家来做出大部分决策,因为政治家代表国家利益。当然,一些政治家可能是自我任命的,而不是经过选举产生的。在这种政治制度下,政府必须对社会公众的经济福利负责,因为政府占有(大部分)生产资料,(在绝大多数情况下)剥夺了私人财产,市场的作用很小,或几乎不起作用。根据报道,斯大林时期的经济学家斯特鲁米林(S. C. Strumilin)曾经说过:“我们的任务不是学习经济学,而是改变经济学,我们的行为可以不受任何经济法则的约束。”在这种政治制度下,个人没有任何经济自由,个人从事经济活动的积极性被压制,甚至被剥夺。个人成为政府的财产,个人的偏好无足轻重。只要政府认为时机合适,就可以随时“使用”个人。政策制定者是社会需求的唯一诠释者。一般将这种体制称为“中央计划体制”或“指令经济”(关于“指令经济”的学术定义,参见 Kornai,1992)。

一般情况下,人们会以两位著名经济学家的名字来命名上述两种极端的观点，他们分别是亚当·斯密（Adam Smith）和卡尔·马克思（Karl Marx）。其实，很多经济学家对这两种理论的形成都有贡献，而亚当·斯密和卡尔·马克思对这些理论的发展究竟做出了多少贡献，到目前还没有定论。这两位经济学家撰写了迄今为止最有影响力的两部著作。就亚当·斯密而言，与其说他是经济学家，不如说他是哲学家，《国富论》奠定了"自由经济"制度的基石，并影响了很多发达国家的经济发展。亚当·斯密的另外一部重要著作是《道德情操论》，这部著作于1759出版。很多历史学家认为，《道德情操论》的学术价值高于《国富论》（Herman，2001；Himmelfarb，2004）。我们将在后面说明，将"自由放任"理论放在亚当·斯密的名下可能是不合适的。

卡尔·马克思是《资本论》（1867；英文版，1886）的作者，他也是一名"哲学家、历史学家、经济学家、语言学家、文学评论家和革命家"。《资本论》奠定了中央计划体制或指令经济的基础。最新出版的马克思传记曾经提到："他去世之后的100年中，世界的半数人口曾经由信奉马克思主义的政府所统治，马克思的思想曾经极大地改变了经济学的研究进程……自耶稣以后，还没有一个人受到如此多人的顶礼膜拜。"（参见Wheen，1999）相比之下，1883年3月17日，马克思逝世时，只有11个人参加了他的葬礼。[1]（1987年的社会主义国家名单，参见Kornai，1992。）

无论是《国富论》还是《资本论》，或其追随者对两部著作的诠释，都对不同时期、不同国家的经济政策产生了重大的影响。从历史的角度来看，卡尔·马克思比亚当·斯密的影响更直接、更明显，也更容易辨识。一些政策制定者经常假装读过他们的某本著作，并以此来指导他们制定经济政策，或据以为其经济政策进行辩护。应当承认，亚当·斯密和卡尔·马克思以及他们创立的学说，代表了两个极端。当今世界，大部分国家的政府职能都介于这两个极端之间，大多数国家既不是纯粹的自由经济，也不是完全的指令经济，政府职能比亚当·斯密及其信徒所限定的更加广阔，但也不像指令经济国家那样无所不能。目前，大多数国家的经济比较接近于亚当·斯密的"自由放任"模式；少数国家的经济比较接近于卡尔·马克思的计划经济模式。那些在20世纪六七十年代形成的所谓"福利国家"，政府承担的经济职能远远大于亚当·斯密所界定的范围，并且通过高税收和严格监管来限制资本的回报，但也留给了市场和个人以足够大的空间，并且保护私有财产。少数中央集权国家也开始具备了一些市场经济的特征。来自市场国家的竞争以及全球化的压力，迫使中央集权国家发生了很大变化。概括来讲，虽然在二三十年前，属于卡尔·马克思阵营的国家数量很多，有一段时间，大家甚至担心，卡尔·马克思的阵营可能会赢得这场价值观之争，但当前政府职能更接近于亚当·斯密的思想。

1917年布尔什维克革命后，苏联成为第一个实行中央计划经济体制的国家（Rostow，1953；Kornai，1992）。第二次世界大战之后，在苏联的影响下，亚洲、东欧以及非洲和拉美的一些国家都建立了与苏联相似的中央计划经济体制。尽管印度等国家并没有实行指令经济，但中央计划经济的思想也影响了他们。

在从1920年至1990年长达70年左右的时间里，无论是在意识形态上，还是在实践上，马克思主义都成为亚当·斯密“自由放任”理论、古典经济学和新古典经济学的真正挑战者，并且吸引了包括西方主流经济学家在内的精英阶层的关注。[2] 20世纪90年代苏联解体之后，很多国家开始从计划经济向市场经济转变，亚当·斯密与卡尔·马克思在经济领域的影响力也发生了此消彼长的变化（Stiglitz，1994；Tanzi，1993，2010）。在此后的20年中，源于亚当·斯密的“自由放任”理论，经过重新诠释以更加现代的面貌重新获得了很多国家的重视。在这段时期内，特别是20世纪90年代，要求赋予市场更多空间、缩小政府职能的呼声不断高涨。不过，与亚当·斯密和古典经济学家的观点不同，经过重新诠释的“自由放任”理论主张政府应在支出方面承担更多的职能。

2008年爆发的全球金融危机影响了很多国家，再一次引发了学术界对“自由放任”理论和市场经济的批评，并且呼吁扩大政府职能，这与“大萧条”时期的情况非常类似。危机中，由于世界经济需要使用扩张性经济政策刺激总需求，以走出经济衰退的阴影，凯恩斯主义重获青睐。一些经济学家认为，应增强政府在金融市场、医疗、教育、基础设施、研究、能源以及救助银行和企业方面的职能，政府的产业政策也应当受到重视。只是现在评价这些理论对政府支出和政府职能的影响还为时尚早。

经济学家认为，从历史角度来看，“自由放任”制度是许多（不是全部）发达国家在第一次世界大战之前或“大萧条”之前所选择的经济制度。尽管当时一些国家的政府支出较少，但政府在推动对外贸易和促进工业发展方面发挥了重要作用，所以，这些国家的"自由放任"并不是真正意义上的"自由放任"。无论如何，这一阶段仍是距离我们最近的实践"自由放任"制度的时期，正是在这一时期，亚当·斯密的理论及其追随者的理论开始被付诸实践，亚当·斯密及其追随者也因此被称为"古典经济学"的奠基人。我们随后会谈到，其实，亚当·斯密对"自由放任"理论的贡献可能没我们想象得那么多。到了1880—1890年间，"自由放任"理论的吸引力有所减退，政府干预行为有所增加。

20世纪20—90年代，苏联以及受苏联影响的其他国家是距离我们最近的实践马克思主义的时期。历史上，除了20世纪20年代之外，纯粹意义上的"自由放任主义"与"马克思主义"并没有同时存在过。计划经济在大部分时间里是与"混合经济"共存的，而并没有与"自由放任"的经济共存过。

政府在"自由放任"经济中的作用是有限的，[3]相比之下，政府在中央计划经济中的作用非常强大。因为在中央计划经济中，政府拥有大多数土地和资产；有权力决定就业和工资水平，有权力决定整个国家的储蓄和投资，也有权力决定所有商品的种类及价格。此外，政府以国有企业为载体，负责大部分投资，也承担着进出口职能。在计划经济国家，公有制经济接近总产出的100%，因此在实践中很难区分国有经济与私人经济。政府几乎完全取代了市场，国有企业的行为完全由政府决定。个人的经济决策几乎起不到任何作用。在计划经济体制下，由于个人的经济动机可能与社会目标相冲突，所以，个人动机被压制。具有强烈经济动机的个体被认为是反社会的，是收入分配不公平的根源（Tanzi,2010）。在中央计划经济中,政府职能主要通过国有企业来实现,国有企业负责提供就业、医保、养老以及其他福利。无论需要还是不需要,国有企业都要安排所有的劳动力就业,在中央计划经济体制下没有真正意义上的失业。[4]

从长期来看,中央计划经济的运行情况并不理想,僵化和低效率造成了经济的不可持续,对于现代经济来说尤其如此。如果只生产少数几种农产品或者工业品,那么,由政府来编制一个国家的经济计划也许并不困难。但如果生产的产品、提供的服务种类繁多,那么,编制国民经济计划就会非常困难。当时,接受过数学训练的经济学家试图开发一套包括"投入—产出"分析在内的计算系统,来编制国民经济计划,最终因这一系统太过复杂而以失败告终。

1922年,计划经济试验刚刚开始的时候,奥地利经济学家路德维希·冯·米塞斯（Ludwig von Mises）就曾经预言,在计划经济中,理性的经济计算会变得非常困难。1944年,另外一位奥地利经济学家对计划经济试验的失败给出了更为完整的解释,即中央计划体制丧失了生产者所需要的市场价格中所蕴藏的供求信息（Hayek,1944）。弗里德里希·奥古斯特·冯·哈耶克（Friedrich August von Hayek）还认为,对经济活动的控制必将导致专制统治,在指令经济中不可能存在真正意义上的民主。不过,当时包括保罗·萨缪尔森（Paul Samuelson）在内的经济学家对哈耶克的上述观点表示质疑。

随着现代经济越来越复杂,激励机制以及价格信息越来越重要,计划制订者控制的任务也会越来越繁重。正如彼得·勃特克（Peter Boettke）（2005）所说，“政府规模不是最要紧的，但当政府规模超出其管理能力时，哈耶克所提到的预料之外的不可收拾的后果就会显现”（2005）。尽管凯恩斯声称他完全赞同哈耶克的理论观点，但包括乔治·奥威尔（George Orwell）和保罗·萨缪尔森在内的很多经济学家却对哈耶克提出过质疑。事实上，弗里德里希·奥古斯特·冯·哈耶克的著作发表之后，并不是一直受追捧，有时，经济学家会支持扩大政府职能。在我的记忆中，20世纪60年代初期，当我在哈佛大学攻读博士学位时，哈耶克的著作从来没被列入书单，甚至没有进行过课堂讨论。不过，珍尼弗·舒斯勒（Jennifer Schuessler）（2010）认为，“哈耶克并不反对所有形式的政府干预”。她引用哈耶克的话来支持她的判断，大意是，“市场竞争”与“公共服务”可能是相互兼容的。

随着人们对计划经济热情的消失，冷漠、腐败、低效，以及米塞斯和哈耶克所提出的其他问题就会浮出水面。尽管古巴经济已经具备了一些市场经济的特征，但是，诸如古巴和朝鲜之类的国家至今仍然保持中央计划经济体制。这些国家的政策制定者可能会说，效率不是本国经济发展的主要目标，向每个人提供生活必需品并实现社会公平才是经济发展的主要目标。包括越南在内的其他国家虽然仍然由计划经济主导，但已放弃了计划经济原则，演变成为由集权政府控制的具有计划经济因素的混合经济制度。当然，一些国家的集权政府还没有损害其经济发展，甚至改善了基础设施建设，但未来这些国家也需要民主制度和法律规范。

三、亚当·斯密与政府职能

在市场经济国家中,政府职能不尽相同,也并非一成不变。过去几个世纪,政府的经济职能已经发生了很大的变化。20世纪,政府职能曾变得非常重要。亚当·斯密《国富论》历时多年,这部与美国《独立宣言》同年出版发行的著作至今仍是分析政府职能的出发点。当年亚当·斯密撰写《国富论》的主要原因是针对"重商主义"的,用他自己的话说,是对"商业制度"的批判。亚当·斯密描述了那个时代的政府,特别是英国政府通过监管、垄断以及设立贸易障碍对经济活动所进行的干预。当时,很多经济活动需要政府授权,因而产生了施惠于特定个人或团体、阻碍其他人开展相同经济活动的垄断。亚当·斯密对政府强加于美国殖民地的限制尤其不满。在重商主义的"商业制度"中,尽管允许个人拥有私人财产,并且存在交易商品和服务的市场,但市场的力量被削弱了。

一般认为,亚当·斯密的著作开启了"自由放任"时代,即减少政府干预,给市场(不只局限于对外贸易)和个人以更大的经济活动空间。[5]从时间上看,简化版的"自由放任"时期大约始于1880年,终于20世纪20年代后半期。随后,各种各样的政治、经济以及思想的发展使大家逐渐认识到"自由放任"的缺陷。那时的质疑者主要是社会学家,以及德国学派的经济学家,当然也有主流思想家。尽管从19世纪80年代开始,政府干预增加,政府支出扩大,但在政策制定过程中,亚当·斯密的自由主义仍然发挥了重要作用。

一直以来，特别是近些年来，经济学家和金融家都将亚当·斯密看成是“自由放任”的推动者、“看不见的手”的发现者，以及“自由市场资本主义”的教父。此外，很多经济学家将自己对“重商主义”或“商业制度”（即政府的开发性经济职能）的批评归因于亚当·斯密，这些可能成为永远的“历史误会”。鉴于亚当·斯密的思想在经济学发展中的作用，以及《国富论》在政府职能研究中的意义，我们应当重视亚当·斯密的思想价值。

据报道，“亚当·斯密的著作被引用的次数多于其被阅读的次数”，“每个欧洲国家都至少有一种以上对亚当·斯密理论的解读”（Reinert and Reinert）。德国学者讨论了由他们所定义的“亚当·斯密问题”（同上；Himmelfarb，2004）。阿瑟·赫尔曼（Arthur Herman）（2001）曾提到亚当·斯密理论的“神话”一说。詹姆斯·巴肯（James Buchan）（2006）指出，作为“自由资本主义”的教父，斯密从未用过“自由放任”这一表达方式，而这一用法早在亚当·斯密时代之前的法国就已经出现过。此外，“看不见的手”在亚当·斯密流传至今的上百万字中仅出现过三次，并且没有一次与自由资本主义有关。一般来讲，历史学家都会直接阅读亚当·斯密的著作，但大部分当代经济学家对亚当·斯密的了解主要来源于二手资料。[6]因为从1759年出版《道德情操论》，到1776年出版《国富论》，亚当·斯密的思想是逐步形成和演变的。这两本书的写作都耗时多年，出版时都引起社会公众特别是哲学家的极大关注〔直到1754年，那不勒斯大学才出现了世界上第一位经济学教授——安东尼奥·吉诺维斯（Antonio Genovese）]。其间，一些古典经济学家整理并重新演绎了亚当·斯密的思想，使其更加接近他们自己的理论体系。因此，亚当·斯密被认为是“自由放任”的创始人，而“自由放任”经济学是稍后才发展起来的。约翰·梅纳德·凯恩斯（John Maynard Keynes）的著作和卡尔·马克思的著作可能都经历了与亚当·斯密的著作相似的命运。

亚当·斯密出生于1723年，那时，给整个世界带来巨大变化的工业革命还没有出现。亚当·斯密的父亲是一名海关稽查员，这一职业可能对亚当·斯密的思想形成产生了一定影响。例如，《国富论》强调，“继承财富和依靠租金生活比自己动手更加高贵”（Ricossa，2006）。当亚当·斯密撰写《道德情操论》（这是经济学说史上最有影响力的第一部著作）时，他将自己看作是“道德思想家”，并且在苏格兰的格拉斯哥大学担任道德哲学教授。将亚当·斯密的观点与大卫·休谟的观点进行对照，我们会发现，亚当·斯密的思想更容易被大家理解。大卫·休谟因撰写《人性论》一书而闻名全世界。他认为，在本质上，人们都受“激情”和“私利”的驱使，其他因素基本不起什么作用。换句话说，社会因素对个人行为的影响很小，因此，所有社会都需要一个稳定的权力中心，政府作为权力锚，能够通过惩罚非道德行为、转移有害情绪来维护社会秩序。大卫·休谟认为，个体需要自由来维护，而社会需要权威来维护，而且，“权威与自由之间，永远存在冲突。哪一方也不能在对抗中绝对胜出”（引自Herman，2001）。

相比之下，亚当·斯密对人性的看法更为积极和乐观。亚

当·斯密认为,人类天生就有一种"认同感",这种"认同感"使大家能够感知他人的悲喜,人类也会受到其他人想法的影响。此外,"认同感"会随着文化发展进一步强化,而文化发展是受商业发展驱动的。由于商业发展增强了人与人之间的联系,促进了社会财富的增长,建立了共同遵守的规则,因此,商业在亚当·斯密的世界中占据了最重要的位置。

在一个轻视商业的世界里,亚当·斯密的思想具有革命性意义。那时,贵族还不屑从事商业活动。[7]社会普遍认为,交换是与欺骗联系在一起的。[8]

亚当·斯密思想的另外一个重要基石是,分工促进了商业发展,换言之,分工促进了劳动生产率的提高以及社会文化的进步。亚当·斯密引用了著名的制针厂案例来证实,分工越精细、越专业,对交易和商业的需求就越强。法国《百科全书》第5卷中有一篇名为"Epingle"的文章。亚当·斯密对劳动分工的重要认识就来自于这篇关于制针厂的文章(参见Himmelfarb, 2004)。

这也引出了亚当·斯密关于政府职能的讨论,即政府可以推动商业发展,也可以阻碍商业发展。当时英国政府在英美贸易和英印贸易中的做法就反映了这一点。亚当·斯密认为,政府应当促进和鼓励贸易发展,并通过提供服务推动贸易发展。

亚当·斯密对政府职能的界定——政府应当保护和促进商业活动——对以后的经济理论发展产生了非常深远的影响,亚当·斯密做出了政府应当保护和促进商业活动的基本判断。亚当·斯密的著作出版于工业革命之前,当时,社会民众对政府行为的评价是负面的。尽管从今天的视角来看，亚当·斯密对政府职能的观点可以被解读为要求限制政府职能，或者将政府职能最小化，但是，当时并非如此。将亚当·斯密关于政府职能的看法等同于后来的“自由放任”是错误的。拥护自由主义的经济学家大多是法国人，他们反对扩大政府职能。

奥古斯都·格切尼（Augusto Graziani）是一个很有影响力的意大利人，1897年，他撰写了一本公共财政教科书。在这本书中，奥古斯都·格切尼指出，“亚当·斯密的学说被萨伊庸俗化了”（1897）。让·巴蒂斯特·萨伊（J. B. Say）希望政府完全不干预经济，而亚当·斯密则希望政府能起到有限的、有用的、富有成效的作用。很明显，亚当·斯密与古典经济学家的观点并不完全一致。让·巴蒂斯特·萨伊是法国经济学家，提出过著名的萨伊定律。他认为，供给能够自动产生需求。言外之意，政府不应当对市场的生产性活动进行任何干预。

亚当·斯密关于政府职能的看法与现在所谓的“资源分配”相关。当时，亚当·斯密不相信，或者不能想象政府职能与“社会公平”和“再分配”有关。亚当·斯密认为，生产力的增长会带来更精细的劳动分工和更多的商业活动，从而使每个人都受益于较高的工资水平和财富转移，在这一过程中，每个人的绝对财富都有可能增加。亚当·斯密倡导给工人更高的工资，这样工人就会“更积极、更认真、更有效”地劳动。他也意识到，他所提倡的制度（后来被称为“资本主义”）会导致财富分配不均。因此，如果亚当·斯密加入当今世界关于“政府的目标是增长还是平等”的讨论，他应该会站在主张增长的一方，因为增长会增加工人的绝对收入。然而,对于政府向最贫困的人群提供帮助的做法,亚当·斯密并没有任何异议。自1601年以来,英国政府开始向贫困人群提供帮助。亚当·斯密甚至支持按比例征税以及对奢侈品而非生活必需品征税,以便“使穷人得到宽慰”。需要强调的是,亚当·斯密所关心的不是收入分配,而是工人的绝对收入。不管怎样,亚当·斯密从未幻想过,他所处的那个时代的政府能够自上而下地进行收入再分配。考虑到当时的状况,历史经验已经告诉社会公众(和亚当·斯密),再分配将会导致财富更加集中。

有意思的是,亚当·斯密担心劳动分工对工人心理的负面影响。一个世纪后,卡尔·马克思也产生了同样的担忧。亚当·斯密认为,每天花费12～14个小时的时间从事专业性体力劳动,在那个时代很普遍,并且会随着工业革命而更加普遍,但是,这会使工人的视野更加狭隘,并会在一定程度上使他们与社会产生隔阂。这样,“社会整体利益”(这个概念首次出现在13世纪的佛罗伦萨),或者说整个社会的福利水平都会降低。对工人状况的忧虑使亚当·斯密支持适度扩大政府职能,比如,建立一个由政府提供部分资金的教育基金,同时,孩子的父母也需要付出一小笔学费,支付学校的部分支出,以教授孩子读、写以及基本的算术技巧。一个世纪之后,英国通过了《初等教育法》,正式提供免费的公共义务教育。

最后,需要强调,“亚当·斯密不是顽固的教条主义者……他认为,‘自由放任’会有例外的情况,但是,他的很多信徒都忘记了这一点”(Webb,1980)。亚当·斯密从未幻想过“自由主义”政策以及“看不见的手”在任何情况下都能提高“公共福利”。尽管亚当·斯密对自由市场和自由商业制度充满信心,但是,他并不信任那些在自由市场上从事商业活动的实业家和商人。他多次指责“高利润的坏处”、商人的“吝啬本性”和“垄断情结”。他说,由一群商人组成的政府是最糟糕的政府(参见Buchan,2006;Himmelfarb,2004;Herman,2001;Smith,1776)。由此看来,我们不应当将《国富论》看作是“替企业和商人辩解”的著作,亚当·斯密没有颂扬过任何“贪婪”的行为。

很显然,那种关于亚当·斯密反监管的观点是错误的。在思想倾向上,亚当·斯密支持对商人进行监督,制止其不端行为,但当时盛行的重商主义使亚当·斯密放弃了对政府监管职能的研究。不少经济学家认为,因为亚当·斯密曾经反对重商主义时期的政府监管,所以,他一定会反对所有形式的政府监管。这就像因医生反对使用一些有害药物,就认为医生会反对所有药物的逻辑一样是错误的。

在讨论亚当·斯密关于政府经济职能的观点之前,有一个问题值得关注。几个世纪以来,经济学家对这个问题的关注度一直很高,特别是最近几十年来,经济学家对这个问题更加关注。只是公共财政领域的学者忽视了这个问题,认为它不属于公共金融或公共经济学的范畴。这个问题就是“政府潜在的发展职能”,即是否应当像主流经济学家所认为的那样,除了提供对科研、教育以及基础设施建设的融资之外,政府不应对经济活动进行任何干预,应让市场在经济发展中发挥主导作用。

我们应当记得,在理查德·马斯格雷夫1959年出版的著作,以及大部分公共财政教科书中，政府的基本职能并不包括“促进经济增长”。亚当·斯密对“商业制度”的批判就是遵循这一传统展开的。[9]约翰·斯图亚特·穆勒（J. S. Mill）（1848）非常推崇这一传统。在随后的两个世纪中，亚当·斯密之后的弗里德里希·奥古斯特·冯·哈耶克等人强化了这一传统。哈耶克（1988）认为，政府代替市场进行经济决策是一种“致命的自满”。而从另一方面来讲，大多数政治家都很难拒绝制定各种产业政策（包括与贸易保护主义相关的政策）的诱惑；例如，凯恩斯主义的财政政策有时被证明能够促进经济增长；一些国家运用税收激励政策也能够促进经济增长。在这些情况下，政府的目标都是推动经济增长。

亚当·斯密对这些问题的看法并没有得到所有经济学家的认同。那些经济学家认为，政府发挥“恰当”的发展职责，即在一定阶段，通过不同的政策措施支持有增长前景的产业，将会推动国民经济发展。由乔穆·夸梅·桑德拉姆（Jomo Kwame Sundaram）与埃里克·S.赖纳特（Erik S. Reinert）编写的《发展经济学起源》一书对这个问题的讨论很有意思。这本书指出，15世纪和16世纪的威尼斯和荷兰成功地使用各种经济政策，迅速成长为世界上最富有的国家（尽管缺乏自然资源）。15世纪和16世纪的英格兰以及19世纪的美国也有类似的经历。韩国、中国和新加坡近年来的经历也说明了这一点。很难想象，如果这些国家的经济政策保持中性，能否实现如此高的经济增长率？当然，这并不意味着这些国家需要继续实施这些经济政策，也不意味着实施这些经济政策一定能取得成功。20世纪的60和70

年代，拉美国家的进口替代政策以及很多非洲国家的实践表明，这些经济政策也有可能失败。

乔穆·桑德拉姆与埃里克·赖纳特记录了对此有贡献的一些意大利的早期经济学家，其中，安东尼奥·塞拉（Antonio Serra）值得我们特别关注。1613年，安东尼奥·塞拉出版了《关于如何在无矿地区得到黄金和白银》一书。在《经济分析史》一书中，约瑟夫·熊彼特（1954）将安东尼奥·塞拉的这本书称为经济学的第一本著作。安东尼奥·塞拉提出，促进收益上升（而非下降）的经济活动能够带来经济增长。韩国的经历说明，后发国家的"赶超"可能需要政府干预。也正因为如此，政府没能推动本国经济较快增长并不能成为反对政府干预的理由，至多可以当作反对政府过度干预的理由。

在16—18世纪，发展政策（或商业政策）促进了基础设施建设，但在一些国家，这种情况并未出现（Jumo and Reinert, 2005）。这里需要重申，在一般情况下，政府的发展政策是不成功和不必要的，因为这一政策同其他政策一样，经常会失败。政策是否成功取决于政策实施的环境、政府的执行能力，以及如何避免这些政策沦为政府官员寻租的工具（Ekelund and Tollison, 1981）。

总之，尽管在促进经济发展方面经常出现"政府失灵"，但是，除了资源分配、收入分配和社会稳定之外，政府还是应清晰地将此列为一个单独的目标。

在《国富论》第5卷关于铸币税收入的讨论中，亚当·斯密概括了他对政府经济职能的基本观点。亚当·斯密指出，政府在经济中应当发挥的作用取决于产权和市场。政府应保护个人选择，并关注政府对工业或特定行业的就业指导时可能出现的“政府失灵”。历史上，“政府失灵”的案例经常出现。因此，亚当·斯密应该对“产业政策”或近年来应用广泛的“进口替代政策”持否定态度。亚当·斯密强调指出，人类还“没有足够的智慧或知识”来避免政府行使相关职能时的“欺骗行为”。后来，弗里德里希·奥古斯特·冯·哈耶克（1988）也重申了这一观点。

亚当·斯密关注垄断问题，并且对私人“垄断”或“卡特尔”的形成原因也进行了认真分析。他认为，如果垄断会导致（权力）滥用，那么，只有政府才能制止垄断或卡特尔的形成。这就意味着政府（在理论上）承担着重要的监管职能。正是基于这一点，很多经济学家试图证明除非政府自己建立垄断，否则垄断就不会形成。即使垄断确实存在的话，也不都是有害的。亚当·斯密对“市场原教旨主义”持怀疑态度。近年来，“市场原教旨主义”已经发展为主流经济学的思想基础，它倡导减少政府对经济活动的监管，相信市场具有充分的自我监管能力。不过，亚当·斯密提出了政府的一个潜在的重要职能，即防止由私人垄断造成的损失。正如很多经济学家所讨论的那样，法院原则上能行使此职责。但是对很多遭受垄断损失的社会公众来说，司法诉讼的成本太高了。这里需要强调的是，除了抑制负外部性、限制私人垄断、控制滥用职权的监管职能之外，亚当·斯密并不支持对市场活动的其他监管行为。如果在今天，亚当·斯密可能会支持与环境、健康或安全相关的监管，以及为了保护金融消费者，对银行和金融市场的监管。同时，亚当·斯密还可能会对金融市场的超额利润或巨额红利感到困惑。

总之，亚当·斯密的基本立场是，当市场无法满足社会生存和发展的一些基本条件时，政府应对市场进行干预。大家经常忽略他的这一立场。两个世纪之后，芝加哥学派经济学家，包括弗兰克·奈特（Frank Knight）、米尔顿·弗里德曼（Milton Friedman）、艾伦·迪雷克托（Aaron Director）、罗纳德·科斯（Ronald Coase）和乔治·约瑟夫·施蒂格勒（George Joseph Stigler），对亚当·斯密及其追随者艾尔弗雷德·马歇尔（Alfred Marshall）和阿瑟·庇古（Arthur Pigou）的理论提出了挑战。[10]芝加哥学派质疑所有形式的政府干预，他们奠定了"市场原教旨主义"的理论基础。（参见Van Overtveldt，2007；Ebenstein，2007）。芝加哥学派的主要观点是，无论是通过公共支出还是金融监管，政府干预通常都是失败的，并且由于政府干预失败所造成的损失往往比政府原本想要纠正的错误还要大。不过，乔治·约瑟夫·施蒂格勒（1968）提出，只有对政府干预行为进行实证分析后，才能证明以上结论。

政府的积极作用通常与政府支出相关。关于这一点，亚当·斯密主要强调了两点：第一，对于一个有组织社会来说，尤其是建立在商业基础上的社会，政府应当提供基础性服务。如果政府无法提供这些服务，就应该由私人部门来提供。这里，亚当·斯密关心的是行政管理服务（比如出生、死亡、结婚以及无业的登记）、物权、合同保护、司法，以及保护居民免受危险冲击。从某种意义上讲，亚当·斯密所提到的都是公共产品，后来，有不少经济学家也研究了公共产品。第二，亚当·斯密论证了由政府建设大型公共设施（包括道路、港口和运河）以及提供基础性服务的必要性，因为这些项目的成本高昂、规模巨大，私人部门通常无法提供。[11]亚当·斯密强调，政府应当高效率地提供这些服务，并在可能的情况下由使用者通过缴纳通行费、使用费等进行支付。在条件允许的情况下，亚当·斯密也支持通过私人融资进行基础设施建设。在19世纪的英格兰，基础设施由私人拥有并运营是很常见的事情。利用一个英格兰协会收集的信息，古斯塔夫·德·莫利纳（Gustave de Molinari）（1849）认为，英格兰私人基础设施的维护要好于法国，而法国的基础设施融资和运营是由政府承担的。

由于国防关系到整个社会的安危，且任何个人都没有能力支付国防费用，亚当·斯密将国防也列为政府的合理支出之一。基于同样的原因，亚当·斯密认为，应由国家建立包括个人保护在内的司法体系。[12]这一政府职能对商业的发展同样重要。

在教育方面，亚当·斯密区分了初级或基础教育与高等教育。他认为，基础教育能教人认字和算数，应当全部（或部分）由政府提供资金或补贴，而高等教育费用应当由受益人支付。

19世纪的经济学家认为，高等教育的成本应当由学生本人而不是政府来承担。以弗朗西斯科·萨维里奥·尼蒂（F. S. Nitti）为例，他曾撰写了一本很受欢迎的意大利公共财政著作《财政学》。这本书最初出版于1903年，后来被翻译成多国语言。弗朗西斯科·萨维里奥·尼蒂不仅是一位多产作家，还曾经在意大利政府中担任部长和总理。在这本书中，他支持亚当·斯密关于政府职能的大部分观点，这也反映了在1900年左右，亚当·斯密关于政府职能的看法有多么大的影响力。另一位很有声望的经济历史学家卡洛·奇波拉（Carlo Cipolla）曾提到，早在19世纪，6—12岁儿童就有权享受义务教育，但教育支出仅占公共预算的1%或2%（Cipolla，1996），也没有强制儿童入学受教育的法律。

亚当·斯密及其追随者关于政府职能的观点主要基于他们自身的观察。在重商主义时期或“商业制度”下，很多经济活动都需要政府授权，于是，当时大量存在政府对个人的经济活动进行任意干涉的现象。亚当·斯密及其追随者的观点可认为是对政府过分干预经济的一种本能反击。关于政府的积极作用，亚当·斯密强调了与保护个体不受其他人或外国势力侵害（公安和国防）、财产保护以及合同执行（维护正义）相关的资源分配的重要性。这些支出对于商业发展很有必要，商业也被认为是国民经济的重要组成部分。亚当·斯密反对垄断和卡特尔，以及其他形式的政府干预行为。但他对政府并不抱有幻想。他指出“国民政府……事实上是为了保护富人不受穷人的干扰而设立的”（Smith，1776）。[13]传统经济学家支持这种观点，他们认为，应当限制政府在收入再分配中的作用。

在亚当·斯密的著作中，并没有提到政府在收入再分配和稳定经济中的作用，他也不会相信政府在那个时代能够发挥这些作用。随着政府职能的变化，人们对政府能做什么、应该做什么的理解也在发生变化。20世纪以后，政府开始承担收入再分配和经济稳定的职能。亚当·斯密意识到，在极端情况（主要是指战争时期）下，政府的借债行为是合理的，就像英格兰在几十年后的拿破仑战争时所做的那样。但与其他经济学家（参见Hume，1955；Mill，2004）一样，亚当·斯密对公共债务持高度怀疑态度。他认为，政府预算虽然不必每个年度都保持平衡，但至少应当保持中期平衡。这一观点可追溯到罗马政治家马库斯·图留斯·西塞罗（Marcus Tullius Cicero）。在凯恩斯革命之前，这一直是主流经济学的观点。[14]

亚当·斯密意识到帮助穷苦民众的必要性。在早期的英格兰，这一职能是由社区而不是由政府来承担的。在早期的苏格兰，教会肩负相关职责（Trevelyan，1943；Ritter，1991；Solomon，1972）。就像霍华德·所罗门（Howard M. Solomon）所说，“一直以来的原则就是每个教区都为教区内的穷人负责”。在早期的瑞典，帮助穷人的职责主要由乡村和城镇承担。克努特·雷克斯特（Knut Rexed）（2000）说过：“北欧国家从早期氏族社会继承的一个遗产就是非常重视对本地同一群体内其他成员的关心和保护。每个乡村和城镇都负责照顾各自的贫困人口、患病人员、残疾人以及孤儿。”亚当·斯密和很多与他同时代的经济学家一样，并不把这些做法看成是收入再分配，他们只是将其当作一种消除由贫困造成的潜在危机的方法。贫困被看成是负外部性的制造者。[15]与19世纪的主流经济学家相比，亚当·斯密较多地肯定了政府的职能。

特别是在19世纪上半叶，政府被拥有大部分生产资料的贵族所控制，掌控政府的人不允许向自身征收较高的税收，他们也不具备专业管理能力和专业知识。因此，那时的政府税收水平很

低，支出水平也不高。直到人民获得了政治力量、政府税收水平提高、公共管理能力增强之后，政府支出才有了大幅增长的可能。

四、19世纪的政府支出水平

每当阅读《国富论》时，我头脑中经常会出现这样一个问题，即在一个由“斯密法则”指导的社会中，政府支出会处在一个怎样的水平？在那样一个社会里，政府将自身行为限定于国防、国内安全、行政管理、基础教育、减少贫困以及基础设施建设。根据从今天的很多发达国家获取的数据，政府支出占国民收入的比重从1870年的10%上升到第一次世界大战之前的13%。[16]受益于一个世纪以来的工业革命、科学发明和技术进步，这一时期的情况与一个世纪之前——亚当·斯密撰写《国富论》的时期——完全不同。当时，很多国家开发了电力，修建了铁路，并且出现了汽车和飞机，越来越多的人能在较短时间内进行长途旅行。巴黎很多现代化的标志性设施在这一阶段建成，包括地铁和埃菲尔铁塔。苏伊士运河和巴拿马运河也相继开通。法国印象主义受到公众青睐。就是在这样一个快速全球化时期，经济政策可能最接近“斯密法则”（见表1.1）。当然，由于当时战争不断，政府支出普遍偏高。

保罗·勒鲁瓦·博利厄（Paul Leroy-Beaulieu）（1888）在关于公共财政的著作中，表达了对政府支出浪费以及政府财政特殊账户扩大的强烈不满。这本著作具有里程碑意义。保罗·勒鲁瓦·博利厄随后指出，在1840年之前，政府支出一直受到控制。由于议会制和民主运动的兴起，政府支出迅速增长。到19世纪后半叶，政府支出占国内生产总值的比重达到10%或13%。意大利经济学家奥古斯都·格切尼在其1897年出版的一本著作中写道："公共财政增长现象是如此普遍，并成为现代政府的一个重要特征，其原因并非偶然或非理性。"所以，尽管19世纪末政府支出占国民收入比重低于现在的水平，但其上涨反映了一种趋势。这一趋势最终导致了政府干预的增加以及非生产性支出的增长。

在另一本出版于1903年的关于公共财政的专著中，弗朗西斯科·萨维里奥·尼蒂列举了19世纪政府支出大幅增长的主要原因：军事支出；与新技术引进相关的大型公共设施建设，如电力、蒸汽机、铁路、电报；公共债务；由政府承担的各种形式的"社会干预"；等等。弗朗西斯科·萨维里奥·尼蒂认为，在"阻止"社会负面发展方面，政府干预是必需的。他特别提到了政府在医疗卫生方面的责任。詹姆斯·沃尔文（James Walvin）（1988）对此持相同的观点。此外，这一阶段也是快速城市化时期。弗朗西斯科·萨维里奥·尼蒂指出，普通民众在公共生活中的参与度越来越高了（参见Nitti，1903）。[17]

与第一次世界大战之前的政府支出水平相比，20世纪后期欧洲国家的政府支出大幅增长，占国内生产总值的比重接近甚至超过50%。这一现象表明，社会公众对政府职能的理解变得更加宽泛了。

很多经济学家都对1870年到1913年间政府支出的快速增长表示了忧虑，不过，一般仍将这一时期看成是"自由放任"政策盛行的时期。当时,政府支出在经济中的作用有限,税收水平也较低。与此同时,旨在引入与选举权、妇女权益、工人权益以及儿童权益等相关的立法的社会活动很多。因此,可以认为,这一时期的政府开始通过立法为社会创造更加平等的机会。虽然政府支出的绝对值上涨,但政府职能仍然比较适度,大体上是"自由放任"式的,比较接近于亚当·斯密的观点。

此前,我们提到了法国经济学家保罗·勒鲁瓦·博利厄,他关于税收水平的理论也许最能反映那个时代的精神。保罗·勒鲁瓦·博利厄熟知各国财政,其关于公共财政的专著(1888,第2卷)包括了很多国家公共财政的详细数据。他认为,可以从实证的角度测定税收与国民收入之间的合理比例,也就是我们现在所称的"税收负担"。他认为,税收占国民收入5%～6%是"非常适度"的。他还指出,公共债务和战争会使税收水平上升,但是,如果一国的公共债务不多、军事支出适度,税收水平应维持"正常水平",这接近美国当时的税收水平。税收占国民收入6%～12%也被认为是"正常"的,一旦超过12%～13%就"过高"了,就有可能阻碍经济增长。保罗·勒鲁瓦·博利厄还认为,一些国家存在较高的税收负担,"这肯定会使这些国家的财富增长放缓,因为税收复杂化和税收增加后的干扰和控制会对工业发展和公民自由造成威胁"。早在一个世纪之前,保罗·勒鲁瓦·博利厄就预测到了高税收对经济增长和个人自由的潜在威胁。借助于历史记录,我们还可以了解到本杰明·富兰克林(Benjamin Franklin)关于高税收的观点。在其著名小册子《财富之路》(1758)中,富兰克林指出,"如果一国国民要花费其工

作时间的1/10来支付税收，那么，这个国家的政府就是比较严苛的政府”。本杰明·富兰克林认为，10%的税收负担是一个过高的水平。

第一次世界大战爆发之前，法国的经济思潮也在美国广为流行。当时，美国的政府支出落后于其他工业化国家（见表1.1）。1913年，美国国会讨论推行收入税。在立法提议中，基础或最低税率为1%，边际（最高）税率为6%（以1913年价格，针对超过50万美元的收入）。对此，一位哈佛大学的公共金融学教授在听证会上表示，这些税率“分明是太高了”。同年，当美国最终征收收入税时，基本税率维持1%不变，但边际税率最终上调至7%，而不是提案中的6%（仍然是针对超过50万美元的部分）。美国国会筹款委员会主席声称，在其干预下，税收“带来的收入肯定比人们想办法花掉的更多”（参见Tanzi，1988）。联邦收入税提案引发了一场规模浩大的政治辩论，因为收入税的征收需要修改美国宪法。同样是在1913年，瑞典开始推行一项基本的、普惠式的社会保险项目，一些欧洲国家也开始推行基础性的社会保险。这些社会保险使研究福利国家的专家托尼·阿特金森（Tony Atkinson）（2008）相信，福利国家早在1918年以前就已经存在了。然而，当时的政府收入主要来自非常低的税收，那些所谓的福利国家并不能创造很多的公共福利。

数据表明，第一次世界大战之前，主要国家的税收负担（和政府支出水平）平均占国民收入的13%。当时，让·巴蒂斯特·科尔伯特（Jean Baptiste Colbert）关于税收的著名论断——征税的本质在于“在鹅身上拔下最大限度的毛，而只让它

发出最低限度的嘶嘶声”——显然被当作一个指导原则。当时，公众对高税收的容忍度很低。[18]第一次世界大战之前的税种主要包括外贸税；以地籍价值（地籍价值由官方认定并以房产的固有特征为基础）或窗子数量和房子宽度等特征为基础的物业税；对商业活动的推定征税、烟草税、盐业税、铁制品税、葡萄酒税和扑克牌税；以及偶尔对房产交易和地方选举的征税。举办婚礼和葬礼有时也须缴税。

这样，自然出现了另外一个问题，为什么那时的税收水平如此之低？难道那时的政府不需要更多的收入以行使其职能吗？我们可以从下面两个方面找到答案：一是政府对税收收入的需求；二是政府可获得的税收收入。正如我们所看到的，在一般情况下，政府专注于其基本职能，即接近于斯密定义的政府职能，行使这样的职能不需要花费很多钱。即使放在今天，如果政府职能限定于此，也不需要花费很多钱。最基本的政府职能几乎没有现金转移支付，且大部分政府支出都是直接的。这些支出限定于对大型基础设施以及主要为政府提供服务的企业融资，维持基本的行政管理机构，国防，个人财产保护，对基础教育的有限融资，政府雇员薪酬和养老金的支付，对老弱病残进行扶助，等等。

上述政府职能不包括运用政府支出来稳定经济或调节不同个体之间的收入以及代际收入等内容。就像前面提到的那样，运用有限资源帮助最穷困的人群是政府的职责所在。但是，当时几乎没有旨在保护公民应对疾病、年老、失业等特定风险的政府支出（以现金或实物形式），也就是“社会转移支付”。这样的“社会转移支付”要么不存在要么数额非常小（见表2.1）。直到

20世纪30年代，“社会转移支付”才开始变得重要起来。这在很大程度上归因于“大萧条”，归因于公众对政府职能的理解发生了变化。此外，从支付对象看，当时，几乎没有对私人企业或其他国家的转移支付。第一次世界大战之前，战争以及由战争带来的公共债务是要求增加公共收入的主要推动力。

表2.1 1880—1930年一些国家社会转移支付占GDP的比重(%，当期价格)

国家	1880	1890	1900	1910	1920	1930
澳大利亚	0	0	0	1.12	1.66	2.11
奥地利	0	0	0	0	0	1.20
比利时	0.17	0.22	0.26	0.43	0.52	0.56
加拿大	0	0	0	0	0.06	0.31
丹麦	0.96	1.11	1.41	1.75	2.71	3.11
芬兰	0.66	0.76	0.78	0.90	0.85	2.97
法国	0.46	0.54	0.57	0.81	0.64	1.05
德国	0.50	0.53	0.59			4.82
希腊	0	0	0	0	0	0.07
爱尔兰						3.74
意大利	0	0	0	0	0	0.08
日本	0.05	0.11	0.17	0.18	0.18	0.21
荷兰	0.29	0.30	0.39	0.39	0.99	1.03
新西兰	0.17	0.39	1.09	1.35	1.84	2.43
挪威	1.07	0.95	1.24	1.18	1.09	2.39
瑞典	0.72	0.85	0.85	1.03	1.14	2.59
瑞士						1.17
英国	0.86	0.83	1.0	1.38	1.39	2.24
美国	0.29	0.45	0.55	0.56	0.70	0.56

注：转移支付包括福利、就业、退休、医疗和住房补贴，但不包括公共教育支出。0表示值为零；空格表示该国还不是主权国家，或者数值不为零但无法获得。

资料来源：根据Peter H. Lindert，2002整理。

普选制度是促使政府支出需求（特别是在20世纪）上升、税率提高的另外一个重要因素。就像前面提到的那样，这一因素早在19世纪就引起了经济学家和政治学家的关注。还有一个因素是城市化，随着城市化的发展，人们对公共服务和政府职能的需求也增加了。詹姆斯·沃尔文（1988）对维多利亚时代城市化的作用及其对政府职能的影响有一些比较有价值的分析。

艾伦·皮科克（Alan Peacock）是公共财政经济学家，他在《历史角度的公共选择分析》（1992）一书中写道："19世纪最伟大的政治讨论之一就是引入普选制度所带来的后果。"具体而言，政治讨论关注两个方面的问题：一是"扩大选举权与维护自由市场原则之间的关系"。二是普选权对税收、政府支出以及公共部门的影响。经济学家担心，普选制度将会导致不拥有财产的大部分选民丧失对财产权的尊重，而经济学家将财产权看成是市场经济的重要支柱。〔在Hutchison（1981）的第二章中有对上述讨论的详细介绍〕

关于普选权的讨论引起了亚历克西斯·德·托克维尔（1835）和詹姆斯·穆勒（James Mill）（1819）的极大兴趣，詹姆斯·穆勒是约翰·斯图亚特·穆勒的父亲。在欧洲，担心普选制度会毁掉市场经济的情绪特别强烈。由于财产权在英国更为集中，那里比欧洲大陆更担心普选制度可能带来的严重后果。亚历克西斯·德·托克维尔认为，由于大多数美国公民拥有土地财产，普选制度在美国推行起来相对容易。出于对普选权的担心，詹姆斯·穆勒提议，在英国应限定超过40岁的男性拥有选举权。需要指出的是，在19世纪，财富拥有权比收入更加重要，因为那时，财富比收入更直观、更实在、更长久。随着时间流逝和经济发展，出现了公共持股公司，财富以股票或其他金融工具的形式存在，变得没那么直观和实在，社会公众的注意力才逐渐转移到收入上。此外，由于人力资本的作用，收入的重要性也更加凸显。

普选权对税收和政府支出的影响并未得到应有的重视。随着普选 制的建立，政府职能从提供公共产品和建立基础设施扩大到收入再分配和抵御风险。需要补充的是，当妇女拥有了选举权，政府支出变得对妇女更加有利，福利国家的情况就印证了这一点。

在英国，拥有选举权的户主比例从1867年的4.2% 上升到1911年的74.2%。1911年后，这一比例进一步上升（Lindert, 2002）。其他国家的情况也大致与此相同。正如彼得·林德特所说，“在20世纪之前，由于政治影响力受到限制，任何形式的社会支出都很少”。彼得·林德特强调了公共服务需求的重要性。从某种意义上讲，这与从其他方面对政府支出增长所做出的解释不尽相同。以“鲍莫尔假说”为例，它认为，随着经济的发展，政府服务领域的生产力的提高速度慢于私人部门，从而使得提供政府服务的成本上升（Baumol, 1967）。

意大利经济学家安东尼奥·德·维蒂·德·马尔科（Antonio De Viti de Marco）是意大利语《金融科学》杂志的撰稿人，这个杂志在一个世纪之前就非常有影响力。他曾经担心，在收入分配不均等的条件下，普选权会导致较穷困人群要求提供更多的公共服务，进而将税收负担转嫁给少数富裕人群。社会公众会投票支持那些使穷人受益的公共项目和由富人承担的税种（De Viti De Marco，1936）。哈格斯特龙（K. G. Hagerstrom）（1938）提供了安东尼奥·德·维蒂·德·马尔科观点的数学版本。与马尔科一样，哈格斯特龙（1938）预言，民主进程加快将会导致激进的民族主义并从而引发政府支出的上升。最近几十年以来，出于对此问题的关注，一些公共选择学派（主要发展于20世纪六七十年代的美国和其他国家）的代表人物，比如詹姆斯·布坎南（James M. Buchanan）、弗朗西斯科·福特（Francesco Forte）等，倡导在宪法层面对税收进行限制，正如《瑞士宪法》所做的那样。詹姆斯·布坎南认为，这些限制对于抑制平民主义对政府的压力很有必要，平民主义对政府的压力会损害经济，并限制个人自由（Brennan and Buchanan，1980）。[19]

公共选择学派，特别是布坎南，承认《金融科学》杂志的影响力。最近，詹姆斯·布坎南将马尔科的著作列为“对他的工作和他的理论最有影响力的十本书之一”（Buchanan，2003）。公共选择学派从来没有忽视政策制定者面临的政治压力对政治决策及经济政策结果的影响，[20]拒绝“将政府只看成是政策制定机制”（Peacock，1992）。“限制税收”是近年来兴起的，对政府支出、税收、公共债务和财政赤字进行限制和规范运动的一部分。荷兰是第一个对政府支出加以限制的国家，瑞士也在宪法中对税收加以限制。[21]欧洲货币联盟对财政赤字和公共债务加以限制，但其成员国可自主选择税收和政府支出水平。最近几年，其他国家也加强了对财政预算的限制（Kopits,2007）。这在某种程度上是“西塞罗准则”的回归,即政府必须保持中长期的预算平衡。

影响公共收入的供给因素同样随时代的不同而变化。第一次世界大战之前,即使政府支出需求较高,由于征税困难,因此,也不会造成税收收入的大幅上升。当时的征税困难主要表现在以下几个方面:一是中产阶级人数很少。当时,政治决策主要由富人掌控,对富人征税是很困难的,而对人数较多的贫困人口征税只能带来少量收入。二是经济结构限制了税款征收。例如,工资收入在国民收入中的占比偏低,能够在源头缴付预付税（按照收入或销售额征缴的税款）的大型商业机构很少;农业在整个国民经济中占比较高;非正式经济活动盛行。这些特征使大幅提高税率很难做到,或者不可能做到（Tanzi,1994）。此外,当时的“税收技术”还处于初级阶段。税收收入的主要税种（一般所得税、社保缴款和增值税）还不为人所知,或还没被广泛征收。由于社会保障和养老金体系还未得到充分发展,社保缴费还无从谈起。尽管有上述限制,一些国家的税务负担还是在第一次世界大战期间至少增加了一倍。不过,这远远低于现在的水平。

在第一次世界大战爆发之前和第一次世界大战期间,包括美国、法国和德国在内的一些国家开始征收国民收入所得税。英国征收所得税则更早一些。[22]事实上,英国在一个多世纪前与拿破仑作战时就开始征收所得税,不过,1816年,英国曾经取消了所得税,那时所得税在英国的取消非常隐蔽,相关法令特别强调，要销毁缴税记录。1841年，英国开始重新征收所得税（Webb，1980）。直到第一次世界大战后，英国的所得税税率仍然很低，但英国对所得税的重视程度明显提高了。

对于参战国而言，第一次世界大战为一些政治家提供了一个机会，或者说一个"幌子"，使他们能够大幅提高税收水平。一些国家的政府利用了这一机会。当时，反对征税的力量很强大，税款只够支付战争费用的很小一部分。由税款支付战争费用的比例在德国和英国分别为16.7%和26.2%，在法国、意大利和俄国，这一比例更低。法国甚至将所得税的征收推迟至1916年。为了限制企业因战争获利，一些国家还对超额利润征税（参见Stevenson，2007；Ferguson，2007）。

第一次世界大战的军费开支在很大程度上是通过借款和印钞来支撑的。大量印钞在一些国家造成了通货膨胀，严重损害了中产阶级的利益，不过，同时也帮助政府甩掉了在战争中积累的债务。[23]通货膨胀使纳税人间接为战争埋单，以1913年的价格计算，整个战争的开支为824亿美元，这在当时是个庞大的数目。1917年，战争开支使政府支出升至德国国民生产净值的76%，英国的70%，在法国超过了100%。战争期间，"要向士兵家庭发放津贴，残疾人和寡妇等也需要帮助，还有成千上万的难民需要救助"（Stevenson，2007）。由于一些支出一直持续到战后，所以，第一次世界大战之后的税收水平远远高于战前，出现了"棘轮效应"，也提高了未来的政府支出水平。第二次世界大战后，政府提出要在经济中发挥更大的作用，当公众对高税收的抵制有所减弱时，"棘轮效应"进一步增强。

参考文献

Atkinson, Tony. 2008. "European Union's Social Policy in Globalization Context," in *Institutions for Social Well-Being: Alternatives for Europe*, edited by Lilia Costabile (Houndmills: Palgrave Macmillan), pp. 15-32.

Baumol, William J. 1967. "Macroeconomics of Unbalanced Growth: The Anatomy of Urban Crisis," *American Economic Review* 57:415-26.

Boettke, Peter. 2005. "On Reading Hayek: Choices, Consequences and the Road to Serfdom." *European Journal of Political Economy* 21 (December): 1042-53.

Brennan, G., and J. M. Buchanan. 1980. *The Power to Tax: Analytical Foundations of a Fiscal Constitution* (Cambridge: Cambridge University Press).

Buchan, James. 2006. *The Authentic Adam Smith: His Life and Ideas* (New York: W. W. Norton).

Buchanan, James. 2003. "Endnote," in *The Theory of Public Finance in Italy from the Origins to the 1940s*, edited by D. Fausto and V. De Bonis (Pisa-Rome: Istituti Editoriali e Poligrafici Internazionali).

Burke, A. L. 2000. "The Price of Everything: On Human Values and Global Markets" (July). http://www.nnn.se/n- model/price/price.htm.

Cipolla, Carlo. 1996. *Storia Facile dell'Economia Italiana dal Medioevo a Oggi* (Milan: Oscar Mondadori).

Clarke, Peter. 2009. *The Rise, Fall and Return of the 20th Century's Most Influential Economist* (New York: Bloomsbury Press).

de Molinari, Gustave. 1849. *Les Soirées de la Rue Saint-Lazare: Entretiens sur les Lois Economique et Défense de la Propriété. Translated as Le Serate di Rue Saint-Lazare* (Macerata: Liberi Libri, 2009).

De Viti de Marco, Antonio. 1936. *First Principles of Public Finance* (London: Jonathan Cape). Translated from *I Primi Principi dell'Economia Finanziaria* (Rome: Sanpaolesi, 1928).

Dunoyer, Charles. 1825. *L'Industrie et la Morale Considérées dans leurs Rapports avec la Liberté* (Paris: A. Sautelet).

Ebenstein, Lanny. 2007. *Milton Friedman* (New York: Palgrave Macmillan).

Ekelund, Robert B., and Robert D. Tollison. 1981. *Mercantilism as a Rent-Seeking Society: Economic Regulations in Historical Perspective* (College Station: Texas A&M University Press).

Fausto, Domenicantonio. 2003. "An Outline of the Main Italian Contributions to the Theory of Public Finance." *Il Pensiero Economico Italiano*, anno undicesimo 1:11- 41.

Fausto, D., and V. De Bonis. 2003. *The Theory of Public Finance in Italy from the Origins to the 1940s* (Pisa-Rome: Istituti Editoriali e Poligrafici Internazionali).

Ferguson, Niall. 2007. *The Pity of War* (New York: Basic Books).

Forte, Francesco. 1985. "Control of Public Spending Growth and Majority Rule," in *Public Expenditure and Government Growth*, edited by Francesco Forte and Alan Peacock (Oxford: Basil Blackwell), pp. 132-42.

Franklin, Benjamin. 1758. *The Way to Wealth* (Bedford: Applewood Books, 1986).

Frey, Bruno. 1985. "Are There Natural Limits to the Growth of Government?" in *Public Expenditure and Government Growth*, edited by Francesco Forte and Alan Peacock (Oxford: Basil Blackwell), pp. 1131-18.

Graziani, Augusto. 1897. *Istituzioni di Scienza delle Finanze* (Turin: Fratelli Bocca Editori).

Hagerstrom, K. G. 1938. "A Mathematical Note on Democracy." *Econometrica* 6:381-83.

Hayek, F. A. 1944. *The Road to Serfdom* (Chicago: University of Chicago Press).

1988. *The Fatal Conceit: The Errors of Socialism*, edited by W. W. Bartley III (Chicago: University of Chicago Press).

Herman, Arthur. 2001. *How the Scott Invented the Modern World* (New York: Random House).

Himmelfarb, Gertrude. 2004. *The Road to Modernity* (New York: Vintage Books).

Hume, David. 1955. *Writings on Economics*, edited and introduced by E. Rotuein (London: Thomas Nelson and Sons).

[1739]. *A Treatise of Human Nature.*

Hutchison, Terence W. 1981. *The Political and Philosophy of Economics: Marxians, Keynesians and Austrians* (Oxford: Basil Blackwell).

Jomo, K. S., and Erik S. Reinert. 2005. *The Origins of Development Economics* (London: Tulika Books).

Kopits, George. editor 2004. *Rules Based Fiscal Policy in Emerging Markets* (London: Palgrave Macmillan).

2007. "Fiscal Responsibility Framework: International Experience and Implications for Hungary." *MNB Occasional Paper* 62.

Kornai, Janos. 1992. *The Socialist System: The Political Economy of Communism* (Princeton: Princeton University Press).

Labriola, Arturo. 1943. *L'Attualitá di Marx* (Naples: Alberto Morano Editore).

Leroy-Beaulieu, Paul. 1888. *Traité de la Science des Finances*, 2 vols., 4th ed. (Paris: Guillaumin).

Lindert, Peter H. 2002. "What Drives Social Spending? 1770 to 2020," in *When Market Fails: Social Policy and Economic Reform*, edited by Ethan B. Kapstein and Branko Milanovic (New York: Russell Sage Foundation), pp. 185-214.

MacCulloch, Diarmaid. 2003. *The Reformation: A History* (New York: Viking).

Marx, Karl. 1867. *Das Capital.* Translated as *Capital:A New Abridgement.* World's Classics (Oxford: Oxford University Press, 1995).

McLean, I. 2006. *Adam Smith: Radical and Egalitarian? An Interpretation for the 21st Century* (Edinburgh: Edinburgh University Press).

Mises, L. 1922. *Socialism* (Indianapolis: Liberty, 1981).

Moss, David A. 2002. *When All Else Fails* (Cambridge, Mass.: Harvard University Press).

Mill, James. 1819. *An Essay on Government,* with an Introduction of Ernst Barker (Cambridge: Cambridge University Press, 1937).

Mill, John Stuart. [1848] 2004. *Principles of Political Economy* (Amherst, NY: Prometheus Books).

Muller, Jerry Z. 1993. *Adam Smith in His Time and Ours* (New York: The Free Press).

Musgrave, Richard. 1959. *The Theory of Public Finance* (New York: McGraw-Hill).

Nitti, Francesco Saverio. 1903. *La Scienza delle Finanze* (Bari: Editori Laterza, 1972).

Peacock, Alan. 1992. *Public Choice Analysis in Historical Perspective,* Raffaele Mattioli Lectures (Cambridge: Cambridge University Press).

Peacock, Alan, and Jack Wiseman. 1961. *The Growth of Public Expenditure in the United Kingdom* (Princeton: Princeton University Press).

Rexed, Knut. 2000. "Public Sector Reform: Lessons from the Nordic Region: The Swedish Experience," Swedish Agency for Administrative Development. Mimeo (May 19).

Ricossa, Sergio. [1986] 2006. *La fine dell'economia: Saggio sulla perfezione* (Catensac, Italy: Rubettino Editore).

Robbins, Lionel. 1952. *The Theory of Economic Policy in English Classical Political Economy* (London: Macmillan).

Rostow, W. W. 1953. *The Dynamics of Soviet Society* (New York: W. W. Norton).

Schuessler, Jennifer. 2010. "Hayek: The Back Story." *New York Times Book Review* (July 11), p. 27.

Schumpeter, Joseph. 1954. *History of Economic Analysis* (New York: Oxford University Press).

Serra, Antonio. 1613. *Breve Trattato delle Cause che Possono far Abbondare l'Oro el'Argento dove non sono Miniere* (Naples: Lazzaro Scorriggio).

Simons, H. C. 1934. *A Positive Program for Laissez-faire: Some Proposals for a Liberal Economic Policy,* Public Policy Pamphlet No. 15 (Chicago: Chicago University Press).

Smith, Adam. [1776] 1999. *The Wealth of Nations* (London: Penguin Books).

Solomon, Howard M. 1972. *Public Welfare, Science and Propaganda in Seventeenth Century France* (Princeton: Princeton University Press).

Stevenson, David. 2007. *Cataclysm: The First World War as Political Tragedy* (New York: Basic Books).

Stigler, George. 1968. "The Government of the Economy," in *A Dialogue of the Proper Role of the State*, by G. J. Stigler and P. A. Samuelson (Chicago:

University of Chicago Business School), pp. 3-20.

Stiglitz, Joseph E. 1994. *Whither Socialism*? (Cambridge, Mass.: MIT Press).

Tanzi, Vito. 1988. "Trends in Tax Policy as Revealed by Recent Development and Research." *International Bureau of Fiscal Documentation Bulletin* 42, no. 3 (March).

1994. "Taxation and Economic Structure." *Public Choice Studies*, no. 24: 35-45.

ed. 2003. *Transition to Market* (Washington, D.C.: IMF).

2010. *Russian Bears and Somali Sharks: Transitions and Other Passages* (New York: Jorge Pinto Books).

Tocqueville, Alexis de. [1835 and 1840] 1965. *Democracy in America* (Oxford: Oxford University Press).

1835. "Mémoire sur le paupérisme," in Tocqueville, *Democrazia, e poverta'* (Rome: Ideazione Editrice, 1998).

Trevelyan, G. M. 1942. *English Social History* (London: Longmans, Green).

Van Overtveldt, Johan. 2007. *The Chicago School* (Chicago: Agate).

Walvin, James. 1988. *Victorian Values* (Athens: University of Georgia Press).

Webb, R. K. 1980. *Modern England*. 2nd ed. (HarperCollins).

Weber, Max. 1947. *The Theory of Social and Economic Organization* (London: Free Press of Glencoe).

Weinburg, M. 1978. "The Social Analysis of Three Early 19th Century French Liberals." *Journal of Libertarian Studies* 2, no. 1: 45-63.

Wheen, Francis. 1999. *Karl Marx* (London: Fourth Estate).

Winch, Donald. 1978. *Adam Smith's Politics* (Cambridge University Press).

Wolfe, Alan. 2009. *The Future of Liberalism* (New York: Alfred A. Knopf).

Woodward, Llewellyn. 1962. *The Age of Reform, 1815-1870*, 2nd ed. (Oxford: Clarendon Press).

Zamagni, Vera, ed. 2000. *Povertá e Innovazioni Istituzionali in Italia* (Bologna: Il Mulino).

第三章　推动政府职能变化的力量

一、工业革命造成的影响及其公众反应

从1776年亚当·斯密发表《国富论》到第一次世界大战前后，工业化国家的发展变化极大地改变了亚当·斯密所处时代的社会生活。由亚当·斯密诠释的政府有限职责及政府支出的观点在“自由放任”时代，特别是1880年前后，比较盛行。亚当·斯密撰写《国富论》时，工业革命刚刚开始，当时的社会与罗马时代没有太大区别，大部分人还生活在农村，不参加选举；政府主要代表统治阶级的利益，而不是广大民众的利益。工业革命开始改变固有的经济和社会关系。“工业革命是所有革命中最具革命性的”，它彻底改变了原有的世界（Ricossa，2006）。

在某种程度上，一些政治运动受到法国革命和美国革命的影响，伴随着工业革命而兴起。这些政治运动与工业革命一起，改变了一些先进国家的经济特征和社会关系，使这些国家逐渐从以农业和农村为主变得越来越工业化和城市化了。国家之间以及国家内部日益繁荣的商业活动开始发挥重要作用。随着时间的流逝，经济结构的变化使一些经济学家认为，亚当·斯密所提倡的政府职能，特别是政府在“自由放任”时代所发挥的作

用，太过局限了，不能适应工业化发展的要求。社会发展变化会要求较高的政府支出和税收水平。此外，工业革命还催生了一大批新的富裕商人和制造商阶层，由于他们大都出身卑微，并且刚刚获得财富，缺少对固有传统的尊重。这些自我奋斗的务实阶层开始挑战社会传统和信仰。

很多经济学家研究了政府在“自由放任”时代的经济职能，他们的著作似乎反映出这样一个观点：在19世纪的大部分时间，“自由放任”主要是一种哲学思想。一直到19世纪后半叶，“社会公众，甚至十分贫穷的人，都不指望政府帮助他们摆脱贫困”。当时普遍流行的观点是，“政府根本不可能把事情做好”。英国的约翰·斯图亚特·穆勒和纳桑·西尼尔（Nassan Senior）也赞同这一观点。纳桑·西尼尔指出，“帮助穷人会遇到各种困难，掠夺富人则轻而易举。在关于人的行为研究中，做坏事要比做好事容易得多”（Woodward，1962）。在快速城市化的过程中，政府职能并未特别偏离亚当·斯密的传统定义。没有人会相信，大规模的政府支出是为了社会公众的利益。卢埃林·伍德沃德（Llewllyn Woodward）补充道：

> 必须有选择地相信很多关于“自由放任”的讨论，至少应将其放在合适的社会背景下加以理解。在很多情况下，这些讨论隐晦地承认，问题是无法解决的……“自由放任”政策并不是政府对私人企业的推动力量，相反，政府能够为社会提供的推动力非常有限。

约翰·梅纳德·凯恩斯（1926）的观点与此相类似。他写道:“公共行政管理人员非常不适当地歧视持有‘自由放任’观点的务实人群……在18世纪,政府超出其基本功能的任何行为都是有害的。”

“尽管老一代经济学家以及公共问题专家……对政府干预持怀疑态度,但是,他们也意识到私人行为的局限性,以及为了公平竞争,保障机会平等的重要性。”（Woodward,1962）

德国是最早在学术上讨论“自由放任”的国家。在德国,并不是所有人都认为工业化对社会有益,有些人甚至把它妖魔化了（当时的德国绘画作品毫不掩饰地刻画了工业化给乡村带来的大烟囱和其他令人生厌的特点）。在这种背景下,1890年第一届世界工人保护大会在柏林举行也就不难理解了。19世纪后半叶,卡尔·马克思和其他德国社会主义学者已经形成了反对私有财产和资本主义的基本理论。他们认为,工业化造成了垄断,带来了经济危机,使工人受到剥削,使广大民众逐渐贫穷,因此资本主义迟早会灭亡。卡尔·马克思分析了通过消除市场、最终消除国家,对经济和社会关系进行重组的可能性。尽管一些主流经济学家对卡尔·马克思和其他社会主义学者的理论视而不见,在英国他们更是被蔑称为“低俗的激进主义者”,但是,主流经济学家也开始呼吁政府在经济中发挥更多的作用（Trevelyan,1942; Musguave,1998）。

阿道夫·瓦格纳是一名有影响的德国经济学家,他将亚当·斯密理论定义为“错误学说”,并且进行了尖锐的批判。阿道夫·瓦格纳认为,按照斯密的“错误学说”,政府行为似乎从

本质上看就不会带来任何益处。亚当·斯密肯定不会同意这一点，一定会对阿道夫·瓦格纳提出异议。亚当·斯密明确提出，政府能够促进商业，促进文明。在阿道夫·瓦格纳的著作中，他所提到的政府概念内容更丰富，对社会也更有益。这一概念已经植根于德国人的思想中，植根于德国人的哲学中。[1]这就是理查德·马斯格雷夫（1998）所描述的“公共政府”，即政府与社会公众紧密联系，政府代表着社会公众的意愿。“公共政府”有别于严格与个体行为相关的政府。对阿道夫·瓦格纳而言，政府不仅“有保护个体的责任”，也是“社会生活的最基本条件和高级形式”。政府与群体的存亡相关，具有独特的历史、传统、社会价值以及不成文规则。没有社会组织，就没有社会生活。随着社会的进步，社会组织也就变成了政府。政府以个体为基础是亚当·斯密和大卫·休谟的核心观点，这一观点一直主导着盎格鲁—撒克逊思想。阿道夫·瓦格纳拒绝接受这一理论，也拒绝接受那种忽视个体、以群体意志压抑个体意志的社会主义观点。他认为，“社会不仅应当保护个体利益，也应当促进整个社会的文明和福利”。阿道夫·瓦格纳认为，“斯密学派”对市场运行的态度过于乐观，而他则看到了市场和竞争的缺陷，但他似乎忽略了亚当·斯密也曾经表达过对市场的担心。目前市场经济受到攻击，很多人对群体精神的缺失感到遗憾，阿道夫·瓦格纳的观点得到了更多人的支持。阿道夫·瓦格纳研究了政府在国民收入分配中的作用，并认为政府的这一职能很重要。事实上，随着时间的推移，特别是到了20世纪，政府的这一职能真的越来越重要了。

由于具有历史重要性，在此我们直接引用阿道夫·瓦格纳的结论（本著作者译自阿道夫·瓦格纳1891年著作的第14页）：“（公共）支出、税收、（公共）债务系统必须改善，以减少其可能造成的社会缺陷和经济缺陷。”阿道夫·瓦格纳意识到了政府职能的潜在成本：“即使这些缺陷不是由政府造成的，政府也应当采取措施来消除这些缺陷。这就需要增加政府的金融资源，以使政府能够行使新的职责。”阿道夫·瓦格纳支持为促进社会目标而增加税收，提高政府支出在国民收入中的比重。他的观点与保罗·勒鲁瓦·博利厄的观点大相径庭。

阿道夫·瓦格纳的经济学著作具有较大的影响力，在一定程度上改变了19世纪后半叶仍在欧洲流行的“自由放任”主义。1900年前后，阿道夫·瓦格纳是被学术期刊引用次数较多的经济学家，甚至超过亚当·斯密。他认为，政府职能具有进化的性质，会随着时间流逝而改变。不过，目前还很难判断阿道夫·瓦格纳的观点对公共部门的长期影响是中性的还是积极的。

19世纪末期，尽管社会主义在英国并不流行，但反对“自由放任”主义的声音却日益高涨，约翰·斯图亚特·穆勒就是其中的代表人物之一。穆勒逝世于1873年，其关于政府职能的观点（参见《政治经济原则》第5卷）现在仍值得回味。他区分了政府的“必要”职能与“最佳”职能。穆勒信奉功利主义哲学，将幸福看成是个体行为的结果。应指出的是，功利主义哲学的重点是幸福而不是收入水平，对行为的判断基于行为对幸福的影响。与阿道夫·瓦格纳的观点很接近，穆勒也主张实现财富（非收入）的公平分配，建议通过直接（非累进）征税，特别是继承税和赠与税（可以是累进税率），来降低富人后代自动成为富人的可能性，以实现机会平等。约翰·斯图亚特·穆勒支持普选，主张通过有效的公共机构来改善社会立法。这些政策不一定产生更多的政府支出，因为其目的在于改良社会关系，而非扩大政府支出（Mill，1859）。

在意大利，1891年5月15日，教皇利奥十三世（Leo XIII）发布了名为“新事”的通谕。在通谕中，教皇列举了保护私人财产、保护工人不受剥削、工资合理以及开展工人节约运动等多项政府职能。[2]然而，政府的实际支出变化并不大。相比之下，教皇的这些“理想”中的政府职能扩展比政府支出的增长要快得多。当时，政府的实际支出也有变化，只是变化较慢。尽管教皇提出了政府的社会保障职能，但并未要求通过提高政府支出来扩大政府的社会保障职能。

当时，阿道夫·瓦格纳的著作深受意大利政府的欢迎，他们接受了阿道夫·瓦格纳的观点，也认为应当增加政府支出，以适应日益复杂的经济环境。据报道，意大利统一后的第一任总理卡米洛·奔索·迪·加富尔（Camillo Benso Conte di Cavour）甚至预计，一旦“瓦格纳法则”有了正式表述，会获得意大利和其他国家研究者以及公共财政实践者的广泛接受。但是，那些坚持经济自由主义观点的经济学家，比如当时意大利著名经济学家维尔弗雷多·帕累托（Vilfredo Pareto）和玛菲欧·潘塔里奥尼（Maffeo Pantaleoni），以及一些重要的政治人物如西尔维奥·斯帕文塔（Silvio Spaventa）却一直反对政府干预经济（De Cecco and Pedone，1995）。

在一篇写于2004年的著名论文中，托尼·阿特金森（Tony Atkinson）指出，工业革命带来了失业、退休和经济周期，并最终对政府的经济职能产生了深远影响。这种观点在19世纪后期影响了阿道夫·瓦格纳的思想。当时，"德国已经成为了一个重要的工业国，现代机械、新技术的运用等创造了前所未有的就业，巨大的城市聚集地已经形成，家庭手工业逐渐被摧毁"（Atkinson，2004）。家庭手工业被摧毁之后，很多人，特别是手艺人所掌握的技能被淘汰。机械代替了工人的劳动，工人的收入因此而下降。

工业革命创造了一个新世界。越来越多的农民离开土地，到"城市聚集地"生活，到工厂工作。这种内部迁徙和目前中国正在发生的城镇化过程十分相似。当时，工人每天的活动范围还局限于步行能够到达的范围，因此，工人必须居住在距离工厂较近的地方。[3]在这种情况下，以前农村居住地的家族和社区所组成的安全网失效了，工人突然失业或失去收入的可转性大大增加。这种现代意义上的失业是越来越多的工人与企业签订非正式的、限定时间的合同（通常是按天甚至小时签订）的结果。这些合同显然有利于雇主，而不利于工人。工人在没有保障或补偿的情况下，随时会被解雇，并且不得不接受极低的报酬。有时，机械降低了工人的工资，工人会以损坏机械的方式进行报复（Thomis，1970）。这种社会对立不仅启发教皇发布了1891年的通谕，也促成了1890年工业立法柏林会议的召开。这次会议"标志着劳工保护的国际合作的开始"（Ashley，1904）。

随着时间的流逝，工人受到了更多的劳动保护，获得了成立

工会等一系列权利，但这一过程并不是一帆风顺的。工业革命之前，人们或是从事农业或手工业，自负盈亏；或是永久性地处于依附于强势家族甚至被奴役的地位。那时，大部分人穷困潦倒，处于极度贫穷的状态，但并没有现代意义上的失业。从某种意义上讲，他们为之服务的家族对他们永远负有基本生活保障的义务，这种义务延伸至他们的家庭和依附他们的人。[4]当时，人们的平均寿命很短，只有45岁，与养老相关的经济问题并不十分突出。大部分工人会一直工作到逝世之前，他们的死亡通常由感染性疾病或工伤事故引起，是相当突然的。另外，很少有人能活到老年，慢性老年疾病也比较罕见。

同样，现代意义上的退休可以理解为到达一定年龄后，人们不再继续工作的一种永久性失业。过去，没有退休的概念。现在很多传统社会也没有退休之说。在发展中国家，退休仅限于少数幸运的公职人员，这些人有养老金，他们可以退休。对于大多数贫困人群而言，他们没有养老金，无法享受退休的待遇，也就不存在退休问题了。[5]不管一个人的身体和精神状态如何，到某一特定日期后必须退休的观点是近几年才被提出来的。

如果退休人员没有大家庭的支撑，要维持退休后的生活，就需要在工作期间缴纳公共或私人养老金，或者拥有足够的储蓄。养老金可以使人们在退休之后支撑自己及其依附者的生活。在现代社会，雇主会设定工人的工作年限，因为对于雇主来说，年龄限制是有利的，随着雇员年龄的增长，雇主可以迫使那些年龄较大、效率较低的工人离开工作岗位。当他们退休时，由于没有家庭安全网的支持，工人要么依靠养老金，要么依靠储蓄。[6]

一个多世纪之前，当一些国家刚刚引入退休规定时，大多数工人都是从事体力劳动的，有些工作非常艰苦，需要良好的体力和耐力。那时，每天的工作时间长达12小时甚至更多，减少工作时间是大多数人的诉求。因而，设定工作年限、让工人在年龄不太大时退休合情合理。到了现代社会，由于产出结构的变化和机械的广泛应用，很少有工作再需要大量的体力和耐力，即使需要，所占的比例也很小。社会立法的变革也使工人的工作时间比过去大幅减少了，八小时工作制广泛推行。[7]此外，由于人们比过去更长寿、更健康，[8]因此，要求工人在年轻时就退休不再合情理。目前，这方面的政策正在逐渐发生变化。

年轻人的效率更高是设定相对较早的退休年龄的理由之一。这一观点认为，年轻人，尤其是在其读书阶段，掌握技术的能力较强。当社会进步很快、技术较经验更为重要时，较年长工人的创造力低于年轻工人。如果学校是学习技能的主要场所，而公司并不想花钱来培训工人（因为工人可能会离开公司，带走新掌握的技能），那么工人年龄越大，技术就会越落后。[9]

失业、退休和经济周期可能使很多工人无依无靠，无法度日。这一现象引起了19世纪具有社会主义思想的学者的特别关注，也为更多的政府干预提供了理由。托尼·阿特金森认为，当农民离开农村到城市生活后，无法再受到大家庭以及原所在地互助组织、合作社等民间组织的帮助。

在《新事》中，教皇利奥十三世表达了对正在消失的“艺术和贸易组织”协会的关切。这些协会自中世纪以来就十分普遍，为从事相关活动的成员提供了帮助。教皇认为，这些组织的消失可能导致基督教精神的丢弃。他担心，工人将无法抵御雇主的“贪婪”和“野蛮竞争”。而“贪婪”和“野蛮竞争”与过去“怜悯与合作”的基督教精神是背道而驰的。另外，教皇还特别担心掠夺和投机。

二、个人对工业革命的反应

早在政府建立公共机构之前，个人之间的合作就已经存在了。很久以前，人们为了保存火种或捕猎而必须进行合作时，自发式的合作社会就产生了。据报道，在公元前44年，合作社就已经存在于罗马附近的奥斯蒂亚（Ostia）港口，存在于那里的卸船工人之间。罗马人的教士团体“Collegia”中以及第一批基督教徒所组成的团体“agapi”中也成立了合作社，他们强调对同胞的无条件的爱。合作社在中世纪是普遍存在的（参见Rizzi，2003）。在政府干预之前，工业革命促进了合作社运动的发展，这有利于抵御风险，并有助于保护工人。尤其在英国、法国、德国和意大利的部分地区，合作社运动蓬勃发展，并影响到其他国家。在德国，合作社数量从1864年的38个增长到1900年的568个，成员从1864年的7,700人上升至1900年的522,000人，萨克森75%的工人都加入了这些合作组织（Ashley，1904）。

罗伯特·欧文（Robert Owen）是“英国思想家，他最早意识到工业化给社会带来的两极分化是可以改变的，使用新机器可以消除贫困”（Woodward，1962）。19世纪早期，罗伯特·欧文在英国发起了一项运动，即对咖啡馆、学校、洗衣店和其他设

施进行公共管理,这也是工业革命带来的。罗切戴尔是兰开夏郡的一个小城,靠近曼彻斯特。1844年,28名纺织工人在那里成立了罗切戴尔公平先驱社,这是第一个现代意义上的合作社,目的是以合理的价格为其成员提供生活必需品。该合作社的创始者被后人称为“公平先驱”。公平先驱社赚取的少量利润在年底会根据成员的购买额进行分配。在公平先驱社里,所有成员一律平等,每人一票的“罗切戴尔原则”在今天的合作社中仍然适用。

罗切戴尔合作社建立了多家商店和企业,还建立了一所医院、一个公共图书馆、多处阅览室和一家储蓄银行。这个合作社还组织一些学校的教育工作者,为最贫困阶层提供教育。截至1891年,合作社已经发展了100名成员。到1863年,英格兰已有超过400家合作社。合作社运动也发展到苏格兰。

法国的合作社运动表现出更多的社会主义倾向。发起人皮埃尔·约瑟夫·普鲁多姆(Pierre Joseph Proudhom)和路易斯·布兰克(Louis Blancs)深受空想社会主义的影响,而空想社会主义则受到天主教的启示(Nitti,1971)。1848年大革命之后成立的社会工厂(Ateliers Nationaux)是公有企业,由政府负责维持其生存。社会工厂为低收入工人提供了工作保障。在法国,消费型和生产型合作社比较普遍,一些合作社也提供信贷。查尔斯·纪德(Charles Gide)是“合作共和国”的理论家,他反对从经济活动中获利。“合作共和国”运动被一些经济学家称作是社会主义运动。

在德国,合作社运动扩展至信贷机构,主要推动者为赫尔曼·舒尔策-德里奇（Herman Schulze-Delitzsch）。这些信贷合作社主要提供“小额信贷”，例如以低廉的价格向当时数量众多的鞋匠和木匠提供的贷款。到1850年，赫尔曼·舒尔策-德里奇创办了世界上第一家合作银行，利用一些成员的存款向其他成员提供贷款。成员从合作银行获取贷款不需要抵押，但需要由专门的委员会对其信用状况进行评估。

1840年，弗雷德里克·威廉·莱弗森（Friedrich Wilhelm Raiffeisen）在德国创办了第一家天主教农业银行，弗雷德里克·威廉·莱弗森银行很快遍布整个德语区的农村地区。这些银行以合理的利率向农民提供信贷，用以购买牛、种子和农场设备。1849年，弗雷德里克·威廉·莱弗森通过“帮助无生产资料者协会”，创办了一种小额信贷模式。由此看来，今天的小额信贷并不像很多人想象的那样是一种新发明。

1852年，弗雷德里克·威廉·莱弗森搬到海德斯多夫（Heddesdorf）地区，集中精力帮助低收入工人。1861年，他创办了第一家“弗雷德里克·威廉·莱弗森合作信贷机构”。这一合作组织的发展主要基于成员间的互相帮助。对基督教伦理道德的依赖，使得合作社有别于当时的“主流银行”。到1888年，类似的合作社已发展到445家，合作社的概念也传播到更多的国家。19世纪后半叶，共存在三种类型的合作社，即英国的合作社，它更关注消费合作；法国的合作社，它更关注生产合作；德国的合作社，它更关注金融信贷合作。受到德国的影响，意大利的基督教农业信贷合作社也更加普遍了。1890年，意大利在威尼斯附近成立了第一家类似的合作社，即The Cassa di Gambarore。

对于当时由宗教团体、协会、互助会以及其他团体支持的比较发达的社会保险体系而言，上述创新是一种补充。

近年来，全球化为政府救助和扩大政府支出提供了更多的理由（Rodrik，1998；Williamson，1997）。卡尔·马克思早在1848年就曾经担心过全球化在这方面的影响。[10]全球化对政府干预的额外推动是体现在扩大政府支出上还是其他政策工具（比如，政府对失业、老弱病残人员提供帮助，在很大程度上是由消费者直接埋单的）上，目前来看并不重要。因为不管采取何种方式，广义上的政府职能的确是扩大了。[11]

总之，在过去的两个世纪中，经济结构的变化给各国政府带来了新的压力，这种压力或体现在政府扩大干预上，或体现在政府建立新机构上。政府通过新的立法来应对压力，有时需要扩大政府支出。随着公众对旧式政府的疑虑消退（旧式政府主要代表贵族利益），社会公众希望赋予政府更多的权力，同时，也要求政府提供更多、更好的社会服务。然而，政府的反应经常是滞后的，即使那些接受了亚当·斯密的观点的人们，也认为政府在上世纪早期的支出水平的确是太低了。[12]但是，何种水平的政府支出是合适的，目前还是个未知数。

三、思潮变化

经济结构的改变带来了亚当·斯密先前未曾预料到的政府职能的变化，也促使政府支出扩大。从思想层面来看，一些有影响力的学者，例如阿道夫·瓦格纳和约翰·梅纳德·凯恩斯，提倡政府应承担更多的职能。阿道夫·瓦格纳认为，社会越现代化，经济发展水平越高，所需要的公共服务（和政府支出）就越多。[13]政府支出会（或应该）随着经济的发展而增长。德国经济学家大都支持瓦格纳的观点，他们将政府看作一个有机体，认为政府代表了群体的声音，独立于特定时期的个体。

阿道夫·瓦格纳倡导，政府应致力于富裕人群和较低收入人群之间收入和财产的再分配工作。这一观点得到了约翰·斯图亚特·穆勒的支持。[14]为了实现这一目标，政府将从较富裕人群那里征收更多的税款，用于为较低收入群体提供公共服务。这里所说的较低收入群体不一定就是穷人。这与中世纪以来很多社会群体、民间组织和宗教机构的职责有所区别，那些社会群体和机构将部分资源用于照料孤儿、残疾人、无家庭的老人，以及无法照顾自己也没有家庭成员照顾的贫困人群。但是，这种再分配的基础是基本的生活需求而不是较低收入。瓦格纳的观点为理查德·马斯格雷夫关于政府干预合理性的三条法则之一的“再分配”法则奠定了基础。具体而言，这三条法则是资源配置、收入再分配，以及经济稳定。[15]由于瓦格纳的观点比较“激进”，他所提出的“财政政策”受到了埃德温·罗伯特·塞利格曼（Edwin R. Seligman）的强烈批评。[16]塞利格曼是美国最著名的公共财政经济学家、哥伦比亚大学公共财政学教授。据报道，瓦格纳可能是在英语中第一次使用“财政政策”的人。随着约翰·梅纳德·凯恩斯带来的革命性变革，“财政政策”的内涵发生了变化。特别是在美国，“财政政策”成了稳定政策而不是再分配政策的同义词（Eckstein，1964）。

《自由放任的终结》(1926)是以凯恩斯的两篇演讲为基础的。凯恩斯曾经于1924年和1926年分别在牛津大学和柏林大学进行过两次演讲。尽管《自由放任的终结》一书页数不多,也不为更多人所知,但非常有学术价值。在这本书中,凯恩斯呼吁政府加大经济干预力度。他特别强调了政府需要干预的两个领域,认为政府对这两个领域的干预不会带来政府支出的必然增长。尽管政府支出占国内生产总值的比例有所上升,但平均仍低于20%。凯恩斯还认为,由于各种原因,私人部门不能满足社会公众的全部需求,所以需要政府干预。

约翰·梅纳德·凯恩斯指出,当"被管理单位和机构的理想规模介于个人与现代政府之间"时,需要政府干预。他建议,应对"半自治机构"加以识别,并用于促进"公共利益"。凯恩斯给出了"半自治机构"的一些实际例子,比如"大学、英格兰银行、伦敦港、地铁公司"等等。他认为,当联合股份机构"达到一定年限和规模,接近公共公司的规模时……(它们)有公有化的倾向"。他还特别指出,"大型铁路或大型公共事业单位、大银行或大型保险公司"有较为明显的公有化倾向,公有化发生在"资本所有者,也就是股东,差不多实现与管理层相分离时"。当"公司规模或半垄断地位引人注目,或容易受到公众攻击时",对"半自治机构"进行识别是比较合适的。最后,凯恩斯总结说,"半自治机构"应当移交给"由部长直接负责的中央政府部门"。

此外,"当技术将社会服务与私人服务分开时",需要政府干预。凯恩斯说:"对于政府而言,重要的不是做个人已经做过的,而是做现在还没被做过的。"有些事情到现在还没有做过。凯恩斯认为，在人们相信“某些人……能利用不确定性和无知”以及“大买卖通常是碰运气”的情况下，会产生“严重的财富不均”、“失业”，以及“低效率和生产损害”。凯恩斯认为，“个人无法解决这些问题”，个别人甚至能够从中获益。因此，要解决这些问题，应当加强“中央机构对货币和信贷的审慎控制”，“大规模收集和发布企业相关数据，在法律允许的情况下公布所有可以获知的企业事实”。在这里，凯恩斯阐述的是对大企业的监管，以及大企业信息的充分披露。这些都是2008—2009年全球金融危机之后的热门话题。

在谈到政府干预，以实现“从技术上将社会服务与私人服务分开”的另外两个例子时，约翰·梅纳德·凯恩斯提到了储蓄与投资之间的关系，以及政策协调的必要性。凯恩斯认为，应当“认真斟酌人口政策，考虑什么样的人口规模是最合适的”，不仅要关注人口的数量，还要关注“未来社会成员”的“先天品性”。

在“大萧条”期间，约翰·梅纳德·凯恩斯出版了一本开创性的著作，从对政策的影响力来看，其重要性在经济学领域排名第三位（排在前两位的是亚当·斯密和卡尔·马克思的两本著作）。凯恩斯的这本著作就是《就业、利息和货币通论》（1936）。在这本书中，政府被赋予了全新的职能，即稳定经济以实现充分就业。尽管以前在经济危机时，也有经济学家曾经提议，赋予政府建设公共工程的职能，但是，政府从未真正履行过这一职能，因而也未对政府支出造成直接影响。

《就业、利息和货币通论》出版后，越来越多的经济学家开始相信，增加政府支出能够抵御经济危机。他们接受了凯恩斯的观点，认为政府可以担负起稳定经济以实现充分就业的新职能。他们相信，个人先天的消费倾向或投资倾向不足有可能造成社会总需求不足。当总需求不足时，政府应当利用财政政策加以调节。政治上，增加支出或减少税收总是比减少支出或增加税收更容易一些，约翰·梅纳德·凯恩斯提出的政府新职责将会导致政策的不对称性，造成政府支出持续扩张。[17]抛开传统观点，凯恩斯事实上并没有"直接"提出扩大政府支出，他可能是所有凯恩斯主义者中最不凯恩斯主义的人。

四、政治变迁的影响

政府政策不只是受到经济学家的影响，还会受到政治变迁的影响。一些重要的政治变迁是由苏维埃俄国的经济试验所触发的，相比之下，受德国、意大利和其他国家纳粹政权的影响较小。与纳粹主义不赞成政府扩大经济职能相反，那些坚持计划经济的经济学家认为，在资源动员和收入分配方面，政府必须发挥绝对主导作用。1917年俄国布尔什维克革命胜利之后，西方国家的知识分子中有很多计划经济思想的追随者。他们看到了这些经济试验的优点，却忽视了其中的缺陷。[18]他们对包括美国、英国、法国、加拿大和澳大利亚在内的市场经济国家施加压力，要求他们扩大政府支出。

一般而言，西方国家的政府经常处于被动地位，其政府职能往往是为了建立新的公共项目或扩展原有公共项目而被迫扩展的，而这最终导致了"混合经济"的产生。"混合经济"的概念在20世纪50年代和60年代很流行。“大萧条”被很多人看成是市场经济的失败，从而进一步助推了政府干预政策的盛行。美国的罗斯福“新政”引入了覆盖整个劳工阶层的社会保障体系，并对金融市场进行监管，以纠正市场失灵；政府在收入分配和再分配方面的职能也得到了加强。这一时期，一些市场经济国家向“混合经济”或“福利国家”的转变过程已经开始了，这一转变造成很多国家政府支出的大幅增长。

从20世纪20年代到四五十年代，市场经济国家的政府职能发生了很大变化。一些国家的“自由放任”时代终结于20世纪20年代，从而使20世纪四五十年代成为“混合经济”或“福利国家”的起点。不过，一些人认为，“自由放任”时代在更早的1890年就结束了。从20世纪20年代到50年代，很多国家的政府支出逐渐扩大，只有美国的情况比较特殊，美国的公共总支出占国民生产总值之比从1929年的9.9%大幅上升至1958年的28.4%。[19]在随后的20年中，很多国家的政府支出加速上涨，而美国则逐步放缓。这主要是因为美国的共和党政府在20世纪50年代放慢了扩大政府支出的步伐。共和党一直拒绝增税，在一定程度上抑制了政府支出扩大的趋势。

1959年，理查德·马斯格雷夫在其《公共财政理论》一书中，将新思想系统化，明确了前面提到过的政府职能的三个目标。[20]因为增长有时会用来解释（通常是不太好的）政府政策，所以，理查德·马斯格雷夫的政府目标中并不包括经济增长或经济发展。在理查德·马斯格雷夫完成这本书的同一年，北欧国家的一些经济学家正在着手建立“财政政策理论”，希望对快速扩张的政府支出进行规范和引导。同时,“福利国家”的模式也在这些国家流行起来。理查德·马斯格雷夫和这些北欧的经济学家都试图将一般经济理论与财政政策理论结合起来,理查德·马斯格雷夫的著作更倾向于政府目标,而“财政政策理论”则希望利用当时十分流行的计量模型将政策工具与政府目标结合起来,以协调政策工具与政府目标之间的关系。

在《国家兴衰》一书中,马丁·范·克里菲尔德(Martin Van Creveld)写道:“(实际)建立福利国家开始于战争(第二次世界大战)期间。”(1999)根据克里菲尔德的分析,温斯顿·丘吉尔(Winston Churchill)和富兰克林·德拉诺·罗斯福(Franklin Delano Roosevelt)都希望对战争期间本国人民的辛劳和牺牲做出应有的补偿。在1941年发布的《大西洋宪章》中,政策制定者将“免除贫穷的自由”作为战后政府的目标。他们相信,如果政府能够将战时生产的部分产品用于解决贫穷和失业,会在很大程度上推进“免除贫穷的自由”目标的实现。[21]

1942年,在英格兰发表的《贝弗里奇报告》(Beveridge Report)提出了战后进行社会改革的方法。马丁·范·克里菲尔德引用了第二次世界大战期间澳大利亚总理的话:“政府应该是民众借以提升自身的机构。”(1999)这种观点与“自由放任”主义大相径庭,反映了对政府职能和能力的乐观态度。此外,包括托尼·阿特金森在内的其他学者也在很早的时候看到了福利国家的端倪。

扩大政府职能需要两个重要步骤,即增加税收和建立使用额外收入的特定项目。《贝弗里奇报告》提供了设立特定项目的路线图。这些项目需要额外增加政府管理人员，因而会使特定人群受益。于是，越来越多的选民支持政府扩大其经济职能（Peacock，1979）。克里菲尔德指出，“1945年后，在不同思潮……的共同作用下，政府对经济的干预呈爆炸式增长”（1999）。建立新的项目需要新的思想，在民主国家还需要新的立法。尽管政府干预越来越流行，传统和保守团体仍对此持强烈反对态度，并给政策制定者施加压力。[22]从思想意识的变化到多数国家政府支出的显著增长以及税收的明显上升，需要花费很多年的时间。此外，不同国家应对压力、扩大政府支出的速度也不尽相同。从长期来看，美国的应对速度最为缓慢。

在理查德·马斯格雷夫提到的三个政府职能中，只有“资源配置”职能是政府的基本职能。如果政府不能完成这一职能，有组织的社会是无法正常运行的。[23]“资源配置”为政府职能和政府支出设立了最低要求。另外的两个政府职能是全新的，在某种程度上，并非必不可少的。实际上，在政府并没有行使其他两项经济职能，甚至没有把它们作为政府目标的情况下，国家也存在了几千年。正如前面提到的，过去政府进行“收入分配”的方向通常是错误的：把大多数民众的财富或收入分配给控制了政府的利益阶层。过去半个世纪，人们的看法已经发生了重大变化，政府的收入分配职能有所弱化，受再分配职能“挤出效应”的影响尤其明显。可以说，近年来，政府在收入分配方面已经做的比应该做的要少得多，而在经济稳定和收入再分配方面已经做的比应该做的要多得多。比如，有些国家因缺少监狱而将罪犯释放，有些国家的基础设施破败不堪，有些国家的环境问题日益突出，有些国家因缺少足够的法官而导致诉讼过程过长。

第二次世界大战之后，在包括抵御风险等目标的作用下，收入再分配成了很多国家大幅增加政府支出的重要理由。从某种意义上说，在过去的半个世纪中，很多政府支出都与不同群体之间的收入再分配有关。而这种再分配不一定是自上而下的。在某种程度上，政府目标从不同收入群体之间的收入再分配逐渐演化为保护（大多数或全部）民众免受特定风险的伤害。这就使一些"选择性"的政府项目变成了"通用"项目，成本高昂。当"大萧条"还在人们的记忆中时，人们会认为，较高的政府支出有助于经济稳定。[24]政府支出较高的国家被认为经济衰退的风险较小，或者说能够较好地避免衰退。

2008—2009年的全球金融危机对政府支出产生了什么影响，具体来讲，对政府支出较高国家的影响是否低于对政府支出较低国家的影响，[25]这还有待于继续观察。过去，由于经济稳定政策缺乏对称性，政府支出占国内生产总值中的比重不断提高，即在经济放缓或衰退时增加的政府支出并没有被复苏时减少的政府支出所抵消。因此，这些年建立和发展的经济稳定政策促使政府支出快速增加。在此次全球金融危机中，政府支出占国内生产总值的比重大幅上升，这一比重是否会在短期内回到危机之前的水平，也有待观察。

五、结论

直到19世纪后半叶，从政府支出的角度扩大政府职能还是不可行的。由于纳税人群（缴税能力较强的那些人）在一定程度上控制了政府决策，因此提高税率变得比较困难。而且，即使政府能够获取更多的税收收入，也因缺乏专业人员以及受制于自身专业水平而不具备相应的管理能力。当时还不可能从国外引进专业人员。

当社会公众能够接受"赋予政府更多职能"时，政府支出就会增长。社会经济的变化也使得可征税的范围不断扩大。

很多因素共同促进了政府职能的转变，其中扩大选举权以及引入普选制度是最重要的两个因素，其他因素还包括：工业革命对个人和家庭的影响，工业革命所引起的经济结构变化，关于政府职能的观念转变，亚当·斯密、卡尔·马克思和约翰·梅纳德·凯恩斯等知名经济学家的影响。

参考文献

Angelopoulos, Angelos. 1950. "Les Principes Directeurs d'une Nouvelle Politique Financiere," in *Archivio Finanziario: Raccolta Internazionale di Scritti di Cultura Finanziaria,* vol. 1 (Padova: CEDAM), pp. 11-19.

Ashley, W. J. 1904. *The Progress of the German Working Classes in the Last Quarter of a Century* (London: Longmans, Green).

Atkinson A. B. 2004. "The Future of Social Protection in a Unifying Europe," revised version of the First Kela Lecture delivered in Helsinki (November 3).

De Cecco, Marcello, and Antonio Pedone. 1995. "Le istituzioni dell' economia," in *Storia dello Stato Italiano: dall' Unita' a Oggi*, edited by Raffaele Romanelli (Rome: Donzelli Editore), pp. 253-300.

de Jouvenel, Bertrand. 1952. *The Ethics of Redistribution* (Cambridge: Cambridge University Press).

Ebenstein, Alan. 2001. *Friedrick Hayek: A Biography* (London: Palgrave).

Eckstein, Otto. 1964. *Public Finance*, 2nd ed. (Englewood Cliffs, N.J.: Prentice-Hall).

Friedman, Milton. 1962. *Capitalism and Freedom* (Chicago: University of Chicago Press).

Galbraith, J. K. 1958. *The Affluent Society* (Boston: Houghton Mifflin).

Hegel, George W. F. 1956. *The Philosophy of History* (New York: Dover Publications).

Heller, Walter W. 1967. *New Dimensions of Political Economy* (New York: W. W. Norton).

Keynes, John Maynard. 1926. *The End of Laissez-Faire* (London: Hogarth Press).

1936. *The General Theory of Employment, Interest, and Money* (San Diego: Harcourt Brace Jovanovich).

Le Encidiche Sociali: Dalla "Rerum Novarum" alia Centesimus Annus. 2003. (Milan: Paoline Editoriale Libri).

Marx, Karl. 1995. *Capital: A New Abridgement* (Oxford: Oxford University Press).

Mill, John Stuart. 1859. *On Liberty* (repr., Harmondsworth: Penguin Books, 1974).

2004. *Principles of Political Economy* (Amberst, New York: Prometheus Books).

Musgrave, Richard. 1959. *The Theory of Public Finance* (New York: McGraw-Hill).

1998. "The Role of the State in the Fiscal Theory," in *Public Finance in a Changing World*, edited by Peter Birch Sorensen (London: Macmillan), pp. 35-50.

Nitti, Francesco Saverio, 1971, *It Sociolismo Caltolico* (Bari Editori Laterza).

Peacock, Alan. 1979. *The Economic Analysis of Government and Related Themes* (Oxford: Robertson).

Ricossa, Sergio. 2006. *La Fine dell' Economia: Saggio sulla Perfezione* (1986; Catanzaro: Rubettino Editore).

Rizzi, Franco. 2003. *Banca di Credito Cooperativo di Carate Brianza, Un Secolo di Storia Caratese* (Carate Brianza: BCC Credito Cooperativo).

Rodrik, Dani. 1998. "Why Do More Open Economies Have Bigger Government?" *Journal of Political Economy* 106, no. 5 (October): 997-1032.

Seligman, Edwin. 1909. *Progressive Taxation in Theory and Practice. 2nd ed.* (Princeton: American Economic Association).

Smith, Adam. 1776. *The Wealth of Nations* (Harmondsworth: Penguin Books, 1999).

Stein, Herbert. 1984. *Presidential Economics: The Making of Economic Policy from Roosevelt to Reagan and Beyond* (New York: Simon and Schuster).

Thomis, Malcolm I. 1970. *The Luddites: Machine-Breaking in Regency England* (New York: Schocken).

Trevelyan, G. M. 1942. *English Social History* (London: Longmans, Green).

Van Creveld, Martin. 1999. *The Rise and Decline of the State* (Cambridge: Cambridge University Press).

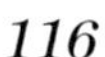

Viner, Jacob. 1937. "Mr. Keynes on the Causes of Unemployment." *Quarterly Journal of Economics* 48, 1 (November): 39-76.

Wagner, Adolf. 1891. *Sviluppo della Scienza delle Finanze Collezione Diretta da Emanuele Morselli* (Padova: CEDAM, 1960). German editions, 1883 and 1890.

Wheen, Francis. 1999. *Karl Marx* (London: Fourth Estate).

Williamson, Jeffrey G. 1997. "Globalization and Inequality, Past and Present." *World Bank Research Observer* 12, no. 2 (August): 117-35.

Woodward, Llewellyn. 1962. *The Age of Reform, 1815-1870* (Oxford: Clarendon Press).

第四章　20世纪政府支出与税收增长情况

一、第一次世界大战至20世纪60年代

第一次世界大战之后，西方发达国家的税收与政府支出普遍提高（不过，1960年之前相对较低）。[1]第二次世界大战期间，为了给战争融资，许多国家大幅增加税收。20世纪60年代初之前（战争年代除外），大多数工业化国家的税收占国内生产总值的比重一直低于或者徘徊在30%。20世纪60年代之后，这一比率急剧攀升，不过，美国是个特例。对其中一些国家而言，1960年可以看作是迈向"福利国家"或"混合经济"的临界点。

第一次世界大战期间，为了支付巨额战争开支，许多国家的税收水平大幅上升。第一次世界大战之后，税收增速放缓。但是，第二次世界大战期间，为了给新一轮战争融资，许多国家的税收水平再度上升，并且，上升的幅度大于第一次世界大战期间。[2]从政府税收占国民生产总值的比重看，在1925—1929年间，美国仅为11%；在1924—1925年间，法国为20%；在1930年之前瑞典不足10%，直到1950年也未超过20%；在1924—

1925年间，英国约为25%，20世纪60年代初期达30%左右；20世纪60年代，美国约为28%，大大高于20世纪20年代的水平。从第二次世界大战结束到1960年前后，税收水平的变化相对较小，并且，税收水平较低。第二次世界大战之后，包括美国在内的一些国家缩减军费开支，民用支出增加较快。

在美国，不包括州与地方政府支出在内的联邦政府支出与国内生产总值之比从1930年的3.4%上升至1934年的10.7%，其增幅远远超过近期有关文献中关于这一时期联邦政府支出增长的假设。1934年之后，联邦政府支出占比从高点回落。1940年，联邦政府支出占国内生产总值的9.8%。之后，由于为战争融资，这一比重在1943年和1944年飙升至43.6%的历史新高。1948年又暴跌至11.6%，接近1934年的水平。随后，联邦政府支出占国内生产总值的比重开始反弹，并于1953年〔共和党总统德怀特·戴维·艾森豪威尔（Dwight David Eisenhower）执政之前〕升至20.4%。2009年之前，联邦政府支出一直没有超过1953年的水平。2008年，全球金融危机爆发，政府为了应对危机采取了经济刺激计划，使联邦政府支出占国内生产总值的比重扩大到28.1%。收入方面，第二次世界大战期间的1944年，联邦政府收入（不包括州与地方政府收入）占国内生产总值的比重创下了20.9%的峰值，2000年又重返高峰。之后在布什政府执政期间，联邦政府收入占国内生产总值的比重再次大幅下降。2009年15.1%的估算值约为1951年以来最低（参见U. S. Office of Management and Budget，2009）。

1960年前后，许多国家税收较快增长主要有以下几个方面

的原因：一是社会公众关于政府作用的观念发生了变化。经济学家对大众观念的变化做出了回应，并且通过讲坛和学术期刊等方式进一步推动了这种变化。这一时期，经济学突出研究了“市场失灵”问题，主张政府通过扩大财政支出纠正“市场失灵”。

二是到20世纪下半叶，大多数国家采取的普选制度让更多的人有了发言权，这正是安东尼奥·德·维蒂·德·马尔科和其他经济学家所担心的，因为普选制度导致大多数（更贫穷的）人要求政府采取普惠政策，并希望政府牺牲高收入者的收入，而不是牺牲低收入者的收入。由于供给经济学在几十年之后才问世，因此，当时很少有人考虑这些政策将影响供给的增加，从而无法真正惠及穷人和中产阶级。

三是两次世界大战的接连爆发，使政府得以在战争期间提高税率。为配合增税工作，政府建立了相关行政机构，许多纳税人都经历了这一高税收时代。战后，一些国家并未取消相关的行政机构，也未减税。这样做既是为了偿还战争时期积累的巨额政府债务，也是为了帮助曾经参战的退伍老兵及其家庭。此外，政府在战后推出的各类复兴规划也需要政府收入的支持（关于战争对政府支出的影响，详见Peacock and Wiseman，1961）。[3]

四是经济结构的变化推动了征税工作的变化。第一个变化是在国民收入中工资与薪酬的比例上升，这对于征收所得税与社会保障税尤为重要。第二个变化是能够从源头预扣税收的大公司变得愈加重要。此外，有迹象表明，20世纪60年代之前，由于越来越多地从源头征税，部分征税成本被转嫁给纳税人，征税的“行政成本”下降。第三个变化是税收在技术及行政方面有了突破，例如当时新出现的"综合"所得税，就是一种对公民应税收入总额执行高累进税率的税种。从20世纪60年代开始，一些国家开征增值税。此外，1960年前后，各国经济仍处于相对封闭状态，不存在税收竞争问题，各国政府可以相对容易地提高税率，增加税收收入。然而在全球化后期，随着各国对外开放步伐的加快，以及资本与高技能劳动力的流动性增强，政府增税的难度加大（参见Tanzi，1995）。

总体而言，可以从供给与需求两方面来解释税收水平上升的现象。从需求方看，获得更多政治权利的人会要求政府增加支出；从供给方看，税收工作中的技术性与行政性突破以及经济的结构性变化推动税收不断增加。

二、20世纪60年代至90年代

从20世纪60年代到90年代，许多国家的公共财政发生了重大变化，政府的经济活动明显增加（OECD，1985）。从某种意义上讲，20世纪30年代以来积累的压力开始产生政治影响。到20世纪末，欧洲国家的税收收入占国内生产总值的比重平均提高了15个百分点（其中一些国家的上升幅度要更大一些）。[4] 关于各国税收水平与政府支出的变化情况，可参见表4.1和表1.1。政府额外收入的来源形式多种多样。第二次世界大战之后的20年中，（个人）所得税是政府的主要收入来源，该税种当时是一种理想的工具，被众多政策制定者及税收专家视为"理想税收"。例如，美国企业协会（American Enterprise Institute）

（2005）公布的调查数据显示，第二次世界大战期间，90%的美国纳税人认为所得税是一项“公平税”。之后，所得税的边际税率大幅提高，并在第二次世界大战后的几十年里居高不下，一直到后来全球化及税收竞争才迫使其下降。

表4.1　1960—2007年税收总收入占GDP的比重（%）

国家	1960	1980	最高值（达到最高值的年份）	2000	2007
加拿大	23.8	31.0	36.7（1998）	35.6	32.3
美国	26.5	26.4	29.5（2000）	29.5	26.1
澳大利亚	22.4	26.7	31.1（2000）	31.1	27.1
日本	18.2[a]	25.3	29.9（1989）	27.0	28.1
新西兰	27.3	30.6	38.0（1989）	33.6	32.7
奥地利	30.6	40.0	44.6（2001）	42.6	42.7
比利时	26.5	41.3	45.2（1998）	44.9	44.2
丹麦	25.2	43.0	50.1（1999）	49.4	48.2
芬兰	27.7	35.7	47.2（2000）	47.2	43.1
法国	34.1[a]	40.1	45.1（1999）	44.4	43.2
德国	31.3	36.4	37.2（1995）	37.2	37.0
希腊	17.8[a]	21.6	35.9（1996）	34.1	32.8
爱尔兰	20.5	31.0	36.8（1988）	31.7	28.8
意大利	24.4	29.7	43.2（1997）	42.3	43.3
卢森堡	27.7[a]	35.7	39.9（1983）	39.1	35.5
荷兰	30.1	42.9	45.5（1987）	39.7	39.1
挪威	31.2	42.4	44.5（1986）	42.6	42.6
葡萄牙	16.1	22.9	36.6（2007）	34.1	35.2
西班牙	14.1	22.6	37.2（2007）	34.2	33.3
瑞典	27.1	46.4	52.2（1990）	51.8	46.3
瑞士	19.0	24.7	30.0（2000）	30.0	29.1
英国	28.5	35.1	39.0（1982）	37.1	35.7
平均值	25.0	33.3	39.8	37.9	34.7

[a]1965.

资料来源：根据OECD未公布数据整理。

20世纪70年代之前，一些国家（包括美国与英国）所得税的边际税率有时超过90%。甲壳虫乐队还专门针对高税率写了一首歌，名字叫作《收税员》。其中的一句歌词是："我来告诉你缴多少，你拿1元，我拿19元，因为我是收税员。"这首歌曲创作于1966年，当时英国的最高边际税率高达96%。从1965年到1966年，肯尼迪政府将美国的边际税率由1963年的91%降低至70%，部分原因是为了刺激经济增长，这也是凯恩斯主义的早期应用。[5]然而，联邦税率并不适用于美国地方政府（州和县）。在美国，联邦所得税一直实行70%的税率，直到里根总统上台。1986年，里根政府实行税收改革，联邦所得税税率大幅下降至50%，之后几年又进一步下降至28%。20世纪90年代初，联邦所得税税率再次被提高，但仍远低于之前的水平。

经济学家认为，对个人所得税实行高额累进税率具有诸多优点。由于其具有收入弹性，当名义收入因实际经济增长或通胀因素而增长时，政府收入会自动增加（Tanzi，1980）。当无须提高税收收入时，这种税制使政府具有对外声称减税的选择权，这种权利具有政治吸引力。由于采取累进税率，税收缴纳情况取决于纳税人的"缴纳能力"。至少从法律角度而言，政策制定者可以按照自己的意愿来决定税收的累进性，以此反映其对社会公平问题的关注。税收是公共项目工具。在一个被认为充满有益品（merit goods）的社会中，税收显得尤为重要——有益品是指由政府通过税制结构进行补贴的商品，例如房屋。在美国，政府通过极其慷慨的"税式支出"（允许购房者将支付的按揭名义利息从应税收入中扣除）支持购房者。[6]这种税式支出后来变成重要的住房补贴。20世纪70年代，名义利率水平因通胀水平上升而上升。在这种情况下，允许按揭者无限量地将按揭利息从应税收入中扣除的政策相当于为按揭者提供了一笔丰厚的补贴。另外，在高收入群体储蓄过多的情况下，政府若担忧消费不足，可以在增加政府支出的同时征收个人所得税，以此达到通过减少私人总储蓄来维持总需求的目的。在具体措施方面，政府可以根据个人或家庭的具体情况酌情制定个人所得税税率，也可以通过提高个人免税额免除低应税收入者及家庭的税收。

通过控制所得税，税收管理部门可借助税式支出间接实施社会政策，这种隐性支出弥补有时甚至取代了显性支出。美国的政治制度偏爱上述选择。众所周知，税式支出可代替政府的直接支出（参见Van den Ende, Haberham and den Boogert, 2004）。目前，至少10个经济合作与发展组织（OECD）国家，包括6个七国集团（G7）国家，通过发布税式支出预算的方式，来测算由税式支出所导致的政府收入损失（即纳税人得到的优惠）。政府收入损失或税式支出为一些政府支持的特定私人支出提供补贴，发挥着与政府支出基本相同的作用。从这个角度看，税收管理部门在某些职能上发挥着类似社会管理部门的作用。

第二次世界大战之后的几十年中，个人所得税有了两个重要的新特点：一是个人所得税可以发挥逆周期调节作用；二是当时大多数经济学家否认个人所得税的负面影响，将其视为具有积极作用的税种。[7]20世纪80年代之前，很少有经济学家探讨个人所得税对劳动积极性的潜在抑制作用。从20世纪80年代开始，新的计量经济学领域的研究提出对个人所得税潜在抑制作用的担忧（参见Tanzi，1988）。此外，尽管现在看似奇怪，但当时关于征收所得税的著作未将“逃税”、“地下经济”或“影子经济”列为与所得税相关的潜在问题，例如理查德·马斯格雷夫（1959）、约瑟夫·佩奇曼（Joseph A. Pechman）（1971）和理查德·古德（Richard B. Goode）（1964）的著作。

20世纪60年代，大多数政府面临强大的压力，社会各界要求政府大幅增加支出，并探索新的收入来源（Tanzi，2004）。从某种意义上讲，“凯恩斯革命”和“混合经济”改变了西方国家的政治氛围，经济学家与政治家们开始相信，政府可以通过公共项目投资以及增加政府支出来改善民生。政府支出受到前所未有的欢迎，尤其受到政客们的欢迎，因为政客们可以通过扩大政府支出来赢得选举。[8]1965年，经济合作与发展组织国家的整体税收收入占国内生产总值的比重上升至26%。当时法国、德国、英国、奥地利、比利时、芬兰、荷兰和瑞典等欧洲国家的税收水平均超过国内生产总值的30%。其中，瑞典的税收负担最重（占国内生产总值的35%），其次是法国（占国内生产总值的34.1%）、奥地利（占国内生产总值的33.9%）和荷兰（占国内生产总值的32.8%）。从1950年到1965年，瑞典税收占国内生产总值比重的增幅超过15个百分点。从1965年到1985年，这一比重又上升了15个百分点。在一代人的时间里，瑞典的财政与社会状况发生了巨大改变。芬兰和丹麦的税收水平也发生了类似的变化（详见本书第十二章及其后的内容）。上述三个国家与挪威和冰岛一起构成了北欧福利国家的核心。

20世纪60年代到90年代中期，一些欧洲国家的政府支出与税收水平快速增长，甚至创了历史纪录。一些欧洲国家转变为全能型福利国家。尽管税收水平迅速提高，但政府支出通常超过税收，因此，财政赤字扩大，政府债务增加，最后影响到了经济增长。例如，1996年，欧洲货币联盟12个创始国的政府债务占国内生产总值的比重，由1977年的31%升至75.4%（Tanzi, 2004）。不过，当时西塞罗的世界已被凯恩斯的世界所取代，凯恩斯主义经济学弱化了人们对财政赤字的担忧。

1965年之后，税收收入增长主要来源于三个渠道：第一，从1965年到1985年，许多欧洲国家开征了增值税，这一税种为政府创造的额外收入约占国内生产总值的4%。在这些国家，由于增值税取代了流转税，增值税收入总额超过了国内生产总值的4%。当时美国还未征收增值税，无法为扩大政府支出进行融资。[9]相比之下，这一点也许更能解释为什么从1960年到2007年美国税收增长乏力（见表4.1）。在表中所列的国家中，美国的税收总额占国内生产总值的比重是近半个世纪以来增幅最小的。从1960年到2008年，美国政府总收入占国内生产总值的比重从25.2%升至28.1%，并且税收增长大多集中在州政府与地方政府。[10]2007年，美国、日本与瑞士是表中所列经合组织国家中税收水平最低的国家。

第二，1965年之后，社会保障税增长所创造的额外收入平均约为国内生产总值的6%。社会保障税增长主要是因为应税工资税率提高。一些国家国民收入中的工资与薪酬所占比重的上升在一定程度上推动了社会保障税的增长。由于这段时间就业人数较多，退休人数较少，社会保障税收入常常超过养老金支出，因此,可以积累资产并用于支持其他政府支出。然而,与其他支出一样,养老金支出也不断增加。[11]同时,人口结构也在不断变化,当退休人口大幅增加、国民收入中工资所占的比重下降时,许多国家的养老金体系开始面临巨大挑战。[12]

第三,实际收入与价格上涨会自动影响所得税收入。名义收入增加使纳税人按更高的边际税率缴税,进而自动增加政府收入(Tanzi,1980)。除非政府将增加的收入用于支出,否则会导致经济增长放缓。这种税收收入自动增加的机制被称作"财政拖累"(fiscal drag)。根据特里夫·哈维默(Trygve Haavelmo)提出的"均衡预算乘数"理论,如果增加的收入被用于政府支出,将提高总需求水平。在20世纪六七十年代,曾经发生过严重的通货膨胀,"财政拖累"问题尤为突出,给政府创造了大量额外收入。这些额外收入被主要用于政府支出,而不是退还给纳税人。从1965年至1985年,所得税(包括个人所得税和企业所得税)创造的额外收入约占国内生产总值的5%。然而,"财政拖累"问题最终还是引起了社会公众的注意,于是,人们要求根据通货膨胀率将税级指数化,以消除通胀对政府收入的影响。后来一些国家在推行税级指数化时,考虑了通货膨胀因素(Tanzi,1980),[13]但仍未考虑收入的实际增长以及资本收益(例如,利息、资本利得以及利润)误算对政府收入的影响。

综上所述,从1965年到1985年,上述三个税种将欧洲国家的税收占国内生产总值的比重推高了大约15个百分点。这部分额外收入为政府不断增加的社会性支出提供了支持。

如前所述，当时美国还未征收增值税，并且社会保障税的增长受到明显抑制。[14]美国国防开支大于欧洲国家，尽管约翰逊总统发起“向贫困宣战”，美国政府的社会性支出增长仍远远低于欧洲国家。20世纪90年代初苏联解体之后，美国的国防支出开始下降（和平红利），于是在政府总支出水平基本不变的情况下，政府不用提高税收也能为不断增加的社会性支出提供资金支持。[15]

20世纪末，瑞典和丹麦的税负超过国内生产总值的50%（见表4.1）。经济合作与发展组织的数据显示，1990年，瑞典的税收占国内生产总值的比重达到52.2%，创历史新高。这两个国家的税收创造了世界历史最高水平。[16]此外，还有六个经济合作与发展组织国家的税收收入超过了国内生产总值的45%。相比之下，美国为30%。由于乔治·沃克·布什（George W. Bush）政府采取了减税政策，美国的税负水平不升反降。[17]

虽然总体税负水平上升较快，但当时政府的实际支出，即与政府直接配置资源更为（尽管不是完全）相关的政府支出，增加较少。这类支出（用于支付政府工作人员工资以及购买商品与服务，如国防与基础设施建设等）直接使用了社会资源，有别于面向个人与企业的现金转移支付。一些国家，特别是北欧国家，通过直接提供公共服务对收入进行再分配或者为抵御风险提供保障。政府向特定公民提供的公共服务大多免费或者由政府进行补贴。这些国家政府的实际支出（或最终消费支出）增长大于其他国家。20世纪，在有数据记录的一些国家，政府实际支出的平均增幅约为国内生产总值的6%。比较一下表1.1和表4.2。

表 4.2 1995—2008 年样本国家政府的最终消费支出占 GDP 的比重（%）

国家	1995	2000	2005	2008
比利时	21.4	21.3	22.7	23.2
西班牙	18.1	17.2	18.0	19.4
德国	19.6	19.0	18.7	18.1
意大利	18.0	18.4	20.3	20.2
法国	23.7	22.9	23.7	23.2
葡萄牙	17.6	19.3	21.4	20.8
瑞士	23.8	22.0	23.7	25.5
奥地利	20.4	19.1	18.5	18.8
爱尔兰	16.3	13.6	15.1	17.7
芬兰	22.8	20.3	22.3	22.3
卢森堡	15.9	15.1	16.5	15.2
希腊	16.0	17.8	17.0	16.9
丹麦	25.2	25.1	26.0	26.7
瑞典	26.6	26.0	26.4	26.4
英国	19.3	18.5	21.3	21.6
美国	15.4	14.3	15.7	16.7
日本	14.7	16.9	18.1	18.5
加拿大	21.3	18.6	18.9	19.6
澳大利亚	n.a.	n.a.	n.a.	n.a.
平均	19.8	19.2	20.3	20.6

资料来源：欧洲委员会（AMECO）。未公布数据基于欧洲统计局（Eurostat）1995年的定义。

表4.2列出了18个国家政府的最终消费支出情况。该表显示，从1995年到2008年，政府的最终消费支出平均维持在国内生产总值的20%左右，不过，不同国家之间的差异较大。1995年，最终消费支出占国内生产总值比重最低的5个国家是日本、美国、卢森堡、希腊和爱尔兰，平均为15.7%；最终消费支出占国

内生产总值比重最高的5个国家是瑞典、丹麦、荷兰、法国和芬兰，平均为24.4%，两组相差8.7个百分点。第二组中的5个国家通常被认为是福利国家。2008年，最终消费支出占国内生产总值比重最低的5个国家是卢森堡、美国、希腊、德国和爱尔兰，平均为16.9%。在这一组中，日本被德国取代。最终消费支出占国内生产总值的比重最高的5个国家是丹麦、瑞典、荷兰、比利时和法国，平均为25%。在这一组中，比利时取代了芬兰。两组的差距由1995年的8.7个百分点小幅收窄至8.1个百分点。

表4.3列出了表4.2中各国的现金转移支付情况。该表显示，现金转移支付平均占国内生产总值的15%左右，不过，各国之间的差异同样很大。1995年，现金转移支付占国内生产总值比重最高的5个国家分别是芬兰、瑞典、奥地利、丹麦和法国，平均为19.8%；最低的5个国家分别是日本、葡萄牙、爱尔兰、美国和加拿大，平均为11.1%，两组相差8.7个百分点。在这张表的两组中出现的国家与表4.2的两组中出现的国家大体相同。2008年，现金转移支付占国内生产总值比重最高的5个国家分别是希腊、奥地利、意大利、法国和德国，平均为17.9%；现金转移支付占国内生产总值比重最低的5个国家分别为加拿大、荷兰、日本、爱尔兰和西班牙，平均为11.4%，两组间的差距缩小至6.5个百分点。此外，该表还反映出在这段时间内的一个重要特点，即在葡萄牙、希腊和日本大幅增加现金转移支付的同时，荷兰、芬兰、丹麦、瑞典和加拿大却大幅缩减此类支出。[18]值得注意的是，第一组国家目前遇到了严重的财政问题，而第二组中的部分国家的财政状况则相对好一些。

表 4.3　1995—2008 年样本国家政府现金转移支付占 GDP 的比重（%）

国家	1995	2000	2005	2008
比利时	16.3	15.2	15.8	15.9
西班牙	13.6	12.0	11.6	12.4
德国	17.6	18.4	19.2	16.9
意大利	16.3	16.4	17.0	17.7
法国	17.9	17.1	17.7	17.5
葡萄牙	11.2	11.7	14.9	15.6
瑞士	15.2	11.3	10.9	10.4
奥地利	19.7	18.9	18.8	18.1
爱尔兰	11.7	7.8	9.5	12.3
芬兰	21.9	16.2	16.6	15.4
卢森堡	14.3	13.1	14.4	13.4
希腊	13.5	14.8	16.3	19.1
丹麦	19.5	16.2	16.3	14.9
瑞典	20.1	17.1	17.0	15.1
英国	15.0	12.6	12.9	13.1
美国	11.8	10.6	11.9	12.9
日本	8.4	10.1	11.3	12.1
加拿大	12.2	10.3	9.9	9.9[a]
澳大利亚	–	–	–	–
平均	15.3	13.9	14.6	14.6

[a] 2007年。

资料来源：欧洲委员会（AMECO）未公布的数据。

整个20世纪，国防支出占国内生产总值的比重不断下降，但政府投资变化甚微。究其原因，主要是补贴与转移性支出不断增长使然。其中，如表4.3所示，转移性支出主要是现金转移。20世纪末，补贴与转移性支出占国内生产总值的比重由20世纪初的1%左右上升到25%左右，这也许比其他指标更能反映20世纪政府职能的转变。2008年的数据显示，经济合作与发展组织国家政府总支出占国内生产总值比重最低的是韩国（28.7%），最高的是瑞典

（53.1%），其次是法国（52.7%）和丹麦（51.9%）。由于全球金融危机导致国内生产总值下降，同时促使政府支出快速增加（见表4.4），因此，许多国家政府总支出占国内生产总值的比重大幅上升。应该注意到，从1995年到2008年，政府支出的平均水平大幅下降，特别是奥地利、加拿大、丹麦、芬兰、德国、荷兰、挪威和瑞典。北欧所有支出大国都不同程度地削减了政府支出，因此，在2008年至2009年的全球金融危机期间，没有出现严重的财政问题。

表4.4　1995—2009年样本国家政府总支出占GDP的比重（%）

国家	1995	2000	2005	2008	2009
澳大利亚	36.7	34.4	36.2	34.1	n.a.
奥地利	56.2	51.4	50.0	48.9	52.3
比利时	52.3	49.1	52.1	50.0	53.6
加拿大	47.3	39.9	38.0	39.6	43.8
丹麦	59.3	53.5	52.6	51.9	55.9
芬兰	61.5	48.3	50.1	48.9	54.3
法国	54.4	51.6	53.3	52.7	55.2
德国	48.3	74.6	46.8	43.7	47.9
希腊	45.7	46.6	43.7	48.3	50.0
冰岛	53.4	36.4	45.7	43.2	n.a.
爱尔兰	41.2	45.6	33.7	42.0	46.9
意大利	52.5	47.3	48.1	48.8	51.6
日本	36.7[a]	39.0	38.4	37.2	40.5
韩国	20.8	29.3	31.6	28.7	n.a.
卢森堡	39.7	37.6	41.5	37.7	43.3
瑞士	51.5	44.8	44.8	45.9	49.5
新西兰	41.9	41.3	40.8	39.7	n.a.
挪威	51.5	58.2	55.6	39.9	n.a.
葡萄牙	43.4	43.4	47.7	45.9	51.6
西班牙	44.4	39.2	38.4	41.1	45.2
瑞典	65.2	55.6	55.0	53.1	55.9
瑞士	34.6	36.3	35.0	33.7	n.a.
英国	43.9	39.1	44.1	47.3	51.2
美国	37.1	3.9	36.3	38.8	42.2
平均	46.6	43.8	44.1	43.4	n.a.

[a] 1996年。

资料来源：OECD国家的国民账户，OECD巴黎，2008；以及欧洲委员会未公布的数据。

表4.5显示了从1960年至2008年经济合作与发展组织国家的税收增长情况。增长最快的国家包括两个最成熟的福利国家（丹麦和瑞典），以及两个起初税收水平极低、随后迅猛增长的国家（西班牙和葡萄牙）。此外，该表还反映了美国与其他国家的差异。奇怪的是，在这段时间内，德国也位于税收增长最慢国家之列，仅比美国和澳大利亚略快。

表4.5　1960—2008年税收总收入变化情况表（占GDP的比重）

国家	差值	
	2008年水平与1960年水平之差（%）	从最高水平降至2008年水平的下降幅度
加拿大	8.5	4.4
美国	-0.4	3.4
澳大利亚	4.7	4.0
日本	9.8	1.8
新西兰	6.4	4.3
奥地利	12.1	1.9
比利时	17.7	1.0
丹麦	23.0	1.9
芬兰	15.4	4.1
法国	9.1	1.9
德国	5.7	0.2
希腊	15.0[a]	3.1
爱尔兰	8.3	8.0
意大利	18.9	+0.1
卢森堡	7.8[a]	4.4
荷兰	9.0	6.4
挪威	11.2	1.9
葡萄牙	19.1	1.4
西班牙	19.2	3.9
瑞典	19.2	5.9
瑞士	10.1	0.9
英国	7.2	3.3
平均	11.7	3.1

[a] 1965—2008年。

资料来源：作者根据OECD数据整理。

此外，表4.5显示，几乎所有国家的税收水平都在2008年之前的某一时间点上达到了最高。可见，从21世纪初到2008年全球金融危机爆发之前，许多国家都在努力降低税率，以使其从最高水平上回落，其中，减税力度最大的国家为爱尔兰、荷兰、瑞典、加拿大、卢森堡、新西兰和芬兰，这些国家的减税幅度约为其国内生产总值的4%～8%。一些国家在减税的同时，还削减政府支出，并且后者的力度更大。在下面的章节中，我们将讨论减税的影响。

参考文献

American Enterprise Institute. 2005. *Taxpayers Surveys* (Washington, D.C.).

Franco, Daniele. 1993. *L'Espansione della Spesa Pubblica in Italia* (Bologna: Il Mulino).

Goode, Richard. 1964. *The Individual lncome Tax* (Washington, D.C.: Brookings Institution).

Heller, Walter W. 1966. *New Dimensions of Political Economy* (New York: W. W. Norton).

Musgrave, Richard. 1959. *The Theory of Public Finance* (New York: McGraw-Hill).

OECD. 1985. *Social Expenditure, 1960-1990: Problems of Growth and Control* (Paris: OECD).

Peacock, Alan, and Jack Wiseman. 1961. *The Growth of Public Expenditure in the United Kingdom* (Princeton: Princeton University Press).

Pechman, Joseph A. 1971. *Federal Tax Policy* (New York: W. W. Norton).

Samuelson, Paul. 1947. *Foundations of Economic Analysis* (Cambridge, Mass.: Harvard University Press).

Stein, Herbert. 1984. *Presidential Economics: The Making of Economic Policy from Roosevelt to Regan and Beyond* (New York: Simon and Schuster).

Tanzi, Vito. 1980. *Inflation and the Personal Income Tax* (Cambridge:

Cambridge University Press).

1988. "Trends in Tax Policy as Revealed by Recent Developments and Research." *International Bureau of Fiscal Documentation Bulletin* 42, no. 3 (March) 97-103.

1995. *Taxation in an Integrating World* (Washington, D.C.: Brookings Institution).

2004a. "The Stability and Growth Pact: Its Role and Future." *Cato Journal* 24, no. 1-2: 57-69.

2004b. *A Lower Tax Future? The Economic Role of the State in the 21st Century* (London: Politeia).

2010. *The Charm of Latin America: Economic and Cultural Impressions* (Bloomington: iUniverse).

Tanzi, Vito, and Ludger Schuknecht. 2000. *Public Spending in the 20th Century* (Cambridge: Cambridge University Press).

Toder, Eric. 2000. "Tax Cuts or Spending: Does It Make a Difference?" *National Tax Journal* 53, part 1 (September): 361-71.

U. S. Office of Management and Budget. 2009. *Historical Tables*, Budget of the U.S. Government, Fiscal Year 2010 (Washington, D.C.: GPO).

Van den Ende, Leo, Amir Haberham, and Kees den Boogert. 2004. "Tax Expenditure in the Netherlands," in *Tax Expenditure-Shedding Light on Government Spending through the Tax System,* edited by Hana Polackova Brixi, Christian M. A. Valenduc, and Zhicheng Li Swift (Washington, D.C.: World Bank), pp. 131-54.

第五章　政府的社会保障职能：历史里程碑

一、引言

在前面几章中，我们集中探讨了20世纪发达国家的政府支出和税收增长情况及其推动因素。这一时期为政府支出和政府项目融资而征税的理由不再是帮助赤贫者，而是帮助更多的人抵御风险。人们通常认为，由政府支出提供支持的公共项目有助于提高社会公众应对风险的能力，也有观点认为，由政府推进的公共项目建设有助于改善社会福利。

以抵御风险为理由的政府支出有别于过去的济贫支出，如法国、意大利及其他欧洲国家实行的各类援助项目，以及英国于1601年公布的《济贫法》。在伊斯兰国家，伊斯兰教五大基柱之一的“天课”（“Zakat”）就是为所有不能照顾自己的人提供帮助的“社会税”（Crone，2005），这些人包括老人、寡妇、孤儿和残疾人。

政府推出的新项目不再像之前那样是出于同情或者基于贫困负外部性的假设，而是出于一种全新的观念，即公民应该有权享有政府提供的社会援助。在此背景下,政府应该如何承担对非贫困者的责任成为社会公众关注的焦点。起初,政府确定了一些特定援助对象,随着时间的推移,政府支出的惠及面逐步扩大。有些国家的政府支出覆盖了全部人口,至少覆盖了整个工薪阶层,并且与之前的有限的安全网也有着了本质区别。在许多情况下,现代政府项目提供的正式保障偏爱工人而非穷人,尤其是倾向于关注工人及其家庭。在工会获得了强大的政治权力之后,事关工人利益的政府项目进一步增加。工人发现,与穷人相比,他们更容易组织起来并且获得话语权。

防范风险不能也不应该仅仅依靠政府的力量,个体自发行为和一些团体的帮助也能防范风险,当人们行为理性、有集体认同感并且生活在一个市场运行良好的自由社会,或者社会中有大家庭或其他非政府机构能够自觉发挥作用时尤其如此。当政府鼓励并且（或者）提供支持时,更容易产生上述个人或团体行为。然而,政府介入社会援助往往是为了抑制私人部门的行为,甚至与私人部门竞争。在前面几章中,我们曾提到,20世纪,政府提供的援助有时并不是为了对私人援助进行“补充”。有一种错误观点认为,政府每次介入都旨在填补一个空白。事实上,政府在很多情况下都是用正式援助项目来取代在政府介入之前就已经存在的由私人、团体或者宗教组织提供的非正式援助。

在政府开始大规模介入社会援助之前,个人及其直系亲属遭遇贫困时本是可以通过以下几种渠道获得帮助的:

一是大家庭成员之间的相互帮助。长期以来,家庭规模不断变小,家庭概念逐步弱化,家庭规模与经济发展程度负相关。随着经济的发展，可以为贫困者提供帮助的家庭成员人数不断减少，相互帮助的社会规范也发生了巨大变化。[1]不过，在一些亚洲国家，今天家庭成员仍然需要承担救济和帮助其他成员的义务。

二是朋友、邻居以及所在社区的自愿帮助。当时人口流动性较低，特别是农村社区，人们更倾向于加强朋友、邻居以及所在社区成员之间的相互帮助，这样做也有利于拥有更多的“社会资本”。

三是教堂及宗教组织积极为穷困者提供帮助。这种情况在一些国家比较突出。在16世纪宗教改革之前，天主教活跃于欧洲各国，修道院以及教区的数目表明，当时的宗教组织在慈善及教育事业中发挥了重要作用。正如一位作家所述，“在几个世纪中，宗教、慈善及教育事业积累了雄厚的基础，拥有丰富的物质资源。教堂、修道院、医院和学校常常拥有大量收入与财产”（Kirsch，1911）。直到16世纪之前，教堂拥有欧洲天主教国家一半以上的土地，教区与修道院在社会援助中扮演了重要角色。当需要帮助时，宗教组织会及时提供援助，不过宗教组织不会对未来需求提供事前援助。[2]后来，教堂丧失了大部分财产——有些财产在宗教革命后被新教徒政府没收，有些财产于18世纪和19世纪在反宗教政府上台后被剥夺，法国和意大利等国家都出现过这种现象。政府能否比宗教组织更为有效地利用资源来帮助贫困者尚无定论，但无论怎样，由于一些政府占有了教堂的财产，因此，这些政府有必要，也有责任承担济贫工作，应该像英国于1601年通过的《济贫法》那样，建立替代性的援助体系。

四是19世纪，大量存在并非常活跃的社会团体、合作社、互

助协会、信用社以及社区中商品与服务供应商提供的民间信贷满足了部分资金需求。当时人们彼此了解和信任，资金融通比较容易，不过，有时会出现高利贷问题。

尽管上述非正式的社会保障制度存在诸多不足，但在许多国家的历史上都曾发挥过重要作用，尤其是在19世纪下半叶，社区组织发挥了十分重要的作用。在评估非正式社会保障制度的有效性时，必须注意到，当时世界各国都非常贫困，以今天的标准衡量，世界各国的人均收入非常低，甚至低于今天的中国。[3]因此，即便有政府保障项目或者说正式的社会保障制度，也是一些基础性服务，就像今天许多发展中国家政府所做的那样。

工业革命促使现行社会制度发生了重大变化，启蒙运动和法国大革命也催生了新的思潮。一些经济学家认为，应该从基本"人权"出发，而不是从对贫困者的怜悯出发来考虑社会保障问题。此外，工人组织不断完善并且更加敢于表达意见，他们欢迎旨在实现机会均等和成果共享的社会主义社会。上述变化可能已经危及产权概念，而经济学家特别看重产权，产权所有者更是如此。过去那些基于同情和善举而非基本"人权"而建立的非正式"安全网"的不足之处开始暴露出来。法国大革命的反宗教思想引发了人们对宗教提供社会援助的憎恶，至少一些欧洲大陆国家出现了此类情况。随着人口的流动性增强，人与人之间的信任及社区精神弱化，社区或者家庭很难像过去那样提供社会援助。私人企业与政府机构面临着在社会援助中发挥更大作用的压力，二者都被要求出台更多的基于"人权"而非善举的正式的社会保障制度，以取代之前的非正式的社会保障制度。

一些国家的企业反应比较快，推动建立了主要由企业支持的"隐性福利国家"（Howard，1997），但大多数国家的社会保障体系主要是由政府建立的。

最终出现了两类福利国家：一类在欧洲更为普遍；另一类主要流行于美国和一些盎格鲁—撒克逊国家。其中，欧洲型的福利国家也有多种模式。19世纪中期，1848年暴乱之后，出现了一场激烈的理论辩论，其焦点是政府干预与自由放任相比，哪个更有利于消除贫困，从某种意义上讲，这场理论辩论一直持续到今天。

1850年1月26日，路易斯·阿道夫·梯也尔（Louis Adolphe Thiers）在法国立法议会发言时，以政府援助委员会（Committee for Public Assistance）的名义，就如何应对贫困提出了一些有价值的观点，如有效率的危机应对计划，为海外移民提供便利，改善工人生活区的卫生条件，建立互助协会等（Prins，1888），这些建议反映了当时法国的主流思想。需要强调的是，路易斯·阿道夫·梯也尔是法国的历史学家，在19世纪，他曾多次担任部长职务，1870年曾当选为法国总统。

1848年，法国及欧洲出现了大范围的社会动荡。危机中，关于政府干预与自由放任政策哪个更有利于解决贫困问题的理论辩论更加激烈。许多经济学家担忧政府干预会削弱工人的生产积极性，降低储蓄倾向，导致工人对政府的期望过高。随着时间的推移，一些国家的政府开始着手制订由财政支持的普惠性社会援助计划，而另一些国家则选择维持政府的有限干预。在本书随后的章节中，我们将讨论不同类型国家所采取的不同援助模式,特别是政府干预程度较高的北欧国家的情况。由于社会援助问题比较复杂,无法详尽介绍所有国家的援助模式,本章将介绍主要国家的情况。

在介绍历史上各国的主要社会保障立法之前,我们先来讨论建立社会保障体系的模式选择问题。

第一种选择是依靠已有的非正式安全网。路易斯·阿道夫·梯也尔部长也向法国立法议会提出了同样的建议。如前所述,一些国家已经通过互助协会及其他制度安排建立了非正式安全网。19世纪及20世纪初,还有一些非正式安全网仍在建设中。此外,教皇利奥十三世(Leo XIII)也曾说过,也许可以通过改善储蓄存款机构来鼓励工人增加储蓄。[4]为此,在包括意大利在内的一些欧洲国家中,政府推动建立了邮政储蓄体系,使工人可以在每个有"邮局"的城镇中心进行简单、方便的储蓄活动。如果政府没有干预或者没有大规模地干预社会保障体系,其结果如何当然难以评估。已有的各种非正式的社会保障制度是否应当继续发展,以降低政府干预的必要性,目前仍然在激烈的争论中。不过,政府可以像路易斯·阿道夫·梯也尔所建议的那样,以多种方式鼓励社会团体和私人参与社会保障制度的建设,例如,采取免税或者给予一定补贴的措施,或者以其他方式加以鼓励,比如政策扶持。

第二种选择是关注"工人",鼓励雇主将工人工资的一部分用于工人保险或者为工人提供相关培训。雇主提供专门的资金为工人养老,为工人提供医疗保障。在这种模式中,政府职能会发生变化,主要用于监督企业行为。同时,这种模式也可能更有利于正规经济中的大型企业员工；个体工商业者、非正规企业的工人，以及人数众多的农民将继续依赖非正式的社会安全网。事实上，包括意大利在内的一些工业化国家以及一些发展中国家都采用了此类模式。

第三种选择是要求所有公民自己设法获得一些最基本的社会保障，以抵御老龄、早逝与疾病等风险。在这一模式中，需要对贫困的个人给予补贴，或者通过援助计划帮助那些“应该得到救助的穷人”，如因身体或智力障碍而无任何收入，进而无力购买最低保险且没有家人帮助的人，以及收入太低而无力购买保险的人。在这种模式中，政府需要发挥三种作用：一是监管保险体系；二是为“应得到救助的穷人”提供财政支持；三是改善市场经济运行。此外，工人的工资税不应该过高，也不应该被迫扣缴“税费”。这样做可以提高工人直接从市场按需购买保险的能力。在过去30年中，智利主要采取这种模式，并且在养老金体系建设方面取得了很大成就。一些欧洲国家的医疗卫生事业也选择了类似的模式。近年来，越来越多的国家在养老体系建设中也采用了这一模式。

第四种选择是政府承担为所有公民提供基本社会保障的责任，这将大幅推高政府支出。此外，由于政府需要用征税来满足开支需求，因此，除非存在横向转移支付（cross-category transfer），比如工人向非工人的转移支付，否则社会税负水平将大幅上升。目前世界上的福利国家大都采用了这一模式。

此外，还有一种选择是政府不提供任何指导或者帮助，让个人、团体等自愿性的社会保障制度自由发展。推崇将政府作用降低至最小的人比较偏爱这种模式。有一种观点认为,这类模式将使个人自由与动力最大化,有助于将税收收入与政府干预维持在最低的水平上,也不会强迫任何人做有违自己意愿的事,任何人都不必为帮助他人而纳税。并且,这种选择并不意味着遭受困难的个人和家庭得不到任何保障,因为在这种模式中,非正式的社会安全网将发挥更加积极的作用,社会自愿参与度比较高。亚当·斯密认为,大多数人都怀有慈悲之心,巨额慈善捐助就是例证。[5]当发生灾难时,很多人会主动伸出援手。不过,即使在这种模式下,政府仍然能够发挥基础性作用,即尽可能提高市场经济效率,增加劳动力市场的弹性,为有工作能力的求职者提供帮助。这种模式有助于减少政府滥用职权和寻租行为。

在当今世界中,上述任何一种模式都不是孤立存在的,大多数国家都采用了综合模式。不过,各国的社会保障体系与制度性安排确实存在一些可识别的模式。接下来,我们将介绍在过去的一个世纪里,一些国家的社会保障立法情况,这些立法对于世界援助机制的正式建立产生了重大影响。当然,除这些主要立法之外,还有许多不为人知的其他立法建议。值得强调的是,不存在适用于所有国家的最佳模式选择,每个国家都有自己的历史、传统和文化,应该根据自己的情况选择最适合于本国的模式,而不应该完全照搬其他国家的做法。

二、19世纪80年代:德国的俾斯麦立法

由政府发挥主导作用的广义社会保障制度(或社会保

障体系）一般被认为是由欧洲人“发明”的，其根源可以追溯至1842年颁布的“挪威矿工抚恤金”计划（Workmen's Compensation for Norwegian Miners）。不过，早在1786年，威尼斯共和国（Republic of Venice）已经创建了帮助伤病水手的基金（Geremia，1961）。1847年和1853年，瑞典实施了“济贫法”（poor relief laws）。尽管各类不同形式的社会保障制度早已存在，人们还是经常将19世纪80年代奥托·冯·俾斯麦（Otto von Bismarck）的立法看作是现代社会保障制度的起源。当时，俾斯麦担任德意志帝国总理。这些法案向德国工人提供了安全网，并对欧洲其他国家的相关立法产生了重大影响，甚至对今天各国社会保障制度的发展也产生了影响。

奥托·冯·俾斯麦是一个精明的政治实用主义者，他希望通过推动社会立法实现其政治目标：第一个目标是削弱卡尔·马克思、弗里得里希·冯·恩格斯及其他学者的社会主义思想对德国工人的影响。当时这些思想广为流行，越来越多的欧洲工人成为这一思想的拥护者。俾斯麦希望通过推动有利于工人利益的社会立法，弱化社会主义思想对工人的影响。当时工人正成长为一股强大的政治力量，其影响力再也不能被忽视。第二个目标是削弱天主教的影响，尤其是在德意志南部（特别是巴伐利亚地区）。在某种程度上，天主教的影响力与天主教组织在德国一些地区从事慈善或社会活动有关。第三个目标是提高忠诚度，特别是非德意志少数族裔对德意志帝国的忠诚度。

不论出于何种动机，奥托·冯·俾斯麦推动颁布了三个具有开创性意义的法律，即1883年的《健康（或疾病）保险法案》、

1884年的《事故保险法案》以及1889年的《年老与体弱（或残疾）法案》。当时，还没有任何国家推出政府计划或者由政府支持的计划来帮助工人抵御疾病、事故及年老的风险，俾斯麦的立法旨在保护工人免遭上述风险之害。[6]根据《健康保险法案》，政府为2/3的德国工人提供医疗保险，工人生病时可以享受医疗服务并获得小额现金补贴。此类保险的成本由雇主与工人共同承担，前者承担1/3，后者承担2/3。本地卫生部门负责管理医疗卫生服务，政府不是出资方，政府主要是以行使行政职能或者监管职能的方式参与其中（Fay，1950）。

1884年的《事故保险法案》为工人可能在工作场所遭遇事故提供了保险。对于此类保险，雇主全额承担保费，不需要政府出资。1889年发布的《年老与体弱（或残疾）法案》，将社会保障的范围扩大到产业工人之外的其他工人。每16个“工薪族”中有13人（约81%）可以获得一笔小额养老金，条件是如果他们终身残疾或达到70岁。当时人们的寿命约为45岁，很少有人能够活到规定的年限、领取这笔养老金。[7]更重要的是，养老金不再是慈善行为而成为工人的权利。养老金的成本（约为工资的2%）由雇主、政府和工人三方共同承担。雇主承担2/5，政府为每笔养老金提供50马克的资助，其余由工人自己承担。这是政府首次以直接出资的方式提供社会保障。“家族”式企业常会承担工人的应缴部分。通过批准征收进口关税等方式，奥托·冯·俾斯麦赢得了实业家对其政府项目的支持。他的做法表明政治交易早就存在了。此时，自由放任政策在多个国家受到挑战，例如，19世纪80年代的意大利（Are，1974）。[8]

通过对俾斯麦立法的研究，可以得出以下几条重要结论：一是政府管理工人养老金以及征收进口关税等做法，可以看作是对自由放任主义的挑战。1875年前后，自由放任主义在德国及欧洲其他国家很受欢迎，但是，19世纪80年代开始衰败。二是俾斯麦立法出台后，工人权利有所扩大，随着时间的推移，越来越多的人成为法律的保护对象，法律保护范围越来越广泛（Flora, Kraus, and Pfennig, 1983, 1987）。[9]三是俾斯麦立法具有创新性，但根据社会保障法案的规定，政府支出受到限制，因此德国公共财政未受到太大影响。奥托·冯·俾斯麦最重要的贡献是，建立了由政府监管的强制保险制度。表1.1显示，1913年，即社会立法颁布20年之后，尽管政府支出有所增加，但德国政府支出占国内生产总值的比重只有14.8%，表2.1提供了更多佐证。总之，俾斯麦立法对整个世界都产生了非常重要的影响，成为社会立法史上的一个里程碑。

三、罗斯福、约翰逊、克林顿及奥巴马的社会立法

《贝弗里奇报告》对第二次世界大战后的世界社会保障体系产生了重大影响。在介绍该报告之前，我们首先介绍一下美国当时的情况，特别是在20世纪30年代建立的社会保障体系，以及20世纪60年代的"向贫困宣战"项目。此外，本节还将介绍美国的相关立法。1935年，富兰克林·德拉诺·罗斯福在美国建立了全国性的"社会保障体系"。1934年6月8日，罗斯福

总统在向国会提交的咨文中承诺，美国政府将承担起“继续为公民提供社会保障的伟大使命”。到1934年，美国已经有超过一半的州建立了州级养老金法律，但是，富兰克林·德拉诺·罗斯福所提出的是一项全国性社会保障计划，他还曾经计划建立医疗保险体系，后因遭到强烈反对而未能如愿，[10]这一目标直到贝拉克·侯赛因·奥巴马上台才得以实现。2010年，在奥巴马的支持下，美国出台了《患者保护与保障性医疗法案》（Patient Protection and Affordable Care Act）。

1935年，美国的社会保障体系已经涵盖了许多保险项目，例如，老年、遗属和残障保险（OASDI）以及援助未成年子女项目（ADC）。以目前每年向受益人支付的总金额衡量，美国的社会保障体系是全球规模最大的。自建立以来，该体系历经改进，其资金来源于对达到一定水平的工资收入所征取的税款，属于累退税，雇主与雇员各承担一半，个体户需全额缴纳。社会保障体系以现收现付原则为基础，临时盈余用于美国国债投资。[11]到目前为止，美国的社会保障体系已经积累了大量盈余，不过，由于支出一直大大超过收入，这些盈余终会耗尽（到2037年）。目前（2010年），美国社会保障项目的成本已经超过税收收入。假设立法不变，并对增长、利率、预期寿命及其他重要变量做出假设，在此基础上预测的代际账户（generational accounts）未来收支表明，社会保障体系在未来将出现巨额赤字。此外，养老金领取者得到的福利属于应税项目。尽管自俾斯麦时期以来，人类的预期寿命显著提高，但是，美国的正常退休年龄仍为65岁，远低于俾斯麦立法中70岁的规定年限。从目前情况来看，工人必

须缴纳至少十年的“社会保障税”才能最终领到养老金。社会保障体系是为工作人士提供保障的,非工作人士不必缴纳社会保障税,也不享受相应的福利。社会保障体系还会产生较强的再分配效应,使得一些受益人获得的福利大于其缴纳的税收,而另一些人则恰恰相反。

在“大萧条”期间,美国政府首次向国会递交了有关建立社会保障体系的法案。当时能够理解该法案的人寥寥无几,从一开始就出现了诸多抵制的声音,包括是否与宪法相抵触,即美国联邦政府是否有权强迫工人与企业参与社会保障计划。人们将社会保障计划视为对个人自由的侵害以及对州政府权利的挑战。也有人担心社会保障计划付诸实施后,工人将立刻开始缴纳相关税收,而政府要在许多年之后才会支付第一笔养老金。在较长时期内税收超过支出,政府在社会保障这一特殊账户中积累盈余,会给经济增长造成潜在伤害。为此,一些经济学家将1937年经济复苏的缓慢归罪于社会保障体系,当时美国经济正处于“大萧条”后的复苏阶段,国民收入刚刚恢复到1929年的水平。

多年以来,社会保障制度在大受褒奖的同时也饱受诟病。一些批评家指出,社会保障费用的隐含收益率远远低于将这笔钱直接投资于市场所获得的收益。此外,现行社会保障体系使工人缺乏为退休养老进行预防性储蓄的动机,因而遭到经济学家的非难。[12]而支持者则对其再分配作用表示赞许。由于上述及其他原因,至今仍有一些群体对社会保障计划存有异议(Tanner,2004),同时,社会保障计划也拥有众多坚定的支持者(Diamond,2004)。经过多年的发展,社会保障体系的范围已经极大地拓宽了，同时，社会保障的成本也大幅上升了。2005年，乔治·沃克·布什曾经试图将社会保障体系进行部分私有化，但是，他遭到了社会保障计划拥护者的坚决反对，最终不得不放弃这一企图。

1935年《社会保障法》的第四部分旨在帮助贫困母亲抚养未成年子女，当时的贫困母亲大多是寡妇而非单亲妈妈。事实上，在此之前的1910年至1920年，许多州已经推出了此类项目。到1935年，大约有40个州建立了援助未成年子女的项目。1935年的《社会保障法》规定，联邦政府为建立该项目的州承担1/3的成本。从某种意义上讲，这是政府在社会援助领域接管部分私人部门的活动，具有全国性的意义；对于美国来说，就是联邦政府接管州政府的部分社会保障职能。除了《社会保障法》之外，富兰克林·德拉诺·罗斯福总统提出的其他法案多属于监管性改革，与公共财政无关。表5.1显示，20世纪60年代中期，林登·贝恩斯·约翰逊（Lyndon B. Johnson）总统发起了"向贫困宣战"的计划，在此之前，罗斯福立法对社会性支出具有重大影响。

表5.1　美国：社会项目下联邦政府向个人的支出情况（与GNP的比值）

年份	合计	社会保障	退休福利金	医疗服务	政府救助与食物	失业福利金	其他
1940	1.61	0.12	0.38	0.10	0.44	0.47	0.10
1945	0.83	0.16	0.30	0.07	0.25	0.04	0.01
1950	4.53	0.36	0.67	0.28	0.52	0.67	2.02
1955	3.38	1.17	0.64	0.20	0.52	0.49	0.35
1960	4.56	2.24	0.70	0.20	0.61	0.52	0.28
1965	4.69	2.51	0.71	0.25	0.65	0.39	0.18

资料来源：根据Stein（1984）第397页表Ⅰ与第405页表Ⅸ整理。

在约翰逊总统发起的"向贫困宣战"计划之后，美国的社会性支出大幅上升，政府预算不断膨胀。通货膨胀产生的"财政拖累"效应暂时增加了税收收入。而且，美国的人口变化也提供了有利环境。第二次世界大战之后出现的生育高峰使得20世纪60年代及后来的劳动力数量上升，社会保障税增加，但是，因为退休人数较少，政府的社会保障支出有限，联邦政府能够相对容易地为快速增长的社会性支出融资。越南战争结束后，美国国防支出下降，也为社会保障支出的增加腾出资金。然而，随着时间的推移，"向贫困宣战"计划对政府财政支出的影响越来越大。

1964年3月16日，约翰逊总统在国会咨文中提出了"向贫困之源开战"（War on the Sources of Poverty）计划。即便政府有关项目"无法在几个月内或者几年内消除贫困"，林登·贝恩斯·约翰逊也坚持认为，"美国终将战胜贫困，这在历史上尚属首次"。美国政府提交的项目是"总统、国会及美国人民的坚决承诺——战胜人类最古老的敌人"（美国政府，1965）。1965年1月4日，约翰逊总统在国情咨文的演说中，提出了相关立法主张，包括扩大联邦政府的经济职能等建议。其中，最重要的是《1965年初级及中等教育法》（Elementary and Secondary Education Act of 1965）以及《1965年社会保障法》（Social Security Act of 1965）。前者规定，联邦政府要为各类教育项目提供支持；后者规定，政府可以通过医疗保险与医疗救助参与医疗卫生事业。其中，医疗保险是为社会保障受益人提供支持，而医疗救助的对象是接受救济者。随着时间的推移，受益人的人数和医疗费用均不断增加，这两个医疗保障项目的成本越来越

高，尤其是前者。因此，代际账户上其实存在大量被低估的净流动负债，这种隐性债务将成为威胁美国未来发展的定时炸弹。

得益于林登·贝恩斯·约翰逊政府“向贫困宣战”或“伟大社会”（Great Society）的立法，一些年纪并不太大、身体也无残疾的人士可以依靠政府提供的生活费为生，不工作也能生活下去，对于美国社会来说，这着实是翻天覆地的大变革。个人获得的社会福利种类越来越多，包括一般性福利、粮票、孕妇及年轻母亲的专项福利、医疗补助福利以及各州发放的住房福利金。1968年，接受福利救助金的未从业妇女占美国家庭的4.1%；到1980年，这一比例已经上升到10%（Frum，2000）。

“人力资源”支出包括教育、培训、就业与社会服务、健康、收入保障、社会保障以及退役老兵的福利金与服务支出等。从1940年到1960年，这类支出占国内生产总值的比重不足5%，在一些年份还远远低于这一比例，但是，从20世纪60年代开始，这一比例大幅上升，特别是“向贫困宣战”的立法生效以后。1965年，“人力资源”支出占国内生产总值的比重上升为5.3%，1970年上升为7.4%，1980年上升为11.5%，1983年达到12.4%。在之后的几十年里，社会保障体系改革在一定程度上抑制了这一比例的上升之势。据估算，2010年“人力资源”支出占国内生产总值的比重将升至16%（U. S. Office of Management and Budget, Historical Tables，2009）。在过去的半个世纪中，美国政府的社会性支出发生了巨大变化，而国防支出的下降则在一定程度上掩饰了这一变化。[13]

下面，介绍一下1935年《社会保障法》的第四部分，即援助未成年子女项目。该项目实施之后，其规模不断扩大，也一直饱受争议，直到1996年，威廉·杰斐逊·克林顿（William Jefferson Clinton）总统改变了这一切。

1960年，援助未成年子女项目更名为“援助有未成年子女家庭项目”（Aid to Families with Dependent Children, AFDC），项目的重点由儿童转向家庭，援助范围扩大。具体而言，援助对象扩大到有双亲，但一方失业的儿童；上学儿童接受援助的年龄上调至18周岁；寄养家庭儿童也被纳入援助对象；联邦政府承担的成本比例由1/3提高至1/2。援助未成年子女项目的演变反映了政府资助项目的发展路径，即初始规模较小，随后项目内容及覆盖范围不断扩大。

美国卫生与公共服务部（U. S. Department of Health and Human Services）负责实施“援助有未成年子女家庭项目”。该项目多次遭到法律诉讼，诉讼的主要目的是为了扩大项目范围，并使这一福利成为受益人的权利，而不能由项目实施方任意否决，从而被视作项目实施方的特权或善举。在一段时间里，项目实施者仍然保留了部分自由裁量权，可以自行决定哪些人符合领取福利金的条件。随着时间的推移，这一权力不断受到质疑，并不断被弱化。

1996年，“援助有未成年子女家庭项目”发生了很大变化，当时每年相关开支为240亿美元，虽然在政府总支出中的占比并不高，但项目仍然饱受诟病，人们指责这一项目导致了社会对公共福利的过分依赖。确实，当时申请救助人数随福利金额的提高而大幅增加。从1936年至1969年，通过“援助有未成年子女家庭项目”领取福利的家庭数量从16万户增加至近200万户。有人指责，该项目鼓励未婚或离异女性增加生育，导致私生子数量上升，推高了犯罪率，催生了城市的贫民窟。还有人批评，该项目使参与者陷入福利陷阱之中，[14]以致无法走出贫困的泥潭。例如，一些家庭几代人接受这一项目的救助，所有的家庭成员都没有工作。还有人指出，该项目诱导了女性不结婚的动机，甚至在已经有伴侣或者已经同居的情况下也不结婚，导致福利诈骗者与日俱增。

1996年，《个人义务与工作机会协调法》(Personal Responsibility and Work Opportunity Reconsiliation Act)(威廉·杰斐逊·克林顿《福利改革法》)取代了“援助未成年子女项目”。新法案基于克林顿总统关于“终结我们所知道的福利”的承诺，旨在鼓励那些依赖福利生活的人出去工作，不要再将领取福利作为一种生活方式，而是将其转化为自己的第二次工作机会。2006年8月22日，克林顿总统在《纽约时报》上发表文章，纪念《个人义务与工作机会协调法》出台10周年。他写道，在过去的十年中，“领取福利的人数已经从1996年的1,220万人大幅降至今日的450万人”，“60%放弃福利依靠的母亲找到了工作”，贫困儿童的人数也大幅下降。当然，强劲的经济增长也发挥了一定作用。

许多公共福利项目都遵循一个共同发展模式，即受益人及项目范围会随时间推移而扩大，从而导致政府支出不断增加，“援助未成年子女项目”就是一个典型的例子。其中所揭示的政府项目发展的基本规律是：政府发起一个新项目，旨在帮助某

一特定的、有限的受益群体，例如有孩子的寡妇。实施伊始，新项目看上去规模不大，受益人范围有限，且界定清晰，因此，项目的支出也不大。同时，项目直接惠及需要救助的受益人，例如穷人及有孩子的寡妇等，似乎是一个合理的政府项目。但是，随着时间的推移，要求通过放宽受益人标准、扩大项目范围的压力增大。于是，受益人的标准逐步放宽，受益人数量逐步增加，项目支出也随之不断上涨。

出台时成本较低的公共项目会因此而变得越来越昂贵。更糟糕的是，与项目最初的受益人相比，新增的受益人很可能并不属于需要援助的对象，但他们却享受同样的福利水平，项目公平性逐渐丧失。上述情况涉及一个普遍存在的问题，即政府援助中存在的横向不公平问题，我们在第一章中曾经讨论过这一问题。除了“援助未成年子女项目”的例子之外，“伤残抚恤金项目”也是一个很好的例子。由于大多数国家逐渐放宽了对“伤残”的定义，导致伤残程度存在很大差异的受益人往往领取完全相同的抚恤金。在一些国家（例如荷兰与意大利），随着领取伤残抚恤金人数的大幅增加，该项目成本日益昂贵。在某些情况下，有些人虽然在大多数抚恤金的规定年限前退休，但仍能领取其他类抚恤金。美国一些富裕县的警察即属此例，这是社会保障项目助长横向不公平的又一例子，像这样的例子还有很多。

1996年法案终结了坐享福利的现象，要求受益人在领取两年福利之后必须开始工作，规定受益人一生领取政府福利的总年限不得超过5年，限制18岁以下未婚女性及移民领取福利的权利。人们普遍认为，克林顿总统推行的这些改革，恢复了职业

道德,减少了贫困者数量。

2010年3月21日,美国众议院通过了《患者保护与保障性医疗法案》。2010年3月23日,贝拉克·侯赛因·奥巴马总统将其签署成法律。该法律要求美国居民购买健康保险,否则将受到处罚。难以全额承担保费的个人和家庭可获得政府补贴,这对于美国而言是一项重大的变革。然而,由于美国出台该法律仅是仿效其他国家的做法,因此,不能将其视为立法史上的里程碑。目前美国仍在讨论《患者保护与保障性医疗法案》及其可能产生的各种影响,共和党声称要将其废除。至于该立法长期内将给美国政府增加多少负担仍是热点话题。也许正因为这一立法的复杂性,奥巴马改革似乎未能如预期的那样赢得社会公众的广泛支持。

四、英国的贝弗里奇报告

贝弗里奇报告是社会保障史上又一重要里程碑,该报告在第二次世界大战之后英国建立福利国家的过程中发挥了巨大作用,同时也对其他国家产生了重要影响。在此基础上,1911年,国民保险体系(National Insurance System)开始建立,并不断发展壮大,尽管其覆盖范围有限。同时,国民健康服务制度(National Health Service)也得以建立。报告由时任伦敦经济学院(London School of Economics)院长的经济学家威廉·贝弗里奇爵士(Sir William Beveridge)牵头的政府委员会起草,并于1942年12月2日正式发布,当时英国正身陷第二次世界大战中（Beveridge,1942）。报告的发布受到了广泛欢迎,但受战争影响,报告所提出的建议一直到1945年战争结束之后才得以落实,那时英国工党赢得了大选。

贝弗里奇报告突出了三条“指导性原则”：第一,以“革命性”思维考虑社会保障制度问题,而不是采取“缝缝补补”的方法。第二,应意识到,提供“收入保障”的社会保障制度仅能应对“贫困”问题,而贫困仅是“经济重建道路上的五个恶魔之一,其余四个是疾病、无知、肮脏和懒散”（仅靠“收入保障”无法消灭其他四个“恶魔”）。第三,推动政府与个人的合作,在提供捐助与保障时,政府“不应扼杀激励、机会与责任；在制定全国最低保障标准时,政府应为个人自力更生预留足够的空间,并鼓励个人为其自身及家庭提供超过最低标准的福利保障”。

长达300页的贝弗里奇报告,推动着英国政府通过了一系列法案：1945年的《家庭津贴法》、1946年的《国民（工伤）保险法》与《国民卫生服务法》、1947年的《养老金法》、1949年的《房东与租客（房租控制）法》以及1948年和1949年的《国民保险法》。贝弗里奇报告强调,必须根据家庭中未成年子女数的情况发放家庭津贴,大家庭应当获得更多的政府支持。

贝弗里奇报告及其推动的相关立法,进一步扩大了政府职能,使其远远超过俾斯麦立法,甚至远远超过了罗斯福立法规定的政府职能。贝弗里奇报告的最终目标是建立一个高支出、高福利的国家,不过,其立法精神可能与市场经济原则相冲突,例如1949年的《房租控制法》。表5.2列举了从1900年到1995年的英国福利支出情况。数据显示,从20世纪40年代中期到1981

表 5.2　1900—1995 年英国福利支出占 GDP 的比重（%）

	1900	1910	1921	1926	1936	1946	1956	1966	1976	1981	1995
教育	n.a.	n.a.	1.69	2.02	2.17	1.75	3.26	4.59	6.20	5.54	5.09
卫生	n.a.	n.a.	0.41	1.41	1.69	1.72	3.11	3.69	4.91	5.19	5.74
社会保障（含住房福利金）	n.a.	n.a.	4.26	4.65	5.30	4.53	5.16	6.94	10.18	11.45	13.13
总计	2.6	4.16	6.36	8.08	9.16	8.00	11.52	15.22	21.28	22.18	23.96

资料来源：Howard Glennerster，1998，附录，表2A.1，第25页。

年之间，英国的福利支出急剧上升。保守党政府上台之后，努力减少政府对经济的干预，才使英国福利支出的增长放缓。

表1.1与表1.2部分反映了由英国政府的社会性支出增加所引起的政府总支出增长的情况。从表中可以看出，与俾斯麦和罗斯福新政对德国和美国的影响相比，贝弗里奇报告对英国的影响，无论是在数量上还是在质量上均有很大差别（想了解关于英国的更多情况，也可参见Hills, Ditch, and Glennerster, 1994; Peacock, 1954）。

五、凯恩斯与社会立法

在结束本章之前，我们需要澄清一下关于凯恩斯的观点，纠正过去的一些误解。1936年，约翰·梅纳德·凯恩斯发表了《就业、利息和货币通论》一书，之后许多国家进一步扩大了政府职能。现在，人们经常将政府职能的扩大归功或归罪（取决于个人的政治观点）于凯恩斯，政策制定者也常常将增加政府支出的政策定义为"凯恩斯主义"（Keynesian）。在此次全球金融危机中（2008—2009年），很多人建议，继续"沿着凯恩斯主义的路线"增加政府支出。当然，也有少部分人将福利国家归罪于凯恩斯主义。

毫无疑问，约翰·梅纳德·凯恩斯主张扩大政府在经济中的作用，他曾在1924年和1926年的演讲中呼吁结束"自由放任主义"。虽然当时经济学家普遍支持"自由放任主义"，特别是在美国，但是，德国和意大利以及一些欧洲大陆国家已经摈弃了

"自由放任主义"。凯恩斯认为,当机构变得过大时,或用今天的话讲"大而不能倒"时,将其转变为"半自主性机构"或许更好。这样,在这些机构承担公共服务职能时,可以对其加强监管,如今的邮局、地铁或铁路部门皆属此类机构。凯恩斯还认为,过于庞大的机构,特别是大型企业,往往倾向于"社会化"。他把他的建议看作是"社会主义"之外的另一种选择(当时社会主义非常流行)。在社会主义制度下,政府官员直接对经济机构的决策负责。约翰·梅纳德·凯恩斯发现,政府可以在"大规模传播"商业数据及强制信息披露方面发挥作用,以减少信息的不对称性。如今很多人要求企业特别是银行提高透明度,这与凯恩斯的上述观点一脉相承。凯恩斯明显"不信任市场,而相信其他社会改善的途径,比如,依靠劝说与知识"(Marcuzzo,2010)。因此,凯恩斯的观点与路德维希·冯·米塞斯和弗里德里希·奥古斯特·冯·哈耶克等奥地利学派大相径庭。后者相信市场的力量,却忽视了市场的缺陷。最重要的是,凯恩斯不相信市场能够自动实现充分就业,而他视失业为主要的社会问题。他担心,市场经济无法自动实现一个国家的投资与储蓄平衡,为此,凯恩斯倡导大力发挥政府的作用,特别是政府在促进投资以及维持总需求方面的重要作用。

约翰·梅纳德·凯恩斯提出,应通过政府的有效干预来对"自由放任"进行补充,应该用一种能够认识到各类市场失灵的新古典经济学来取代古典经济学。但是,他并未明确说过,政府必须增加社会性支出,甚至建立福利国家。如果凯恩斯与政府支出增加有关联的话,那可能是他提出的稳定政策。出于政治上的考虑，政府的稳定政策会在经济繁荣时与经济衰退时表现出明显的不对称性，即与经济繁荣时期削减政府支出相比，政策制定者在经济衰退时期倾向于更大力度地增加政府支出。长期内，这种不对称性将导致政府支出占国内生产总值的比重上升。然而，这种政府支出的增加是政府稳定政策的副产品，而不是凯恩斯经济学的目标。约翰·梅纳德·凯恩斯认为，应由见多识广且具有管理能力的人来制定经济政策，而这些人应该是不受政治偏见及不对称政策影响的“知识权贵”（intellectual aristocracy），这种态度有时被称作“哈维路思想”（Harvey Road mentality，凯恩斯在剑桥的家位于Harvey Road，即哈维路。——编者注）（Buchanan，Burton，and Wagner，1978；Rowley，1987）。

除了与威廉·贝弗里奇爵士的一些书信交流外，凯恩斯似乎从未参与过《贝弗里奇报告》的最终形成，以及1945年社会立法的公共辩论。一种解释是，从1941年至1945年，约翰·梅纳德·凯恩斯大多数时间都待在美国和加拿大，那时，人们正在研究筹建布雷顿森林体系（包括国际货币基金组织与世界银行），他是主要参与者之一。然而，有迹象间接证实了罗伯特·斯基德尔斯基（Robert Skidelsky）的结论，即尽管凯恩斯有关经济学的思想具有一定的革命性质，但“他不是一个激情澎湃的社会改革者”（Skidelsky，2000；Marcuzzo，2010）。比如，约翰·梅纳德·凯恩斯在给著名经济学家科林·克拉克（Colin Clark）写信时表示，赞同其将一国税收负担上限设定为占国内生产总值比重25%的观点。凯恩斯曾表示，在参加20世纪40年代早期召开的凯恩斯主义经济学大会时,他感觉自己似乎是会场中唯一的“非凯恩斯主义者”(non-Keynesian)。顺便提一下,凯恩斯赞同科林·克拉克关于设定税收上限的观点,而保罗·萨缪尔森(Paul Samuelson)却强烈反对科林·克拉克的观点(Samuelson,1967)。

总之,将20世纪下半叶政府支出增加归罪于约翰·梅纳德·凯恩斯可能是错误的。不过,有一点可以肯定,那就是凯恩斯与福利国家并无联系。

参考文献

Are, Giuseppe. 1974. *Economia Politica nell' Italia Liberale* (1890-1915) (Bologna:Il Mulino).

Ashley, W. J. 1904. *The Progress of the German Working Classes in the Last Quarter of the Century* (London: Longmans, Green).

Barro, Robert J. 1978. “The Impact of Social Security on Private Saving: Evidence from the U.S. Time Series.” American Enterprise Institute, *AEA Studies*, 199.

Beveridge, Sir William. 1942. “Social Insurance and Allied Services.” Report by Sir William Beveridge Presented to Parliament by Command of His Majesty (November).

Buchanan, James M., John Burton, and Richard E. Wagner. 1978. *The Consequences of Mr. Keynes* (London: Institute of Economic Affairs).

Crone, Patricia. 2005. *Medieval Islamic Political Thought* (Edinburgh: Edinburgh University Press).

Diamond, Peter. 2004. “Social Security.” *American Economic Review* 94, no. 1 (March): 1-24.

Fay, S. B. 1950. “Bismarck's Welfare State.” *Current History* 18 (January): 1-7.

Feldstein, Martin. 1974. “Social Security, Induced Retirement, and Aggregate Capital Accumulation.” *Journal of Political Economy* 82 (September-

October).

Flora Peter, Franz Kraus, and Winfried Pfennig. 1983 and 1987. *State, Economy and Society in Western Europe, 1815-1975*, vol. 1, 1983, vol. 2, 1987 (Chicago: St. James Press).

Frum, David. 2000. *How We Got Here: The '70s* (New York: Basic Books).

Glennerster, Howard. 1998. "New Beginnings and Old Continuities," in *The State of Welfare: The Economies of Social Spending,* edited by Howard Glennerster and John Hills, 2nd ed. (Oxford: Oxford University Press), chap. 2.

Hills, J., J. Ditch, and H. Glennerster. 1994. *Beveridge and Social Security:An International Retrospective* (Oxford: Clarendon Press).

Howard, Christopher. 1997. *The Hidden Welfare State; Tax Expenditures and Social Policy in the United States* (Princeton: Princeton University Press).

Kirsch, J. P. "The Reformation," in *The Catholic Encyclopedia* (New York: Robert Appleton Company, 1911).

Maddison, Angus. 1999. "Perspective on Global Economic Progress and Human Development." Academy of the Social Sciences/1, *Annual Symposium.*

Marcuzzo, Maria Cristina. 2010. "Whose Welfare State? Beveridge versus Keynes," in *No Wealth but Life: Welfare Economics and the Welfare State in Britain, 1880-1945*, edited by R. Backhouse and T. Nishizawa (Cambridge: Cambridge University Press).

Peacock, Alan, ed. 1954. *Income Redistribution and Social Policy: A Set of Studies* (London: Jonathan Cape).

1993. "Keynes and the Role of the State," in *Keynes and the Role of the State,* edited by D. Crabtree and A. P. Thirlwall (London: Macmillan).

Prins, M. A. 1888. *Le pauperisme et le principe des assurances ouvrières obligatoires* (Brussels: Th. Falked).

Rowley, Charles K. 1987. "John Maynard Keynes and the Attack on Classical Political Economy," in *Deficits*, edited by James M. Buchanan, Charles K. Rowley, and Robert D. Tollison (Oxford: Basil Blackwell), pp. 115-22.

Samuelson, Paul. 1968. "The Economic Role of Private Activity," in *A Dialogue on the Proper Economic Role of the State*, by G. J. Stigler and P. A.

Samuelson (Chicago: University of Chicago Business School), pp. 21-39.

Schlesinger, Arthur M., Jr. 1959. *The Coming of the New Deal* (Boston: Houghton Mifflin).

Skidelsky, Robert. 2000. *John Maynard Keynes: Fighting for Britain, 1937-1946* (London: Macmillan).

Stein, Herbert. 1984. *Presidential Economics: The Making of Economic Policy from Roosevelt to Reagan and Beyond* (New York: Simon and Schuster).

Tanner, Michael D., ed. 2004. *Social Security and Its Discontents: Perspectives on Choice* (Washington, D.C.: CATO Institute).

U.S. Government. 1965. *Papers of U.S. Presidents, Lyndon B. Johnson,* 1963—1964 (Washington, D.C.: GPO), pp. 375-380.

U.S. Government, Office of Management and Budget. 2009. *Historical Tables; Budget of the U.S. Government, Fiscal Year 2010* (Washington, D.C.:GPO).

第六章　全球化与政府支出

一、引言

在过去20年中，人们越来越关注“全球化”现象，关于“全球化”研究的文章与书籍很多。一些人认为，全球化会带来“损害效应”，因此，每当世界贸易组织（WTO）、国际货币基金组织（IMF）、七国集团或八国集团（G7/G8）、二十国集团（G20）或其他国际组织召开会议时，就会有反对全球化的示威活动发生。而且，一些批评人士一直在要求各国的政策制定者中止全球化进程。2008—2009年的全球金融危机造成国际贸易衰退，一些人将危机归咎于金融市场的全球化。如果此次全球金融危机继续蔓延，全球化进程将会面临严峻挑战，甚至会戛然而止。

与其他词汇一样，全球化也包含了多种多样的含义，较难准确定义。对一些人而言，全球化的含义是世界变成了“地球村，电子传媒大大缩小了国与国之间的距离”，这是《韦氏词典》（*Merriam Webster's Collegiate Dictionary*）（第10版）中的定义。这一定义反映了全球化的一个侧面，但是，世界上大部分人也许并未感受到国与国之间距离的真正缩小，该定义对他们而言意义不大。对于另外一些人而言，全球化使世界变得“扁平”化，促进了国与国之间以及人与人之间的联系，降低了交易成本（Friedman，2005）。

通过分析可以发现，全球化其实并非一种新现象，它已经持续了几个世纪。例如，哥伦布（Columbus）发现新大陆就有力地推进了全球化进程。哥伦布航行给世界带来了诸多变化，包括最终促使一名日裔（滕森）成为当时不为人知的印加帝国（empire of the Incas）核心国家（秘鲁）的总统!麦哲伦（Magellan）的环球之旅则开辟了大西洋与太平洋之间的贸易路线，也是对全球化的贡献。苏伊士运河与巴拿马运河（the Suez and the Panama canals）的开通同样推动了全球化进程。亚历山大大帝（Alexander the Great）出征、罗马帝国（the Roman Empire）扩张以及成吉思汗（Genghis Khan）出征也都是全球化的表现。罗马哲学家、科学家卢修斯·安涅·塞尼卡（Lucius Annaeus Seneca）早在罗马时代就抱怨来自印度和中国的进口商品破坏了罗马经济，卢修斯·安涅·塞尼卡后来在维苏威火山爆发时葬身于庞培。在本轮全球化之前，上述事件已经从根本上改变了世界大部分地区之间的联系，并促进了全球不同地区之间的融合。

本章主要探讨了全球化在经济层面的影响，全球化可能增大各国面对的风险，进而促使政府调整职能，增加相关支出来保护本国公民免受风险的侵扰。换句话说，这里的假设是，全球化从根本上改变了政府职能，迫使政府增加共同支出。[1]不过，全球化与政府职能之间的关系相当复杂。近期有经济学家试图在全球化程度（例如经济对外依存度）与政府社会保护职能（例如政府支出）扩张之间建立起一种理论联系，不过，其结论难以令人信服。

在过去几十年中，通信革命给整个世界带来了巨大变化，受新技术和新政策推动，全球化进程加速。但是，每当发生战争、瘟疫、危机或者政策调整时，全球化进程就会减速，甚至倒退。显然，上述事件对世界不同地区以及不同国家的不同收入阶层的影响不尽相同，对一些地区和群体的影响可能较另外一些国家和群体更为明显。

经济学家认为，从19世纪中期至1914年第一次世界大战爆发之前，全球化进程相当迅猛。在这段时期内，自由放任主义推动了全球化进程。当时，促进全球化的因素包括技术进步和政策推动两方面。其中，促进全球化的技术进步包括铁路、电力、汽车、电报和蒸汽船的发明和使用，推动全球化的政策则包括允许市场力量更多地发挥作用。在这一阶段，许多国家的贸易、资本乃至人员流动变得更加开放，上千万人口移居新的国度（Solimano，2008）。工业化国家当时的贸易与资本流动开放指数与近年的水平大体相当（Baldwin and Martin，1991）。但是，第一次世界大战中断了全球化进程；战争结束后，全球化进程得以恢复，直至20世纪30年代的“大萧条”又一次将其延缓。

受数据和信息的局限，经济学家主要通过工业化国家来观察和研究全球化问题。在非工业化国家中，有些当时是欧洲列强的殖民地，它们与世界其他国家和地区的商业联系取决于欧

洲列强的经济政策。实际上，欧洲列强常常限制殖民地与其母国之间的经济和贸易联系。近期研究表明，在1870年到1914年这段时期内，大多数拉丁美洲国家的全球化程度远不及工业化国家，这些拉美国家当时的关税水平为全球最高。

约翰·亨利·科茨沃思（John Henry Coatsworth）和杰弗里·盖尔·威廉森（Jeffrey Gale Williamson）（2004）指出，“从19世纪60年代到第一次世界大战期间，以及‘大萧条’之前，拉美国家的关税水平远远高于世界其他国家和地区。实际上，在1914年之前的几十年中，拉美国家的关税水平甚至一直在上升”。约翰·亨利·科茨沃思和杰弗里·盖尔·威廉森的结论是，“在当时拉美地区不断发生军事冲突的背景下，增加政府收入的需求是导致高关税的关键因素”。换言之，军事冲突，而非全球化，引发了增加税收收入的强烈需求。工业化国家在两次世界大战中的政府支出增加，税率提高，同样也是由于军事冲突造成的。

在以农业为主的经济结构中，税收收入的主要来源是对外贸易，当时美国政府的大部分收入就来自外贸税，这符合“税收结构变化的一般理论”（the general theory of tax structure change）。40年前，这一理论备受税收问题专家的青睐，近期则被忽视了。基于该理论，对于众多发展中国家而言，对外贸易是最好的“税收把手”（tax handle）。一个国家进出口比重越大，越容易增加税收收入，因为对那些经过港口或关塞流转的商品征税相对容易（想了解关于这一理论的描述，参见Tanzi，1973；想了解关于税收把手的讨论，参见Musgrave，1969）。

二、全球化与政府支出

如前所述，在1870年至1913年间，政府在经济中发挥了十分重要的作用，当然与现在相比，那时政府的作用仍然有限。虽然政府支出不断增长（见表1.2），但是，以现代的标准来衡量，那时的政府支出，特别是社会保障支出的规模并不大，政府总支出占国内生产总值的比重平均为12%～13%（参见Tanzi and Schuknecht，2000；Maddison，1997；Lindert，2003；表1.1）。究其原因，当时教堂、民间组织和大家庭承担了大量的社会保障职能，为许多个人及家庭抵御各类风险提供了基本保障。后来，福利国家或混合经济的保障政策在很大程度上排挤了诸多非政府组织的社会保障活动。因此，政府支出持续增加并未像人们想象的那样促进了额外社会保障项目的大幅增加。这是经济学家尚未充分研究的领域，也造成了人们的许多错觉，即认为，政府的社会保障项目总是填补空白的，并且能够在降低风险方面发挥积极作用（Beito, Gordon, and Tabarrok，2002；Solomon，1973；Zamagni，2000；Ritter，1996；Wuthnow，1991）。正如格哈特·里特（Gerhard A. Ritter）所指出的那样，“社会保障史的比较研究未能充分关注互助协会向穷人提供的大量援助”。

1913年之后，一连串重大的历史事件结束了那一时期的全球化进程，这些事件包括第一次世界大战，“大萧条”和第二次世界大战。与此同时，德国、意大利、日本、俄国和其他国家的政府开始实施相对封闭的对外政策，结果造成了20世纪30年代这

些国家的经济封闭。上述事件显然不利于“全球村”或“扁平世界”的发展。在这段时期,各国政策制定者也失去了对外开放的热情,对外政策发生了很大变化,从此世界进入了一个相当漫长的封闭期。各国之间经济和贸易往来相对停滞,资本流动几乎完全停止,人口流动也出现了一定程度的停滞。第二次世界大战之后,许多国家,特别是发展中国家,采取了进口替代战略,试图通过限制进口,尤其是限制最终商品与服务的进口,来推进本国经济的工业化。劳尔·普雷维什(Raul Prebisch)成为该运动的知识领袖(intellectual guide),特别是在拉美地区。总之,那一时期,贸易保护主义盛行。

如前所述,也恰好是在那一时期,以政府支出来衡量的政府职能加速扩张。许多国家开始建立福利国家或混合经济,起初速度比较缓慢,随后速度不断加快。于是,政府支出占国内生产总值的比重较前期低点增长了一倍多,并且在1913年至20世纪50年代期间持续上升,随后在20世纪余下的时间里,又呈现爆炸式增长,这一势头至少持续到20世纪90年代初——新一轮的对外开放与全球化进程启动。值得注意的是,政府支出增长与全球化之间没有或者几乎没有联系。相反,在本轮全球化之前以及有关全球化的讨论之前,政府支出已经开始大幅增加。只是,最近几年或者至少在2008年全球金融危机之前,政府支出与税收出现了下降趋势(见表4.5)。

20世纪70年代后半期,社会思潮再次发生变化,但与20世纪50和60年代的方向相反,自由放任主义或者说经济保守派的观点再一次引起了整个世界的关注,例如米尔顿·弗里德曼、弗里德里希·奥古斯特·冯·哈耶克以及“芝加哥学派”的观点，此前，这些观点一直被视为激进学派，当时被关注是因为“滞胀”使一些基本的宏观经济假设受到挑战，例如菲利普斯曲线。五六十年代一直占支配地位的凯恩斯主义观点[2]受到审视与攻击，并且一度无人问津，特别是在学术界（Lucas，1973，1976；Prescott，1986）。各类文章开始谈论凯恩斯主义的末日，同时，基于理性预期和李嘉图劳动价值论的学说开始在学术界占据上风。玛格丽特·撒切尔（Margaret Thatcher）和罗纳德·里根（Ronald Reagan）——两位推崇自由放任主义的政治人物——分别在英国和美国的大选中胜出，即是上述思潮变迁最有力的表现（Clarke，2009）。弗里德曼和哈耶克还分别获得了诺贝尔经济学奖。

在这一时期，随着各国对外依存度的不断提高，国际资本流动更为频繁，人们对政府职能产生了新的怀疑。从某种程度上来说，世界见证了从“凯恩斯革命”迈向“供给学派革命”的这一根本性转变。前者更关注经济的需求方，后者更关注税收等经济政策对供给方的影响，所以，这二者均堪称名副其实的“革命”，它们从根本上改变了许多经济学家与政策制定者对政府职能的看法。此后，许多经济学家首次将关注重点由需求方转向供给方。[3]

不过，这一阶段以“华盛顿共识”（Washington Consensus）的问世而达到顶峰。从某种程度上讲，“华盛顿共识”是对市场作用的肯定（或者说再肯定）。当时，由于苏联解体，许多国家出现了由指令性计划经济向市场经济的转变，中央计划经济逐渐被人们抛弃（想了解关于这些转变的非正式的、主观的叙述，参见Tanzi,2010a)。20世纪90年代初,这种“市场取向”的思潮盛行,并且在许多国家引起了许多重大变革,即在全球化不断深化的背景下促进了市场化改革。例如,许多国家推行了大规模的国有企业私有化运动,私人部门通过“公私合营”(public-private partnerships)参与基础设施建设(Harris,2004)。[4]由于私有化企业,特别是发展中国家的私有化企业,经常被外国公司收购,这一阶段还出现了大规模的跨国资本流动。

过去20年的全球化进程因为以下两个方面的原因而独具特色。一是通信领域的技术进步;二是资本自由流动政策。主要依靠私人部门的资金而创建的“互联网”,实现了全球的即时“连接”,使人们能够通过互联网进行即时交流,这在以前是没有的或被认为是不可能的。成本下降使电脑和互联网得到了更为广泛的普及,天量数据的交换与存储不仅更加便捷,速度更快,而且成本更低。互联网在促进资本流动和国际金融市场发展方面也发挥了十分重要的作用。得益于新技术与新政策的结合,市场的去监管化,以及日交易处理能力逾百万、几秒钟内即可完成巨额资金全球划转的支付系统等,金融日交易量出现了爆炸性增长,金融市场的全球化得到快速发展。

在技术进步与开放政策的推动下,一个全球化的金融市场建立起来,以前所未有的速度促进了各国银行和企业之间的业务联系。政府与私人部门能够更便利、更深入地参与市场交易。不过,一些必要的制度安排却未能建立起来,正是因为缺乏对金融活动的有效规制和监管,2008年爆发了全球金融危机。全球金融危机在某种程度上使约翰·梅纳德·凯恩斯的观点开始重新受到重视。凯恩斯将市场活动定义为类似于购买“彩票”的行为（Keynes,1926），最近更是有一些经济学家将市场经济称为“赌场资本主义”（casino capitalism）（Sinn,2010）。

另外一些因素也助推了国际投机活动，例如“羊群效应”、“传染”以及追求短期利润的行为（Galbraith,1990; Shiller,2008; Posner,2009）等。[5]它们提高了金融危机爆发的可能性（Tanzi,2007）。哈罗德·詹姆斯（Harold James）（2001）曾一语道明，他说：“‘大萧条’之所以成为‘大萧条’，是因为1931年夏天爆发了一系列具有传染效应的金融危机，随后影响了国际贸易。”需要指出的是，虽然一些国家曾在第一次世界大战期间封闭了本国经济，但它们在20世纪20年代又都重新实行了对外开放。而且，早在1913年之前全球化就已经开始了，受益于电报技术和“金本位制度”，当时已经出现了大规模的国际资本流动。不过，与前几十年相比，最近20年中的金融危机更频繁、更严重。2008—2009年的全球金融危机是近年来诸多银行业危机中影响最广泛、最为严重的危机（Reinhart and Rogoff,2009）。

全球金融危机导致一国经济急剧衰退，银行重组推升财政成本，而且（短期内）失业与贫困人数也会大量增加。在这种情况下，要求政府提供“安全网”的呼声不绝于耳。1997—1998年东南亚金融危机期间，这种呼声尤其强烈。因为当时受危机影响最为严重的国家（比如韩国、泰国和印度尼西亚）还未能建立现代安全网，他们的安全网大多是建立在私人企业应当实行终身雇佣制等社会准则与家庭支持之上的，因此，公司倒闭后，有些中产阶级几乎在一夜之间陷入贫困。对于此轮全球金融危机来说，全面评估其影响尚需时日，但是，危机对公共财政的影响已经清晰可见。危机之后，包括美国和英国在内的许多国家的政府财政状况持续恶化，有些国家甚至因政府职能扩大而陷入财政危机。

社会保障制度不仅是一种社会责任，而且是一种经济责任，因此，有必要建立多种多样的社会“安全网”。如前所述，全球化会对一国政府的经济职能产生重要影响，而且，一国的全球化程度越高，政府所发挥的经济作用可能越大，尤其是政府的保护性作用。如此推论，全球化可能导致政府支出特别是社会保障支出的增加。丹尼·罗德里克（Dani Rodrik）在其颇具影响力的著作中为上述观点提供了实证支持。

在谈到全球化与政府支出之间的联系时，不能仅从政府应该发挥什么作用来分析问题，即认为政府应该保护人民免遭全球化带来的风险的影响，还应该考虑政府发挥作用的实际能力及其对宏观经济的影响。当政府的作用超出了政策制定者的能力，将事与愿违。此外，政府的作用也会受到全球化影响，全球化可能会削弱政策制定者对一些政策工具的控制力以及政府的征税能力。

在过去几十年中，工业化国家的政府支出增长大多用于社会养老金、援助老年人、公共卫生以及与大家庭有关的项目，例如为这些家庭的孩子提供养育和教育补助。这些政府支出旨在帮助人们抵御年老、疾病、文盲、家庭负担等引发的风险。但这些客观存在的风险并非是由全球化造成的，比如，年老体弱的风险就与全球化毫不相干。全球化除了会使传染病更容易跨境传播以外，不会提高上述风险的概率。

政府教育支出与全球化之间也存在类似的关系。无论是否实现全球化，一国人口受教育程度越高，国家经济就越繁荣，而且，儿童越多，教育经费支出就越高。尽管可以认为，在全球化背景下，一个国家需要更多受教育程度较高的劳动力以提高竞争力，但是，全球化并未导致人口出生率上升。因此，虽然增加教育与研发支出有助于提高竞争力，而且这些支出大多由政府承担，但政府支出与全球化之间的联系并不那么紧密。新增的政府支出中仅仅有一小部分属于应对对外开放风险的必要支出。

关于18个工业化国家在过去一个多世纪里政府总支出及各类政府支出占国内生产总值比重的增长情况，可参阅维托·坦茨和路德格尔·舒克奈赫特（Ludger Schuknecht）（2000）。政府支出的种类包括国防、教育、公共卫生、养老金、失业福利金、政府债务利息及政府投资，等等。

三、全球化与政府支出的关系验证

丹尼·罗德里克在其论文中写道："一国经济受对外贸易影响的程度与政府规模有很强的关联性。"政府规模即政府支出占国内生产总值的比重。他的这一观点经常被引用。丹尼·罗德里克认为，"政府支出旨在提供抵御外部风险的社会保险"（Rodrik，1998）。换句话说，全球化会使一国的对外贸易更易受到外部环境影响，加之"贸易条件与出口集中度存在波动性"，一国经济的外部风险增加，"国内收入和消费的波动性增强"。为此，政府可以通过增加支出予以应对，即政府预算成为帮助个人应对风险的减震器。丹尼·罗德里克认为,“风险与政府支出间的因果关系应该是先有外部风险敞口,再有政府支出”。随后,他为其论点提供了实证支持。

在实证分析基础上,丹尼·罗德里克总结道,“对外依存度较高的经济体,其政府支出扩张也较快”,尤其对“外部风险较大的经济体”更是如此。为支持其假说,丹尼·罗德里克还提到了戴维·卡梅伦(David Cameron)(1978)从统计方面将税收收入与经济对外依存度联系起来的论文。然而,他忽略了公共财政经济学家的大量文献。20世纪六七十年代,公共财政经济学家们同样发现了经济对外依存度与税收负担之间的联系,而这种联系隐含的因果关系与丹尼·罗德里克的设想不同。公共财政经济学家们指出,在对外依存度较高的情况下,征收贸易税成为一个便利的“税收把手”(Tanzi,1973,1967;Musgrave,1969)。他们认为,外部风险与税收或政府支出水平基本无关。对外依存度高的经济体政府支出水平较高,主要是因为这些经济体能够更容易地、更多地征收贸易税。由于大家认为工业化国家对税收水平及具体税种使用的控制较严格,因此,发展中国家成了文献的讨论焦点。

贸易自由化与个人收入风险之间的关系涉及一些理论问题。正如汤姆·克雷布斯(Tom Krebs)、普拉文·克里希纳(Pravin Krishna)和威廉·弗朗西斯·马洛尼(William Francis Maloney)(2004)所说,贸易改革与对外开放会引发资本与劳动力在企业与行业间的流动,短期内会增加个人收入风险,然而过一段时间之后,更为一体化的世界经济将有助于实现更加稳

定的价格水平和宏观经济环境。他们认为，虽然“理论上，对外开放与经济波动之间关系模糊，理论文献未能指出二者之间的长期联系及其紧密程度”，但对于已经完成初步调整并融入世界的国家而言，例如德国和智利，其未来的发展道路会更加平坦。因此，一个渐进的贸易一体化进程将促进世界及各国经济更加稳定，会降低风险而不是提高风险。此外，这一结论涉及的是与对外贸易相关的全球化，而不是与资本流动相关的全球化。

当金融市场彼此联系时，突发性的资本流动，特别是与证券投资和投机有关而与对实体经济的投资无关的资本流动会引发金融危机，导致风险的积累和突然爆发，即便在长期内也是如此。突发性的资本流动往往起因于一些国家的国内政策，主要工业化国家的政策外溢效应也会引发资本流动，例如，突然大幅调整利率水平，或者信贷发生剧烈变化。20世纪80年代初，美国就发生过此类突发情况。当时美联储为应对国内的通货膨胀，突然大幅提高利率水平，这也许是后来拉美爆发债务危机的导火索，造成拉美地区遭遇“失去的十年”。当然，拉美国家的国内政策也是导致此次危机的重要因素，这些政策包括过度举借外债用于消费或不当投资等。2008—2009年全球金融危机爆发之前，美国的房地产信贷标准过于宽松，加之2004年之前美联储一直实行极低的利率政策，刺激了对房地产的过度投资，这些因素最终成为引发全球金融危机的导火索。

最近几年，许多经济学家都在讨论关于国际金融体系的“结构”改革。但是，这些讨论并未付诸实际行动（Tanzi，2000）。国际金融体系的改革建议包括，在全球层面对金融活动实施有效监管的同时，在国家层面实施稳健的宏观经济政策、提高透明度、大幅削减外债（尤其是与结构性财政赤字或汇率失衡有关的外债），以降低资本自由流动所带来的风险。另外，政府与金融机构提高数据披露质量也有助于改进投资决策，降低危机爆发的可能性。但是，1997—1998年东南亚金融危机之后，虽然各国政府在数据披露方面有所进步，但进步十分有限，信息披露不够充分，而且全球失衡仍在继续，国际金融体系的结构性改革没有取得有效进展，一些对冲基金与金融市场其他参与者的相关数据依然很难查到。

除考虑对外依存度的影响外，还有两个关于全球化对政府支出影响的假说，这两个假说是相互矛盾的。其中，一个是“效率假说”（efficiency hypothesis）；另一个是“补偿假说”（compensation hypothesis）（Garrett，1999；Garrett and Mitchell，1999）。

效率假说强调，较高的政府支出，特别是福利支出，会降低一国的全球竞争力。原因是福利支出会推动该国税收水平上升、经济效率下降。因此，随着全球化及对外开放进程加快，该国经济将面临效率压力，这可能会推动其开放劳动力市场、减少行政管制、放开市场、推行国有企业私有化，直至降低税率、减少政府支出。

近期，全球化进程中出现了符合上述假说的现象，即个人所得税边际税率、资本利得税以及企业所得税税率等出现了大幅下调。在过去20年中，迫于提高经济效率的压力，几乎所有的工业化国家与发展中国家的上述税率都大幅下降了。哈罗德·詹姆斯（2000）曾经指出，“政府面临相互矛盾的两方面压力，一方面由于生产要素流动性增强，需降低税收水平；另一方面，基于传统考虑则需要增加政府支出”。

有人担心，全球化会招来财政白蚁，这些财政白蚁将不断侵蚀一国税基，使一国政府维持高税收水平更加困难，而且成本更高。我们将其称为财政白蚁假说（fiscal termites hypothesis）。经济效率假说与财政白蚁假说可以为各国税负水平提供一种解释，尤其是税收负担较高的国家。表4.5显示，几乎所有经济合作与发展组织国家的税收水平在2008年均不是最高点，而这一年是全球金融危机未影响税收收入的最后一年。大多数国家的税收在2000年左右达到最高水平，并在2008—2009年全球金融危机的前几年就已经开始下降。由于存在财政白蚁，必须重新考量政府职能，降低政府支出，在继续为应对重大风险提供保护的同时，努力提高政府效率（Tanzi，2001，2002）。

另外一个补偿假说实质上是丹尼·罗德里克的假说。他认为，必须增加政府支出，以补偿劳动者面临的高风险及全球化带来的成本，也许还应通过增加政府培训与教育支出来提高“人力资本”，从而在全球化中维持本国的竞争力。从提高国家竞争力的角度看，社会性支出部分地具有公共产品的特征。政府支出还有助于保持对全球化及“市场取向”政策的政治支持。没有这一支持，民粹主义可能会大行其道，导致效率下降，例如，出现抵制进口的贸易保护主义，以及低效率的产业政策。

在某种程度上，上述两种假说之间存在着竞争关系。一些国家可能根据第一种假说进行政策选择，另一些国家则可能以第二种假说作为政策指导。

四、实证检验

本书可能无法对上述两种相互矛盾的假说进行详尽的实证分析，但可以提出以下几点看法：

首先，丹尼·罗德里克坚称，“福利国家是开放经济的另一面”，这一观点是不成立的。如前所述，福利国家出现的时候正好是全球化进程受挫的时候，原本就封闭的经济变得更加封闭，就是在这一时期爆发了凯恩斯革命，于是，混合经济与福利国家问世。1870—1913年间，即世界各国因为第一次世界大战而重回封闭之前，一些国家的对外开放度较高，而政府支出增幅较低。前面提到，1926年约翰·梅纳德·凯恩斯呼吁结束“自由放任主义”（Keynes，1926）。到了20世纪50年代初本轮全球化启动之前，虽然早已有人抱怨政府支出增长得太快了（de Jouvenel，1952），但仍有人建议将当时相对封闭的美国建成福利国家（Galbraith，1958）。

其次，丹尼·罗德里克从经济合作与发展组织国家中挑选的样本不够全面。在丹尼·罗德里克确定的抽样调查期间，政府支出增长最快的国家（大多数为北欧国家）基本全是小国。因其规模较小，这些国家的对外依存度往往较高，并且这些国家的种族同质化程度也较高。多项研究表明，一个国家的种族同质化程度越高，越倾向于提高政府支出水平（参见Alesina，Glaeser，and Sacerdote，2001；Alesina and La Ferrara，2003）。

再者，当丹尼·罗德里克将样本由经济合作与发展组织国家扩大至包括发展中国家在内的“100个国家”时，数据问题就较多，并且是系统性问题。例如，样本中缺乏发展中国家广义政府支出的数据。除经济合作与发展组织国家之外，发展中国家地方政府支出的数据缺乏系统性。作为所有数据来源的国际货币基金组织政府财政统计数据，仅能提供中央政府数据，而大型经济体（例如巴西、阿根廷、墨西哥、尼日利亚、印度、南非、俄罗斯、印度尼西亚与中国）的地方政府规模往往很大，但政府支出数据中却不包含这一块。此外，这些国家由于规模较大，经济对外依存度相对较低。欠缺相关统计数据不利于正确了解对外依存度与政府支出之间的关系。有意思的是，巴西作为经济最为闭塞的拉美国家，目前是政府支出水平最高的国家。近年来，巴西政府支出占国内生产总值的比重超过40%。经济封闭度仅次于巴西的阿根廷，政府支出占国内生产总值的比重也超过了30%。

曾有一项研究试图通过各种渠道收集1973—1997年间14个拉美国家的政府支出数据，以解决统计数据缺乏的问题。该研究“最惊人的发现是，贸易开放度会对社会支出总量变化产生强烈的负面影响”（Kaufman and Segura-Ubiergo，2000）。对于熟悉拉美国家的人来说，这一结果不足为奇。因为开放对外贸易会导致涉外税收下降，放开资本管制会导致资本所得税减少，这些将迫使政府减少支出。有众多文献探讨了贸易开放度对发展中国家税收收入的负面影响（参见Ebril, Stotsky, and Gropp，1999；Peters，2002；Abed，2000）。此外，还有迹象显示，大多数国家的金融企业所得税也出现了下降。

还有必要指出，在全球化进程加速的最近20年中，对外依存度较高的国家实现了最大幅度的政府支出削减。

表1.1与表4.4显示了，在人们对全球化最为担忧的时期，在一些对外依存度较高的经济合作与发展组织国家，政府支出非但没有增加，反而大幅下降。这一变化支撑了效率假说和财政白蚁假说。

此外，我们还可以像丹尼·罗德里克那样绘制对外依存度与政府支出的关系图，并以此了解工业化国家对外依存度与政府支出之间的关系。1987年和2002年正是全球化进程加速的时期，我两次绘制了对外依存度与政府支出的关系图，见图6.1与图6.2。其中，纵轴为政府支出，经济合作与发展组织提供了工业化国家广义政府支出的数据，横轴为对外依存度，即进口和出口之和占国内生产总值的比重，数据来自国际货币基金组织。

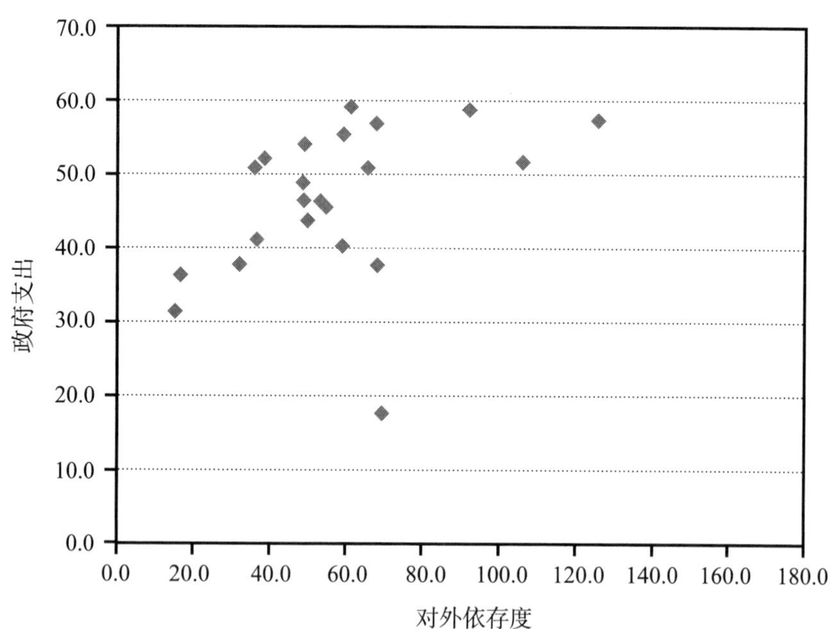

图6.1　1987年对外依存度与政府支出关系图

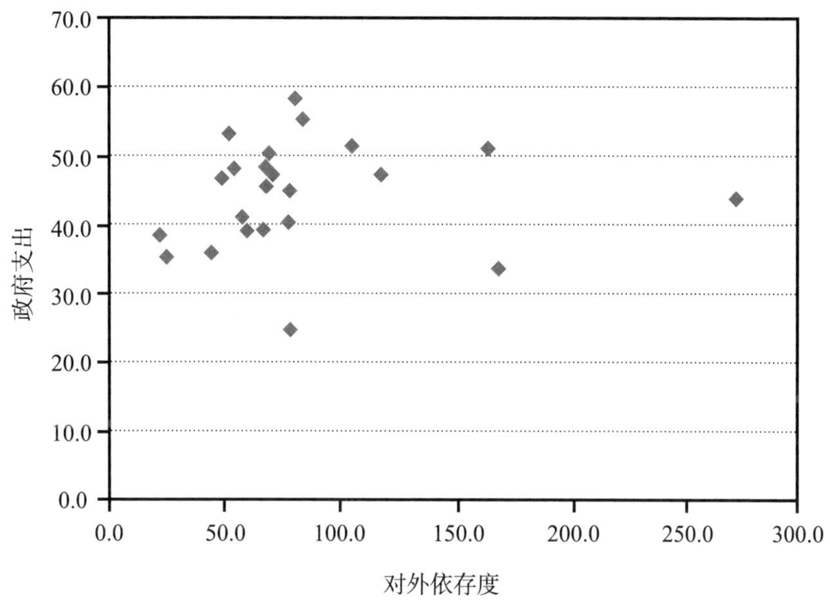

图 6.2　2002 年对外依存度与政府支出关系图

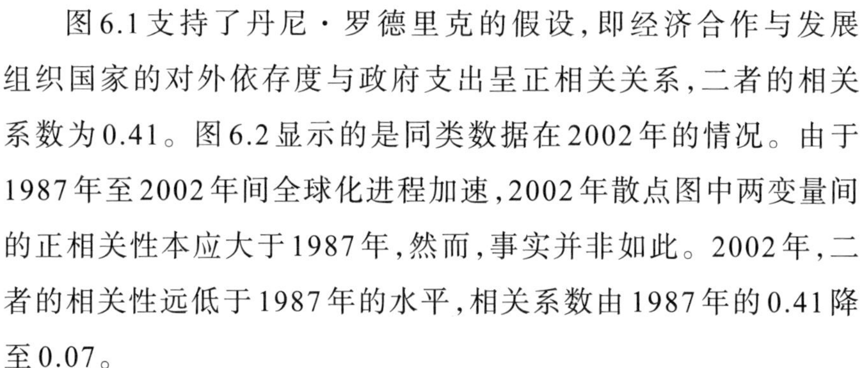

图6.1支持了丹尼·罗德里克的假设，即经济合作与发展组织国家的对外依存度与政府支出呈正相关关系，二者的相关系数为0.41。图6.2显示的是同类数据在2002年的情况。由于1987年至2002年间全球化进程加速，2002年散点图中两变量间的正相关性本应大于1987年，然而，事实并非如此。2002年，二者的相关性远低于1987年的水平，相关系数由1987年的0.41降至0.07。

更科学的实证检验是将1987年和2002年之间政府支出的变化与同期的对外依存度的变化结合起来分析。按照丹尼·罗德里克的理论，对外依存度提高将推动政府支出增加，即二者应呈正相关关系，但图6.3却显示，二者呈明显的负相关关系，相关系数为-0.67。在图中,横轴代表对外依存度变化的情况,纵轴显示政府支出变化的情况。该图为效率假说和财政白蚁假说(而非补偿假说)提供了有力支持,我们似乎可以将补偿假说搁置一旁了。然而,正如后面章节所述,政府支出仅是政府行使职能的多种政策工具之一。丹尼·罗德里克得出的全球化导致政府支出增加的结论也许是错误的,但他关于全球化促使政府发挥更大的,且不同于以前作用的观点却可能是正确的。只是,要实现这种新职能,政府需要使用政府支出之外的其他政策工具。

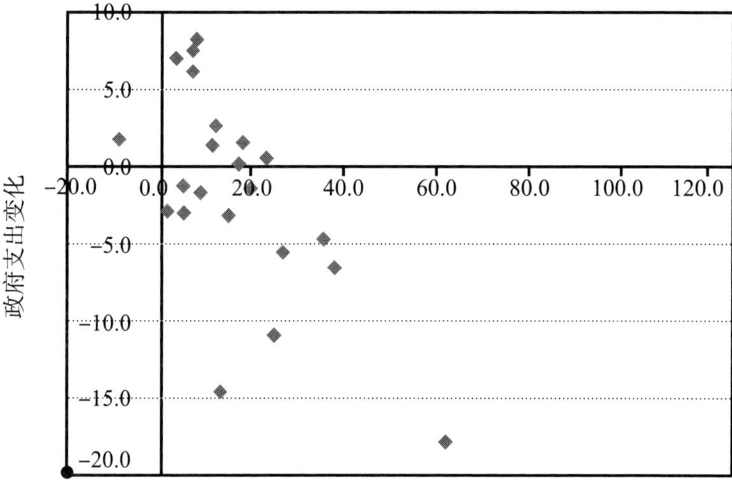

图 6.3　1987—2002 年间对外依存度变化与政府支出变化关系图

参考文献

Abed, George. 2000. "Trade Liberalization and Tax Reform in the Southern Mediterranean Region," in *Trade Policy Developments in the Middle East and North Africa,* edited by B. Hoekman and H. Kheirel Din. (Washington,

D.C.: World Bank), chap. 3.

Alesina, Alberto, E. Glaeser, and B. Sacerdote. 2001. "Why Doesn't the U.S. Have a European Style Welfare State?" *Brookings Paper on Economic Activity* (Fall).

Alesina, Alberto, E. Glaeser, B. Sacerdote, and Eliana La Ferrara. 2005. "Ethnic Diversity and Economic Performance." *Journal of Economic Literature* 43, no. 3: 762- 800.

Baldwin, Richard, and Philipp Martin. 1991. "Two Waves of Globalization: Superficial Similarity, Fundamental Differences," in *Globalization and Labor,* edited by Horst Siebert, Institute für Weltwirtschaft, University of Kiel (Kiel: Moh Siedeck).

Beito, David, Peter Gordon, and Alexander Tabarrok, eds. 2002. *The Voluntary City* (Ann Arbor: University of Michigan Press - Independent Institute).

Cameron, David. 1978. "The Expansion of the Public Economy: A Comparative Analysis." *American Political Science Review* 72: 1243-61.

Clarke, Peter. 2009. *The Rise, Fall and Return of the 20th Century Most Influential Economist* (New York: Bloomsbury Press).

Coatsworth, John H., and Jeffrey G. Williamson. 2004. "The Roots of Latin American Protectionism," in *Integrating the Americas,* edited by Antoni Estevedoardal, Dani Rodrik, Alan M. Tayer, and Andres Velasco (Cambridge, Mass.: Harvard University Press), pp. 37-74.

de Jouvenel, I. Bertrand. 1952. *The Ethics of Redistribution* (Cambridge: Cambridge University Press).

de Molinari, Gustave. 1849. *Les Soirées de la Rue Saint-Lazare: Entretiens sur les Lois Economique et Défense de la Propriété. Translated as Le Serate di Rue Saint-Lazare* (Macerata: Liberi Libri, 2009).

Ebril, Liam, Janet Stotsky, and Reint Gropp. 1999. *Revenue Implications of Trade Liberalization,* Occasional Paper 180 (Washington, D.C.: IMF).

Friedman, Thomas. 2005. *The World Is Flat: A Brief History of the Twenty First Century* (New York: Picador; Farrar, Straus and Giroux).

Galbraith, John Kenneth. 1958. *The Affluent Society* (Boston: Houghton Mifflin).

1990. *A Short History of Financial Euphoria* (New York: Penguin Books).

Garrett, Geoffrey. 1999. "Globalization and Government Spending around the World." Paper presented at the 1999 Meeting of the Political Science Association, Atlanta, September 1-5.

Garrett, Geoffrey, and Deborah Mitchell. 1999. "Globalization and the Welfare State," Yale University. Mimeo.

Gaspari, D. 1881. *Il Progresso delle Societd di Mutuo Soccorso* (Sanseverino, Marche: Corradetti).

Geremia, Giusto. 1961. "La previdenza sociale in Italia nell'ultimo secolo," in *L'Economia Italiana da11861 al 1961: Studi nel Primo Centenario dell'Unitá d'Italia* (Milan: Dott. A. Giuffré Editore).

Harris, Stephen. 2004. "Public Private Partnerships: Delivering Better Infrastructure Services." *Working Paper* (Washington, D.C.: IADB).

James, Harold. 2000. *The End of Globalization: Lessons from the Great Depression* (Cambridge, Mass.: Harvard University Press).

Kaufman, Robert, and Alex Segura-Ubiergo. 2000. "Globalization, Domestic Politics and Welfare Spending in Latin-America: A Time-Series Cross-Section Analysis, 1973-1997." *Working Paper*, June 2. Washington D.C.: The World Bank.

2001. "The Political Economy of the Welfare State in Latin America." (The World Bank, Mimeo).

Keynes, John Maynard. 1926. *The End of Laissez Faire* (London: Hogarth Press).

Krebs, Tom, Pravin Krishna, and William Maloney. 2004. "Trade Policy, Income Risks, and Welfare." Mimeo.

Lucas, Robert E., Jr. 1973. "Some International Evidence on Output-Inflation Trade- Offs." *American Economic Review* (June).

1976. "Economic Policy Evaluation: A Critique." *Carnegie-Rochester Conference Series on Public Policy* 1 (1976).

Musgrave, Richard. 1969. *Fiscal Systems* (New Haven: Yale University Press).

Peters, Amos. 2002. "The Fiscal Effects of Tariff Reduction in the Caribbean Community," InterAmerican Development Bank. Mimeo.

Posner, Richard A. 2009. *A Failure of Capitalism* (Cambridge, Mass.: Harvard University Press).

Prescott, Edward C. 1986. "Theory Ahead of Business-Cycle Measurement." *Carnegie-Rochester Conference on Public Policy* 25.

Reinhart, Carmen M., and Kenneth Rogoff. 2009. *This Time Is Different; Eight Centuries of Financial Folly* (Princeton: Princeton University Press).

Ritter, Gerhard A. 1996. *Storia dello Stato Sociale* (Rome: Editori Laterza).

Rodrik, Dani. 1998. "Why Do More Open Economies Have Bigger Government?" *Journal of Political Economy* 106, no. 5 (October): 997-1032.

Schlesinger, Jr., Arthur M. 1959. *The Comingof the New Deal* (Boston: Houghton Mifflin).

Shiller, Robert J. 2008. *The Subprime Solution* (Princeton: Princeton University Press).

Sinn, Hans-Werner. 2010. *Casino Capitalism: How the Financial Crisis Came About and What Needs to Be Done Now* (Oxford: Oxford University Press).

Solimano, Andres, ed. 2008. *The International Mobility of Talent, Types, Causes, and Development Impact* (New York: Oxford University Press).

forthcoming. *Broken Borders: The International Mobility of People and Elites in the Global Age* (Cambridge: Cambridge University Press).

Solomon, Howard M. 1973. *Public Welfare, Science and Propaganda in Seventeenth Century France* (Princeton: Princeton University Press).

Tanzi, Vito. 1967. "Determinants of Government Revenue Shares among Less Developed Countries; A Comment." *Economic Journal* 77, no. 306 (June): 403-5.

1973. "The Theory of Tax Structure Change." *Rivista di Diritto Finanziario e Scienza delle Finanze.*

2000. "Taxation and the Architecture of the International Economic System," in *Financial Globalization and the Emerging Economies,* edited by J. A. Ocampo, S. Zamagni, R. French-David, and C. Pietrobelli (Santiago, Chile: CEPAL and Jacques Maritain Institute), pp. 139-50.

2001. "Globalization, Technological Developments and the Work of Fiscal Termites." *Brooklyn Journal of International Law* 26, no. 4 (August): 1261-85.

2002. "Globalization and the Future of Social Protection." *Scottish Journal*

of Political Economy 49, no. 1 (February): 116-27.
2007. "Complexity and Systemic Failure," in *Transition and Beyond*, edited by Saul Estrin, G. Kolodko, and M. Uvalic (London: Palgrave), pp. 229-46.
2010a. "Recent Fiscal Developments and Exit Strategies." *CES ifo Forum* 11, no. 2: 105-10.
2010b. *Russian Bears and Somali Sharks: Transition and Other Passages* (New York: Jorge Pinto Books).

Tanzi, Vito, and Ludger Schuknecht. 2000. *Public Spending in the 20th Century* (Cambridge: Cambridge University Press).

Trevelyan, G. M. 1942. *English Social History* (London: Longmans, Green).

Wuthnow, Robert, ed. 1991. *Between States and Markets: The Voluntary Sector in Comparative Perspective* (Princeton: Princeton University Press).

Zamagni, Vera, ed. 2000. *Povertá e Innovazione Istituzionale in Italia: dal Medioevo ad Oggi* (Bologna: Il Mulino).

第三部分

理论分析

政府不能解决问题，只会制造问题。

——罗纳德·威尔逊·里根

我们今天面临的问题不是政府的大小，而是有无效率。

——贝拉克·侯赛因·奥巴马

第七章　政府行为理论：政府类型

一、引言

在前几章中，我们分析了一个多世纪以来政府支出的增长问题，并讨论了不同因素的影响以及经济学家的不同观点。在本章中，我们将研究政府支出带来的影响，考察不同经济理论对于政府行为的解释。本章还将研究政府的类型，提出一些有助于评价政府行为的分类方法。我们首先介绍意大利学者的贡献，除了詹姆斯·布坎南外，还有理查德·马斯格雷夫、艾伦·皮科克等，他们对财政理论的发展起到了奠基性的作用。虽然意大利之外的学者们还没有完全认识到他们的贡献，但他们的著作在公共财政领域已具有较大影响力。詹姆斯·布坎南对此起到了重要推动作用。

在意大利，财政学作为独立于经济学之外的一个主要研究领域的时间比其他国家更长。1878年，帕维亚（Pavia）大学率先设立了公共财政学的教职，由吉乌塞佩·里卡·萨勒诺（Giuseppe Ricca Salerno）任教，其著作（Salerno，1880）是早期的公共财政教科书之一。此后，财政学不断发展，一直延续至今。不同的大学将其设立在不同的院系，比如经济学系、统计系、法律系或政治学系。19世纪中期，意大利就有了公共财政方面的完整著作（例如Bianchini，1855），因此，财政学在意大利的发展比其他国家要更早且更深入（可能德国除外[1]）。是语言限制了意大利学派的影响。现在仍有一些意大利语的学术期刊，专门研究公共财政理论，还有一个公共经济学学会（Societa' Italiana di Economia Pubblica）每年都召开年会（美国也有一个税收学会，但没有独立的公共财政或公共经济学学会）。意大利学派的贡献包含诸多方面且影响深远，本章只介绍其中一些重要的部分，特别是其对政府职能的讨论。

二、财政幻觉理论

安东尼奥·德·维蒂·德·马尔科是意大利财政学的主要奠基者之一[2]（其他还包括巴罗内、潘塔莱奥尼、马佐拉、帕累托、法西亚尼、普维亚尼和艾奥迪）。马尔科（1936）强调指出，公共财政“研究政府的生产性活动，而政府是为了满足集体需求”，“集体需求是以社会的存在为先决条件的”。他假定“社会成员一致要求公共产品应根据最低成本法则生产”，“每个人都倾向于以最小的代价换取尽可能多的公共产品消费”。以上论述概述了后来公共财政理论方面许多文献的观点。

马尔科还有一些值得关注的观点：“集体需求……产生于不同群体之间的利益冲突，这些群体构成了国内和国际的社会结构”，“政府干预是社会管理，是为了使不同群体的冲突性行为得以共存”。因此，政府充当了调解人的角色。他列出的集体需求包括：国防和国内安全、合约执行、矛盾化解、重大负外部性（比如与公共卫生有关的负外部性）的处置、对自然垄断的管制——所有这些均具有不同群体利益冲突的特征。[3]马尔科认为，政府在处理上述利益冲突时比私人和私人部门更有效率。政府干预降低了公共产品的生产成本。从某些方面看，马尔科的观点使人想起了亚当·斯密的理论，即政府的主要作用在于减少矛盾和冲突，以使商业贸易更加便利。但是，马尔科的著作并没有将亚当·斯密的著作列为参考文献。

安东尼奥·德·维蒂·德·马尔科强调，在公共财政中，政治因素总是存在的，并且影响很大。他认为，从本质上看，世界上存在两种"极端"的政治制度，即专制（absolute）政府和民选（popular）政府。在现实生活中，大多数政府介于二者之间，而官僚体系有时会在一些政府中获得专制权力。因此，他预期委托—代理问题将会逐渐引起社会的关注。他指出，来自利益集团的压力会导致非生产性支出（unproductive spending），对民选政府而言尤其如此，即当政府更偏向以民选为基础时，政府支出更有可能是浪费的。由于"税收使政府可以更加灵活地获得资金"，"当财政体系由以专制为基础转向以税收为基础（在政府更加倾向于民选政府时）时，政府支出会迅速增加"。他还预言，未来的政府将更加依赖公共服务"收费"。

马尔科的结论是：每个公民的收入可作为衡量公共服务需求的指数，因此，税收应根据收入的一定比例来征收。我们应当意识到，他在撰写上述著作时政府并没有在收入再分配过程中发挥很大的作用，公共产出主要是公共产品，每个人都会从中受

益。虽不一定完美，但收入确实可以作为衡量个人从政府支出中获益的一个指标。

一个半世纪以前，约翰·斯图亚特·穆勒曾经提出一个问题："到底是直接税还是间接税更合适？"他看到"直接税不受欢迎"，而"公众更容易接受含间接税较高的商品价格"，于是得出结论："与税收负担本身相比，英国人更讨厌缴税。"[4]他把这种对间接税的偏好称作是"公众思维缺陷"。他说："如果现在的税收都通过直接税来征收，就会引起极大的不满，社会公众会抱怨税收支出太多。"[5]他认为，间接税是政府必须要利用的坏手段（necessary evils），只有这样，才可以满足政府对收入增长的需求。间接税能够使政府获得更多收入，从而可以实现更多的支出。[6]在第二章中，我们已经介绍了收入税在19世纪的英格兰非常不受欢迎。

维尔弗雷多·帕累托关于税收和公共债务选择的分析与约翰·斯图亚特·穆勒关于直接税和间接税的论述在本质上是一致的。李嘉图等价定理指出，对完全理性人来说，一次性的政府税收与公共债务对其影响完全一样。维尔弗雷多·帕累托没有质疑李嘉图的等价定理，但他指出，纳税人不会像李嘉图那样计算，因此，政府会在考虑纳税人对税收主观感受的基础上做出借债与税收的选择。维尔弗雷多·帕累托的结论回应了约翰·斯图亚特·穆勒，即"赤字财政是欺骗社会公众的手段，使社会公众接受那些征税时不会接受的事情。例如，第一次世界大战中，如果政府不是通过贷款而是通过税收来筹集资金，那么，他们可能无法获胜"[7]（Griziotti，1994）。第一次世界大战主要是通过贷款和货币创造而不是税收来融资的。因此，公共债务和间接税更容易使公众支持政府的高支出。20世纪六七十年代，经济学家再次利用李嘉图的等价原理来挑战凯恩斯主义基于赤字财政的逆周期政策（Bailey，1962；Barro，1974）。

另一位英国学者休·多尔顿（Hugh Dalton）曾经出版了非常经典的公共财政著作，其与众不同之处在于他是英国的财政大臣。他认为，“最好的税收要最少地被感受到，即最好的税收要使纳税人感受到的负担最轻”[8]。休·多尔顿赞同政府在选择税收时引用剑桥规则，即“富人支付的税收应当比自己认为的要多，而穷人支付的税收应当比自己认为的要少”[9]。休·多尔顿实际上是在建议，对两个群体分别使用不同的财政幻觉。

这些著名学者要阐述的基本观点是：人不是计算机，不能全面地、丝毫不带感情地评价税收的成本和收益（以及其他经济政策）。这一点却经常被多数强调理性和最优税收的现代公共财政文献所忽略。行为经济学实验证实，人类生来就具有冲动和偏见，可能会偏离“理性”，按照个人所认为的理性来行动（有关这些实验的近期综述，参见Della Vigna，2009和Smith，2008）。

虽然约翰·斯图亚特·穆勒和休·多尔顿意识到个人会受财政幻觉的影响，但他们并没有将这种认识发展为成熟的公共部门行为理论。19世纪和20世纪之交的意大利学者阿米卡尔·普维亚尼（Amilcare Puviani）认为，财政幻觉与政府行为紧密联系。他发现，当存在财政幻觉时，政府可通过增加支出使其所代表的利益集团受益。

阿米卡尔·普维亚尼对主观税负理论（subjective burden

of taxation）做出了最重要的系统性贡献。虽然在很长一段时间内被人们遗忘，但在这本与众不同的著作中，他提出了财政幻觉的概念。[10]虽然在约翰·斯图亚特·穆勒、休·多尔顿、维尔弗雷多·帕累托等人的著作中已经暗含了这一概念，但他们只是认为，这个概念与纳税人对税收或借债的态度相关，并不是用来解释政府的运行方式的，而阿米卡尔·普维亚尼却将这个概念作为政府运行和政府行为实证理论的基础。对阿米卡尔·普维亚尼来说，财政幻觉是政策决策者在实现政策目标时可以并经常使用的工具，此外，财政幻觉还使政府有可能获得更多的税收并将政府支出保持在较高的水平上。有时，财政幻觉还有助于将利益集团推动的非生产性支出合理化。因此，财政幻觉使政府更加容易接受各种力量提出的增加政府支出的要求，这一点对于理解为什么政府支出会不断增加很有帮助。

阿米卡尔·普维亚尼的观点与现代政府支出理论（the modern pure theory of public expenditure）（详见第八章）[11]的假设不同，他认为政府的目标并不是要最大化政府支出的客观收益与客观成本之差。这一点，阿米卡尔·普维亚尼与其他所有假设政府是为了推动“公共利益”或“福利函数”的文献也不一致。阿米卡尔·普维亚尼认为，政府的目标在于最大化政府支出的主观（客观上讲，经常是错误的评价）收益和主观成本之差。而且，这种最大化过程不是静态的，而是动态的：政府不会（至少可能不会）在任何时候都消极地接受和利用这些主观、错误的成本收益评价；相反，政府会通过积极制造和运用财政幻觉来参与推动或加强这些错误。因此，财政幻觉既是纳税人的随机错误，也是政府诱导的系统性错误。财政幻觉成为政府的一种政策工具。这种幻觉可能与立法程序的日渐复杂有关，或者就是立法程序日渐复杂所推动的，因为立法程序变动越复杂，就越容易产生财政幻觉（详见第十四章）。

财政幻觉是“一种错误，政府利用其达到自身的目的，这种错误既涉及‘政府收入’，也涉及‘政府支出’”[12]。财政幻觉有可能发挥正面作用，也有可能起到负面作用。正面作用是“使纳税人相信一些不存在的事情”[13]，例如，使纳税人相信某项政府支出确实发挥了作用，或者对社会福利有很大贡献，但实际并非如此。负面作用是纳税人很难完全感受到某项税收或公共债务带来的实际负担。[14]通过推动或加强这些错误，政府试图巩固阿米卡尔·普维亚尼所谓的“引致推动”（contributive push），我们可简单称之为“纳税人顺从”[15]。很显然，当存在财政幻觉时，政府所达到的税收与支出的水平和结构，均与现代政府支出理论下的均衡状态不同。

政府有很多种制造和利用“财政幻觉”的方式，以下略举数例。[16]

第一，政府更加依赖于暗含在商品价格中的税收，例如休·多尔顿理论。这种形式的税收不太容易引起纳税人的关注因而也就不会给纳税人带来痛苦。例如，欧洲的增值税暗含在商品价格中，但美国州政府征收的零售税则不然。还有一种可能是，政府会更加依赖那些容易进行税负转嫁的税种——负有缴税义务的人将税收转嫁给最终纳税人。

第二，由于纳税人对长期征收的税种不敏感（“原来的税收都是好的”),政府不会频繁变动基本税法,政府会经常不动声色地做一些小的修改来迎合一部分纳税人的利益。这在美国已经成为一个严重问题,多年来,涉及收入税的法律条文变动越来越多,税收体系越来越复杂,从而增加了合规成本(Tanzi,2010)。

第三,政府会利用民意转变来降低纳税人对新税种或者额外税收的抵制。[17]

第四,税种越多,纳税人对于整体税收负担的抵抗能力就越低,因此,政府不会仅仅依赖于少数几个税种。

第五,政府会以纳税人的痛苦感受最小的方式征税(比如源头扣缴)。

第六,因为公共债务不会立即造成显性负担,政府会依赖公共债务而不是永久性的更高税率或一次性税收。

第七,政府不仅依赖赤字财政从社会公众那里借钱,还扩张基础货币,因为纳税人不会将“通胀税”看作是一种显性税收。

第八,政府增加新的税收,看似暂时,但实际上是永久性的。

第九,政府会推出一些看似成本很低的支出项目(比如,当就业水平较高时,引入失业补偿金计划;在不需要支付养老金时,引入社会保障计划)。这些项目的成本压力在较长时间之后才显现出来。

当社会公众存在财政幻觉时,一方面,他们并没有按照理性的方式行事;另一方面,以他们所获得和掌握的信息,他们的行为完全理性。因此,财政幻觉改变了公众所获知的实际情况,他们的行为与他们所了解的被财政幻觉扭曲了的社会现实是一致的。此外,财政幻觉的存在还可以被认为是政府故意制造的信息不对称。乔治·阿克洛夫（George Aklerlof）所谓的自由市场的“柠檬”问题，也存在于公共部门，只是这一次，政府成了卖方。

三、意大利学派定义的政府类型

阿米卡尔·普维亚尼的理论有助于按照实际程度的差异而非抽象概念来解释政府行为，也就是说，有助于建立政府行为实证理论。根据意大利学派关于公共财政的文献，政府可分为三种类型：[18]独裁式政府（掠夺型政府）（monopolistic or predatory state）、个人式政府（团结型政府）（individualistic or corporate state）和家长式政府（教导型政府）（paternalistic or tutorial state）。财政幻觉的重要性在三种政府中各有不同。每一类政府都可能在一些国家的特定历史时期出现过，这种分类方式也符合现代政府的情况。需要指出的是，君主制、贵族制和民主制政府的分类方法可追溯到亚里士多德（Aristotle）和尼科洛·马基雅维里（Niccolo Machiavelli）时期，这三种政府与意大利学派的分类并不存在对应关系。

独裁式政府（Monopolistic State）

这种政府最接近于阿米卡尔·普维亚尼和维尔弗雷多·帕累托关于政府运行的概念，即统治阶级或执政党控制国家机器来实现集团成员的利益最大化。[19]这种社会很少存在真正的“公共利益”，政府行为最终都是为了一部分群体利益的最大化，这部分群体控制着国家机器。这部分群体可能是少数人，也可能是多数人。政府会为那些积极支持执政党的人创造就业岗位，或者推动公共投资和公共教育以使那些支持统治者的集团或地区受益。[20]当然，当政府为大多数人谋福利时，它也就不是独裁式政府了。高压政治不一定是为统治阶级利益服务的主要工具，特别是在民主化的背景下，政府会经常采用财政幻觉手段。

在独裁式政府中，财政幻觉是统治者实现自己目标的重要工具。独裁式政府通过推动和利用财政幻觉来达到他们自己的目标，政府通过推动正面的财政幻觉，使公众夸大某项政府支出给他们带来的利益，诱导社会公众提高对政府支出的接受程度，实际上却是统治者获得更多的利益。独裁式政府通过推动反面的财政幻觉来掩盖真实的税收负担，使社会公众提高对税收或公共债务的接受程度。通过这种方式，实际税收和政府支出的水平和结构将不同于民主条件下不存在财政幻觉时的情况，政府支出将会更容易被政府控制，而税收则主要由社会公众承担。政府通过将财政预算和相关文件复杂化来达到掩盖真实受益者的目的，预算外账户、秘密支出以及纷繁复杂的法律法规等会变得越来越常见。

从世界历史来看，独裁式政府在历史上比较流行，现在也并未完全消失。随着时间的推移，独裁式政府的目标变化较少，而手段变化较多。独裁式政府现在更加依赖财政幻觉而不是高压政策。独裁式政府发现，与高压政策甚至暴力相比，财政幻觉更有利于实现其私利，因为即使是独裁式政府也想借公共利益的名义来使自己的行为合法化，而财政幻觉可以使部分社会公众接受政府的公共项目计划，政府也可以以此宣扬民粹主义。当然，独裁式政府最大化统治者利益的能力经常会受到各种法律及社会政治条件的约束，包括宪法。[21]如果不使用财政幻觉，独裁式政府执掌政权的成本会更高。

假设独裁式政府的普适性可能是阿米卡尔·普维亚尼研究的一个缺陷，而研究公共部门行为理论的规范性文献也有类似的缺陷，即隐含假设个人式政府和自愿交换理论的普适性。不难看出，阿米卡尔·普维亚尼的财政幻觉理论和公共选择学派的一些假设存在关联（Wagner，2003）。瓦格纳指出，经济学理性假设好像有消除财政幻觉的倾向，但当存在信息不对称时，个体理性，即使个体完全理性，也还是要受到财政幻觉的影响。因此，准确地说，多数政府都要依赖财政幻觉，只不过有些政府的依赖程度更高。

个人式政府（Individualistic State）

在盎格鲁—撒克逊的文献中，个人式政府都是明确或隐含的假设。在个人式政府中，个人行为可以影响政府职责，政府只是为服务个人而存在。不过，有一点尚不清楚，那就是个人式政府如何考虑胎儿以及逝者的利益。理查德·马斯格雷夫认为，“社会需求的满足必须基于单个消费者或选民的偏好”[22]。换句话说，不存在自然的集体需求，只存在那些由社会个体选择的需求。从技术角度讲，一些纯公共产品使众多个人需求连接起来比较困难，比如，国防是纯粹的公共产品，但是，不同的人可能认为其重要性是不同的（Tanzi，1972b）。公共利益是某一特定时间所有社会个体福利水平（按基数效用衡量）的加总。[23]在个人式政府中，纳税人作为一个整体，对于税收和支出的水平及结构的目标与政府一致，因此，政府不会利用财政幻觉工具。政府不仅不利用民众的财政幻觉，还会积极教育民众，以避免其对收入和支出的认识产生幻觉。在个人式政府中，所有有关税收和支出的决策都是在没有财政幻觉的情况下做出的，是在对成本与收益做出客观评价的基础上作出的。[24]个人式政府更倾向于征税，因为纳税人很容易认识到税收的负担（这种情况下，将出现许多个人所得税、销售税、和商品价格分离的消费税等税种）。预算过程将会非常透明，这样达到的均衡才会与真实、客观的社会福利最大化目标相一致。20世纪50年代以后，个人式政府在美国公共财政文献中非常流行，我们将在下一节中做详细介绍。

家长式政府（Paternalistic State）

在家长式政府中，公共利益不再像个人式政府那样是个人利益的加总，而是超过了个人利益的加总。此时的政府可能具有一种神秘的、黑格尔式（Hegelian）的观察力——能超越其认识到的社会个体的利益，而采取那些与个人式政府完全不同的政策来实现“社会”利益。家长式政府能够纠正一部分民众的短视行为以促进集体利益，因为家长式政府能够更好地理解“社会”利益。家长式政府所采取的政策包括保护环境和可持续发展等。换句话说，政府所追求的利益不同于个人式政府那种机械加总社会中每个人的个人利益所得到的公共利益——如果我们假设这种加总是可能的。[25]收入再分配在家长式政府中的重要性要高于个人式政府。

在制定政策时，家长式政府可能会纠正社会民众的“非理性”行为，如果财政幻觉有助于纠正部分民众的非理性行为，或者有助于达到政策制定者所认为的长期目标，那么，家长式政府也会制造或利用财政幻觉。但是，家长式政府坚持认为，通过财政幻觉并不是要达到统治者的个人私利，而是为了实现“社会”（“国家”、“人民”、“社团”、“民族”及其他类似的抽象概念）利益，这一点与独裁式政府存在根本区别。此外，“社会”利益并不局限于一国某一时点上所有个体利益的机械加总，还包括过去和未来的社会公众利益。

家长式政府与独裁式政府追求的目标完全不同。有时，家长式政府或许是出于好意也使用财政幻觉，不过，与个人式政府相比，家长式政府的税收和支出水平是不同的。如果家长式政府认识到社会公众的选择与社会的长期利益存在不一致，他们就会进行调整。正是由于这方面的原因，很多公共财政专家并不推崇家长式政府的概念。更糟糕的是，一些独裁者也宣称他们是以家长式政府的方式施政的。实际上，独裁式政府与家长式政府还是存在较大差异的。

家长式政府的理念也许与柏拉图《理想国》中的哲人国王的统治有相似之处，或者更民主一点，与“哈维路思想”有相似之处，一些公共选择领域的理论家（例如Buchanan, Burton and Wagner, 1978）将该思想归功于约翰·梅纳德·凯恩斯。凯恩斯认为“英国应该由精明的上层人士统治，……这些人能够说服公众和政治家们遵从他们的指示”。不过，其前提条件是，这些精明的上层人士能够推动“公共利益”，并能够摆脱政治压力和个人偏见的干扰。一个例子是，在日本经济快速发展时期，日本政府负责经济政策甚至货币政策。从某种意义上讲，一些北欧福利国家的政府与家长式政府比较接近。

在现实世界中，独裁式政府、个人式政府和家长式政府可能都不存在，但是，所有国家的政府都或多或少地具有这三种类型政府的一些特征。[26]对于一些国家来说，在某些历史时期，独裁式政府的倾向可能更明显一些，对于另外一些国家来说，家长式政府的特征可能更明显一些。由此我们可以发现，大多数政府都有可能会利用财政幻觉，甚至制造财政幻觉，只是程度上存在差别而已。

政府行为实证理论有助于以一种统一的方式来解释和定义政府行为，从而不受地域和历史条件的限制。特别是个人式政府理论并没有否定现代公共财政的规范理论，克努特·魏克塞尔（Knut Wicksell）、埃里克·林达尔（Erik Lindahl）、理查德·马斯格雷夫、保罗·萨缪尔森等人对现代公共财政的规范理论起了奠基性作用。现代公共财政理论认为，政府的作用是有益的，政府不可能故意制造财政幻觉。现代公共财政理论与个人式政府理论之间存在着密切联系，不过，前者认为后者的有效性和实用性在时间和空间上受到限制，需要重新定义。

四、理查德·马斯格雷夫定义的政府类型

理查德·马斯格雷夫在年近90岁时发表了一篇文章

（Musgrave, 1998），该文对政府的分类与意大利学派非常相似，同时也受到德国和奥地利学派的影响，还受到他本人的理论在多个国家实践经验的影响。理查德·马斯格雷夫将18世纪至今的政府分为四种类型：服务型政府、福利型政府、公社型政府（communal state）和缺陷型政府（flawed state）。

服务型政府

服务型政府与亚当·斯密及其信奉者提出的“最小但必要”的政府相类似，服务型政府的职能只是纠正市场失灵、弥补市场缺陷。政府的作用是处理纯粹公共产品、大型基础设施，以及具有重大外部性的事宜等。[27]服务型政府进行干预的主要工具是真实的政府支出，为确保较低的税收水平，政府支出必须维持最低水平。高税收不利于激励社会公众，并且会对经济产生负面影响。超过最低水平的政府支出效率低下，作用也不明显。在服务型政府中，政府在收入再分配或稳定经济方面的作用十分有限，不过，如果存在极端贫困并产生显著的负外部性时，还是应通过一定的政府支出来应对。对于“值得帮助的贫困人群”（deserving poor）的援助是合理的，但是，公平本身并不在政府支出的考虑范围之内。

福利型政府

与服务型政府不同，福利型政府主要关注收入分配问题，公平在福利型政府的政策中具有重要作用，而这不仅仅是因为贫困会产生负外部性。在福利型政府国家，社会对于什么样的收入分配政策才是公平的形成了一种观念，政府会推动旨在实现公平的收入分配政策的形成，即使这些政策可能会降低经济效率或经济增长速度也在所不惜。福利型政府关注的焦点不是“贫困”而是收入分配的“公平”，采取行动的理由也从绝对贫困变为相对贫困。基尼系数及其他衡量收入分配的指标因此而变得非常重要。这意味着，如果在政府干预之前市场就实现了较为公平的收入分配，那么，就不需要政府干预。

福利型政府的经济职能从资源配置扩展到纠正更加一般性的市场失灵，政府更加关注外部性、公平和稳定。理查德·马斯格雷夫认为，“福利型政府仍然会致力于实现个人的选择及其偏好”，因为个人会通过投票来表达自己的意愿（1998）。他认为，对公平的关注主要是个体而非统治者的倾向，个人厌恶收入分配不公，即使有些损失也会支持收入再分配；政府会考虑个体行动对社会的影响，政府行为反映了公众的意愿，如避免收入不平等以及避免环境恶化等。不同国家的社会公众，比如美国人和瑞典人，会对收入再分配具有不同的偏好，这就解释了各国政策存在差异的合理性。与服务型政府相比，福利型政府很少担心高税收和收入再分配政策可能导致的负面效应。

理查德·马斯格雷夫没有解释如何将个人偏好合并到政府的决策之中，也未说明每一个人的偏好是否被赋予了相同的权重。[28]他认为，政策制定者是在自由选举中产生的，[29]他们能够理解选民的偏好。无论如何，目前都不存在明确的经济理论来指导政府的收入再分配职能，政府的再分配职能是一项不甚明确的带有政治色彩的产物，因此，讨论其最优结果毫无意义。

公社型政府

公社型政府与意大利学派的家长式政府较为相似，当然，并不完全相同。公社型政府还没有被人们广泛接受。比如，提出个人式政府的盎格鲁—撒克逊学派和公共选择学派就不能接受公社型政府的概念。盎格鲁—撒克逊学派的经济学家总是以个人为中心，将个人置于社会之上。他们认为社会没有独立的思想或目标，只有个人才有独立的思想和目标，社会目标仅仅是某一时点上所有个体目标的总和而已。但是，理查德·马斯格雷夫认识到，在公社型政府中，“政府不再仅仅是用来克服外部性或调节收入分配使之与社会个体的偏好一致，政府与社会个体之间存在着显著差异，政府具有特殊的作用”（1998）。政府有其独立存在的理由，这种存在独立于某一时点上社会个体的存在。正如意大利学者所描述的那样，“政府是一个有机的生命体，有其存在的合理性，随着时间的推移，它始终存在于任一时点上的社会个体之上”[30]。当然，一个未解的问题是谁代表政府说话。这种思想明显受到乔治·黑格尔哲学的影响。社会，尤其是古老社会，形成的一些传统、历史、社会目标以及一些成文的和不成文的行为准则，给政府提供了指导和行为规范，也可能会约束个人行为。这些规则形成了社会学家所谓的“社会资本”，此时的政府就像一条河流，河水日夜流淌而河流依旧，河流就是政府，河水代表个人。

在公社型政府国家中，作为社会成员的个体承担的权利和义务超过了政府的法律规定，总是存在一些与传统和道德原则

相联系的非正式规范,而不仅仅是正式法规。从某种程度上来说,这是一个以非正式规范而非法规为基础的社会。当然,在该社会之外的人看来,甚至是本社会的一些成员看来,这些非正式规范并不令人满意。例如,如果不了解其社会历史,我们就很难理解印度的种姓制度,以及其他社会的传统规范。公社型政府有可能更加关注下一代和未来公民的利益,它们有可能在一些事情上做出更好的决策,比如,全球变暖以及其他需要权衡当代利益与未来利益的事情。

理查德·马斯格雷夫的论文包含了大量有关“公社型政府”的历史和哲学背景材料。给我留下的印象是,在年老时,他开始赞美和怀念“19世纪德国财政学中对公社环境的阐述”。在论文中,他非常详细地阐述了阿道夫·瓦格纳等思想家的观点。他曾发表如下评论:“私人产品与公共产品的区别很简单(因为它们的技术特征不同),但是,公社需求与私人需求的区分很复杂。”(1998)他最后总结道:“社会个体作为个人与社会成员的不同作用值得认真研究。”这表明,这两种作用的区别还没有得到人们的足够重视。他补充说:“认为社会建立在个人自利导向基础上的观点……遗漏了一部分很重要的社会环境,就是个体在社会中如何发挥作用。”[31]

我们很容易支持理查德·马斯格雷夫的理论,而且想知道为什么有关“公社需求”与“公社产品”的概念还没有得到公共财政学的重视,即使是经常讨论社会资本的社会学家,也为近代这些社会资本的减少而感到遗憾。[32]公社产品的存在不仅增加了某一时期政府和个人的责任,还增加了这些产品所有者的责

任，这些责任通常会超过正式法律和法规的范围。公社型政府建立的基础是正式的法律制度和非正式的道德准则，比如天主教教义和宗教通谕。

一些独裁政权偶尔也会利用公社型政府的概念，但这不应该成为否定它的理由，因为公社需求与公社产品确实存在，并在政府行为中发挥了重要作用。如果不接受公社需求与公社型政府的概念，我们就很难理解政府为什么要投入大量资金建造国家纪念碑、博物馆，保护文化遗产，[33]组织大型游行，资助民族（地区、公社）文化活动以及其他各种促进“国家利益”的活动。国家纪念碑既不属于私人产品也不属于公共产品，它们自成一类，属于“公社产品”。当然公社产品不止这些。

缺陷型政府

缺陷型政府与意大利学派的垄断式政府非常类似，但也不完全相同。缺陷型政府经常表现为“公共部门失灵”。财政幻觉和高压政治是缺陷型政府的两种常见工具。在缺陷型政府中，很少部分的特权阶层取代了精英分子。用理查德·马斯格雷夫的话说就是，“部门斗争”取代了“阶级斗争”。在缺陷型政府中，委托—代理问题变得非常严重，甚至腐败横行。缺陷型政府与垄断式政府的差别在于，垄断式政府能够有效实现统治者利益最大化，但没有人能够完全控制缺陷型政府的行为。借用现在的经济学术语，缺陷型政府应被称为失灵的政府。

参考文献

Arrow, Kenneth J. 1951. *Social Choice and Individual Values* (New York: John Wiley & Sons; rev. ed., New Haven: Yale University Press, 1963).

Bailey, M. J. 1962. *National Income and the Price Level* (New York: McGraw-Hill).

Barro, Robert. 1974. "Are Government Bonds Net Wealth?" *Journal of Political Economy* 82, no. 6: 1095-1117.

Bianchini, Lodovico. 1855. *Principi della Scienza del Ben Vivere Sociale e della Economia Pubblica e degli Stati* (Naples: Dalla Stamperia Reale).

Bowsky, William M. 1969. "Direct Taxation in a Medieval Commune: The Dazio in Siena," in *Economy, Society and Government in Medieval Italy: Essays in Memory of Robert L. Reynolds*, edited by David Herliky, Robert S. Lopez, and Vsevolod Slessarev (Kent, Ohio: Kent State University Press), pp. 204-21.

Buchanan, James M. 1960. "La Scienza delle Finanze: the Italian Tradition in Fiscal Theory," in *Fiscal Theory and Political Economy, Selected Essays* (Chapel Hill: University of North Carolina Press), pp. 24-74.

1967. *Public Finance in Democratic Process* (Chapel Hill: University of North Carolina Press).

Buchanan James, David Burton and Richard Wagner. 1978. The consequences of Mr. Keynes (London: Institute for Economic Affairs).

Dalton, Hugh. 1967. *Principles of Public Finance* (New York: Augustus M. Kelley).

Della Vigna, Stefano. 2009. "Psychology and Economics: Evidence from the Field." *Journal of Economic Literature* 47, no. 2(June): 315-72.

De Viti de Marco. 1888. *Il Carattere Teorico dell'Economia Finanziaria* (Rome: Pasqualucci).

1936. *First Principles of Public Finance* (London: Jonathan Cape).

Fasiani, Mauro. 1951. *Principi di Scienza delle Finanze,* vols. 1 and 2 (Turin: G. Giappichelli).

Fausto, Domenicantonio, and Valeria De Bonis, eds. 2003. *The Theory of Public Finance in Italy from the Origins to the 1940s* (Pisa: Istituti Editoriali e Poligrafici Internazionali).

Griziotti, Benvenuto. 1944. "Fatti e Teorie delle Finanze in Vilfredo Pareto." *Rivista di Scienza delle Finanze,* 136-40.

Mosca, Gaetano. 1884. *Teoria dei Governi e Governo Parlamentare* (Turin: Loescher).

1966. *La Classe Politica*, a cura di N. Bobbio (Bari: Laterza).

1993. *Storia delle Dottrine Politiche* (Bari: Laterza, 1933).

Mill, John Stuart. 2004. *Principles of Political Economy* (Amherst, N.Y.: Prometheus Books).

Mueller, Dennis C. 1979. *Public Choice* (Cambridge: Cambridge University Press).

Musgrave, Richard A. 1959. *The Theory of Public Finance* (New York: McGraw-Hill).

1998. "The Role of the State in the Fiscal Theory," in *Public Finance in a Changing World*, edited by Peter Birch Sorensen (London: Macmillan Press LTD): 35-50.

Pareto, Vilfredo. 1951. *I Sistemi Socialisti* (1902; Turin: UTET).

1923. *Trattato di Sociologia Generale*, vol. 3, 2nd ed. (Florence: Barbera).

Parravicini, Giannino. 1970. *Scienza delle Finanze: Principi* (Milan: Dolt. A. Giuffre Editure).

Peacock, Alan. 1992. *Public Choice Analysis in Historical Perspective Raffaele Mattioli Lectures* (Cambridge: Cambridge University Press).

Putnam, Robert D. 2000. *Bowling Alone* (New York: Simon and Schuster).

Puviani, Amilcare. 1973. *Teoria dell' Illusione Finanziaria* (1903; Milan: ISEDI).

Ricca Salerno, Giuseppe. 1890. *Scienza delle Finanze*, 2nd ed. (Florence: G. Barbera Editore).

Sen, Amartya. 1999. "The Possibility of Social Choice." *American Economic Review*, 89, no. 3 (June): 349-78.

Smith, Vernon L. 2008. *Rationality in Economics* (New York: Cambridge University Press).

Tanzi, Vito. 1972a. "Taxpayer Preferences and the Future Structure of State

and Local Taxation," in *Issues in Urban Public Finance,* New York Congress, edited by International Institute of Public Finance (Saarbrücken, 1973), pp. 459-66.

1972b. "Exclusion, Pure Public Goods, and Pareto Optimality." *Public Finance* 27, no. 1: 75-78.

1974. "Redistributing Income through the Budget in Latin America." Banca Nazionale del Lavoro, *Quarterly Review*, no. 108, pp. 65-87. (March).

Thomas, William. 1549 [1963]. *The History of Italy,* edited by George B. Parks (Ithaca, N.Y.: Cornell University Press for The Folger Shakespeare Library).

Wagner, R. E. 1976. "Revenue Structure, Fiscal Illusion and Budgetary Choice." *Public Choice* 25 (Spring): 45-61.

2003. "Public Choice and the Diffusion of Classic Italian Public Finance," in *The Theory of Public Finance in Italy from the Origins to the 1940s*, edited by Domeni-cantonio Fausto and Valeria De Bonis (Pisa-Roma: Istituti Editoriali Poligrafici Internazionali), pp. 271-82.

Weil, Henri. 1950. *Hegel et l'État* (Paris: Librairie Philosophique J. Vrin).

第八章　自愿交换理论与公共选择理论

一、引言

在本书的第二部分中，我们研究了从19世纪到20世纪政府职能的演变。过去，政府"曾经被描写为黑手党（Mafia），经过漫长的演变……，现代社会的政府关注社会经济发展，成为'代议制政府'"（North，1989）。[1]随着时间的推移，收入再分配（自上而下或同一阶层之间，取决于风险与收益的分配）也成为政府的目标，也就是说，收入公平与经济发展均成为政府的目标。

有关政府职能的政治论述可以追溯到亚里士多德、柏拉图、苏格拉底（Socrates）、尼科洛·马基雅维里以及欧洲启蒙运动和美国建国时期的许多哲学家。在前面的章节中，我们曾经提到过一些著名的经济学家，特别是亚当·斯密、卡尔·马克思和约翰·梅纳德·凯恩斯，他们对19世纪和20世纪政府职能的演变起到了重要的推动作用，这些经济学家直接或间接地影响了政府对自身经济作用和责任的看法。亚当·斯密最关心如何进行资源配置以促进商业活动；卡尔·马克思更关注收入再分配（特别是财富分配）；约翰·梅纳德·凯恩斯则侧重研究宏观经济稳定。当然，如果这些经济学家知道他们的思想是如何被其信徒们解释、改造、歪曲和滥用的，他们一定会感到诧异，甚至震惊。

尽管与亚当·斯密本人无关，但他已成为“资本主义的传道者”和“保守派的傀儡”，亚当·斯密的信徒将其思想扩展到市场运作，远远超过他能接受的程度（Buchan，2006）。[2]阿马蒂亚·森（Amartya Sen）指出，亚当·斯密从来没有使用过“资本主义”一词，“他从来没有说过市场机制完美无缺”。相反，他是“政府在提供教育和扶贫等方面应发挥作用的拥护者”，他也“非常关心不平等和贫困问题”（Sen，2009）。当然，阿马蒂亚·森也是以他自己的理解来解释亚当·斯密的思想的。

卡尔·马克思“如果知道后来那些借用自己名义犯罪的活动，也会胆战心惊”（Wheen，1992）。凯恩斯其实只是“一个勉强的凯恩斯主义者”，当年他的主要目标是在“大萧条”时期将资本主义从社会主义的威胁中拯救出来。政府支出和税收增长经常被归结为凯恩斯主义，但是，在写给澳大利亚经济学家科林·克拉克的一封信中，凯恩斯明确支持克拉克关于税收在国民收入中的比重不应超过25%的观点。后来，克拉克的这一观点在一篇发表于1945年的论文（Clark，1964）中得到了阐述。如果知道了20世纪90年代许多国家的实际税负水平（详见表1.3），[3]凯恩斯必定会感到非常震惊。阿马蒂亚·森认为，凯恩斯“比较忽视社会服务”，而且“也不太注重分析财富和社会福利分配的不平等问题”（Sen，2009）。如前所述，凯恩斯还认为，经济政策应该由精英集团来制定。

19世纪90年代后期，政府的职能变化较小。20世纪50年代末和60年代初是一个转折期,此间,许多国家的政府职能快速变化。20世纪50年代,工业革命后出现的各种政治精英集团已发展壮大。来自这些精英集团的压力促使政府反思其在经济中应当发挥怎样的作用。这一时期,最小政府——用理查德·马斯格雷夫的话说是“服务型政府”——只能代表过去的政府,这些政府在某些国家可能真的具有黑手党特征。从20世纪50年代开始,政府职能发生了转折性变化,即政府开始关注“公共产品”或“公共利益”。[4]

二、自愿交换理论

在非战争时期,政府增加新的职能必然需要比以前更高的支出和税收,政府在资源配置,尤其是国民收入分配中的作用也因此而更加重要,那么,谁来为更高的政府支出埋单?哪些人能从这些越来越像收入再分配的政府支出中获益?政府如何才能高效且公平地履行自己的职责?是否存在一些经济原则来确保更高的政府支出是有效的和最优的?选民能对资源配置和政府支出产生什么影响?政策制定者对政府支出又能产生什么影响?他们是按照选民的意愿还是按照自己的想法做出决定?与社会公众经常讨论具体的政府项目不同,经济学家是从政府职能的角度来分析上述问题的。

以前,一些经济学家,比如瑞典的克努特·魏克塞尔和埃里克·林达尔、奥地利的萨克斯(Sax)以及意大利学派的一些学者(比如马佐拉、潘塔莱奥尼、马尔科)也研究过类似的问题。

但是，由于当时政府干预较少且有更多的即时支出需求（例如战争需求，战后政府债务，为应用新技术而建设必要的基础设施，必要的政府管理等），有关政府职能的问题并没有像20世纪50年代那样重要。

1950年前后，通常被认为是公共财政和公共经济学快速发展的时期。除了一些重要的经济学家（比如加尔布雷思和弗里德曼）继续为普通大众写作之外，大多数经济学家的论文开始变得深奥起来，只有同行才能看懂。同时，经济论文变得越来越技术化和数学化。数学成为经济学家的写作语言。这些经济学家认同保罗·萨缪尔森关于“数学是一门语言”的观点。詹姆斯·布坎南（1983）认为，“经济理论……已经成为一门应用数学学科”[5]。保罗·克鲁格曼（Paul Krugman）（1991）认为，“经济学……应该遵循最少数学障碍的原则”。在强调宏观经济变量重要性的凯恩斯框架以及更加准确的国民账户统计的基础上，很多计量经济模型被建立起来，同时，许多重要的分析工具被开发出来，试图抽象掉政策决策过程中的政治因素。许多经济文献专门讨论了政策工具问题，比如预算工具，以期帮助政府制定更好的公共支出政策。[6]在这段时期内，主流公共财政学的研究重点由过去的预算收入转为政府支出。

公共项目开始运用“成本收益分析”，这个概念最早由法国工程师朱尔斯·杜普特（Jules Dupuit）于1844年提出（Dupuit，1952）。1958年，奥托·埃克斯坦（Otto Eckstein）则在其博士论文中提出了现代版的成本收益分析，[7]后来他成为哈佛大学的著名教授，并建立了一家咨询公司，专门设计复杂的计

量经济模型。成本收益分析的概念经简单修改转换成社会成本收益分析，被广泛运用到失业、贫困等“非效率目标”上。在这个“新衣”下，分析对象的政治性较强，失业和贫困除产生经济方面的成本和收益外，还会带来社会方面的成本和收益。从社会成本角度看，在失业率较高的某一时期（地方）雇用一个人的成本要低于在失业率较低的时期（地方）雇用一个人的成本；给穷人一元钱的效用要比给富人大。当考虑这些“社会”因素时，很多政府支出可能是合理的。成本收益分析也成为预算技术的一部分（“预算新外衣”），包括计划项目预算体制、零基预算和绩效预算，这些预算技术用来约束政府的支出决策（参见McKean，1968；Merewitz and Sosnick，1971）。然而，正如艾伦·皮科克所言，“对‘市场失灵’的经济学分析如何引导了供给为自己创造需求的思想，是一个非常有意思的问题”（1992）。供给会创造自身的需求是萨伊定律在经济理论中运用的一个实例，该定律是以19世纪法国“自由主义”经济学家让·巴蒂斯特·萨伊（Jean Baptiste Say）的名字命名的。

对“市场失灵”的经济学分析使政府雇用了大量经济学家。1993年，与道格拉斯·诺思（Douglass North）一起获得诺贝尔经济学奖的罗伯特·福格尔（Robert Fogel）在《第四次大觉醒和平等主义的未来》（2000）一书中指出，在美国“大萧条出现之前，华盛顿对于经济学家的需求很小”“1932年是政府对经济学家需求的转折点”“到1938年，即罗斯福总统第二届任期的中期，政府雇用的经济学家增加到5,000人；2000年，这个数字超过20,000人”“大多数经济学家都接受了现代思想并信奉

平等主义，他们总是寻求对日常行为准则的指引”。

经济学家讨论政府本质时，经常要思考如下问题：政府是某一时期国内社会公众的代表还是其他什么组织？政府决策是反映社会公众的意愿还是超越了这些意愿？如果政府决策反映了社会公众意愿，那么，政府是如何将社会公众的不同意愿加总在一起的？通过前面的分析可知，欧洲尤其是德国的经济学家对于这些问题已经做过一些探讨。正如1989年约瑟夫·斯蒂格利茨在《政府的经济职能》一书中所强调的那样，与俱乐部和其他私人协会不同，政府主要有两个特征：一是成员关系对本国国民自动生效，从一开始国民就是无法选择的。[8]二是政府垄断国家权力，通过法律和制度规范国民行为，通过罚款或坐牢等方式惩罚那些不遵守法律法规的人，并且必须通过复杂的程序才能审查法律法规的合理性。政府还要求国民交税、守法、入伍、战斗甚至牺牲等。同时，政府也会给国民提供保护和一些免费或很高补贴的社会福利和公共服务。[9]所以，成为一国国民具有明显的成本和收益。与安东尼奥·德·维蒂·德·马尔科的想法不同，这些成本和收益并不是平均分配的，也不是完全与收入成比例的，政府还有政治高压手段。埃德温·罗伯特·塞利格曼（Edwin R. Seligman）和毛罗·法西亚尼（Mauro Fasiani）的早期研究也发现了约瑟夫·斯蒂格利茨描述的这两个特征。毛罗·法西亚尼还指出了政府的第三个特征，即政府永远存在，俱乐部和私人协会可能仅在一段时间内存在，并且只有政府才能同时具备以上三个特征。

即使在民主社会，政府与公众之间也存在隐含（强迫）的交

换，这是政府与公众之间的社会契约的一部分，是按简单多数原则而不是全体一致同意原则决定的。所有公民缴纳的税收可以视为他们所得到的所有公共服务的“价格”。从表面看，这个过程类似于个人在市场上购买商品，不同的是，个人的市场购买行为是完全自愿的，是真实的自愿交换，而公共产品和公共服务的支付行为并不是每一个纳税人的自由决策。对公民个人来说，与政府的交换在某种意义上是被迫的，在政府税收很高并且公共服务主要让一部分人受益而不是所有国民受益时，这个问题显得尤为突出。这种情况下，对国民全体正确的事情并不一定对每一个国民都正确，除非每位国民都具有大无畏的奉献精神，或者受益人是其家人。即使对整个社会而言这种交换是自愿的，但由于是根据简单多数原则投票决定的，因此这种交换对于少数人来说仍是非自愿的。

将税收视为一种价格的思想在德国财政学和意大利财政学的早期文献中已较常见。[10]在很长一段时间内，盎格鲁—撒克逊的文献都认为，政府行为很少能产生国民自愿付费的实际价值，因此，政府越小越好。意大利学派认为，根本问题是公共服务的价格太高了，因为统治阶级滥用权力会导致不合理的税收和税收的不合理使用。[11]盎格鲁—撒克逊的文献并没有讨论统治者的剥削问题，而是隐含地指出政府支出天生无用。

在自由市场中，每个人都可以根据自身能力购买一定数量和质量的自己喜欢的产品。如果交易双方拥有完备信息，每一笔交易都可以看作是“福利改善”，因为购买一种商品意味着得到的商品比所付出的钱或商品的价值更大（假定信息完备且对称);如果出售一种商品,道理也一样。市场决定交易价格,并且自动达到均衡,如果市场运行良好,自由交易的结果就是帕累托最优,即没有人能在不损害其他人利益的情况下增加自身利益。资源被配置到符合人们意愿的商品和服务上,而价格指引着这种配置,但是,上述结论在政府部门通常不能成立。[12]

与普通商品一样,公共产品的生产也需要成本,但却不能按照市场价格出售,人们没有买或不买的自由,也没有选择数量和质量的自由。公共产品一旦被生产出来,无论数量和质量如何,都会免费或以高额补贴的价格提供给公众。无论公众是否交钱,他们都必须接受公共产品,因此,公共产品的"搭便车"行为盛行。对于纯公共产品来说,即使没付钱的人能够被排除(实际上不可能),这样做的效率也很低,因为公共产品被提供之后,可以在不增加成本的条件下增加更多的受益人,而且受益人的增加不会降低其他受益人的利益。

在政府和国民真实的自由交换制度下,个人通常不为公共产品付费而成为"搭便车者",也不会故意少报从公共产品消费中得到的好处以降低应缴的税款。对纯公共产品,政府实际上不可能强迫国民"披露他们真实的偏好",因为是非竞争品,没有排他性,所以,生产什么、生产多少,以及公众应如何为政府支出付费就变成了政治决策。如果个人参与公共项目,就不可避免地受到"强迫"。这种情况下,不存在自愿交换,意大利学派一直强调这一点。另外,如前所述,如果政府能够制造财政幻觉,并且还能从中得到好处,那么,即使公众知道公共项目对自己的真实价值并投票支持,政府也不一定会接受。财政幻觉能够在政府与国民的认知上制造不对称。

瑞典学派和奥地利学派认为，在民主社会，民众与政府之间的交换可以达到某种“自愿”，他们在该领域的早期论述为20世纪50年代的研究奠定了基础。这种观点在民主社会或多或少还是成立的，代议制政府（存在于许多国家）可以模仿，或找到一种具有“自愿交换”特征的替代交换方式，以达到帕累托效率，或者说实现政府的最优运作。该思想曾经引起了一些顶级经济学家的注意，例如，理查德·马斯格雷夫20世纪30年代的博士论文讨论的就是关于这方面的问题，保罗·萨缪尔森（1954，1955）的著作也是引用率最高的文献，还有肯尼思·阿罗（Kenneth Arrow）（1951）。这些作者都遵循了几十年前克努特·魏克塞尔和埃里克·林达尔的思想传统，他们的目标是找出“自由交换”的技术性条件，以实现私人部门和政府资源的最优配置（帕累托最优），以及“社会福利函数”的最大化，从而达到“优中之优”（optimum optimorum）。[13]这是一种经济天堂的想法。政府这只“看得见的手”真的能与市场这只“看不见的手”相媲美吗？这个问题困扰了20世纪50年代的许多顶级经济学家。

要达到最优，需要有一个无所不知的“哲学王”或“社会计划者”，由他发挥“仁慈独裁者”的作用（按照帕累托最优行事）。“社会计划者”必须具备非常完备的知识，完全客观和诚实，能够准确地权衡公民的偏好以做出必要的调整，并计算出每个人应交税的数量、税种以及公共产品的数量。只有“公共利益”才能影响“仁慈独裁者”的决策，因为只有他才能识别公共利益,并知道实现公共利益最大化的条件。很多经济学论文都在讨论这个问题,然而,就像中世纪关于“针尖上能站多少个天使”的学术讨论一样,这些理论并没有实际应用价值,无法解决那些注定无解的问题。因此,尽管这些理论受到了许多经济学家的推崇,但是,对于现实世界中政府职能的变化没有任何影响。政府职能一直受到政治因素和利益集团的影响,政府提供越来越多的公共产品和公共服务,很多并不是纯公共产品。经济学理论并不认可政府干预经济,是外部性和相对贫困的存在为政府干预提供了理由,对平等和稳定的关注则使政府干预经济变得更加理直气壮。

上述理论并没有对未来政府支出的增长产生很大影响,本书不详细讨论其理论根源及具体原因。有兴趣的读者可以阅读丹尼斯·米勒(Dennis Mueller)(1979及更新版本)、理查德·科恩斯(Richard Cornes)和托德·桑德勒(Todd Sandler)(1986)。以下仅列举一些比较有影响的评论(并未按重要性排序)。

第一,一国国民的成员关系一旦成立,所有人都必须承担政府规定的义务。但在现实中,一些人有许多方法逃脱义务,例如,逃税以及经常违反税法规定,[14]地下经济活动,[15]无视规章制度,等等。有些人,特别是高素质和高收入的人可以移民到其他国家,以逃避高税收和其他义务,包括战时的服兵役义务。[16]有些人可能还可以组成游说集团,以影响政府决策,并从中为自己牟取私利。有些人在政府部门整天无所事事,却享受官员待遇和终身工作。有些政府官员权力腐败。有些人申领本不具备资格的福利，例如残疾补贴（这在许多国家都司空见惯）。有些人只有一点点残疾甚至没有残疾，也申请残疾补贴。多年来，关于残疾的定义不断变化，使很多本来没有资格的人领取了残疾福利。同样的问题也存在于失业补贴，很多人从事地下经济工作，但却宣称自己还没找到工作，以领取政府的失业补贴。当这些现实活动变得越来越重要（实际上已经存在于许多国家）时，忽视现实生活种种可能性的理论就难以再为现实世界中的政府职能提供有益指导。像一些“模型”那样，将理论建立在虚构的基础上是没有用的，规范性理论的作用依赖于现实与理论的吻合程度。换言之，理论必须适应现实情况，别无选择。

第二，“仁慈的独裁者”仅知道选民的序数偏好是不够的，他还要知道每个人的偏好的权重才能按适当的方式将其加总。阿罗曾指出，“社会选择……是个人偏好的加总”（1951）。但是，由于是对序数偏好排序，会有一些偏好很强，一些偏好很弱，就存在“效用度量问题”和“人与人之间比较的问题”（Sen，1999）。在经济学中，人际比较非常困难，甚至不可能。阿罗“不可能定理”指出，“偏好合并”的问题是无法解决的，因此，经济政策依赖于选举结果，而很少存在一致同意的决定。

第三，选民表达的偏好只反映了投票人的意愿。事实上，很多人并不投票，尤其是在美国。另外，投票人可能对相关事宜只知道部分信息。基于这些偏好的决策并没有反映“社会”的长期利益。没有投票权的孩子和青年人的利益可能没有得到足够的重视，那些没有投票权的群体与声称维护他们利益的人之间可能存在着委托—代理问题。一些团体，比如老年人，可能会投票支持一些高补贴的政策，比如，政府通过发债来提高退休金，从而将债务负担转嫁给年轻一代。行为经济学证明，一些人的行为是短视的、不理性的，还有一些人的行为受到财政幻觉的影响。即使我们认同应基于投票结果做出决策，上述缺陷也会导致如何定义偏好等其他问题。最终的结果可能是，过度的政府债务，向下一代转嫁过多的负债，过度利用自然环境，等等。当前公共经济学中几大难点都涉及代际经济问题或环境可持续问题。[17]

第四，1991年诺贝尔经济学奖获得者罗纳德·哈里·科斯的一个重要贡献是，他含蓄地指出了自由交换理论没有明确其对法律体系的假设。这导致了如下问题：法律体系是否不依时间而变动？一些基本规则（比如财产权和合约的神圣性）会不会改变？法律体系能否改变个人与财产之间现存的关系？[18]法律体系在实现"优中之优"的过程中能发挥怎样的作用？分区法经常改变财产的使用及价值，税率和环境管理条例的改变也一样。英国的"圈地运动"允许那些对大片土地拥有权利的人限制他人放牧，这成为中世纪经济（畜牧经济）结束的一个重要原因，它从根本上改变了当时的财产权。14世纪，威尼斯引入专利系统，创造了知识产权的概念，允许一些人独享其智力成果的经济效益。在中国，从1978年开始的经济改革尤其是农村改革，有力地推动了经济增长。以上事例都反映了财产权变革对经济活动的重要影响。近年来，"时间一致性"问题引起了经济学家的关注，这在法律变革中也非常重要。如果关于财产权的法律存在缺陷，那么，"仁慈的独裁者"会受这些规则的约束吗？如何解决法律改革中的时间一致性问题呢？

这些讨论最初是由道格拉·诺思（1989）在评论约瑟夫·斯蒂格利茨的《政府的经济职能》一书时提出的。诺思指出，“经济学家认可的有效配置标准”与“经济学的适应性效率”不同，前者看起来对自由交换很重要；后者则是从政治经济制度中获得的，既与社会对知识和学问的宽容有关，也与社会对创新和各种创造性活动的激励有关。[19]这些规则不仅要奖励成功，还要惩处那些“效率低下”的经济活动。[20]这些规则通过改变财产权改变了圈地运动之前的经济状态。效率低下的经济活动可能是相关法律的产物，比如财富分配和遗产继承等法律规定，是受法律保护的。这些都是政策制定者所要面临的压力，而这种压力来自那些要维护现有工作或无效体制的人。[21]

在民主政治的环境下，对财产权的保护一定会引起对这些权利历史合法性的讨论。在现实世界中，特别是在公民权获得了普遍尊重的地方，这个问题不会被忽视。如前面所述，倡导普遍的公民权利使一些经济学家感到担忧，他们担心在新的政治环境中财产权受到挑战，而这会带来一系列问题。例如：根据什么规则来获得财产？财产是合法获得的吗？保护财产权可以不考虑财产获得的途径吗？应该追溯多长时间以确定其合法性？当收入和财富分配成为政策目标时，这些问题就不可避免。不考虑其历史合法性，只关注现有财产的权利保护及其所产生的收入分配路径依赖，将不能被民主社会接受，因为这将导致无论财富如何获得，富人的后代将继续富有，穷人的后代则继续贫穷，进而富人后代的机会比穷人后代更多。当然，在财产为合法取得的情形下，上述收入分配机制更容易为大部分人接受。或许这也是一些保守经济学家（比如詹姆斯·布坎南）反对累进所得税、偏好遗产税和支持扩大教育支出的重要原因之一。他们认为，这样做是创造机会平等的必要条件（Buchanan and Musgrave，1999）。

这也将引发另外一个重要问题，即政府的三项职能——资源配置、收入再分配和经济稳定是否有必要分开，以便从理论上将每一项职能分配给一个部门负责，并建立适当的防火墙——正如理查德·马斯格雷夫所构想的那样。由于改变财富（收入）的分配通常会影响效率，[22]为了推动经济增长，尤其是长期经济增长，在一些情况下，政府愿意改变财富分配，[23]即将财富从那些使用效率低下的人手中转移到使用效率更高的人手中，以提高财富收益。

那么，政府何时有权干预合约呢？这个问题在2009年极为重要，当时政府试图阻止金融机构向高管和员工发放高额奖金。约瑟夫·斯蒂格利茨注意到了这个问题，他写道，“我们现在意识到效率与分配并不能完全分离”，因为不公平的收入分配和收入再分配所使用的工具（例如很高的边际税率）会影响激励机制，进而扭曲经济效率。即使在民主政府中，收入分配不公平也可能导致经济扭曲，除前述原因之外，还因为这种政策会增加民粹主义压力，例如保护主义等（Tanzi，2007）。

最后，如果每个人对公共产品的基本偏好可以识别，就可以要求他们按照实际获益的标准来支付“税收价格”。[24]这种税收是个性化的、一次性的（ad personam and lump-sum）税收，而非累计税或单一税。然而，个体差异化的一次性税收在现实生活中并不存在，我们很容易想到，税收部门将面临计算和征收这些税收的困难，另外，理论上的最优未必考虑了这些税收的潜在收入效应。[25]

总之，政府支出的自由选择理论，看起来就像“皇帝的新装”一样。尽管如此，还是有很多著名的经济学家推崇这一理论，比如保罗·萨缪尔森。不过，他的贡献也只能说明这个理论还远没有成功。萨缪尔森认为，“只要具备充分的知识，就可以通过考察世界上所有可行的政府，来选择一个以事先假设的道德福利函数为判断标准的最好的政府。这个解是存在的，问题是如何才能找得到”（Samuelson，1954）。一个还没有被“找到”的解如何能指引现实世界的政策制定呢？

2007年，三位具有很强数学背景的经济学家同时获得了诺贝尔经济学奖，他们是利奥尼德·赫维茨（Leonid Hurwicz）、埃里克·马斯金（Eric S. Maskin）和罗杰·梅尔森（Roger B. Myerson），获奖理由是提出了实现社会产品的“机制设计”（Maskin，2007），即在既定的社会目标下，应通过什么样的机制来实现这个目标？公共财政的规范理论研究了如何确定社会目标，以及实现这些目标的机制。尽管理论解答很完美，不幸的是，达到最优目标的这些机制在现实世界中并不存在。

有一位经济学家批评传统的分析方法，并在“社会选择”可能性方面做了许多思考，他就是阿马蒂亚·森（1999）。阿马蒂亚·森是一位著作等身的学者，他承认，“考虑到不同的个体偏好、关注点及困难的多样性”，要在“社会福利”和“公共利益”等方面做出令人完全信服的“综合判断”，也许确实不可能。但他相信，对于一些特别重要的问题，社会能够形成大致准确的偏好，这样的偏好并不是基于政治选举才形成的，也不依赖于政治体系。这是一种粗略的次优方法，这些偏好忽略了人们“精神状态”的存在。而当“收入分配占主导、人们只关心自己而不是其他人的利益最大化”时，“精神状态”就显得非常重要。且不论其他困难，只要存在嫉妒心理，在评价政策效果时，帕累托最优的标准就会失效。

阿马蒂亚·森建议，不应该比较效用或“精神状态”，而是要找出一些能够衡量人们幸福的指标，例如，一些讨论“基本需求”的文献所提出的指标，或者是联合国开发计划署发布的“人类发展指数”。他认为，比较这些指标与运用效用函数进行比较所得出的结论不同；当然，尽管效用函数存在缺陷，但对于政策评价来说，还是有一定作用的。阿马蒂亚·森的结论是，政府应该致力于满足大多数人的“基本需求”。他相信，仅考虑“基本需求”时，并不需要那种决定“公共利益”的功利方法。于是，问题就转化为，如何定义“基本需求”？谁来决定人们的“基本需求”在多大程度上得到满足？“基本需求”如何随一国人均国民收入的变化而变化？[26]这些都是非常基本的问题，同时也是很难回答的问题。

三、公共选择学派

另一种分析政府经济职能的方法源自“公共选择学派”，1962年，詹姆斯·布坎南和戈登·图洛克的《计算共识》一书为该学派奠定了理论基础。[27]《计算共识》假设,“人类个体是主要的哲学实体”。它“拒绝任何对集体活动的系统解释”,这与德国财政学派的基本假设是不一致的。德国财政学派认为,政府反映了一般情况下的“社会”整体的意愿,而不是具体时间内的社会个体的愿望。詹姆斯·布坎南和戈登·图洛克则认为,生活在同一时期、同一国家的每一个体并不存在“共同意志”、“社会意愿”或“公共利益”,唯一存在的利益是“参与社会选择的个体所具有的不同利益”。这意味着,政府代表的是一群具有独立目标和独立利益的不同个体,而不是具有共同目标的社会整体。[28]

个体的“社会”利益可通过一些方式来推动,例如,建立类似市场机制的安排,个人自由参与,政治分权,减少政府职能,等等。这些方式有助于降低或最小化政府权力,提高或最大化个人的独立性。应当制定有利于推动个体之间自由交换的法律法规,“为改善政治生活,必须改进这些法律法规……这种改进并不是要选择所谓优秀的政治代理人来实现所谓的‘公共利益’”(Buchanan,1983)。在这种体制中,没有“哲学王”一类的人物。政治家不是圣人,他们逃脱不了自身偏见或选民的影响,因此,他们总是在保护既得利益或追求特殊利益,这可能并不符合“公共利益”(即使存在,也很难定义)。期待政治家按照“公共利益”行事是非常幼稚的想法,这还涉及精英集团的问题,这些在意大利学派的文献中,尤其是维尔弗雷多·帕累托和盖伊塔诺·莫斯卡(Gaetano Mosca)的著作中有较为详细的阐述。因此,最好的方法是限制政治家的权力,以阻止品行不良的政客给社会造成伤害。正如詹姆斯·布坎南在与理查德·马斯格雷夫的著名辩论中所指出的那样，“他（理查德·马斯格雷夫）相信政治人物，我们（公共选择学派经济学家）不信任政治家”（Buchanan and Musgrave，1999）。

由此看来，建立阻止政治家追逐既得利益并推动个体之间自由交换的法律，远比选择好的政治家执政更有效率。政治家最关心的是他们自己及其所代表的利益集团的利益，而不是更广泛的社会利益。政治家的行为应该受到法律约束，特别是宪法的约束。这些法律不应局限于“选举约束”，还应当包括很多方面，这样公众就可以“抛弃政治无赖（行为不端的政客）”（Buchanan and Musgrave，1999）。宪法必须要约束政府的经济权力，确保当选的政治家根据既定的法律程序行使其政治权力；“限制集体行动”，从而约束“集体行动的结果”。宪法还必须明确个体的权利。詹姆斯·布坎南一直是瑞士宪法的推崇者，因为该宪法对政府的权力进行了严格限制，尤其是限制了政府的税收立法权。

也许，在阐述詹姆斯·布坎南倡导的宪法权力时，还要说明雅各布·伯克哈特（Jacob Burckhardt）的相反观点。雅各布·伯克哈特是意大利文艺复兴时期的著名学者。在提到但丁抱怨佛罗伦萨“总是在修改宪法，就像病人一直变换姿势以减轻痛苦”的故事时，雅各布·伯克哈特（1944）评论道：“宪法设计师绝对没有为追求社会永久有序和使公众满意而要求政治权力分离并精心设计权力分配方案，也没有要求以最复杂的间接选举形式进行选举，更没有要求建立那些名不副实的办公室。”

这种观点在欧洲非常盛行，在其他地区（比如拉美）也很有市场，这些地方的宪法经常改变，这些地方的国民追求完美的宪法就如同追求社会福利函数一样，然而，正如詹姆斯·布坎南所指出的那样，“美国人具有宪法应该约束政治家的意识，……而欧洲人却没有这个传统”。詹姆斯·布坎南是宪法重要性的真正信奉者（参见Buchanan，1999；有关宪法在经济中的作用的近期研究，可参见Persson and Tabellini，2003）。

1963年，詹姆斯·布坎南和戈登·图洛克创立了公共选择学派，现在该学派已经发展成为一个重要的经济学学科，培养了一大批信奉该理论的经济学家、政治学家、历史学家以及其他学科的专家。公共选择学派拥有自己的杂志和会议。1968年，詹姆斯·布坎南因在该领域的重大贡献被授予诺贝尔经济学奖。公共选择学派的研究涵盖多个领域，其中有一个分支专门研究政府政策。他们认为，政府的政策只能让一部分人受益，无论政府如何宣称，政策最终只能使特定的利益集团受益，而不是出于对整体公共利益的考虑，许多研究“寻租”的现代文献就属于这一分支。他们认为，即使政府行为的初衷是好的，但最终的结果却事与愿违。[29]萨姆·佩尔兹曼（Sam Peltzman）（1993）指出，“1965—1980年，美国的教育支出令人惊讶，每名学生的实际支出几乎翻了一倍，师生比例下降近1/4”。这种支出必定会令一部分人受益，可能是教师或者学校管理者，但肯定不是本该受益的学生。这也是为什么约翰逊总统的“向贫困宣战”计划并没有消除贫困的重要原因之一。类似的结论在拉美国家的许多公共项目中都存在（Tanzi，1974），例如智利的健康支出

（Aninat,1999）等。公共选择理论认为,受益人的方向性错误并非随机的,而是全球范围内的正常现象,这也警告了政府激进主义。一些保守的研究机构（例如华盛顿卡特研究所和传统基金会、伦敦社会事务研究所及温哥华弗雷泽研究所）可能认为,政府支出项目的弊大于利,他们一直在跟踪研究这些政府支出项目的效果。

公共选择学派的第二个分支专门研究推动个人自愿参与的机制。在这种机制下,即便没有政府的参与,不同社会群体之间也能达到既定的"社会"效果。他们想证明的是政府并不太必要,因为许多社会行为都能通过个人之间的自由交换来完成。他们的文献涉及许多"俱乐部产品"。在达到一定的拥挤程度之前,"俱乐部产品"相当于为俱乐部成员提供"公共产品"（Buchanan,1968）。社区游泳池、私人沙滩、高尔夫俱乐部、收费公路、娱乐场所、工业园、寄宿学校和私立大学、购物中心,甚至酒店都被认为是由私人机制提供的"公共产品"。这种私人机制下,参与的个体有退出的权利。

最近的一篇论文指出,当今美国大约20%的人（6,000万人）加入了社区的各类协会（例如业主协会、公寓管理协会、互助团体、私有小镇等）。这些协会提供各种"公共产品"（例如安保、游泳池、垃圾清收、街道照明等）,协会的内部成员可以自由消费上述产品。这些有效的公共产品由协会内部成员集体出资,政府没有为这些公共产品花一分钱。一旦申请成为协会的内部成员,就没有人有权拒绝他们消费这些产品。在出现拥挤之前,每一个新加入的成员使用这些产品都是零成本的（Nelson,

2008）。

罗纳德·哈里·科斯（1937）指出，这些私人机制降低了协会内部成员之间的交易成本和对政府干预的需求，这与私人部门活动存在交易成本从而需要企业的道理一样。[30]这些机制使得具有相同利益和对公共产品具有相同偏好的人可以自由组合，成为法律上认可的私人协会。[31]这些协会并不是传统意义上的社区，因为它们缺乏传统社区的大多数特征。

公共选择学派认为，真正属于全国范围内的纯公共产品非常少，所需经费在国民收入中所占的比例也很小，比现在大多数国家的政府支出要少得多。[32]詹姆斯·布坎南认为，政府提供真正公共产品的成本占国内生产总值的比重不会超过10%～12%（Buchanan and Musgrave，1999），这大概是1870年前后政府支出的平均水平。因此，如果将政府仅限定在生产纯公共产品领域，那么，政府支出一定会比现在大多数国家的实际水平低得多。收入再分配在决定政府支出中的作用将不再那么大，因为它通过高税收和其他政策影响了个人自由。但那些能为社会公众创造平等机会的政府支出将会发挥更大的作用，例如公共教育支出。

罗纳德·哈里·科斯认为，在完全竞争的市场上，如果不采用企业形式，产品和服务的交易成本将非常高，因为每一次购买劳动、资本、原材料和其他投入品都要进行一次独立的交易和签约。经济活动中确实存在这样的生产者，例如在房屋建筑业中，总承包商只是在他们需要的时候才会雇用工人和购买所需的材料。这种方法存在明显缺陷，因此这些生产商的规模非常有限。

对于大型经济活动和更加复杂的工程来说，创立企业就成为有利的选择，因为企业可以通过内部的“计划经济”来降低交易成本。企业雇用工人并购买原材料，企业管理者可以随时调用这些资源，内部使用这些资源并不需要合约。当企业规模不是太大且所需信息都很容易获得时，现有资源就可以通过计划手段在企业内部实现有效配置。这种情况下，计划经济资源配置低效率的问题就不存在了，因为企业的投入品在企业外部的市场上已经形成价格（Hayek，1988）。这一点为许多经济学家多次强调，其中的代表人物包括弗里德里希·奥古斯特·冯·哈耶克、路德维希·冯·米塞斯、威廉·罗普克（Wilhelm Ropke）以及其他奥地利学派人士等。但是，当企业规模越来越大时，哈耶克在计划经济中发现的问题开始浮出水面，尽管这些企业是市场经济中的企业。

科斯关于企业在完全竞争市场中存在的理由也适用于政府。当一个国家的各类机构（企业、个人和协会等）越来越多时，就会出现一系列问题，例如，需要提供纯公共产品、半公共产品和“俱乐部产品”，需要处理各种外部性问题，有关个人或企业知识产权的争议，识别商品和服务的真实价值（由于复杂性、风险和滥用等），存在极端贫困人群等。理论上，科斯有关外部性的解决方案，即各方进行私人交易，也适用于上述问题（Coase，1960）。然而，当涉及的机构数量不断增加时，交易成本就会增加，要达成自发的、私人之间的解决方案将更加困难，成本也更高。[33]在这种情况下，对政府干预的需求就会增加。但我们并不确定政府满足这些需求的工作成效如何？在联邦制下，哪一级政府最适合完成这些工作？[34]

乔治·约瑟夫·施蒂格勒的著作（1986）中也有类似观点，他写道：

> 我们假设，需要政府的偏好就像使用煤炭的偏好一样。当煤炭是给房屋取暖和给工厂提供动力的最有效资源时，我们才使用煤炭；同样，我们需要政府修建道路和征税，是因为政府是完成这些任务的有效方式。……当社会要求在最低限度内运用政府权力时，这样的经济就是自由放任经济；当社会需要政府更多干预时（例如战争时期），这样的经济就是集体主义经济。

补充一点，在市场经济运行良好的国家，如果收入分配相对公平，社会规范引导的私人活动能够帮助穷人，政府职能应当减少。

公共选择学派的第三个分支专门研究约束或限制政府行为的规则，以确保更多的个人自由。公共选择学派的文献经常表达对财政联邦制和财政“分权”的观点。财政联邦制是在地方政府之间创造竞争并减少中央政府的权力（Oates，1999）。理论上，在人口可以流动的社会，个人会迁移到税收和公共服务更加接近自己偏好的行政区域（Tiebout，1956，是关于这个问题的经典著作）。[35]这里有一个需要研究的问题是，当考虑到交易成本、语言、地区和居住要求等多种因素时，如何看待人口的流动性？[36]近年来，美国的人口流动性呈下降趋势。财政联邦制还要求降低政府支出水平，这很容易找到相反的例证（例如比利时和巴西）（Treisman，2007）。杰弗里·布伦南（Geoffrey Brennan）和詹姆斯·布坎南（1980）也指出，"干预应该更少，在其他条件不变的情况下，应该支持税收和政府支出分离"。不过，他们忽略了增加多层监管以及财政联邦制可能产生的其他问题。

在过去30年中，学术界对财政联邦制产生了浓厚的兴趣，有很多相关的学术著作问世，有关文献综述可参见丹尼尔·特瑞斯曼（Daniel Treisman）（2007）。最近的一些文献讨论得更多的是财政联邦制在实践中可能产生的问题，而不是如何选择财政联邦制，例如华莱士·奥茨（Wallace E. Oates）（2006）就专门论述了"财政分权的负面影响"。此外，全球公共产品越来越重要（Sandmo，2003；Tanzi，2008）。

在现实世界中，不仅存在市场失灵，也存在政府失灵，而且后者对社会的影响比前者更大。公共选择学派帮助人们认识到了这一点，这是他们对经济学的重大贡献。公共选择学派提出，政策的优劣应当根据结果来评判而不是根据事前的主观意图来评判，乔治·约瑟夫·施蒂格勒也赞同这一观点。目前公共选择学派面临以下三个方面的挑战：一是无论是否存在潜在的政府失灵，在民主社会，选民需要政府有所作为，却没有规则来约束这种需求。如果确实存在一些约束规则，政府的行为会有所不同。不过，讨论这种可能性没有意义，因为这样的规则通常不存在，也不会被提出。二是一些国家更有能力提供公共服务，并且其选民也希望政府提供公共服务。三是当收入分配变得不公平时，无论政府是否干预，也不管规则如何，人们都会要求政府干预。

另一个研究政府经济职能的学派是芝加哥学派。芝加哥学派坚决反对政府干预经济，这一点与公共选择学派类似，不过，其理论发展和主要贡献与公共选择学派存在较大区别。芝加哥学派的主要贡献是证明了自由市场能够自动运行、自动调节。芝加哥学派的主要影响力是主张放松政府管制。需要指出的是，由于芝加哥学派极力倡导政府放松管制，并在推动金融市场和其他市场放松管制的过程起到了一定作用，因此，芝加哥学派被认为是市场原教旨主义，有人甚至将2008—2009年全球金融危机归罪于芝加哥学派。

参考文献

Aninat, Eduard, Andreas Bauer, and Kevin Conan. 1999. "Equity-Oriented Policy-Making: Country Experience," in *Economic Policy and Equity*, edited by V. Tanzi, Ke-Young Chu, and Sanjeev Gupta (Washington, D.C.: IMF).

Arrow, Kenneth. 1951. *Social Choice and Individual Values*, 2nd ed. (New York: John Wiley, and Sons; rev. ed., New Haven: Yale University Press, 1963).

Bergson, Abraham. 1938. "A Reformulation of Certain Aspects of Welfare Economics." *Quarterly Journal of Economics* 52: 310-34.

Brennan, Geoffrey, and James M. Buchanan. 1980. *The Power to Tax: Analytical Foundations of a Fiscal Constitution* (Cambridge: Cambridge University Press).

Buchan, James. 2006. *The Authentic Adam Smith: His Life and Ideas* (New York: W. W. Norton).

Buchanan, James M. 1968. *The Demand and Supply of Public Goods* (Chicago:

Rand McNally).

1983. “The Public Choice Perspective.” *Economia delle Scelte Pubbliche*, no. 1: 7-15.

2003. “Endnote,” in *The Theory of Public Finance in Italy from the Origins to the 1940s*, edited by D. Fausto and V. De Bonis (Pisa: Instituti Editoriali e Poligrafini Internazionali).

Buchanan, James M., and Richard Musgrave. 1999. *Public Finance and Public Choice: Two Contrasting Visions of the State* (Cambridge, Mass.: MIT Press).

Buchanan, James M., and Gordon Tullock. 1962. *The Calculus of Consent* (Ann Arbor: University of Michigan).

Burckhardt, Jacob. 1944. *The Civilization of the Renaissance in Italy* (London: Phaidon Press; New York: Oxford University Press).

Clark, Colin. 1945. “Public Finance and the Value of Money.” *Economic Journal* (December).

1964. *Taxmanship: Principles and Proposal for the Reform of Taxation*, Hobarth Paper 26 (London: Institute of Economic Affairs) Ch. 4.

Coase, R. H. 1937. “The Nature of the Firm.” *Economica* 4 (November): 386-405.

1960. “The Problem of Social Cost.” *Journal of Law and Economics* 3 (October): 1-44.

Cohen, Adam. 2009. *Nothing to Fear: FDR'S Inner Circle and the Hundred Days That Created Modern America* (New York: Penguin Press).

Cornes, Richard, and Todd Sandier. 1986. *The Theory of Externalities, Public Goods, and Club Goods* (Cambridge: Cambridge University Press).

Dupuit, Jules. 1952. “On the Measurement of the Utility of Public Works.” *International Economic Paper* 2 (1952): 83-110. Translated from *Annales des Ponts et Chaussees* 2nd ser.,8 [1844].

Eckstein, Otto. 1958. *Water Resources Development* (Cambridge, Mass: Harvard University Press).

1961. “A Survey of the Theory of Public Expenditure Criteria,” in *Public Finances, Needs, Sources and Utilization*, edited by J. M. Buchanan (Princeton, N.J.: National Bureau of Economic Research).

Eusepi, Giuseppe. 2002. “La Logica del Prezzo Fiscale.” Paper presented at the conference on the “Attualitá del Pensiero di Antonio De Viti de Marco” (Lecce, November 8-9).

Fogel, Robert William. 2000. *The Fourth Great Awakening and the Future of Egalitarianism* (Chicago: University of Chicago Press).

Greenspan, Alan. 2007. *The Age of Turbulence* (New York: Penguin Press).

Groopman, Jerome. 2010. “Health Care: Who Knows Best?” *New York Review of Books*, February 11, pp. 12-15.

Hayek, E A. 1988. *The Fatal Conceit: The Errors of Socialism*, edited by W. W. Barfley III (Chicago: University of Chicago Press).

Heller, Walter W. 1966. *New Dimensions of Political Economy* (New York: W. W. Norton).

Kolm, Serge-Christophe. 1985. *Le Contrat Social Liberal* (Paris: Presses Universitaires de France).

Krugman, Paul R. 1991. *Geography and Trade* (Cambridge, Mass.: MIT Press).

Lucas, Robert E. 2009. “Trade and Diffusion of the Industrial Revolution.” *American Economic Journal Macroeconomics* 1, no. 1 (January): 1-15.

Maskin, Eric S. 2007. “Mechanism Design: How to Implement Social Goods.” Nobel Prize Lecture (December 8).

McKean, Roland N. 1968. *Public Spending* (New York: McGraw-Hill).

Merewitz, Leonard, and Stephen H. Sosnick. 1971. *The Budget's New Clothes* (Chicago: Markham Publishing).

Mokyr, Joel. 2002. *The Gifts of Athena: Historical Origins of the Knowledge Economy* (Princeton: Princeton University Press).

Mueller, Dennis. 1979. *Public Choice* (Cambridge: Cambridge University Press).

Musgrave, Richard. 1998. “The Role of the State in Fiscal Policy,” in *Public Finance in a Changing World,* edited by Peter Birch Sørensen (Houndmills: Macmillan), pp. 35-50.

Nelson, Robert H. 2008. “Community Associations: Decentralizing Local Government Privately,” in *Fiscal Decentralization and Land Policies*, edited by Gregory K. Ingram and Yu-Hung Hong, Proceedings of the 2007

Land Policies Conference (Cambridge: Mass: Lincoln Institute of Land Policy).

North, Douglas C. 1989. "Comments 2," in *The Economic Role of the State,* by Joseph Stiglitz (Oxford: Basil Blackwell), pp. 107-15.

Oates, Wallace E. 2006. "On the Theory and Practice of Fiscal Decentralization." Mimeo (March).

1999. "An Essay on Fiscal Federalism." *Journal of Economic Literature* 37:1120-49.

Olson, Mancur. 1965. *The Logic of Collective Action* (Cambridge, Mass.: Harvard University Press).

O'Toole, Randall. 2007. *The Best-Laid Plans: How Government Planning Harms Your Quality of Life, Your Pocketbook, and Your Future* (Washington, D.C.: Cato Institute).

Peltzman, Sam. 1993. "Political Factors in Public School Debate." *American Enterprise,* July, p. 65.

Persson, Torsten, and Guido Tabellini. 2003. *The Economic Effects of Constitutions* (Cambridge, Mass.: MIT Press).

Peacock, Alan, 1992, *Public Choice Analysis in Historical Perspective*, Raffaele Maltioli Lectures (Cambridge: Cambridge University Press).

Robbins, Lionel. 1938. "Interpersonal Comparisons of Utility: A Comment." *Economic Journal*, December 8, 1992, pp. 635-41.

Samuelson, Paul. 1954. "The Pure Theory of Public Expenditure." *Review of Economics and Statistics* 36 (November): 387-89.

1955. "Diagrammatic Exposition of a Theory of Public Expenditure." *Review of Economics and Statistics* 37 (November): 350-56.

Sandmo, Agnar. 2003. "International Aspects of Public Goods Provision," in *Providing Global Public Goods*, edited by I. Kaul, P. Conceição, K. Le Goulven, and R. U. Mendoza (New York: Oxford Press).

Schäffle, Albert. 1896. *Bau und Leben des Sozialen Körpers*, 2nd ed., Vol. 2 (Tubingen: Laupp).

Sen, Amartya. 2009. "Capitalism beyond the Crisis." *New York Review of Books*, March, pp. 27-30.

1999. "The Possibility of Social Choice." *American Economic Review* 89, no. 3

(June): 349-78.

Solow, Robert M. 1985. "Economic History and Economics." *American Economic Review* 75, no. 2 (May): 328-31.

Stein, Herbert. 1969. *The Fiscal Revolution in America* (Chicago: University of Chicago Press).

1985. *Presidential Economics: The Making of Economic Policy from Roosevelt to Reagan and Beyond,* revised and updated edition (New York: Simon and Schuster).

Stigler, George J. 1986. *The Regularities of Regulation.* Hume Occasional Paper, No. 3 (Edinburgh: David Hume Institute).

1988. *Memoirs of an Unregulated Economist* (New York: Basic Books).

Stiglitz, Joseph E. 1989. *The Economic Role of the State* (Oxford: Basil Blackwell).

Tanzi, Vito. 1970. "International Tax Burdens: A Study of Tax Ratios in the OECD Countries," in *Taxation A Radical Approach,* edited by Vito Tanzi, J. B. Bracewell-Milnes, and D. R. Myddelton (London: Institute of Economic Affairs).

2007. "Complexity and Systemic Failure," in *Transition and Beyond*, edited by Saul Estrin, Grzegorz W. Koladko, and Milica Uvalic (London: Palgrave), pp. 229-46.

2008. "The Future of Fiscal Federalism." *European Journal of Political Economy* 24: 705-12.

Tanzi, Vito, and Tej Prakesh. 2003. "The Cost of Government and the Misuse of Public Assets," in *Public Finance in Developing Countries: Essays in Honor of Richard Bird,* edited by Jorge Martinez-Vazquez and James Alm (Cheltenham: Edward Elgar).

Tiebout, C. M. 1956. "A Pure Theory of Local Expenditures." *Journal of Political Economy* 5 (October): 416-24.

Treisman, Daniel. 2007. *The Architecture of Government: Rethinking Political Decentralization* (Cambridge: Cambridge University Press).

Van Overtveldt, Johan. 2007. *The Chicago School* (Chicago: Agate).

Wheen, Francis. 1999. *Karl Marx* (London: Fourth Estate).

第九章　北欧国家财政政策的经济理论

一、引言

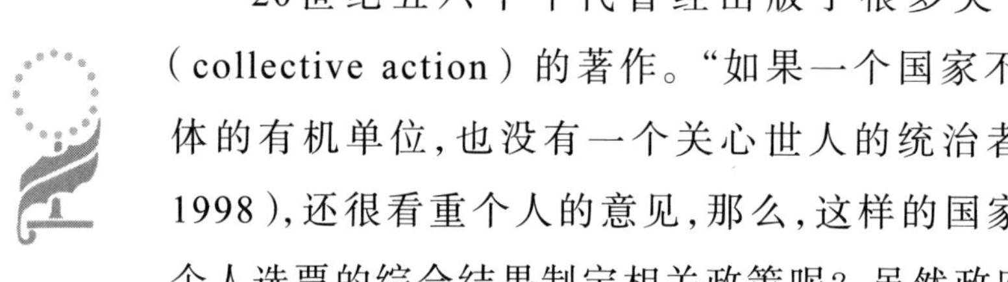

20世纪五六十年代曾经出版了很多关于“集体行动”（collective action）的著作。“如果一个国家不是个人融入整体的有机单位，也没有一个关心世人的统治者”（Musgrave，1998），还很看重个人的意见，那么，这样的国家应当如何基于个人选票的综合结果制定相关政策呢？虽然政府是由选民选出的，但是，选民们选出的代表即使能够按照选举前的承诺来制定政策，也存在不能正确解读选民意见的可能性，更何况还有代表会故意曲解选民意见而为自己或关联团体谋取私利。此外，选民可能没有兴趣投入时间和金钱来研究代表们提出的具体政策，因为这样的投入对他们来说代价太高，而且他们认为自己的选票在百万张选票中微不足道，不可能改变选举结果。随着政府职能的不断扩大、公共项目的数量增加、复杂性的上升，以及选民队伍的扩大，选民保持“理性无知”（rationally ignorant）而盲目投票的问题会更加突出，即选民主要基于根本不相关的看法或者自己能看到却属特例的事情进行投票（Olson，1965，1982）。[1]从这个角度讲，学术文献夸大了“中间选民”的重要性。有关“集体行动”的论述很有意思，也充满智慧，但是，它对政策制定的影响并不大，它只是通过影响公共选择理论的发展而间接影响了政策制定。

除了各种理论之外，一些历史事件对政府职能的影响更大、更持久，也推动了政府支出的增长。这些事件包括“大萧条”、苏联计划经济（尤其是20世纪五六十年代），以及“凯恩斯革命”（Keynesian Revolution）等。

二、财政政策理论

影响政府职能的另外一个重要因素来自20世纪50年代的北欧。北欧地区包括丹麦、芬兰、挪威、瑞典和冰岛等五个国家，其中，瑞典的面积最大、人口最多。在经济学家、社会学家和其他专家的推动下，迫于各种各样的政治压力，北欧国家于20世纪50年代启动了一项公共计划，并在随后的数年中成为世界上最发达的“福利国家”。而仅仅在启动该计划的20年之前，“坚定的自由放任主义学说还主导着瑞典的经济学领域”（Myrdal，1954），其他北欧国家也是如此。一些创建了“财政政策理论”的经济学家促成了主流经济学的这一重大转变。一位经济学家曾经这样表述：“经济学的目的必须是创建一种经济模型，从而能够提供有关财政政策效果的相当准确的信息。”（Hansen，1955）[2]财政政策理论借鉴了拉格纳·弗里希（Ragnar Frisch）和简·丁伯根（Jan Tinbergen）的观点，他们认为，政府应当设定目标，并拥有实现目标的政策工具。财政政策理论重点关注政府目标、工具以及二者之间的关系。在此理论的影响下,政府目标不仅限于凯恩斯的充分就业,还包括提高社会的福利水平。本特·汉森(Bent Hansen)的著作出版时,虽然充分就业和价格稳定仍是最重要的政府目标,但政府目标的范畴正在扩展,福利国家开始形成。

特里夫·哈维默是1989年诺贝尔奖的获得者,他指出,"所谓福利国家是指,不论短期还是长期,社会的最终目标是为其国民谋取经济福利"。"福利国家在现实社会中构建了一套监管体系,社会成员在此体系的约束下开展活动,实现该社会特有的经济发展目标。在目标实现后,社会成员会再推动政治程序来改变游戏规则。"因此,从中长期看,规则并非是完全内生变量,它可以随游戏规则的变化而变化。这与詹姆斯·布坎南的观点颇为不同。布坎南认为,除非经历了艰难的政治程序,否则,规则(尤其是宪法确定的规则)是无法改变的。特里夫·哈维默还强调,"无法用数学来为什么是好社会这一问题求解"。当时,北欧社会在民族和文化上颇为相近,而且人们对社区决策充满信任。正是出于这种信任,特里夫·哈维默对确定社会目标的政治程序没有任何质疑。

财政政策理论的主要贡献者除了本特·汉森外,还包括简·丁伯根、拉格纳·弗里希、特里夫·哈维默和利夫·约翰森(Leif Johansen)等。卡尔·冈纳·缪尔达尔在推动政治辩论转为支持政府职能扩大方面发挥了重要作用。此外,生在德国、长在美国的理查德·马斯格雷夫也是主要贡献者之一。当然,还有一些来自其他地区(尤其是北美地区)的贡献者,例如阿尔文·汉森(Alvin Hansen)、劳伦斯·克莱因(Lawrence Klein)、阿巴·勒纳(Abba Lerner)、罗伯特·索洛(Robert Solow)和保罗·萨缪尔森等。不过,这些经济学家重点关注的是财政政策的稳定性,而不是福利社会。

财政政策理论的主要内容是什么?是政策制定者如何通过实施一定的规则和政策来实现社会福利水平的提升。这与公共选择学派或意大利《财政学》一书中的观点相去甚远。而且,在财政政策理论看来,社会福利并不是就业率或国内生产总值等某一单项指标,而是多项经济或社会指标的综合。社会福利的具体指标由政策制定者选择,[3]政策制定者还可以随着时间变化或政权更迭对指标排序做出调整。在民主国家中,政策制定者会尊重选民的意见,指标排序会根据选民在民主选举时表达的意愿来调整。正如特里夫·哈维默所指出的那样,规则应因时而变,与时俱进。

反映社会福利的经济指标主要包括经济增长率、失业率、劳动生产率、通胀率、国际收支平衡、收入分配、贫困率、适龄劳动力等特定人群的失业率、女性就业率等。社会指标包括预期寿命、犯罪率、识字率、环境质量、患病率以及房屋拥有率等。

经济政策制定者可能比较关注经济指标,并且会推动实施有助于改善经济指标的政策措施。不过,他们也会考虑其他政策制定者的意见。政策制定者对影响社会福利公式W中的各项指标y_i的权重有自己的见解,并据此对社会福利公式做出解释。比如,收入分配和经济增长哪个更重要?相应的权重该如何确定?这是典型的效率与公平之间的权衡(Okun,1975)。

社会福利公式可以写作

$$W=f(y_1, y_2, \ldots, y_i) \quad (1)$$

其中，每项指标y_i都可以由一系列政策工具$x_{i1}, x_{i2}, \ldots, x_{ij}$予以调节。鉴于利用计量经济模型可以预测政策工具$x_{ij}$调整对相应指标$y_i$的影响，政策制定者能够有目的地通过调节政策工具$x_{ij}$影响社会福利指标$y_i$，进而实现社会福利公式的最优解。相应的公式可以写作

$$y_i=f(x_{i1}, x_{i2}, x_{i3}, \ldots, x_{ij}) \quad (2)$$

如果某项政策工具对某一指标的影响尤为明显，我们称该政策工具的效率较高。政策工具的效率可以用能使指标变动Δy_i所需的政策工具变动幅度Δx_{ij}来衡量。如果一项政策工具仅做小幅调整就可以对某一指标产生巨大影响，这一政策工具对该指标而言就是高效工具。[4]在拥有可实现理想社会目标的高效工具的情况下，经济政策在政治上和技术上都会比较容易实施。

财政政策工具包括税种选择、税收减让、税率等税收特征以及支出特征等。在凯恩斯主义框架下，财政赤字可以作为实现经济稳定和充分就业的政策工具，而这也是20世纪60年代美国经济学家的主流观点，其他可以使用的非财政政策工具包括汇率、利率和监管等。

在满足一定技术条件的情况下，可以对前述社会福利公式求出最优解，即实现社会福利最大化的各项工具的值。[5]值得一提的是，社会福利W是一个虚拟概念，无法量化，只能由政策制定者就各项指标变动对社会福利的影响做出判断和评估。因此，

对政策制定者的信任成为至关重要的因素。单纯从数学求解的角度看,可能会得出需要对政策工具做出大幅调整的结论,也可能会遇到因受僵化的财政法规制约而无解的难题。在拥有有效工具的情况下,为实现社会福利最大化而对政策做出调整无论在技术上还是政治上都是可行的。不过,技术可行并不代表政治可行,或者说,技术解并不必然是政策制定者认可的最优解。[6]

上述讨论的实质就是财政政策理论。这一理论主导了北欧国家的思想界,并为北欧国家的财政工作提供了理论指引。得益于这一理论,北欧在1960—1975年发展成为福利国家。1969年,简·丁伯根和拉格纳·弗里希因对该理论的发展及其相关计量研究做出的突出贡献而获得诺贝尔经济学奖。1974年和1989年,卡尔·冈纳·缪尔达尔和特里夫·哈维默也分别因此而获得诺贝尔经济学奖。该理论主要论述了政府职能,以及为实现政府职能开发出的政策工具。该理论认为,虽然社会福利无法量化,但可以对其具体内容达成一致意见。鉴于北欧各国的社会同质化特征,人们的社会归属感和凝聚力较强、对政府的信任度也较高,这一理论对北欧国家而言并非不切实际。[7]即使如此,该理论仍然存在一些问题。

三、财政政策理论的假设

大多数理论都有假设,一些是明确的,一些是隐含的;一些比较切合实际,一些比较理想化。那么,财政政策理论隐含了哪些假设?这些假设切合实际吗?对此,我们简要讨论如下:

假设一：存在一个神经中枢，“政府”在此决定政策目标及政策工具，以实现社会福利最大化。这个神经中枢可以是总统、总理或拥有实权的财政部部长。由于不同主体的政治价值通常会存在冲突，缪尔达尔将这个神经中枢称为“单一集合主体的幻觉”（Myrdal，1954）。神经中枢意味着存在一个统一集权的政府，只有中央能够有效控制地方行为，或者地方政府与中央政府的目标大体一致并能配合行动，才能避免财政分权。财政分权会使问题复杂化。而且，神经中枢不存在任何委托—代理问题。所以，此类政府更有可能存在于一个同质社会中。神经中枢还意味着预算统一，只有支出的管理由地方负责；而拥有政治权力、管理工具以及管理技能的总统、总理或财政部部长负责制定预期目标，并据此对政策工具做出调整。[8]

上述假设意味着所有与预算有关的事项都要纳入预算程序，任何一项预算决定都不能由不负责预算的机构（例如养老金机构、地方政府、国有企业或者中央银行）做出。所有预算决定，无论是正式的还是非正式的，都要直接或间接地由神经中枢控制。虽然各级政府、各个拥有独立权力的机构之间可能存在意见分歧，但不能出现各自决策的现象。[9]而且，各级政府以及预算外机构的预算都必须有硬约束。上述假设还意味着可以随时修正之前的错误，比如，过于慷慨的养老金支出等。

当政策制定者就政策目标或政策工具存在分歧时，必须在神经中枢内部予以解决。这涉及政治权力、管理控制权以及政治权力的分权程度和运用方式。政治权力部分来源于选民对政府的支持，部分由一国宪法赋予。[10]在现实世界中，政府对官僚机构的实际控制力也是影响政治权力的因素之一（参见Niskanen，1971；Tullock，1965；Jackson，1982）。

假设二：政府官员在制定政策时应当考虑社会公众的利益，不能为自己或特殊利益团体或特殊地区谋利。选举过程之外，不存在强大而有效的游说团体，也不存在腐败、寻租、国家俘获（state capture）等现象。政策制定者不会实施有违社会公众长期利益的“庶民”政策，即使该政策短期内深受欢迎，并有助于政府赢得连任。而且，选举周期对预算决策不会产生影响。实际上，包括公共选择学派在内的很多经济学文献表明，上述假设在很多国家都是不切实际的。再加上各国政府的差异很大，上述假设对一些政府适用，对另外一些政府则不适用。

假设三：在进行预算决策时，政府能够购买到最好的经济分析和经济计量模型。这些分析和模型必须基于可靠数据、合理预测以及借以建立起政策工具与政策目标变动之间关系的经济学原理。

政策制定者能够在经济学理论的基础上，较准确地预测政策工具调整对相应政策目标的影响，[11]没有基于直觉、印象、意识形态、错误数据、有偏预测、选举承诺等进行决策的现象。

帮助创建了财政政策理论的伦德伯格（Lundberg）委员会一直致力于实现上述理想。但是，对凯恩斯经济计量模型的初始热情（20世纪60年代）过后，卢卡斯等经济学家对上述模型的预测结果是否可靠提出了强烈质疑。基于凯恩斯假设的稳定政策模型所受到的批评集中在以下两个方面：一是该模型认为政策制定者能够免于政治干扰，即政策决策不受政治因素或选举周期因素影响。只有这样，政策制定者们才能真正做到“以丰补歉”，保证财政政策的长期平衡，而不会出现政府债务积累。但事实上，几乎所有的政府都有程度不等的政府债务。二是该模型认为社会公众对政策只会消极反应，即在政策出台前或实施时，公众无法预测政策的实施及其效果，也不会理性应对。而且，公众不会为财政赤字担忧，即财政政策不会影响到经济主体的心理及其决策。目前有关这方面的讨论很多（Barro，1974；Tanzi，2010）。

假设四：财政政策工具写入法律，只有通过实施新法或修订旧法才能对政策工具做出改变。[12]这就提出了一个问题：行政长官对政府立法部门的管控力究竟有多大？美国的经验表明，行政长官的权力有限，而且行政长官和立法机构可能为不同的党派所控制。社会同质性以及财政制度等因素都会影响行政长官的管控力。有时，立法的实际结果可能与其初衷大相径庭。此外，提交给议会的法案及通过的法律应该具体、清晰。[13]而且，法律不能导致有关各方之间的信息不对称或解读不一，包括政府与公众之间，政策制定者与政府公务员之间，以及政策制定者与法规实施者之间。

应当尽量明确哪些法律是关于哪些政策工具的，并在特定法律中明确拟改变的政策工具以及拟影响的政策目标。换句话说，应该在法律中明确公式（2）中的x_{ij}项。但实际上很少如此。此外，一项政策工具应尽可能避免多个目标。简·丁伯根曾指出，虽然经济政策中用一项政策工具来影响多个目标的现象并不少见，但通常是低效率的。[14]

假设五：行政机构对政策工具必须拥有民主社会所能实现的最大程度的控制权。此假设有多重含义，有些已经隐含在之前的讨论中。

第一，立法机构必须拥有批准或否决行政长官所提议案的特权。立法机构还必须拥有以一定方式完善、阐明或修改所提议案的特权。但是，如果未经行政长官同意，立法机构不能对议案做出根本性改动，或者拖延对议案的处理。政府行政机构依据宪法授权来使用和调整政策工具。[15]

第二，与第一条相关，政府各部门必须相互协调，不能各自为政，"神经中枢"必须能够处理内部冲突。

第三，大多数自主性支出或税收决定必须在预算年度内实施。除了必需数年方能完成的大型投资项目之外，预算授权的支出项目不能跨预算年度实施。当然，与养老金支付相关的项目以及会降低政府自由度的项目不受此限制。如果存在大量尚未使用的资源或尚未偿付的债务，则不应认定预算年度已经结束，否则财政政策对经济及预算的影响更难确定。

第四，由行政长官做出、议会批准的决定，不能在实施过程中因下游部门之间的委托—代理问题而被扭曲。政府部门、公共机构甚至地方部门都可能产生委托—代理问题。如果委托—代理问题比较严重，政策在实施中就会被扭曲。也就是说，当政策传导到居民层面时，政策效果可能已经与其初衷大相径庭了（Tanzi,2000）。如果委托—代理问题比较普遍，政策工具调整的影响将与政策制定者的期望相差甚远。立法越不清晰、公众越具有异质性（即来自不同群体的人们处于不同的位置或层级），委托—代理问题就越严重。

四、财政政策实证理论

很多经济学家，不仅仅是北欧国家的经济学家，在撰写有关财政政策的论文时都会想到一个框架（他们有时可能意识不到），该框架源于20世纪50年代的经济学家的论文，以北欧经济学家为主。[16]正如政策制定者所阐释的那样，该框架以财政政策旨在提升社会福利水平为基本假设前提。一般认为，在一个较为同质的社会中，例如20世纪50年代的北欧国家，政策制定者能够更好地代表大多数国民的利益。该框架利用当时较流行的计量经济模型指导政府决策。

多年来，该框架面临三大学派的挑战。一是公共选择学派；二是财政政策实证理论学派；三是理性预期学派。

艾伯托·艾莱斯纳（Alberto Alesina）、吉多·塔贝里尼（Guido Tabellini）、艾伦·德雷泽（Alan Drazen）、托斯特恩·珀森（Torsten Persson）、于尔根·冯·哈根（J. von Hagen）等经济学家创建了财政政策实证理论学派（参见Poterba and von Hagen，1999）。该学派怀疑政策制定者的动机，从而更加关注政府机构及制度安排对政策效果的影响。他们认为，围绕预算程序的财政规定尤其重要。该学派还认为，如果有了好的机构和制度安排，就能够实施好的政策，实现好的成效。财政政策实证理论学派并不认为财政政策理论无效，他们认为如果建立了相应的制度安排，财政政策理论会更加有效。

托斯特恩·珀森和吉多·塔贝里尼力求确定不同政治制度对政府支出规模及结构的影响，其研究主要专注于政府通过安排财政支出所履行的职能。他们还分析了一党选举制与比例选举制的作用，对比了总统制与议会制（Persson and Tabellini, 1999, 2003, 2004）。艾伯托·艾莱斯纳等人更加关注制度安排对财政赤字的影响（Alesina and Perotti, 1995）。维托·坦茨（2000）认为，行政长官做出计划、计划获得立法通过、法案实施等各环节都可能产生委托—代理问题。

参考文献

Alesina, Alberto, and Roberto Perotti. 1995. "The Political Economy of Budget Deficits." *IMF Staff Papers* 42, no. 1 (March): 1-37.

Alesina, Alberto and Ricardo Hausmann, Rudolf Hommes and Ernestr Stein, 1999. "Budget Institutions and Fiscal Performance in Latin America," *Journal of Development Economics*, August, 59: 233-53.

Barro, Robert. 1974. "Are Government Bonds Net Wealth?" *Journal of Political Economy* 82: 1095-1117.

Eichengreen, B., R. Hausmann, and J. von Hagen. 1999. "Reforming Budgetary Institutions in Latin America: The Case for a National Fiscal Council." *Open Economics Review* 10: 4125-4442.

Graft, J. de V. 1957. *Theoretical Welfare Economics* (Cambridge: Cambridge University Press).

Haavelmo, Trygve. 1989. "Econometrics and the Welfare State," Nobel Lecture (December 7). *American Economic Review* 87 (December 1997): 13-15.

Hallerberg, Mark, RolfStrauch, and Jürgen Von Hagen. 2009. *Fiscal Governance: Evidence from Europe* (Cambridge: Cambridge University Press).

Hansen, Bent. 1958. *The Economic Theory of Fiscal Policy* (London: George Allen & Unwin). Original Swedish edition published in 1955.

IDB. 2005. *The Politics of Policies: Economic and Social Progress in Latin America, 2006 Report* (Washington, D.C.: IDB/DRCLAS-Harvard University).

2009. *Who Decides the Budget? A Political Economy Analysis of the Budget Process in Latin America*, edited by M. Hallerberg, C. Scartascini, and E. Stein (Washington D.C.: IDB/DRCLAS- Harvard University).

Jackson, Peter M. 1982. *The Political Economy of Bureaucracy* (Deddington, Oxford: Philip Allan).

Johansen, Leif. 1965. *Public Economic* (Amsterdam: North-Holland).

Keynes, John Maynard. 1971-89. The Collected Writings, edited by D. Moggridge, vol. 14, *The General Theory and After: Defense and Development* (London: Macmillan).

Kornai, Janos. 1992. *The Socialist System: The Political Economy of Communism* (Princeton: Princeton University Press).

Musgrave, Richard. 1998. “The Role of the State in Fiscal Policy, ” in *Public Finance in a Changing World*, edited by Peter Birch Sorensen (Houndmills: Macmillan), pp. 35-50.

Myrdal, Gunnar. 1954. *The Political Element in the Development of Economic Theory* (New York: Simon and Schuster).

Niskanen, William A. 1971. *Bureaucracy and Representative Government* (Chicago: Aldine).

Okun, A. M. 1975. *Equality and Efficiency: The Big Trade-Off* (Washington, D.C.: Brookings Institution).

Olson, Mancur. 1965. The Logic of Collective Action (Cambridge, Mass.: Harvard University Press).

Persson, Torsten, and Guido Tabellini. 1999. “The Size and Scope of Governments: Comparative Politics will Rational Politicians, 1998 Alfred Marshall Lecture.” *European Economic Review,* vol. 43,699-735.

2003. *The Economic Effects of Constitutions,* Munich Lectures in Economics (Cambridge, Mass.: MIT Press).

2004. “Constitutional Rules and Fiscal Policy Outcome.” *American Economic Review,* 94, no. 1 (March): 25-45.

Poterba James, M., and Jürgen von Hagen, eds. 1999. *Fiscal Institutions and*

Fiscal Performance (Chicago: Chicago University Press).

Rostow, W. W. 1953. *The Dynamics of Soviet Society* (New York: W. W. Norton).

Tanzi, Vito. 2000. “Rationalizing the Government Budget,” in *Economic Policy Reform: The Second Stage,* edited by Anne Kruger (Chicago: University of Chicago Press), pp. 435-53.

2010. “The Return to Fiscal Rectitude after The Recent Escapade.” Paper presented at the Annual Research Conference at the European Commission. Brussels, November 17.

Tinbergen, Jan. 1956. *Economic Policy: Principles and Design* (Amsterdam).

Tullock, Gordon. 1965. *The Politics of Bureaucracy* (Washington, D.C.: Public Affairs Press).

von Hagen, J. 1992. “Budgeting Procedures and Fiscal Performance in the European Community.” *European Economy Papers* (Brussels) 96.

第十章　政策工具和政府职能

一、引言

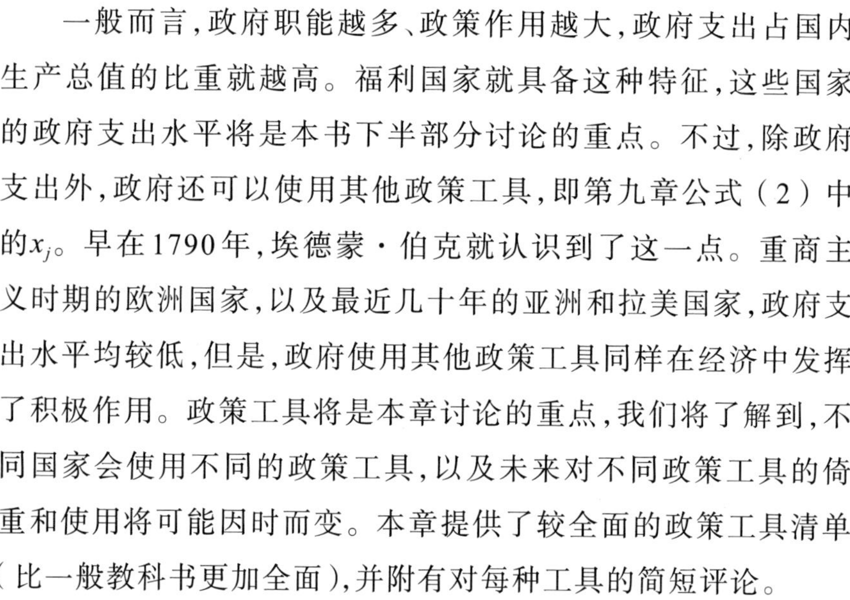

一般而言，政府职能越多、政策作用越大，政府支出占国内生产总值的比重就越高。福利国家就具备这种特征，这些国家的政府支出水平将是本书下半部分讨论的重点。不过，除政府支出外，政府还可以使用其他政策工具，即第九章公式（2）中的x_j。早在1790年，埃德蒙·伯克就认识到了这一点。重商主义时期的欧洲国家，以及最近几十年的亚洲和拉美国家，政府支出水平均较低，但是，政府使用其他政策工具同样在经济中发挥了积极作用。政策工具将是本章讨论的重点，我们将了解到，不同国家会使用不同的政策工具，以及未来对不同政策工具的倚重和使用将可能因时而变。本章提供了较全面的政策工具清单（比一般教科书更加全面），并附有对每种工具的简短评论。

要认识到本章所讨论问题的重要性，首先要对比一下瑞典、丹麦与中国的异同。我们知道上述三个国家的政府均在本国经济中发挥了重要作用，但是，瑞典和丹麦政府主要是通过调整政府支出发挥作用，中国政府则倚靠监管。斯堪的纳维亚国家政府支出占国内生产总值的比重比中国高出30个百分点。在瑞典和丹麦,私人产权受到有效保护,很少有企业被国有化,监管透明。因此,尽管瑞典和丹麦的政府支出较高,但他们在全球竞争力排名中仍名列前茅。

一些政策工具在实现特定目标上较其他工具更有效率,政府应根据政策目标的变化而选择工具。不过,可能基于特殊原因,在很多情况下,效率较低的工具反而受到青睐。遗憾的是,政策工具的选择及其影响因素很少受到经济学家及各国政府的关注,我们将在此予以讨论:

第一,管理因素。政府组织的质量是工具选择的重要决定因素。政府机构的能力越强,在政策工具选用上的自由度就越高。因此,通过改善政府组织,政府能够使用更多的政策工具来履行职能。这一论断的基本假设是,政府组织质量对于政策工具使用属外生变量。但有时这一假设并不成立。公共管理及社会学的研究表明,影响政府组织专业性和效率的因素很多,例如传统因素、政府机构的社会地位、公务员选拔制度以及工资水平等。在符合马克斯·韦伯(Max Weber)提出的“理想的”或者常规的政府组织模式[1]的政府中,政府组织可以作为政府实现福利等目标的工具,不过,政府机构必须以公众而非自身的福利最大化为目标。[2]

除了考虑有效使用政策工具的能力外,还要考虑成本问题,而且要区分带给政府的直接成本和带给整个社会的间接成本。与监管工具相比,政府支出的直接成本较高。有些国家的政府倾向于使用监管工具,这可能引起约瑟夫·斯蒂格利茨(1989)所称的成本不对称问题,即“政府机构很少重视其客户的时间。

增加雇员以提供更好公共服务的高成本是显而易见的并且会反映在预算中，但其好处却不会”。因此，（从节省时间的角度来看）其带给民众的好处通常会被忽略。

政府在选择政策工具时存在一种倾向，即侧重选择那些能够为政府省钱、可以将成本（时间成本和资金成本）转嫁给居民的政策工具。从某种意义上讲，政府只关注其自身的财务成本，很少考虑社会成本，这是公共部门的通病。例如，自我评估收入税负可以节省税务管理当局的“管理成本”，但却大大增加了纳税人的“合规成本”（Tanzi，2010）。税务管理当局通常以节省国家管理成本为理由而推崇这种做法。[3]其他服务方面（例如获得护照、许可证等），节省管理成本通常会导致居民“排长队”现象。[4]如果政府忽视了“合规成本”（实际上经常如此），他们就会将税收等体系搞得越来越复杂（Tanzi，2006）。再如，有些监管措施会给监管对象带来较高的报告成本。近年来，企业报告成本上升就招致了颇多抱怨，但监管部门却无法对企业报告的信息予以评价。[5]

第二，政治因素。使用预算类工具（包括税收、政府支出等）通常需要立法通过，而非预算类工具则不需要，因此，考虑到立法程序历时较长、成本较高（政治成本），预算类工具不受欢迎，政府会更多地使用非预算类工具（与理想世界中的最佳水平相比）。政府是保守的还是开放的，也会影响其对政策工具的选择。出于政治上、管理上以及使用难易程度上的原因，政府存在宁可使用货币政策也不使用财政政策的倾向，这一倾向在2008—2009年全球金融危机中表现明显。

即使存在这样或那样的因素会影响政策工具的选择，政策工具在一定程度上还是可以相互替代的。在既定目标下，有些政策工具的效果大致相当。政府的观念也会影响到工具选择。例如，希望实现低税收、低支出（占GDP的比例）的政府可能会选择“税式支出”工具，以避免较高的政府支出。克林顿时期的美国政府就采用了这种做法，当时美国共和党控制了议会使克林顿政府无法提高税收和政府支出。在进行政策工具替代时，应当考虑社会成本，而不仅仅是政府成本。有时，政府会成为负外部性的制造者。

在大多数经济体中，不同的经济活动及社会群体之间的资源配置和收入分配是通过至少五个系统来进行的。政府需要运用不同的政策工具来影响这些系统。在介绍具体的政策工具之前，有必要先对这五个系统进行研究。

第一个系统是私人市场。这是最重要的，也是经济学家最关注的系统。在政府干预之前，市场在收入分配中发挥主导作用。新古典经济学家，尤其是奥地利学派的经济学家坚持认为，价格的作用最重要，因为价格为资源配置和收入分配提供了重要信息。威廉·罗普克认为，“市场是协调生产者与消费者行为的唯一一种有效方式”（Pongracic，1997）。[6]因此，他们对其他四个系统较少关注。

第二个系统涉及民事及宗教机构等非营利部门。非营利部门的活动包括家庭成员之间以及朋友之间的交易，这些交易是不纳入核算的。但可能会涉及数额巨大的资源配置，从而对收入分配产生较大影响。如前所述，非营利部门在以前较现在更为重要，原因是后来的政府干预对其产生了“挤出”效应（尤其是在福利国家），以及家庭规模的缩小和家庭纽带的松动。“挤出”效应在一些国家中反映得较为明显。正如一位瑞典专家所言，“非营利部门已经被广泛地融入中央政权”（Boli，1991）。博利（Boli）的论文标题非常醒目：“瑞典存在一个有生命力的第三部门吗？”这里所谓的“第三部门”指的就是非营利部门。美国的经济学家也表达了相同的观点。威廉·罗普克（1960）认为，正是政府援助和道德教育毁掉了慈善业。[7]

第三个系统是赠予市场。如果赠予是亲朋好友之间的礼品馈赠，它就是合法的；如果赠予涉及的交换实际是隐性腐败或者隐性交易，它就是违法的。由于各国的文化、家庭作用（尤其是数代同堂的大家庭）以及腐败情况各异，赠予在资源配置和收入分配中的重要性也各不相同。[8]赠予在腐败程度较低的国家（例如瑞典、丹麦等）作用较小，在有些国家则有着重要作用。

第四个系统与犯罪活动相关，无论是有组织犯罪还是无组织犯罪。盗窃等犯罪活动通常会改变收入分配及资源配置格局。例如，有些国家将毒品制造销售、赌博、卖淫等视为合法，因为它能给这些国家带来收入。再如，为逃避高额税负的香烟走私会使一些人大发横财，但也会使其他人承担高额成本。据报道，有些国家在上述活动中的投入及相应收入数额巨大，若以其占国民收入的比例计，有时几乎与10年前政府所能动用的资源总量相当。因此，犯罪活动对资源配置和收入分配的影响不可忽视。如同非法毒品业一样，这些犯罪活动自成市场，并且建立了相应的交易规则和价格体系。

最后一个系统与政府行为相关。在此系统中,政府通过征税、收费或借贷实现提供公共服务的功能。最近10年来,政府支出、税收等占国民收入的比重大幅增长。不过,除了税收及政府支出外,政府还可以选择其他政策工具来实现自己的目标,并且对收入分配产生影响。

上述五个系统都涉及交换,都要求建立规则。不过,只有与犯罪活动和政府行为有关的系统需要强制力,[9]其他三个则不需要。一般而言,最后两个系统越重要,前面三个系统就越不重要。

接下来,我们将简要介绍一些政策工具。我们将政策工具分为三类来讨论,即财政工具、监管工具和其他工具。

二、财政工具

一般情况下,财政工具即与政府预算有关的工具。在工业化国家,使用财政工具的程序较为复杂。

政府支出。政府支出的主要作用是支付公务员工资,提供公共产品、公共服务,通过转移支付保护特定群体免于特定风险等。此外,由于私人部门无法提供公共基础设施,需要通过政府支出来建造和维护公共基础设施。在过去10年中,政府支出占国内生产总值的比重大幅上升,这说明政府支出成为较受欢迎的工具。

政府支出水平及其结构的调整是重要的政策工具。有时政府并不改变整体支出规模,而是通过调整支出结构实现其政策目标。例如,为了促进经济长期增长,政府支出会向生产性投资、研发和教育等领域倾斜。如果政府的主要目的是为赢得下届大选，政府就会增大当前公共支出、为公务员加薪等。在这种情况下，政府支出将落入利益团体或政策制定者自己的腰包。

税收。税收在借债、收费、出售公共财产以及国有企业红利分配等渠道的辅助下为政府支出融资。从长期来看，高支出需要高税收的支持。在使用税收工具时，政府一方面会向特定群体征收重税；另一方面会通过政府支出向另外的特定群体提供帮助。与政府支出一样，调整税收水平及其结构或者特定税种都是重要的政策工具。在历史上，税收曾仅仅服务于政府支出。过去几十年来，税收已经成为一种多样化的政策工具，用于满足越来越多的社会目标，例如增加政府支出，收入再分配，减少外部性，推动良好的健康习惯，通过特定税种为修路、养老金支付等融资，采用特别的税收激励推动某些行业或地区的发展，推动进口替代，影响人口结构变化，提高就业水平，促进消费，提高住房拥有率，等等。

斯坦利·萨里（Stanley Surrey，哈佛教授，曾在美国财政部工作）于20世纪60年代提出了“税式支出”的概念。随着时间的推移，税式支出的作用越来越重要（Surrey，1973）。美国等国家希望实现低税收、低支出，而同时又能够促进符合社会利益的私人消费，因此，它们用税式支出替代政府支出（Toder，2000）。税收作为一种政策工具，其作用已经超越了仅服务于政府支出尤其是公共产品的功能，税收体系也因此而变得越来越复杂。

政府债务和政府贷款。除了税收和政府支出工具之外，政府还在债券市场上融资，并向个人或企业提供贷款。在有些情况下，政府借贷成为一种重要的政策工具。一些经济学家推崇政府通过借贷来为公共投资融资，并将此称作“黄金法则”（golden rule）。近年来，英国政府采取了这种政策，直到2008—2009年全球金融危机发生后才放弃。德国等国家也曾实行过这一政策。20世纪60年代，公共财政经济学家曾就该政策进行过讨论。他们当时讨论的问题包括，公共投资的资金是应该来源于政府当期收入还是借贷，是否应建立单独的“资本预算”等（Balassone and Franco，2000）。这些争议基于一种观点，即公共投资会为下几代人创造资产，因此，下几代人应该为公共投资“埋单”。

政府债务的**期限**结构也可以作为一种政策工具。在理论上，债务期限越短，所使用的金融工具就越容易成为货币的替代品，对价格的潜在影响就越大。政府还可以通过调整债务期限结构来影响收益率曲线。政府债务期限延长意味着利率上升、利息支出增加。此外，对国债投资征税也可以作为一种政策工具。有些国家对国债投资免税，这样做既降低了政府借债的直接成本，又提高了国债投资者尤其是高收入群体的税后净回报率。美国有些州政府以及其他国家就采取了上述做法，并且对外国投资者也免征利息收入税或者税率较低。如果一国政府对国债投资免税，同时通过提高增值税率来弥补相应的税收损失，实际上是将税务负担由高收入群体向低收入群体转嫁。

政府贷款或政府担保贷款也是重要的预算类工具。政府贷款的对象包括社会公众、公民群体（例如学生、农民、贫困地区的居民以及受灾人群等),偶尔也包括私人企业。发放政府贷款的理想方式是通过预算渠道,或者报告预期成本。不过,历史上曾经有国家由中央银行或者能够获得中央银行信贷或政府担保支持的政策性银行来发放贷款,由这些部门发放的政府贷款属于“预算外活动”。上述预算外贷款还有很多种,尤其是在2008—2009年全球金融危机期间得到了较多使用。历史经验表明,预算外贷款常常会导致通货膨胀,只是会有一些时滞。

在2008—2009年全球金融危机期间,美国和英国等主要发达国家的中央银行采取了“量化宽松”政策来刺激私人贷款。之所以采取“量化宽松”政策,是因为当时利率工具已经无效,即中央银行已经将其基准利率降至接近于零的水平。在零利率政策下,中央银行购买金融企业的问题资产,使得中央银行的资产膨胀,商业银行在中央银行的储备增加,相当于中央银行投放了大量流动性。目前还不清楚这种做法是否会导致通胀,或者只会产生促进经济增长的正面效应。无论如何,它都将影响未来政府的经济职能。

三、监管工具

监管及许可证制度作为功效强大的政策工具,可以被用来实现政府目标。监管工具可以替代税收和政府支出工具来实现特定的目标。例如,为了实现帮助残疾人的目标,政府可以直接给残疾人发放补贴,也可以引入监管制度,要求企业必须雇用一定比例的残疾人。这一监管制度的效果等同于政府向企业征税,然后给残疾人发放补贴。再如，政府可以补贴某种产品或服务的消费，也可以通过限制该产品或服务的销售价格达到同样的效果，实际上，发展中国家经常采用后者。此外，很多国家采用过或者正在采用的“房租控制”措施也是同样的道理。限价方式在一段时间后会导致相应产品或服务的短缺，不过，这样做可以促使人们通过正规渠道获得产品，而不是利用黑市。大多数监管工具的效果等同于税收及补贴，最终效果目前还难以确定。

监管工具可以用来保护特定群体免于特定风险。此类监管工具的使用相当于一方面对某些部门（例如企业或农业部门）隐性征税，而另一方面为某些群体（例如残疾人或城市工作人员）提供补贴（Tanzi，1998b）。因此，目标明确的监管手段可以在一定程度上替代政府支出，即政府可以利用监管工具来实现特定目标。[10]

计划经济国家通常使用监管工具来实现社会目标，例如，要求国有企业安排所有就业、医疗、退休保险，甚至食物和住房。同时，国有企业生产的产品由政府定价。因此，计划经济国家实际上是一种“监管型福利国家”（regulatory welfare state）。显而易见，据此原则运作的经济体肯定缺乏效率，弗里德里希·奥古斯特·冯·哈耶克、路德维希·冯·米塞斯、威廉·罗普克等经济学家对此均有论述。实际上，计划经济国家的主要目标是公平而非效率，是为了保护民众免受风险冲击，而且计划经济国家的政府基本实现了它们的目标。例如，在计划经济国家转轨时期，经常会有老年人抱怨：向市场经济转型使他们的生活失去了保障，因为在计划经济体制下为其提供的基本安全网不复存在了。因此,正如阿马蒂亚·森所指出的那样,将效率作为评价一个国家的唯一标准是不合适的,同时过分强调公平也是不合适的。

在市场经济中,有时工会组织会要求政府使用监管工具。例如,在美国,一些企业根据工会合同规定为其员工提供了慷慨的退休金、医疗保险等非工资福利。这些福利本来可以通过政府支出由政府直接提供,考虑到政府支出会导致税负增加,这些企业的员工及其家属实际上是享受了隐性福利(Howard,1997)。在一定程度上,很多企业员工所获得的社会保护与福利国家政府直接提供给企业员工的保护基本相当。然而,当企业不再能够将所承担的福利成本转嫁到产品价格上,或者当企业不能通过调降员工现金工资来缓解成本负担时,该企业在与不受此成本困扰的外国企业的竞争中就会处于劣势。另外,企业一般只给在职员工提供上述免费的或企业补贴的福利待遇,那些无业人员、被解雇人员或者变换工作的人员都与此无缘。

在一些国家中,与经济相关的监管工具还被用于以下领域:就业市场(例如,最低工资保障、工作时间上限、最低休假天数保障、对解雇员工的限制、必须雇用残疾人的要求等)、房地产市场(例如,房租控制及其他有关租房合约的限制等)、信贷市场(例如,要求向某些主体提供政府补贴或政府担保贷款,包括农民、学生、购房人士或贫困地区的企业等)、产品市场(例如,对某些产品实施价格管控或监管等)、对外贸易市场(例如,多重汇率、对某些进口商品实施数量控制等),以及国企市场(例如,必须以优惠价格为某特定群体提供特定服务等)。[11]原则上讲,

使用上述监管工具所要达到的目标，都可以通过税收或政府现金补贴等方式来实现。因此，这些监管工具是政府职能的有机组成部分。

不仅计划经济国家使用过上述监管工具，美国和一些发展中国家（例如拉美国家）也使用过，由此构建的社会保护体系不需要高税负和高支出来支撑（Tanzi，2004）。因此，计划经济国家，尤其是一些发展中国家的税负水平低于市场经济的福利国家。不过，这种基于监管的保护体系或安全网因缺乏效率而容易遭受责难，这经常是主流经济学家批评计划经济、国际组织批评发展中国家政府的矛头所指。此外，批评还指向该体系只为特定群体（主要是有组织的城市工作人员）而非全体居民提供保护的事实。在发展中国家，城市中产阶层获得的保护大大超过农村贫困人群；国有经济部门获得的保护大大超过非国有经济部门。并且，谁能够通过向政府施压推动有利于自身的监管政策出台，谁就能够由此获利。例如，公务员除了稳定的工资之外还可以享受各种福利，而私人企业员工只能望之兴叹。因此，这一基本保护体系有利于那些能够很好组织起来且最能表达诉求的群体。

在市场经济国家，土地监管非常重要，因为相关监管措施将影响房产市值以及房产所有人的资产净值。正因为如此，土地监管通常引致腐败也就不足为奇了。此外，土地监管还会弱化产权保护。

政府还通过各种各样的许可证制度保护居民免于特定风险，例如，对飞行员、公共汽车司机、出租车司机、医生、律师、药师、某种机器操作员、理发师等实施培训及任职资格许可（颁发从业执照）。培训及发照职责可能由政府特许的机构承担，例如学校、医院和大学等。实践中，许可制度经常被利益团体所利用，成为他们限制行业准入的工具，以达到减少竞争、提高自身收入的目的。例如，美国药业协会（American Medical Association）拥有限制医生人数的权力，其他类似机构，比如出租车司机协会等，也对从业人数进行限制。这实际上是一种“监管被俘”（regulatory capture）。

最极端的一个许可证案例发生在16世纪的法国。当时，法国政府要求乞讨者必须获得从业执照才能在某一城市或某一特定的城区进行乞讨，而那些获得执照的乞讨者希望政府限制新发照的数量（Solomon，1972）。目前，有一些国家仍然实施许可证制度，例如在设立企业和对外投资等方面。通常，许可制度会降低经济活动的效率，并且滋生腐败。一方面，有些人为了减少获得许可所需的时间会向政府官员支付“好处费”（speed money）；另一方面，如果被监管对象拥有强大的政治权力，则会导致监管无效。

现在，很多国家都存在监管错配，即“不必要的监管太多、必要的监管太少”。2008—2009年全球金融危机凸显了这一问题。当时，那些拥有政治权力的金融市场参与者，反对针对他们的监管措施。很多专家认为，正是这种监管缺位导致了此次全球金融危机，因此，一些国家已经开始采取措施以弥补监管漏洞。不过，那些金融市场参与者也正在积极活动，力图稀释监管新规的效果。经济学家乔治·约瑟夫·施蒂格勒毕生专注于监管理论研究，并因其研究成就而获得1982年诺贝尔经济学奖。施蒂格勒（1972）指出，监管者经常会被监管对象俘获，监管很少甚至从未使市场变得更加有效。

除了上述传统的政策工具以外，还有一些较为折中的政策工具。还有一种现象值得注意，即过去重要的政策工具，现在变得不那么重要了；过去不那么重要的政策工具未来也有可能会变得重要起来。

四、其他工具

征役权（Power of Conscription）。以前，政府凭借征役权工具强迫人们去修路、挖运河、打仗。被征用的人必须花费大量的时间从事一些无报酬或者很少报酬的危险工作。近年来，在民主国家，此类权力仅限于征兵，有些国家甚至完全弃用此权力，连参军也全凭自愿。[12]尽管如此，我们还是应该关注这种工具的历史变迁，因为它有可能在未来某个时候又会被政府重新启用。[13]实际上，当我们将现在与以前的税收负担进行比较研究时，容易忽视与征役制相关的隐性负担。

所有权。世界上任何一个国家的政府都拥有一些有价值的资产和房产，包括自然资源、森林、高山、土地、建筑物、街道、艺术品、公共图书馆以及纪念碑等。一些具有"自然垄断"特征的企业——在通常情况下应属私人企业——也为政府所有。基于所处时代或特定国家的不同理念，所谓"国有"企业或者完全由政府所有和经营，或者由私人所有而受政府监管，或者政府掌握

（或控制）一定股份，进行商业化运营。有些时候，政府拥有“黄金股份”（golden share），即其拥有的股份数量足以控制企业的分红、董事任命等重要事务。[14]实际上，政府从过去的依赖世袭收入转为征税后，资金来源的弹性提升给了他们更大的支出空间。

第二次世界大战之后，基于当时的理念及社会主义思想的影响，欧洲和其他地区出现了“国有化”浪潮。在这一浪潮的影响下，政府控制了国民经济“命脉”，不过，也给私人产权留出了一定的空间。直到20世纪八九十年代，国有企业私有化的浪潮才从英国蔓延到其他国家。在这一时期，“公私合营”（public-private partnerships，PPP）方式受到推崇，尤其在建设大型基础设施项目时。即根据私人部门与政府达成的协议，这些基础设施由私人建造、私人经营，若干年后该项目的所有权和经营权收归政府。这一方式下，政府既可以实现基建建设的目标，又可以削减支出。这在一定程度上回归到了19世纪（尤其是英国）的做法（de Molinari，1849）。不过，在现代社会，政府这样做会面临各种风险，尤其当实际进展与协议所定存在出入时（Polackova and Schick，2002）。

政府所有资产占一国总财富的比例有大有小，这些资产的经济收益取决于其使用效率，高低不一。据估计，政府所有资产的价值占国内生产总值的比例在英国和意大利分别为40%和120%（Reviglio and Russo，2005）。之所以存在较大差异，主要是由于历史原因。在意大利，政府所拥有的资产的价值与政府债务基本相当，并且经常有人提议要通过出售这些资产来偿还政府债务。

有些国有资产，例如矿产，能够给政府带来可观的收入，为政府支出提供资金来源。当大宗商品价格上涨时，大宗商品出口能够为政府创收，例如近年来的挪威、俄罗斯、智利、墨西哥、秘鲁、沙特等国家。政府可以将这些额外的收入花掉，也可以将其存入基金。由基金产生的收益较为稳定，这样，政府就可以更自如地实施逆周期经济政策，挪威、智利等国家就采取了这种政策。从长期来看，依靠所拥有的资源，政府可以实现超出税收所支持水平的支出。[15]

国有企业所有权也是政府履行职能的重要工具，包括创造就业等。有些国有企业具有垄断性质，能够实现丰厚的利润。例如，意大利能源企业埃尼集团（ENI）通过高价出售产品而获利丰厚，并以红利形式将部分利润分给政府。有些国有企业通常会亏损，例如航空、铁路、邮政等企业，需要政府补贴。有时补贴还会以国有企业之间利润转移的形式存在，即用盈利企业的利润来弥补亏损企业的损失，通过这种方式，政府可以实现一定的社会目标。

政府还拥有一些资产，既不属于自然资源，也不是国有企业，例如艺术品（有些深藏在博物馆的地下室里从未公开展出过），公共图书馆，废弃的铁轨，用作监狱或学校的建筑物，或者曾作为修道院、寺庙或军营（army caserms）的建筑物（通常坐落于中心城区），等等。一些国家的情况表明，政府对上述资产通常未能有效使用，几乎没有收益，主要原因包括法律控制权分散、管理较差、资产使用者的既得租金等（因历史原因较难进行

政策调整）。这是政府低效率的重要表现，却未能引起经济学家的关注（Tanzi and Prakash，2003）。一个致力于实现公众利益最大化的高效政府会调整这些资产的使用，使之产生尽可能高的（社会）回报率。不过，这样做也使得政府无法再借此向特定群体输送利益。[16]

或有负债。在现代社会，尤其在2008—2009年全球金融危机期间，或有负债作为一项政策工具发挥了重要作用。或有负债是指政府向私人（准私人）投资者或者特定项目提供的担保。最近几十年来，随着私有化进程加快以及增税难度上升，政府越来越重视对或有负债工具的使用。私人企业承担以前由政府投资的项目（例如公共基础设施的建设）时，通常会获得政府担保。以前纯属商业性质的行为（例如银行存款）现在也需要政府担保。政府还为一些从事政府支持活动（包括私人购房、学生贷款等）的机构提供隐性担保。在或有负债的形式下，当被担保机构或项目遭受损失或盈利未达到合同规定时，政府或国有资产管理机构就要承担相应的财务风险。[17]

政府或有负债可能产生于对私人部门、地方政府或者准公共机构提供的担保，不过，有些担保是隐性的，即政府担保不是基于正式合同，而是基于某种特殊情形下政府将进行干预（或者被迫进行干预）的预期。政府以前的救助行为会影响预期的形成，造成“道德风险”，使投资者认为，在某种风险情形下政府将出手相助，这鼓励了代理人的风险偏好。此外，对于易受灾害事件影响的投资活动，政府担保很重要。政府通过承担潜在风险，（有意或无意地）鼓励了私人部门承担更多的风险项目，或者继续在高风险环境下从事投资活动。

政府使用或有负债工具的最普通的例子是公私合营方式下的基建项目投资。例如，项目由私人投资者投资和经营，政府担保其投资的最低收益率。另一个案例是针对恐怖袭击提供的担保。2001年“9·11”事件之后，有些国家为商业航空公司提供担保，从而在商业保险公司不再为航空公司提供保险的情况下，仍能保持航空公司的正常运营。此外，那些在地震、水灾、台风等自然灾害高发地区的建房者，也存在政府将提供财务支持的预期。[18]如果没有这种预期，很少会有人在自然灾害高发地区建房。

如前所述，政府担保有时是显性的，有时是隐性的。显性担保是提前做出的，较为透明。在显性担保的情况下，政府不进行投资，而是为其他投资者的投资活动提供担保，承担未来不确定的潜在成本。隐性担保在问题出现之前是不确定的，它对政府当前支出的影响不太清楚。不管是显性担保还是隐性担保，因为存在政府承担风险的预期，所以有助于推进某些活动，或者鼓励人们更多地投资、承担更大的风险。因此，这一工具类似扩张性财政政策，能够产生刺激经济增长的效果。在此次全球金融危机期间，由于一些金融机构具有“大而不能倒”的性质，为了防止其倒闭可能引发的系统性金融风险，政府面临着干预的压力，英国和美国政府正是在这种压力下对大型金融机构施以救助的。这种救助或干预可能引起市场关于未来政府职能调整的预期，[19]也可能被看作是政府对以前未履行的监管职责的弥补。

政府因显性担保或隐性担保承担的潜在成本并不纳入财政

预算，因此，政府担保表面上对财政政策没有影响，但实际上，是会影响财政政策效果的。有时，政府会因或有负债面临未来支出较高的潜在风险（Polackova and Schick, 2002）。正如2008—2009年全球金融危机所显现的那样，或有负债导致许多国家的财政状况恶化，并且改变了政府干预的预期。[20]

职业会计人员建议，政府应在预算中详细列明所承担的显性担保。其实，政府很少向社会公众提供关于担保的信息，而且这类信息通常含在预算文件所附的脚注或备注中，很容易被忽略。此外，很多或有负债因是隐性的，事前并不确定。[21]一个国家的金融体系越复杂，金融机构的规模越大，金融机构倒闭的概率越高，就越需要财政政策透明和财政状况良好，从而使政府在危机时期更容易进行干预，并承担金融机构倒闭的额外成本。

或有负债可以作为实现政府目标的政策工具之一，包括建设基础设施，维护商业航空公司的正常运营，提高住房拥有率，以及保持银行系统稳定等。使用或有负债工具可以为政府节省当期财政支出。例如，政府为存款人提供担保就是一种或有负债，虽然有时银行需要向存款保险机构缴纳保险费。存款保险机构能够应对个别银行的倒闭，却无法应对系统性风险。历史上，政府通常花费大量资金救助银行危机。近年来，由于银行危机频发，政府债务负担大幅上升（Reinhart and Rogoff, 2009）。

政府或有负债不同于政府承担的与养老金固定收益计划或医保体系有关的未来负债，这些未来负债产生于上述保障体系不断上升的支出成本超过其所收缴的费用，美国和一些欧洲国家就出现了这样的问题。与或有负债一样，未来负债也不纳入当期财政报告，这使得一国的财政状况无法得到真实反映。不过，未来负债不同于或有负债，前者因人口结构变化及社会保障体系成本上升而导致，是可以预期的已知成本；后者则因为不可预期的灾难性事件而导致，仅仅是依据概率可以估算的或有成本。在一个完备的权责发生制预算体系下，未来负债应反映在当期预算中。估算未来负债时，应考虑对那些可能影响负债规模的潜在因素进行敏感性分析。[22]

如前所述，有些或有负债是隐性的，因此较难按照权责发生制纳入预算。举个例子。一些人认为，房利美和房地美的背后有美国政府的支持，因此，这两家公司可以以较低的成本从金融市场上获得信贷，帮助政府实现其提高住房拥有率的目标。得益于这两家公司，更多的房子被建造出来，更多的居民能够买得起房。但是，这两家公司不断膨胀的业务带给政府的是一大笔或有债务，当它们倒闭时，政府不得不出手接管，为上万亿美元的债务埋单（Ponsner，2009；Shiller，2008；Sinn，2010）。[23]再如，近年来，在自然灾害高发地区（例如美国加勒比海和大西洋沿岸）建房的人们逐渐形成了政府将出手救助的预期。这种救助预期还体现在政府对于那些“大而不能倒”的金融机构的态度上。这种或有负债将影响政府未来的经济职能。

助推（nudging）或引导（cajolement）。这是政府可以用于影响居民行为、帮助居民选择合适行为方式的一种政策工具，该工具的使用可以避免政府在风险发生之后进行事后干预，从而有助于降低风险。实际上，在一个家庭中，家长也可以通过这种方式来培养孩子的良好行为。行为经济学家近期的研究也表明，可以通过一定方式对非理性行为进行引导，例如，引导人们多储蓄、少抽烟等。[24]通过“助推”，政府可以影响而不是强迫社会公众做出有助于身体健康、家庭幸福以及财富积累的决定。近期，出现了有关这一政策工具的讨论，行为经济学家的相关研究结果也将公布。他们提出，该工具与非理性行为之间的关系是一个需要深入研究的新问题。这一政策工具曾经被广泛地使用过，例如，在战争时期，通过宣扬爱国主义，促使居民购买国债、自愿入伍或者缴纳税款等。[25]在很多情况下，政府只要能够向人们提供有价值的信息和正向激励，就能够达到改善人们行为的目的。

理查德·泰勒（Richard H.Thailer）和卡斯·桑斯坦（Cass Sunstein）（2008）在最近出版的著作中讨论了该工具的使用问题（Della Vigna，2009）。[26]鉴于“助推”以及提供有用的信息是为了鼓励而不是强迫人们采取某种行为方式，有人最近冠之以“自由意志家长式”（libertarian paternalism）做法，有时可以用这种做法替代其他政策工具。不过“自由意志家长式”做法对其他政策工具的替代性是有限的，只能在某些特定的环境中采用。

在结束本章之前，我想再次强调，政府可以通过使用监管等其他政策工具来实现资源的合理配置、收入分配以及经济稳定等政策目标。例如，要达到宽松政策的效果，政府可以通过放松监管或者承担或有负债的方式实现。因此，公共财政教科书中关于稳定政策及资源配置、收入再分配政策的讨论不应当仅限于税收和政府支出，其他政策工具也可以用来实现政府目标。

参考文献

Andreoni, J. 1988. "Privately Provided Public Goods." *Journal of Public Economics* 35: 57-73.

Auerback, A. J., J. Gokhale, and L. Kotlikoff. 1991. "Generation Accounts: A Meaningful Alternative to Deficit Accounting," in *Tax Policy and the Economy*, vol. 5, edited by D. Bradford (Cambridge: Mass. MIT Press), pp. 55-111.

Balassone, Fabrizio, and Daniele Franco. 2000. "Public Investment, the Stability Pact, and the 'Golden Rule.'" *Fiscal Studies* 21: 207-29.

Blanchard, Oliver, and Francesco Giavazzi. 2008. "Improving the Stability and Growth Pact through Proper Accounting of Public Investment," in *Fiscal Policy Stabilization and Growth: Prudence or Abstinence*? edited by Guilllermo Perry, Luis Serven and Rodrigo Suescún (Washington, D.C.: World Bank).

Blank, Rebecca. 2000. "When Can Policy Makers Rely on Private Markets?" *Economic Journal* 110, no. 462 (March): 34-49.

Boli, John. 1991. "Sweden: Is There a Viable Third Sector?" in *Between States and Markets*, edited by Robert Wuthnow (Princeton: Princeton University Press), pp. 94-124.

Burke, Edmund. [1790]. 1987, *Reflections on the Revolution in France edited* by J.G.A. Pocock (Indianapolis/Cambridge: Hackelf Publishing Company).

Costa, Raffaele. 2002. *L'Italia dei Privilegi* (Milan: Mondadori).

Della Vigna, Stefano. 2009. "Psychology and Economics: Evidence from the Field." *Journal of Economic Literature,* 47, no. 2 (June): 315-72.

de Molinari, Gustave. 1849. *Les Soirées de la Rue Saint-Lazare.* Translated as *Le Serate di Rue Saint-Lazare* (Macerata: Liberi Libri, 2009).

Evans, Chris. 2003. "Studying the Studies: An Overview of Recent Research into Taxation Operating Costs." *eJournal of Tax Research* 4: 1-38.

Formez (Presidenza del Consiglio dei Ministri, Italy). 2007. *Innovazione Amministrativa e Crescita,* vols. 1-10 (Naples: Ricerca Giannini-Formez).

Gokhale, Jogadeesh, and Kent Smelters. 2003. *Fiscal and Generational*

Imbalances: New Budget Measures for New Budget Priorities (Washington, D.C.: AEI Press).

Howard, Christopher. 1997. *The Hidden Welfare State: Tax Expenditures and Social Policy in the United States* (Princeton: Princeton University Press).

Kendall, Jeremy, and Martin Knapp. 1996. *The Voluntary Sector in the UK* (Manchester: Manchester University Press).

Kornai, Janos, Eric Maskin, and Gerard Roland. 2003. "Understanding the Soft Budget Constraint." *Journal of Economic Literature* 41, no. 4 (December): 1095-1136.

Ministero dell'Economia. 2005. *Conto Patrimoniale delle Amministrazioni Pubbliche, Stime 2001-04*, edited by A. Carpinella and E. Reviglio (Rome).

Naim, Moses. 2005. *Illicit* (New York: Doubleday).

Polackova, Ana, and Allen Schick. 2002. *Government at Risk* (Washington, D.C.: World Bank).

Pongracic, Ivan. 1997. "How Different Were Röpke and Mises?" *Review of Austrian Economics* 10, no. 1: 125-32.

Posner, R. A. 1971. "Taxation by Regulation." *Bell Journal of Economics and Management Science* vol. 22, 22-50. (Spring).

2009. *A Failure of Capitalism* (Cambridge, Mass.: Harvard University Press).

Reinhart, Carmen M., and Kenneth Rogoff. 2009. *This Time Is Different: Eight Centuries of Financial Folly* (Princeton: Princeton University Press).

Reviglio, E., and L. Russo, eds. 2005. *Patrimonio dello Stato, II patrimonio pubblico per classi di disponibilita'* (Rome).

Röpke Wilhelm. 1960. "Il Vangelo Non é Socialista." *La Tribuna,* no. 40 (October 2). Republished in a volume with the same title (Catanzaro: Rubettino, Editore, 2006).

Schiller, Robert J. 2008. *The Subprime Solution: Holy Today's Financial Crisis Happened and What to Do About It* (Princeton: Princeton University Press).

Sinn, Hans-Werner. 2010. *Casino Capitalism: Holy the Financial Crisis Came About and What Needs to Be Done Now* (Oxford: Oxford University Press).

Solomon, Howard. 1972. *Public Welfare, Science and Propaganda in*

Seventeenth Century France (Princeton: Princeton University Press).
Stigler, George J. 1975. *The Citizen and the State: Essays on Regulation* (Chicago: University of Chicago Press).
Stiglitz, Joseph E. 1989. *The Economic Role of the State* (Oxford: Basil Blackwell).
Surrey, Stanley S. 1973. *Pathway to Tax Reform: the Concept of Tax Expenditure* (Cambridge, Mass.: Harvard University Press).
Tanzi, Vito. 1986. "Fiscal Policy Responses to Exogenous Shocks in Developing Countries." *American Economic Review* 76, no. 2 (May): 88-91.
1995. "Corruption, Arm's Length, and Markets," in *The Economics of Organized Crime*, edited by G. Fiorentini and S. Perltzman (Cambridge: Cambridge University Press). Also published in a revised version, as chapter 6 of Tanzi, *Policies, Institutions and the Dark Side of Economics* (Cheltenham: Edward Elgar, 2000).
1998a. "Corruption around the World: Causes, Consequences, Scope and Cure." *IMF Staff Papers* 45, no. 4 (December): 559-94.
1998b. "Government Role and the Efficiency of Policy Instruments," in *Public Finance in a Changing World*, edited by Peter Birch Sorensen (London: Macmillan), pp. 51-72.
2001. "Transnational Crime and National Jurisdiction," in *National Sovereignty under Challenge*, edited by Ispi (Milan: Egea), pp. 53-72.
2004. "Globalization and the Need for Fiscal Reform in Developing Countries." *Journal of Policy Modeling* 26: 525-42.
2006. *Death of an Illusion? Decline and Fall of High Tax Economies* (London: Politeia).
2007. "Complexity and Systemic Failure," in *Transition and Beyond*, edited by Saul Estrin et al. (London: Palgrave), pp. 229-46.
2008. *Regulating for the New Economic Order: The Good, The Bad, and the Damaging* (London: Politeia).
2010. "Complexity in Taxation: Origin and Consequences." Mimeo.
Tanzi, Vito, and Tej Prakash. 2003. "The Cost of Government and the Misuse of Public Assets," in *Public Finance in Developing and Transitional Countries: Essays in Honor of Richard Bird*, edited by Jorge Martinez-

Vazquez and James Aim (Cheltenham: Edward Elgar).

Thaler, Richard H., and Cass R. Sunstein. 2008. *Nudge: Improving Decisions about Health, Wealth and Happiness* (New Haven: Yale University Press).

Toder, Eric J. 2000. "Tax Cuts or Spending - Does it Make a Difference?" *National Tax Journal* 53, no. 3, part 1: 361-71.

Weber, Max. 1947. *The Theory of Social and Economic Organization* (Glencoe, Ill.: Free Press).

1978. *Economy and Society,* vols. 1 and 2 (Berkeley: University of California Press).

Wuthnow, Robert, ed. 1991. *Between States and Markets* (Princeton: Princeton University Press).

第四部分

干预效果

那些拆东墙补西墙的政府总希望能够得到受补方的支持。

——乔治·萧伯纳

世上没有真相，只有说辞。

——弗里德里希·威廉·尼采

第十一章　政府支出对社会经济指标的影响

一、增加政府支出的好处

1913—2000年,发达国家的数据表明,政府支出占国内生产总值的比重上涨了大约三倍。政府支出增长一方面是为了应对特定事件（例如战争和大萧条）,另一方面是缘于认识上的变化,即政府参与以及更多的政府支出有助于提升社会福利水平、推进结构性改革。这一时期,增加支出成为政府面临的最大压力,这在一定程度上是民主化的结果,民主化使社会公众掌握了更多的话语权。

在要求政府增加支出的压力下,政府职能不断扩展。例如,很多国家提供了免费或平价的学校教育,并且在法律上规定了学生在校学习的最短时间。此外,政府职能还包括提供医疗保障；提供退休金保障,使很多乃至大多数老年人（受保人群逐渐扩大）能够获得（或有望获得）政府提供的退休金；照顾老幼、失业者等需要帮助的人群；资助有子女家庭；资助无房户；帮助亏损企业；以及其他不易观察到的项目。由于政府支出的绝大部分以现金转移的形式实现，所需的管理人员较少，政府部门就业人数的增速低于政府支出的增速。这些政策达到了提升公共福利的效果，例如，降低了文盲率，提高了劳动者素质；降低了婴儿死亡率；延长了人们的预期寿命；减轻了失业者、残疾人或贫困人群的绝望情绪以及遭受的创伤等。由于这些方面的成效，自然会有很多人（尤其是那些直接获益者）支持扩大政府的公共支出。

但是，政府支出与社会福利之间究竟是持续的正相关关系，还是收益（即政府支出增加带来的社会福利增加）递减关系呢？这是一个非常复杂的问题，目前还没有一种理论或方法论能够给出一个经得起检验的、不存在争议的答案。本章研究了政府支出与反映社会福利水平的一系列经济和社会指标之间的关系，这是一种中性方法。这种方法认为，政府干预的目的是要使经济和社会指标达到一个理想化的水平，这在一定程度上与将政策工具和社会目标挂钩的北欧国家财政政策理论一脉相承。该方法所考虑的经济和社会指标不仅仅局限于传统意义上的经济增长和收入分配。

假定社会福利W为各种经济和社会指标$X1$，$X2, \ldots, Xn$的函数。即

$$W=f(X1, X2, \ldots, Xn)$$

其中所有政府认为重要的经济和社会指标都可以涵盖在内，例如，$X1$可能为预期寿命，$X2$可能为识字率或入学率，$X3$可能为通胀率等。此外，社会福利水平的变动可以直接用经济和社会指标的变动来代替（Tanzi and Schuknecht，1997）。如果

政府通过增加政府支出（或运用其他政策工具）能够促使经济和社会指标向着理想的方向变动，进而提升社会福利水平，则增加政府支出对这些经济和社会指标的影响就是正面的。这种正面影响越大，社会福利的改善程度就越高，即

$$\Delta W=\sum_{i=1}^{n}\frac{\partial f}{\partial X_i}\Delta X_i$$

这一方法存在以下明显缺陷：第一，政府支出增加在为个人提供更多免费或有补贴产品的同时，也导致了个人可支配收入的减少，至少是一些人的支出减少。虽然能够获得政府提供的产品直接减少了个人开支，但由于政府支出的资金来自居民支付的税收，实际上是用政府支出替代了居民（或有些居民）的个人支出。换言之，这一方法只考虑了政府支出对有关指标的直接影响，而没考虑政府支出的间接成本和收益。第二，很难将所有政府希望实现的社会目标（经济和社会指标）都涵盖在内。这些目标数量与日俱增，而且不存在统一的官方口径。此外，这些目标因政府而异，随时间而变，有些可能无法计量。因此，这里考虑的指标并不全面。第三，由于无法对这些经济和社会指标设定权重，因此，在实证研究中对它们赋予了同等权重。本章所做的是给定时点的跨国横向比较研究，不是对某一国政府支出影响进行的纵向比较研究。本章的研究只是第一步，旨在判断政府支出增加（超过一定水平后）是否与相关指标的改善以及社会福利水平的提升之间存在相关关系。由于忽略了高支出、高税收的成本，用这一方法评估政府支出，容易夸大增加政府支

出的好处。

本章列出了三组实证分析结果。第一组是将18个发达国家作为一组来研究，分析一国的政府支出水平与其成效（用有关的经济和社会指标来衡量）之间的关系。第二组扩大了样本国家的范围，增加了一些发展中国家，并用联合国开发计划署（UNDP）的人类发展指数（Human Development Index，HDI）来反映社会福利水平。人类发展指数是根据各种不同指数计算出的综合指数。在第二组研究中，比较注重“人均收入”这一指标的作用。第三组对发达国家的情况进行了深入分析。[1]

我们将一大批发达国家纳入了第一组的研究，并基于可获得的数据选择了尽可能多的经济和社会指标。表11.1中列出了10项指标，包括实际GDP增长率、GDP增长率的标准差、固定资本形成总额、通胀率、失业率、公共债务、预期寿命、婴儿死亡率、初高中入学率，以及40%最贫困人群的收入占比等。

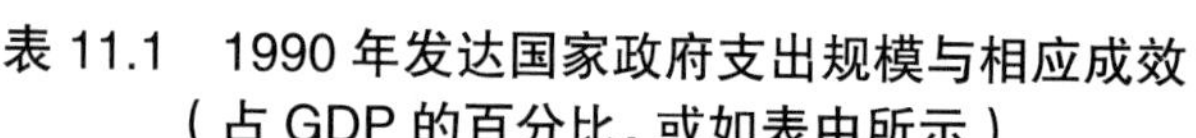
表 11.1　1990 年发达国家政府支出规模与相应成效
（占 GDP 的百分比，或如表中所示）

指标	政府规模[a]		
	大	中	小
政府支出总额	55.1	44.9	34.6
公共消费	18.9	17.4	15.5
补贴和转移支付	30.6	21.5	14.0
经济指标			
实际 GDP 增长率[b]	2.0	2.6	2.5
GDP 增长率的标准差	1.6	2.1	1.9
固定资本形成总额	20.5	21.3	20.7
通胀率[b]	3.9	3.7	3.7
失业率	8.5	11.9	6.6
公共债务水平	79.0	59.9	53.3

（续表）

指标	政府规模[a]		
	大	中	小
社会指标			
预期寿命（年）	77	77	77
婴儿死亡率（每1,000新生儿）	6.7	7.1	6.4
初高中入学率	92.8	99.1	89.0
40%最贫困人群的收入占比	24.1	21.6	20.8

[a]根据1990年的数据，“大”政府（即政府支出占GDP的比重超过50%）包括比利时、意大利、荷兰、挪威、瑞典；“中”政府（即政府支出占GDP的比重介于40%与50%之间）包括奥地利、加拿大、法国、德国、爱尔兰、新西兰和西班牙；“小”政府（即政府支出占GDP的比重低于40%）包括澳大利亚、日本、瑞士、英国和美国。

[b]1986-1994.

资料来源：多种官方来源。此表摘自Vito Tanzi and Ludger Schuknecht，1997 and 2000。

上述指标都是政策制定者非常重视的指标，其重要性也反映在政府政策上。在这些指标中，一些指标与社会整体福利水平的关系较其他指标更为直接，不过，总体上讲，任何一个指标的增减变动都会对社会整体福利水平产生可预期的影响。

根据1990年的政府支出水平，18个样本国家被分为三组，其中，政府支出占国内生产总值比重超过50%的为“大政府”组；介于40%与50%之间的为“中政府”组；低于40%的为“小政府”组。为判断政府支出水平较高的“大政府”是否在各项经济和社会指标上表现得更为出众，表11.1列示了1990年各国各指标的平均值，所列指标还包括政府总支出占国内生产总值的比重，公共消费占国内生产总值的比重，以及大、中、小各组政府的补贴和转移支付占国内生产总值的比重等。需要指出的是，1990年，“大政府”和“小政府”的平均政府支出水平（占国内生产总值的比重）相差了20个百分点。

根据表11.1的结果（包括未列在表中的更多指标），没有证据表明“大政府”能够实现比“中小政府”更好的经济社会指标。相反，除了在“40%最贫困人群的收入占比”这一指标上“大政府”的表现好于“中小政府”之外，大部分指标都是“中小政府”表现得更好。因此，可得出以下结论：在其他条件不变的情况下，当政府支出超过一定水平后，增加政府支出并不必然带来社会福利水平的提升（表现为经济社会指标的较好表现）。

再看第二组。该组选用联合国开发计划署编制的人类发展指数衡量政府支出的效果，[2]所选的发达国家与第一组相同，不过，采用的是2005年的数据。研究目的是判断是否存在“政府支出越多、人类发展指数越高”的情况。第二组的分析结果为第一组的研究提供了强有力的支持。

我们先将各国政府支出占国内生产总值的比重（2005年的数据）进行排序，然后比较其人类发展指数。如果“政府支出越多，人类发展指数越高”的假设成立，高政府支出就应该伴之以较高的人类发展指数。表11.2提供2005年19个发达国家的政府支出在GDP中所占的比重，及人类发展指数排序情况。二者之间的关系在图11.1中得到了直观反映。可以看出，政府支出水平与人类发展指数之间并不存在正相关关系，支出水平较高国家的人类发展指数排序并不靠前。例如，2005年，挪威、澳大利亚、加拿大和爱尔兰等4个人类发展指数排序最靠前的国家，其平均政府支出水平（占国内生产总值的比重）仅为37.6%；而瑞典、法国、丹麦和芬兰等4个支出水平最高（平均政府支出水平为

53.5%）的国家的平均人类发展指数排序在第9名之后。支出水平在44.7%和56.6%之间的10个国家，其平均人类发展指数排序为第12.7名；支出水平在34.4%和42.3%之间的，平均人类发展指数排序为第7名。因此，至少对这样一组人均收入和发展水平基本处于同一档次的发达国家，其政府支出与社会福利（以人类发展指数来表示）之间并不存在正相关关系。相反，二者之间实际上存在一种负相关关系（-0.33），即政府支出越多，福利水平反而越低（在图11.1中，人类发展指数越高表示福利水平越低）。总之，当政府支出达到一定水平（对发达国家来说，大概是政府支出占国内生产总值的40%）以后，增加政府支出并不能达到提升社会福利的效果，至少在以人类发展指数衡量福利水平的情况下是如此。这一结论与第一组的结论基本一致。

表 11.2　2005 年发达国家政府支出情况与相应的人类发展指数排序

	政府支出		
	占 GDP 的百分比	排序	人类发展指数排序
瑞典	56.6	1	5
法国	54.0	2	9
丹麦	52.8	3	13
芬兰	50.4	4	10
奥地利	49.9	5	14
比利时	48.8	6	16
意大利	48.3	7	18
德国	46.9	8	19
荷兰	45.5	9	8
英国	44.7	10	15
挪威	42.3	11	1
加拿大	39.3	12	3
新西兰	38.3	13	17

（续表）

	政府支出		
	占 GDP 的百分比	排序	人类发展指数排序
日本	38.2	14	7
西班牙	38.2	15	12
美国	36.6	16	11
瑞士	35.8	17	6
澳大利亚	34.6	18	2
爱尔兰	34.4	19	4

资料来源：政府支出数据源自OECD,2007；*OECD Economic Outlook*, no. 81（June 2007）；人类发展指数源自联合国开发计划署,2007。

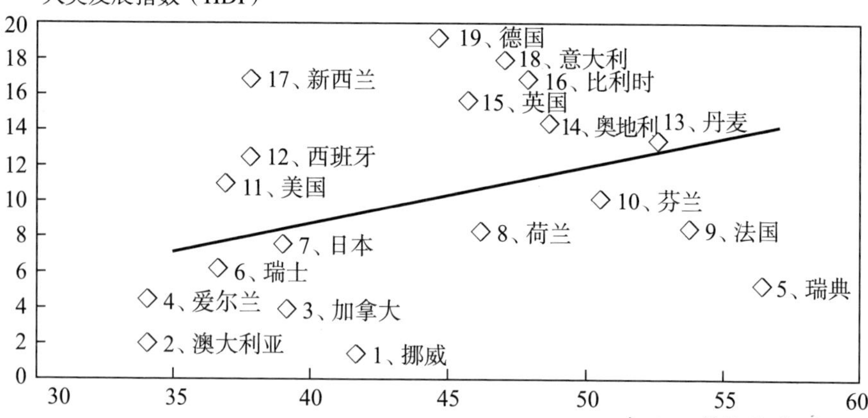

图 11.1　政府支出与人类发展指数

资料来源：政府支出数据源自OECD,2007；*OECO Economic Outlook*, no. 81（June 2007）；人类发展指数源自联合国开发计划署,2007。

需要说明的是，人类发展指数排名最靠前的几个国家（见表11.3）在20世纪90年代初的政府支出水平都很高，随后都大幅削减了政府支出，但支出水平的下降并未对其人类发展指数造成显著影响。

从表11.1和表11.2可以看出，政府支出达到占国内生产总值35%的水平时，就足以支持政府实现所有拟在市场经济中通过政府支出来实现的目标。[3]如果政府支出能够抓住重点，提高效率，即政府把重点放在提升市场运行效率上，使居民能够通过市场机制满足大部分服务需求，那么，所需要的政府支出水平可能更低，也许，不到国内生产总值的30%就可以了。遗憾的是，很多国家的政府支出非常盲目，政府以所谓“市场失灵”为出发点，将大部分精力放到了代替市场运行而不是改善市场运行上。因此，增加政府支出并不能保障福利水平提升，也不能保障广大人民群众（而不仅是少数从事特定行业的人民群众）更加幸福。

表 11.3　样本国家的政府支出占 GDP 的比重（%）

		政府支出		
	人类发展指数排序	1992	2007	变动
挪威	1	55.7	41.0	–14.7
澳大利亚	2	38.6	34.0	–4.6
加拿大	3	53.3	39.1	–14.6
爱尔兰	4	45.1	34.4	–10.7
瑞典	5	71.1	54.1	–16.7

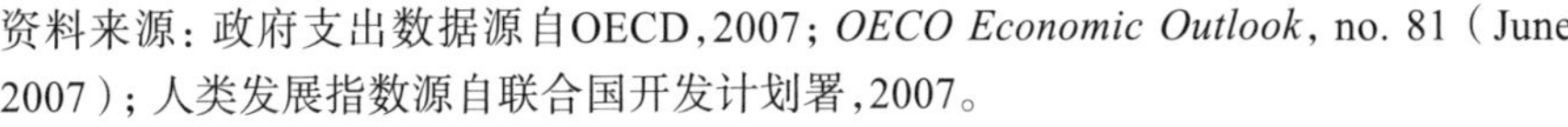
资料来源：政府支出数据源自OECD，2007；*OECO Economic Outlook*, no. 81（June 2007）；人类发展指数源自联合国开发计划署，2007。

接下来，我们将目光从发达国家转向作为发展中国家和新兴经济体代表的拉美国家。不难看出，拉美国家乃至所有发展中国家都处在一种两难境地：一方面，广泛存在的普遍贫困、收入分配极为不公以及基础设施建设不完备等现象，需要加大政府干预力度；另一方面，与表11.1中的发达国家相比，发展中国家的公共部门和官僚机构不发达，且效率低下。此外，发展中国家增加税收及提高支出效率的能力也非常有限。

对拉美国家居民的问卷调查反映了上述困境。一份近期发布的经济合作与发展组织报告（OECD,2007）指出,“大多数拉美人认为,他们国家的基本公共服务质量欠佳。智利调查公司Latinobarometro的民调显示,92%的拉美人认为政府应当给基础教育更多的投入,75%的拉美人赞成增加社会保障支出”。该报告还指出,仅有一小部分人（2003年是15%、2005年是21%）认为,税收收入得到了较好的使用,国家财政政策改善了收入分配状况。[4]这是一种典型的餐厅顾客抱怨的情形,既抱怨食物分量少又抱怨食物质量差。大多数拉美人希望政府增加对医疗、教育和社会保障的支出,但同时又不相信政府支出能够真正改善社会福利。这就是前面章节所讨论的财政幻觉。考虑到增加政府支出需要增加税收,或者增加政府债务,是否应该将纳税人的钱拿做无效投入就值得商榷了。

拉美国家的人类发展指数看起来与政府支出水平之间并不存在什么必然联系（见表11.4）。当然,这可能是因为拉美国家之间的人均收入和经济发展水平存在巨大差异。一般来说,无论政府如何作为,较富裕的国家的人类发展指数都相对较高。巴西的情况比较特殊,虽然其政府支出水平和人均收入水平均较高,但其人类发展指数排序却很靠后。

表 11.4　2005 年拉美国家人类发展指数排序

阿根廷	38
巴哈马	49
巴巴多斯	31
伯利兹	80

（续表）

玻利维亚	117
巴西	70
智利	40
哥伦比亚	75
哥斯达黎加	48
古巴	51
多米尼克	71
多米尼加共和国	79
厄瓜多尔	89
格林纳达	82
墨西哥	52
巴拿马	62
巴拉圭	95
秘鲁	87
圣卢西亚	72
苏里南	85
特立尼达和多巴哥	59
乌拉圭	46
委内瑞拉	74

资料来源：联合国开发计划署，2007。

高政府支出导致的高税收会减少纳税人的可支配收入，从而限制他们的经济自由，以及直接从市场购买产品和服务的能力。当政府提供的服务质量较差时，这会成为一个严重问题。并且，从长期来看，税收较高会对一国的经济效率和经济增长造成负面影响。如果还存在税收征收效率较低以及税收收入不能得到有效使用等问题，负面影响就会更大。

很显然，政府支出较高的国家都会考虑这样一个问题：如果支出缩减不会导致福利水平下降或贫困人群的利益受损，那么，政府是否应当降低支出水平？也就是说，在保持福利水平不变的情况下，政府如果削减公共支出、降低税收，那么，大多数居民的税后收入就会增加，他们就有能力购买更多的私人生产的产品。在这种情况下，如何花钱将由社会公众自己决定，而不是由政府决定。当然，对于那些政府支出和税收水平过低，甚至不足以为公共产品和公共设施提供所需的最低资源保障的国家，讨论这个问题是没有意义的。政府支出水平过高或过低的现象都可能存在，这一点也不能被研究者忽视（Tanzi and Zee，1997）。

如前所述，如果政府能够提高税收收入的使用效率及税收支出针对性，很多国家的政府根本不需要如此高的支出就能够实现其经济职能，包括帮助真正的贫困人群。一些研究（尤其是对发展中国家的研究）表明，政府支出主要是惠及中高收入阶层，穷人能够分到的政府支出份额相对较少。不过，税收负担也主要是由政府支出的受益者承担。换句话说，政府一只手征税，另一只手发补贴，属于典型的“中介”行为。政府这种中介行为，或者“税收搅动”（tax churning），会对税收征收和税收使用两方面的效率和激励机制产生负面影响。

在继续讨论之前，我们先来看看拉美国家有关社会支出的统计数据。经济合作与发展组织将各国人群按收入高低分为五个小组，研究了政府支出在这五个小组之间的分配情况（OECD，2007）。表11.5列示了教育支出在不同收入人群中的分配情况，表11.6和表11.7分别列示了公共医疗和社会保障支出在不同收入人群中的分配情况。这三个表所反映的问题我们已经明白，只是其表现形式使问题更为凸显。表11.5显示，初等教育支出几乎惠及每一个人,甚至由于富人可能会选择私立学校等原因,20%最贫困人群获得的政府支出份额高于20%最富裕人群。但是,中等和高等教育支出则更多惠及了最富裕人群,即该群体获得了最多的政府支出份额。从所有有统计数据的国家情况来看,这是一种普遍现象,而且在高等教育支出分配上表现得更为突出。例如,在危地马拉,20%的最富裕人群享有82%的高等教育支出,这一指标在巴西和巴拉圭分别为76%和56%。除非政府在使用这些资源上较私人部门更有效率,否则,很难说明政府补贴最富裕人群的做法是合理的。实际上,也很难证明在提供高等教育方面,政府比私人部门更有效率。即使将"外部性"因素考虑在内,也很难给予该政策一个合理的解释。

表 11.5 2000 年左右拉美国家教育支出在不同收入群体间的分配情况

	第一等分位	第二等分位	第三等分位	第四等分位	第五等分位
阿根廷(1998)	21	20	21	20	18
玻利维亚(2002)	17	17	21	22	23
初等	25	25	23	18	10
中等	15	18	24	24	19
高等	3	5	17	30	45
巴西(1997)	17	18	18	19	27
初等	26	27	23	17	8
中等	7	12	28	33	19
高等	0	1	3	22	76
智利(2003)	35	27	19	13	6
哥伦比亚(2003)	24	23	20	19	14
初等	37	28	19	12	4
中等	24	27	23	19	8
高等	3	8	17	31	42

（续表）

	第一等分位	第二等分位	第三等分位	第四等分位	第五等分位
哥斯达黎加（2000）	21	20	19	21	19
初等	32	25	19	15	10
中等	18	21	22	22	17
高等	3	8	14	30	45
多米尼加共和国	25	26	24	16	9
厄瓜多尔（1999）	15	20	20	22	23
初等	35	26	20	13	6
中等	15	24	25	22	14
高等	3	13	16	28	40
萨尔瓦多（2002）					
初等	27	25	23	17	8
中等	11	20	26	25	18
危地马拉（2000）	17	21	21	21	21
初等	21	25	23	21	10
中等	3	12	23	31	32
高等	0	0	6	11	82
牙买加（1997）					
初等	31	27	21	15	6
中等	10	15	25	30	20
墨西哥（2002）	19	20	19	23	19
初等	30	26	20	16	8
中等	14	20	21	26	19
高等	1	7	15	33	44
尼加拉瓜（1998）	11	14	20	21	35
巴拉圭（1998）	21	20	20	20	19
初等	30	26	21	15	8
中等	14	18	25	24	19
高等	2	5	8	29	56
秘鲁（2000）	16	18	19	21	26
乌拉圭（1998）	28	23	19	16	15

资料来源：根据泛美开发银行收集的各种官方数据编制。此外还参考了联合国拉丁美洲和加勒比经济委员会（CEPAL），2006。

表 11.6　2000 年左右拉美国家医疗保障支出在不同收入群体间的分配情况

	第一等分位	第二等分位	第三等分位	第四等分位	第五等分位
阿根廷（1998）	30	23	20	17	10
玻利维亚（2002）	11	15	14	25	35
巴西（1997）	16	20	22	23	19
智利（2003）	30	23	20	17	9
哥伦比亚（2003）	18	19	19	22	22
哥斯达黎加（2000）	29	25	20	15	11
厄瓜多尔（1999）	19	23	23	24	11
萨尔瓦多（2002）	26	23	21	18	12
危地马拉（2000）	17	18	23	25	17
洪都拉斯（1998）	22	24	24	17	14
墨西哥（2002）	15	18	21	23	22
尼加拉瓜（1998）	18	23	22	19	18

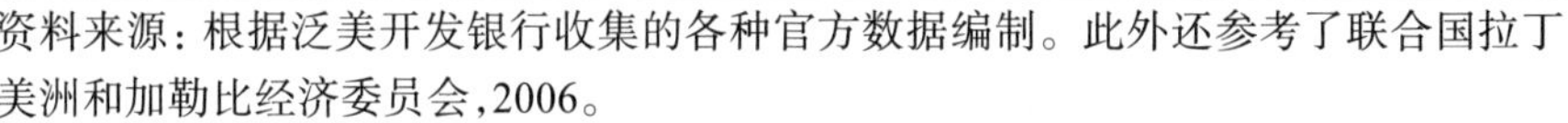
资料来源：根据泛美开发银行收集的各种官方数据编制。此外还参考了联合国拉丁美洲和加勒比经济委员会，2006。

医保支出的分配看起来较为均衡，毕竟私人部门很难提供穷人负担得起的医疗市场，大家对政府的医保支出还是比较认同的。同时，这也表明效率在医保中的重要性（Davoodi, Tiongson, and Asawanuchit, 2003）。

有必要指出，表 11.5 和表 11.6 中所列的是“支出（spending）”在各组人群间的分配情况，而不是他们真正获得的“福利（benefits）”。我们曾经在第一章中讨论过这个问题。一些经济学家习惯于将“支出”与“福利”混为一谈，实际上，它们是两个完全不同的概念。“支出”通常不是支付给服务使用者，而是支付给服务提供者的，例如学校教师、学校管理人员、医院的医生和护士等；而学生和病人等服务使用者得到的由这些人提供的服务才是

"福利"。在很多情况下,服务提供者较服务使用者处于更高的收入阶层,而且,支出或部分支出并不会转化为使用者的福利,当存在效率低下、资质欠缺或腐败等问题时尤其如此。但是,支出总是不折不扣地以收入形式支付给了服务提供者。因此,我们通常按支出投向计算的各收入群体所获得的支出份额实际上夸大了"贫困人群"的福利份额。在很多情况下,服务提供者以高工资等形式分得了大部分"福利"(Tanzi,1974)。例如,在巴西等国,学校的教师通常是不去上课的。当然,如果"福利"以现金形式分配就不存在上述问题了。例如,退休金总是可以发到所希望的受益人手中,只是这些受益人也大都来自高收入阶层。

表 11.7　2000 年左右拉美国家社会保障支出在不同收入群体间的分配情况

	第一等分位	第二等分位	第三等分位	第四等分位	第五等分位
阿根廷(1998)	10	14	20	27	30
玻利维亚(2002)	10	13	14	24	39
巴西(1997)	7	8	15	19	51
哥伦比亚(2003)	0	2	5	13	80
哥斯达黎加(2000)	12	12	12	18	45
厄瓜多尔(1999)	4	7	21	22	46
危地马拉(2000)	1	3	5	15	76
墨西哥(2002)	3	11	17	28	42
乌拉圭(1998)	3	7	15	24	52

资料来源:根据泛美开发银行收集的各种官方数据编制。此外还参考了联合国拉丁美洲和加勒比经济委员会,2006。

表 11.7 清晰地展示了社会保障福利向高收入阶层倾斜的程度。在所有国家中,40%最贫困人群享受的福利份额从最低 2%

（哥伦比亚）到最高24%（阿根廷）不等，而20%最富裕人群享受的福利份额却高达30%（阿根廷）到80%（哥伦比亚）。政府养老金项目仅仅覆盖了一小部分人，并未覆盖那些达到可领取养老金年龄的穷人。由于那些从事非正规行业或没有正式工作的穷人未能享受到政府提供的养老金，我们很难说政府所谓基于满足基本社会需求的考虑而承担提供养老保障的职责的做法是站得住脚的。更有效的做法是，向每位达到可领取养老金年龄（根据预期寿命调整）的人提供最低的基本养老保障（占人均收入的一小部分），并通过向所有人征税来提供所需资金。这一简单做法可以使养老保障项目更有利于最贫困的穷人。那些希望年老时能得到更多社会保障的人还可以再自行购买私人保险（Tanzi，2006）。

综上所述，近年来拉美国家包括社会保障在内的政府支出平均达到国内生产总值的15%，并且，在过去20年里呈现上升趋势（CEPAL，2005；Lora，2007）；同时，其带有税率“平均”甚至“累退”（有效税率随收入增加而递减）特征的税收体系（原因在于针对个人收入及真实金融财富的税率较低）无助于改善收入分配状况，因此，该地区的基尼系数处于全球最高水平。不过，经济合作与发展组织和国际货币基金组织指出，拉美国家财政政策所产生的边际影响已经导致基尼系数下降。就整个拉美地区而言，基尼系数的降幅通常不超过1～2个百分点，其中，中美洲国家因巴拿马表现出色而平均降幅达到约4.5个百分点。此外，推出这些低效率的社会支出项目不仅使政府无法专注于其最基本的职能（例如，现代社会所需要的制度建设、基础设施建设，以及关注那些真正值得关注的穷人等），也使穷人因社会上的犯罪行为、安全无保障、基础设施不完备（会使他们更加颠沛流离）以及司法体制无效率而遭受更大的痛苦。

尽管一些拉美国家在政治改革、司法改革、公共管理改革、税收体系改革、财政分权改革、金融监管改革以及养老金制度改革等方面取得了一定进展（Lora，2007），但是，人们仍然对政府在发展中国家的职能心存困惑。近20年来，很多拉美国家的政府支出大幅增加，税收收入却未实现大幅增长。有人担忧，社会资源不是用来提供最基本的社会产品（例如安全、基础设施、司法体制、基础教育等），而是被分流到公共事业上了，而且绝大部分未能用来帮助最贫困人群，即那些处于收入最底层的人。随着拉美国家的公共政策越来越制度化，人们对上述问题的担忧有增无减（Szekely，2008）。

近年来，一些拉美国家政府采取了很多措施来提高转移支付的针对性。有些转移支付附有条件，例如智利的Solidario项目，阿根廷、巴西、巴拿马和秘鲁的Bolsa Familia项目，墨西哥的Progresa项目，以及尼加拉瓜的Hambre Cero项目，等等。这些项目的附加条件旨在为受益人提供激励。虽然这些项目非常重要，但是，只要这些国家的税收体系不改革，政府支出仍有可能向高收入阶层倾斜。从长期来看，这些项目对降低基尼系数的作用并不大。

最后，我们运用本章开头所述方法对发达国家进行更为深入的研究——计算代表公共部门成效（PSP）和公共部门效率（PSE）的指数。我们估算了23个经济合作与发展组织国家的公共部门成效指数和公共部门效率指数。[5]延续之前的定义,公共部门成效以相关的经济及社会指标表示。公共部门效率是经成本调整的公共部门成效,其中成本为政府支出。如果一国政府与另一国政府实现了相同的成效,但相应支出却多得多,那么,该政府就不得不多征税。本章此前的相关假设仍然适用。

为衡量公共部门的成效,我们选取了7项指标。其中,前4项为"机会指标",后3项为"理查德·马斯格雷夫指标"。"机会指标"包括管理、教育、医疗、公共基础设施4项,这些指标可以为市场经济中的个人提供更多的机会。"理查德·马斯格雷夫指标"包括收入分配、经济稳定和经济表现。[6]在构建公共部门成效指数时,上述7项指标被赋予同等权重。

为便于做比较分析,我们将所有指标的23国平均值设定为1,然后计算出各国指标值相对于平均值的数值。计算时采用2000年的数据。表11.8列示了各国构成PSP的7项指标值以及公共部门成效指数。从中可以看出,在23个国家中有14个国家的公共部门成效指数介于0.9和1.1之间。其中,卢森堡(1.21)、日本(1.14)、挪威(1.13)、澳大利亚(1.12)和荷兰(1.11)的公共部门成效指数较高,构成公共部门成效指数的7项指标均表现出色。而希腊(0.78)、葡萄牙(0.80)、意大利(0.83)、西班牙(0.89)以及英国(0.91)的公共部门成效指数则较低,其7项指标相应较低。总体来看,"小政府"(政府支出占国内生产总值的比重低于40%)的公共部门成效指数高于"大政府"(政府支出占国内生产总值的比重高于50%),说明政府支出增加并不必然伴随经济及社会指标的改善。

表 11.8 2000 年公共部门成效（PSP）指数

国家	公共部门成效指数[a]	排序	机会指标				马斯格雷夫指标		
			管理	教育	医疗	基础设施	收入分配	经济稳定	经济表现
奥地利	1.04	9	1.17	1.02	0.94	1.00	0.87	1.31	1.00
澳大利亚	1.12	4	1.21	1.00	0.98	1.10	1.22	1.28	1.01
比利时	0.95	16	0.73	1.00	0.94	0.91	1.17	1.10	0.83
加拿大	1.02	12	1.11	1.05	0.95	1.16	0.92	1.00	0.92
丹麦	1.06	7	1.16	1.00	1.03	1.03	1.19	1.10	0.91
芬兰	1.01	14	1.26	1.07	1.04	n.a.	1.18	0.75	0.73
法国	0.93	17	0.72	1.03	1.03	1.01	0.90	1.12	0.70
德国	0.96	15	1.02	0.98	1.01	1.01	0.98	0.91	0.81
希腊	0.78	23	0.60	0.94	0.93	0.81	0.97	0.55	0.69
冰岛	1.03	11	1.02	0.98	1.25	n.a.	n.a.	0.59	1.29
爱尔兰	1.05	8	1.06	0.94	0.88	1.00	0.89	1.22	1.40
意大利	0.83	21	0.52	0.96	0.93	0.84	1.10	0.76	0.69
日本	1.14	2	0.87	1.09	1.12	1.09	1.20	1.40	1.18
卢森堡	1.21	1	1.05	0.81	0.95	n.a.	n.a.	1.22	2.04
荷兰	1.11		1.16	1.04	0.97	1.09	1.00	1.42	1.06
新西兰	0.93		1.18	1.03	0.89	n.a.	0.62	0.99	0.84
挪威	1.13	5	0.97	1.04	1.09	0.94	1.17	1.45	1.26

（续表）

国家	公共部门成效指数[a]	排序	机会指标				马斯格雷夫指标		
			管理	教育	医疗	基础设施	收入分配	经济稳定	经济表现
葡萄牙	0.80	17	0.54	0.94	0.90	0.75	0.92	0.64	0.92
西班牙	0.89	3	0.77	1.00	1.10	0.86	1.02	0.82	0.67
瑞典	1.04	22	1.16	1.07	1.19	1.10	1.17	0.69	0.91
瑞士	1.07	20	1.32	0.97	1.14	1.23	0.95	0.79	1.09
英国	0.91	9	1.00	1.05	0.91	0.99	0.79	0.78	0.84
美国	1.02	6	1.15	1.00	0.82	1.08	0.76	1.14	1.20
经济合作与发展组织国家平均	1.00	19	1.00	1.00	1.00	1.00	1.00	1.00	1.00
“小政府”[b]	1.07	12	1.11	1.01	0.98	1.08	0.94	1.17	1.17
“中政府”[b]	0.97		0.93	0.98	1.00	0.93	0.92	0.89	1.03
“大政府”[b]	1.01		0.99	1.02	1.01	1.01	1.12	1.03	0.85

[a] 7项指标分别为公共部门成效指数贡献1/7的值。

[b] “小政府”是指该国2000年的政府支出占国内生产总值的比重低于40%；“大政府”是指该国2000年的政府支出占国内生产总值的比重高于50%；“中政府”是指该国2000年的政府支出占国内生产总值的比重介于40%和50%之间。

资料来源：Afonso, Schuknecht, and Tanzi, 2005.作者计算。

一种产品再好，但如果成本过高，对消费者而言也是得不偿失的。政府支出对于社会公众而言也是如此。由于高支出就意味着高税收，因此，我们必须考虑成本因素，才能对政府支出的效率（反映为各项经济及社会指标）做出评判。政府支出的成本可以用政府总支出与国内生产总值之比（G/GDP）来表示，同样，将政府总支出与国内生产总值之比的23国平均值设定为1，然后计算出各国总支出与国内生产总值之比相对于平均值的数值，接着计算各国公共部门成效指数（见表11.8）相对于G/GDP的比率，这一比率即为公共部门效率指数，反映经成本调整的各国公共部门成效。表11.9列示了根据2000年的数据计算的各国反映公共部门成效的7项指标值和公共部门效率指数。接下来我们主要分析各国的公共部门效率指数的情况。

有些国家的公共部门效率指数大大高于平均水平，显示其政府部门的效率高，相应经济及社会指标的表现较好。这些国家包括日本（1.4）、卢森堡（1.38）、澳大利亚（1.29）、爱尔兰（1.27）、美国（1.26）和瑞士（1.2）。而冰岛（0.8）、法国（0.81）、瑞典（0.83）、芬兰（0.84）、意大利（0.85）以及葡萄牙（0.86）的公共部门效率指数则较低。可见，上述结论再一次支持了之前的研究结果，即“小政府”的表现好于“大政府”。

当然，上述分析是基于一定的假设的，因此，其结果仅作为参考。不过，上述结果不可能是错误的，而且即使进行更深入、更细致的分析，也不会得出差别很大的结果。由上述分析所得出的最关键的结论是，良好公共目标的实现有时是以很高的财政成本作为代价的。安东尼奥·阿方索、路德格尔·舒克奈赫

表 11.9 2000 年公共部门效率（PSE）指数

国家	公共部门效率指数[a]	排序	机会指标				马斯格雷夫指标		
			管理	教育	医疗	基础设施	收入分配	经济稳定	经济表现
奥地利	1.29	3	1.25	1.09	1.04	1.17	1.53	1.66	1.27
澳大利亚	1.06	8	1.21	0.97	1.04	1.25	0.94	1.11	0.87
比利时	1.01	12	0.68	1.19	0.87	1.67	0.91	0.98	0.73
加拿大	1.03	10	1.04	0.85	0.87	1.35	1.16	1.02	0.94
丹麦	0.96	14	0.89	0.70	0.91	1.72	0.93	0.88	0.73
芬兰	0.84	20	1.09	0.82	1.05	n.a.	0.85	0.62	0.60
法国	0.81	22	0.60	0.97	0.87	0.94	0.68	0.97	0.61
德国	0.96	14	1.03	1.14	0.80	1.29	0.80	0.88	0.78
希腊	0.97	13	0.81	1.91	1.21	0.71	0.95	0.54	0.68
冰岛	0.80	23	0.91	0.97	n.a.	n.a.	n.a.	0.65	1.44
爱尔兰	1.27	4	1.31	1.01	1.04	1.16	1.14	1.51	1.73
意大利	0.85	19	0.54	1.18	0.98	1.00	0.93	0.68	0.61
日本	1.40	1	1.16	1.67	1.31	0.56	1.82	1.80	1.52
卢森堡	1.38	2	1.18	1.26	1.03	n.a.	n.a.	1.28	2.15
荷兰	1.05	9	0.98	1.10	0.95	1.24	0.81	1.32	0.98
新西兰	0.95	16	1.26	0.82	0.90	n.a.	0.69	1.10	0.94
挪威	1.02	11	0.90	0.73	0.99	0.83	1.15	1.36	1.19

（续表）

国家	公共部门效率指数[a]	排序	机会指标				马斯格雷夫指标		
			管理	教育	医疗	基础设施	收入分配	经济稳定	经济表现
葡萄牙	0.86	18	0.57	0.98	1.17	0.57	1.09	0.68	0.98
西班牙	0.95	16	0.86	1.19	1.24	0.70	1.10	0.88	0.72
瑞典	0.83	21	0.83	0.76	1.03	1.15	0.87	0.50	0.67
瑞士	1.20	6	1.72	0.94	1.00	1.16	1.28	0.96	1.32
英国	1.10	7	1.02	1.10	0.98	1.85	0.87	0.89	0.96
美国	1.26	5	1.48	1.06	0.84	1.24	1.02	1.53	1.62
经济合作与发展组织国家平均	1.00		1.00	1.00	1.00	1.00	1.00	1.00	1.00
“小政府”[b]	1.28		1.38	1.15	1.05	1.06	1.36	1.49	1.49
“中政府”[b]	1.00		0.96	.10	1.02	1.04	0.97	0.93	1.08
“大政府”[b]	0.92		0.85	0.96	0.96	1.28	0.87	0.88	0.73

[a]衡量部门成效的7项指标分别为公共部门效率指数贡献1/7的值。

[b]“小政府”是指该国2000年的政府支出占GDP的比重低于40%;“大政府”是指该国2000年的政府支出占GDP的比重高于50%;“中政府”是指该国2000年的政府支出占GDP的比重介于40%和50%之间。

资料来源：Afonso，Schuknecht，and Tanzi，2005。作者计算。

特和维托·坦茨（2010）采用类似的方法研究了欧盟新成员国以及新兴市场国家的情况。他们得出的基本结论是，“很多欧盟新成员国及其他新兴市场国家，可以通过提高公共部门成效或限制资源使用，来大大提升其政府支出的效率”。

康斯坦蒂诺斯·安哲罗普洛斯（Konstantinos Angelopoulos）、阿波斯托洛斯·菲利波普洛斯（Apostolis Philippopoulos）和埃夫西米奥斯·特西纳斯（Efthymios Tsionas）（2008）采用相同的方法，在考虑公共部门效率的情况下，分析了64个样本国家的政府支出规模与经济增长之间的关系。研究结果显示，公共部门效率是影响经济增长的重要因素。

参考文献

Afonso, Antonio, Ludger Schuknecht, and Vito Tanzi. 2005. "Public Sector Efficiency: An International Comparison." *Public Choice* 123:321-47.

2010. "Public Sector Efficiency: Evidence for New EU Member States and Emerging Markets." *Applied Economics* 42: 2147-64.

Afonso, Antonio, Ludger Schuknecht, Vito Tanzi, and Niels Veldhuis. 2007. "Public Sector Efficiency: An International Comparison." *Frazer Alert* (March). The Frazer Institute.

Angelopoulos, Konstantinos, Apostolis Philippopoulos, and Efthymios Tsionas. 2008. "Does Public Sector Efficiency Matter? Revisiting the Relation between Fiscal Size and Economic Growth in a World Sample." *Public Choice* 137, nos. 1-2 (October): 245-78.

CEPAL (ECLAC). 2006. *Panorama Social de America Latina* 2005 (Santiago: Cepol).

Davoodi, Hamid R., Erwin R. Tiongson, and Sawitree S. Asawanuchit. 2003. "How Useful Are Benefit Incidence Analyses of Public Education and Health Spending?" *IMF Working Paper*, WP/03/227.

IMF. 2007. *Regional Economic Outlook, Western Hemisphere,* November (Washington, D.C.: IMF).

Lora, Eduardo. 2007. "Trends and Outcomes of Tax Reform," in *The State of State Reform in Latin America* (Washington, D.C.: IDB and Stanford).

OECD. 2007. *Latin American Economic Outlook, 2008* (Paris: OECD Development Center).

Székely, Miguel. 2008. "Midiendo el Nivel de Institucionalidad de la Politica Social en America Latina." Mimeo (June).

Tanzi, Vito. 2006. "A New Role for the State: Limits of Public Social Security." D + C, *Development and Cooperation* 33, no. 11 (November). 417–21.

2008. "The Role of the State and Public Finance in the Next Generation." *OECD Journal for Budgeting* 8, no. 2 (June): 2-27.

Tanzi, Vito, and Ludger Schuknecht. 1997. "Reconsidering the Fiscal Role of Government: The International Perspective. " *American Economic Review* 87 (May): 164-68.

2000. *Public Spending in the 20th Century* (Cambridge: Cambridge University Press).

Tanzi, Vito, and Howell Zee. 1997. "Fiscal Policy and Long-Run Growth." *IMF Staff Papers* 44, no. 2 (June). 179-209.

United Nations Development Programme (UNDP). 2007. *Human Development Report 2007/2008* (Houndmills: Palgrave Macmillan).

第十二章　从定量角度看当代的社会保障体系

一、引言

一般认为，由政府提供社会保障（或社会保险）是一项源自欧洲的“发明”。若追根溯源，有人会追溯到1842年通过的挪威矿工工伤保险（the Workmen Compensation for Norwegian Miners），也有人会追溯到1786年为伤残水手设立的威尼斯基金。有人认为，应该追溯到19世纪80年代由德国的奥托·冯·俾斯麦推出的法律。在“大萧条”中期，美国总统富兰克林·德拉诺·罗斯福签署的《社会保障法》意味着社会保障已经延伸至所有符合年龄、工龄等要求的美国工人（而不是公民）。

法国的社会保障体系诞生于1945年10月4日，那时的英国正在考虑由著名社会保障专家贝弗里奇提出的贝弗里奇计划。在公共体系形成以前，法国曾于1914年前后推出过一些由私人部门提供的家庭福利和社会保险。这些保险通常由雇主或私人互助团体倡导发起，最终被移交给政府，加入政府的社会保障计划（Dutton，2002）。第二次世界大战后，英国新当选的工党政府实施了1942年《贝弗里奇报告》中的建议，推出了一部法律，这标志着英国政府社会保障体系的诞生。

其实，早在1906—1914年间，社会保障之路就已经开启，只是当时的规模和覆盖范围较为有限。1898年，意大利颁布了第80号法令，创设了伤残及退休工人国家基金（National Fund for the Disability and the Old Age of Workers），迈出了社会保障的第一步。其中，工伤及伤残险是强制保险，是否参加养老保险则由工人自愿选择。如果工人选择投保，政府会承担一部分费用。因此，1898年可视为意大利社会保障体系的创始之年，尽管当时参保的人数极少。1911年，围绕是否应设立国家保险协会并为国民提供人寿保险，意大利展开了一场激烈的辩论。1919年，意大利新颁布的法律规定，所有工人必须参保国家基金。1952年，意大利对社会保障体系进行了彻底调整，并在此后颁布的法律中大幅提高赔偿金额、扩大覆盖范围。1980年，意大利推出面向全体国民（不局限于工人）的国民医疗体系。瑞典于1913年首次进行了公共养老金改革。第二次世界大战前后，乌拉圭、阿根廷、哥斯达黎加等拉美国家纷纷效仿欧洲，推出了一些重要的社会立法。

数年之后，更多的国家推出了社会立法，惠及的人口比重不断上升。新的保险计划险种丰富，养老保险和事故保险只是其中的两种。此外，政府保险计划大有挤出原有私人保险计划之势，国家行动取代了自愿主义。如今，所有欧洲国家、大部分美洲国家以及世界其他国家都提供（尤其是对有正规工作、按义务缴纳贡献税的人提供）退休养老金和遗属养老金，并对工伤和永久性伤残给予补偿。许多国家的社会保障还增添了疾病险，以对生病的投保人提供一些救助。

经历了最近几十年的发展（尤其是在20世纪），发达国家的社会保障体系走上了不同的发展道路。其中，一些国家的社会保障体系更为广泛，能够更好地发挥再分配的作用，另一些则不然。不同国家所使用的社会保障工具也有较大差异。总体而言，各国的社会保障体系可以分为三大类：

一是由公共财政支持的社会保障体系。此类计划可以采取向个人和家庭给付现金的形式，也可以采取提供服务的形式。相对于前者，提供服务的形式更能带动就业。在一些国家，这些公共计划的资金来源于税收；而在另一些国家，资金来源于与工资挂钩的“贡献”。在后一种情况下，能享受公共财政支持计划的仅限于缴纳了贡献税的个人和家庭，也就是通常所说的有正规工作的人。

二是以税式支出为基础的社会保障体系。提供此类社会保障计划可减少纳税人家庭在教育、医疗、住房等方面的成本支出。如果实行这一社会保障体系，政府的税收收入和支出通常都会减少，受益人得到的实惠则取决于因税式支出而少缴的税额。

三是以法规为基础的社会保障体系。通过法规的制定和实施，鼓励或强制要求参保人和企业购买或提供社会保障。如果是由企业提供社会保障，政府可能会对那些企业提供贷款或贷款担保。在这一社会保障体系中，政府只扮演监管者的角色，社会保障可以通过购买获得，并不反映在政府的财政账户上。

此外,在有些国家,以慈善为基础的社会保障体系仍是一种重要的保障形式,虽然这种形式的社会保障在20世纪曾经大幅减少。如果政府对这种社会保障体系持鼓励态度,可以通过税收体系补贴慈善方。

与上述分类方法不同,通常情况下,人们讨论社会保障体系时总是强调政府支出。用于社会保障的公共总支出在国内生产总值中的占比是衡量政府在社会保障体系中发挥作用大小的常用指标。当然,该指标带有一定的片面性。

各国对上述社会保障体系的选择和使用取决于社会公众和决策者的文化背景,也取决于政府对政策工具的掌控。工业化国家通常比发展中国家具有更完善的制度,因此,可选择的社会保障体系的范围更广。发展中国家一般无法通过增加税收来支撑庞大的政府开支,因此,常选择通过制定法规来建立社会保障体系。

根据经济合作与发展组织的分类,由公共保障和私人保障共同构成的社会保障计划大致包括以下内容:

一是养老保障。可采用现金补助的方式(例如养老金、提前退休养老金或其他现金补助),也可采用实物补助的方式(包括社区护理服务和其他补助)。但是,尽管人们的预期寿命相差无几,各国规定的退休年龄却差别很大,有的差别可以大到12年。

二是遗属保障。与养老保障类似,可采用现金补助的方式(养老金、其他现金补助),也可采用实物补助的方式(丧葬费补贴或其他补助)。各国对“遗属”的定义各不相同,有些国家严格,有些国家宽松。

三是伤残相关补助（现金或实物）。多年来，有关伤残的定义和标准大大放宽，也因此出现了不少滥用的情况。此外，不同国家对伤残有不同的定义。

四是医疗补助。可以是实物形式的补助，也可以是直接支付给医疗部门的现金。有些要求受益人支付一定的费用，有些则不需要。

五是家庭补助。有现金补助（家庭补贴、产假期间的补贴等），也有实物补助（幼儿日托、家政服务等）。在对家庭的税收政策方面，各国的税收体制差异较大。

六是多种劳动力市场计划。例如，为求职者提供培训和帮助。

七是失业补助。有些针对临时失业，有些针对长期失业；有些需要求职证明，有些不需要；有些相当于工资的较大比重，有些只相当于一小部分。

八是住房补助。可采用各种形式，包括提供公共住房、租金补贴、租金控制、从所得税中扣减按揭贷款、减少按揭贷款利息等。

九是其他社会政策方面。

在以下讨论中，我们将重点讲述各类国家对主要政策工具的使用情况。由于社会援助项目纷繁复杂，而本书篇幅有限，我们的讲述比较概括。一个国家的社会保障越广泛，其作为福利国家就越成熟。

二、工业化国家

大部分经济合作与发展组织国家（并非全部）的社会保障

体系是前面提到的三种中的一种，并且大部分国家都如此。仔细观察可以发现，各国的偏好差异显著。可惜的是，可供查阅的资料有限，在下面的研究中，部分是基于事实，部分则基于印象。下一章，我们将专门讲述北欧国家中的成熟福利国家。

根据经济合作与发展组织提供的数据，北欧国家（以及法国）更依赖政府支出（见表12.1）。1997年，北欧国家社会公共支出占国内生产总值的平均比重约为29.3%。其中，瑞典高居榜首，瑞典和丹麦两国的政府支出都约占其国内生产总值的31%。1997—2001年，这些国家（除芬兰外）都增加了政府支出。但2001—2005年，其中的三个国家又减少了政府支出。其他欧洲大陆国家虽然也削减了公共开支，但是，总支出仍然居高不下；其中一些国家，尤其是法国，也可以与北欧开支大国相提并论。

表12.1　1997年、2001年及2005年按国别分类的社会公共总支出（以生产要素价格计算的占GDP的比重）

国家	1997（%）	2001（%）	2005（%）
丹麦	30.7	34.2	31.9
芬兰	28.7	28.0	29.8
挪威	26.1	27.0	24.1
瑞典	31.8	35.1	34.6
北欧国家	29.3	31.1	30.1
奥地利	25.4	29.6	30.6
比利时	27.2	28.0	29.9
法国	n.a.	33.0	33.8
德国	26.4	30.6	29.9
意大利	26.4	28.3	28.8
荷兰	24.2	24.3	23.6

（续表）

国家	1997（%）	2001（%）	2005（%）
西班牙	n.a.	21.7	23.8
其他欧洲国家	n.a.	27.9	28.6
澳大利亚	17.4	20.4	19.2
加拿大	17.9	20.4	18.6
爱尔兰	17.6	15.3	19.0
新西兰	20.7	21.1	21.2
英国	21.2	25.4	24.3
美国	14.7	15.7	17.1
盎格鲁—撒克逊国家	18.3	19.9	19.9
日本	14.0	18.5	20.1
韩国	4.3	7.1	7.8
墨西哥	n.a.	5.7	8.3
其他国家	n.a.	10.4	12.1

资料来源：整理自Adema，2001，表2；Adema and Ladaique，2005，表6；及Adema and Ladaique，2009，表5.5。

真正的巨大差异存在于所有欧洲大陆国家与六个盎格鲁—撒克逊国家之间。在这两组国家之间，甚至同一组别的国家之间，差异显著。例如，瑞典和美国，两国政府支出占国内生产总值比重的差额高达18%。1997—2005年，日本、韩国、奥地利、英国和墨西哥等国都大幅提高了社会公共总支出在国内生产总值中的比重。同期，只有挪威和荷兰削减了政府支出。北欧和其他一些欧洲国家，例如法国、奥地利、比利时和德国等，在社会保障方面更依赖政府支出。这些“福利”国家提供全面的由政府财政支持的计划，对各类可能导致经济损失的风险提供保障。既然是全面的，这些计划通常需要高额开支，对所有公民（其发展趋势甚至是对非公民的居民）提供生老病死的保障。要为这些昂贵的计划提供财政支持，这些国家自然加入了世界高税收国家的行列（见表1.3）。

尽管表12.1提供了大量信息，但其反映的各国社会保障体系的差异有些夸大，因为它只关注了政府总支出，而忽略了其他因素。若要更准确地理解实际情况，必须对表格做两项重要调整。一是必须认识到，有些国家对国民享受的由政府提供的社会福利征税，尤其是现金福利，而另一些国家则不征税。二是必须认识到，有些国家的私人部门在提供社会保障方面发挥着重要作用，而另一些国家的私人部门却很少提供社会保障。因此，一是需要调整提供了公共净支出（net publicly mandated social expeditures）的估计数值。二是需要调整提供了净总支出（即包括公共部门和私人部门）的估计数值。值得欣慰的是，一些经济合作与发展组织国家的研究已进行了各种所需要的调整，我们可以由此获得较为理想的数据。不过，数据并没有体现出慈善机构提供的社会救助，依然不够全面。

表12.2提供了公共净支出的估计数值，对应的国家和国家组别与表12.1相同。其中，社会福利受益人的纳税数据有所调整。比较两表，显而易见的是，在考虑税收因素后，表12.1中的政府支出差距显著缩小。在北欧国家，当然也在其他一些欧洲大陆国家，由于需要对社会福利缴税，个人所享受到的社会福利大打折扣。例如，2005年北欧国家和盎格鲁—撒克逊国家的平均差距由表12.1中的占国内生产总值的10.2%降至表12.2中的4.6%。一旦做出这些调整，北欧国家与其他欧洲大陆国家之间

的差距就基本不存在了。

表 12.2　1997 年、2001 年及 2005 年按国别分类的社会公共净支出（以生产要素价格计算的占 GDP 的比重）

国家	1997（%）	2001（%）	2005（%）
丹麦	26.9	25.7	24.2
芬兰	24.8	21.8	23.5
挪威	25.1	23.1	20.7
瑞典	28.7	28.3	27.5
北欧国家	26.4	24.7	24.0
奥地利	23.9	24.1	25.5
比利时	27.5	25.7	26.2
法国	n.a.	29.2	30.7
德国	27.9	29.2	28.8
意大利	25.2	25.4	26.1
荷兰	20.8	20.9	19.7
西班牙	n.a.	18.6	21.2
其他欧洲国家	n.a.	24.7	25.5
澳大利亚	18.8	20.2	19.5
加拿大	18.7	19.6	18.7
爱尔兰	17.1	13.6	17.2
新西兰	17.0	17.7	18.4
英国	21.9	23.6	23.7
美国	16.8	17.2	18.8
盎格鲁—撒克逊国家	18.4	18.7	19.4
日本	15.3	19.4	20.3
韩国	6.7	9.7	8.6
墨西哥	n.a.	6.9	9.2
其他国家	n.a.	12.0	12.7

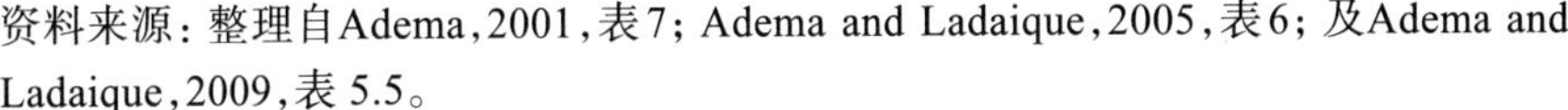
资料来源：整理自Adema,2001,表7；Adema and Ladaique,2005,表6；及Adema and Ladaique,2009,表 5.5。

如果考虑私人部门的社会支出，则会出现一些显著变化。表12.3显示，美英等国家净总支出急剧增加，几乎达到了北欧国家的水平。由于这些国家是以较低的税收水平达到了以上结果，而较高的税收水平通常又具有抑制效应，因此，这些结果格外值得关注。这些结果也与相关国家较高的个体经济自由度相一致。我们越是重视个体经济的自由度和高税收的抑制效应，这些结果就越重要。如果社会政策的目标严格限定于减少贫困和缩小收入差距，这些结果的重要性就降低了。

表12.3　1997年、2001年及2005年按国别分类的社会净总支出（以生产要素价格计算的占GDP的比重）

国家	1997（%）	2001（%）	2005（%）
丹麦	27.5	26.4	25.7
芬兰	25.6	22.6	24.4
挪威	25.1	23.6	21.2
瑞典	30.6	30.6	29.3
北欧国家	27.2	25.8	25.2
奥地利	24.6	24.8	26.5
比利时	28.5	26.3	30.3
法国	n.a.	31.2	33.6
德国	28.8	30.8	30.2
意大利	25.3	25.3	26.6
荷兰	24.0	25.0	25.8
西班牙	n.a.	18.9	21.4
其他欧洲国家	n.a.	26.0	27.8
澳大利亚	21.9	24.0	21.7
加拿大	21.8	23.3	23.3
爱尔兰	18.4	13.9	18.3

（续表）

国家	1997（%）	2001（%）	2005（%）
新西兰	17.5	18.2	18.8
英国	24.6	27.1	29.5
美国	23.4	24.5	27.2
盎格鲁—撒克逊国家	21.3	21.8	23.1
日本	15.7	22.2	22.8
韩国	8.6	11.7	10.7
墨西哥	n.a.	6.9	9.4
其他国家	n.a.	13.6	14.3

资料来源：整理自Adema，2001，表7；Adema and Ladaique，2005，表6；Adema and Ladaique，2009，表5.5。

在此需要对表12.3做一简要评价：一是北欧国家外来移民人口较少，其国民更能承受较高的赋税，以帮助有困难的其他社会成员。他们会将社会内部的再分配视同家庭内部的再分配。同样的情况在美国和英国较为少见，因为这些国家移民人口较多。目前，随着北欧国家移民数量逐步增多，人口的同质性特征已经不如从前那样显著了。二是相对于私人部门提供的强制性计划，公共部门提供的援助通常在分配上更为平均。但是，此表没有反映出由慈善机构资助的社会援助。这一项在美国和英国可能比在北欧国家更为重要（Kendall and Knapp，1966）。

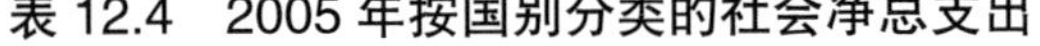

表 12.4　2005 年按国别分类的社会净总支出

国家	以生产要素成本计算的占 GDP 的比重（%）	以市场价格计算的占 GDP 的比重（%）	以生产要素成本计算的占 NNI 的比重（%）
丹麦	25.7	21.8	31.1
芬兰	24.4	21.4	29.1
挪威	21.2	19.1	24.5

（续表）

国家	以生产要素成本计算的占 GDP 的比重（%）	以市场价格计算的占 GDP 的比重（%）	以生产要素成本计算的占 NNI 的比重（%）
瑞典	29.3	24.9	34.3
北欧国家	25.2	21.8	29.8
奥地利	26.5	23.5	32.0
比利时	30.3	26.8	36.4
法国	33.6	29.0	39.0
德国	30.2	27.0	35.8
意大利	26.6	23.1	32.5
荷兰	25.8	22.8	30.7
西班牙	21.4	19.1	26.3
其他欧洲国家	27.8	24.5	33.1
澳大利亚	21.7	19.3	27.6
加拿大	23.3	20.7	27.8
爱尔兰	18.3	16.1	25.7
新西兰	18.8	16.4	24.7
英国	29.5	25.9	32.8
美国	27.2	25.3	31.1
盎格鲁—撒克逊国家	18.6	20.6	28.3
日本	22.8	21.0	28.7
韩国	10.7	9.4	12.7
墨西哥	9.4	8.4	10.8
其他国家	14.3	12.9	17.4

资料来源：改编自Adema and Ladaique，2009，表5.5，表A.3.1.a，及表A.3.1.b。

表12.4做了进一步调整。这次是对分母进行了调整，但只有2005年的数据。表12.4中的第一栏对应表12.3中的第三栏，显示的是以生产要素价格计算的净总支出占国内生产总值的比

重。第二栏显示的是以市场价格计算的净总支出占国内生产总值的比重。由于这样计算得出的国内生产总值会因间接税而增多，因此，以生产要素价格计算可能更为合适。也有观点认为，最好的方法是以生产要素价格计算，将净总支出与国民净可支配收入联系起来，所得的数据就显示在表12.4中的最后一栏。计算结果显示，英美国家与北欧国家的支出规模在同一序列等级。如果按由高到低的顺序排列，政府支出大国依次是法国、比利时、德国和瑞典，北欧国家不再如表12.1那样显得格外突出。

表12.5就一些社会保障体系的特征补充了2005年相应国家的信息。它体现了各国对收入测试的运用，并将私人部门公共支出分为"强制的"和"自愿的"两种。在收入测试的运用上，盎格鲁—撒克逊国家较为突出，尤其是澳大利亚、加拿大和新西兰。令人惊讶的是，美国对收入测试的运用并不多。其他使用较多的国家是英国、芬兰、爱尔兰和法国，这意味着相对于芬兰外的北欧国家来说，社会福利在这些国家较少被看作是理所应得的资格或权利。

运用强制性私人部门支出较多的国家是意大利、挪威、德国和澳大利亚。有些计划对私人企业是强制性的。这些国家要求职工（或代表职工的企业）预留一部分收入，以备不时之需。运用自愿性私人部门支出较多的国家是美国、荷兰、英国、加拿大和比利时。这些国家的自愿性私人部门支出从占国内生产总值的4.5%到9.8%不等。尽管此类计划为参保的个人提供了一定的社会保障，但很难做到在不同收入群体之间的平均分配，在收入再分配或减少贫困方面的作用甚微。因此，由自愿性私人部门支出引起的基尼系数变化较小。

表 12.5　2005 年社会保障计划的特征（占 GDP 的比重）

国家	用于收入测试计划的支出（%）	私人部门支出	
		强制的（%）	自愿的（%）
丹麦	1.0	0.2	2.4
芬兰	2.6	0.0	1.1
挪威	1.1	1.3	0.8
瑞典	0.6	0.4	2.4
北欧国家	1.3	0.5	1.7
奥地利	1.1	0.9	1.0
比利时	0.9	0.0	4.5
法国	1.9	0.4	2.6
德国	1.5	1.1	1.9
意大利	0.7	1.5	0.6
荷兰	1.1	0.7	7.6
西班牙	1.6	0.0	0.5
其他欧洲国家	1.3	0.7	2.3
澳大利亚	6.3	1.1	2.6
加拿大	3.3	0.0	5.5
爱尔兰	2.6	0.0	1.3
新西兰	3.4	0.0	0.4
英国	2.7	0.8	6.3
美国	1.2	0.3	9.8
盎格鲁—撒克逊国家	3.3	0.4	4.3
日本	0.5	0.5	3.3
韩国	0.7	0.6	1.8
墨西哥	0.5	0.0	0.2
其他国家	0.6	0.4	1.8

资料来源：改编自OECD社会支出数据库及Adema and Ladaique，2009。

表12.6是2003年瑞典和美国的税收和公共计划对基尼系数

的影响。根据此表，在考虑政府行为之前，瑞典和美国的基尼系数都相对较高，尤其是美国。通过政府的再分配行为，瑞典的基尼系数降低了0.22，即47%，而美国降低了0.109，即16.7%。显然，在减少收入分配不平等方面，瑞典比美国成功得多。

另一条令人感兴趣的信息是，在20世纪90年代中期的瑞典和美国，最贫困的30%的人口所得到的市场收入份额分别是9.3%和8.9%，而最富有的30%的人口所得到的市场收入份额分别是53.9%和57.1%（Forster and Pearson，2002）。

表12.6　2003年税收和公共计划对基尼系数的影响：美国和瑞典

	美国	瑞典
原始市场收入	0.503	0.468
考虑社会保障之后	–	0.309
考虑社会保障和税收之后	–	0.288
考虑社会保障、税收和非应税转移之后	0.394	0.247

相对而言，有些国家进行的公共支付转移更针对收入分配的底层人群，尤为显著的是盎格鲁—撒克逊国家以及瑞士和挪威。另外一些国家，尤其是瑞典，则更针对广大中产阶级或全部人口。有些国家在公共计划中使用了类似的公共支付转移，其公共雇员补贴占国内生产总值的比重较大。例如，以2007年占国内生产总值的比重计算，丹麦、瑞典、芬兰和法国的雇员补贴分别是16.8%、15.8%、13.7%和13%。而在其他国家这一比重则相对较低。例如，在爱尔兰和英国，这一比重分别是10.1%和11.4%。

税式支出可用于替代政府直接支出，鼓励有益于公民的行为。不同国家对税式支出的运用各不相同。一份经济合作与发展组织的报告（1995）指出，税式支出可采用以下几种不同的形式：

- 从税基中减除部分收入
- 扣减（根据总收入的补贴）
- 课税津贴
- 课税减免（对一些纳税人或行为减免的课税）
- 延期纳税（允许延期缴纳部分课税）

虽然很多国家都使用税式支出，但关于如何定义和计算税式支出还存在很多争议。1995年，经济合作与发展组织曾经尝试从可比性角度对其进行估算，引发了众多争议，此后就不再有新的尝试了。现在，很多国家定期发布税式支出的估计数字，有些甚至通过立法要求这样做。在有些国家，税式支出报告直接与预算程序相关，税式支出被认为是另一种可促使实现某些社会目标的工具。1995年，经济合作与发展组织的研究报告提供了14个国家的税式支出估计数字，其中包括6个“七国集团”国家。

从经济合作与发展组织的报告以及从各国、各渠道获得的信息中可得到的结论是：有些国家将税式支出看作政府支出的替代；税式支出在盎格鲁—撒克逊国家的运用多于其他国家（在北欧和一些欧洲大陆国家较少使用，这些国家更倾向于使用政府支出）；税式支出的使用降低了税收在国内生产总值中的比重，降低了政府支出规模，但有助于支持公民在教育、健康、养老金、工作等方面（具有社会重要性）的支出意愿和支出能力。依赖税式支出的国家更需要将由政府支出提供的社会福利分配给最贫困的社会阶层，因为他们从税式支出中得到的福利微乎其

微，甚至为零；税率越高，税式支出对受益者越有价值。当然，纳税人收入越高，受益就越多。[1]

威廉·阿德玛（Willem Adema）（2001）在报告中称，芬兰、挪威和瑞典未披露关于税式支出的信息，因为税式支出的数额非常小，还不到其国内生产总值的0.05%。丹麦的情况可能也是如此。北欧国家无一进行税式支出的预算。因此，北欧国家向政府支出提供的福利征税，大幅降低了社会福利水平，而盎格鲁—撒克逊国家则成功运用税式支出，降低了获得私人部门提供的福利的成本。总而言之，在对各国的政府支出计划进行比较时，税收的作用非常重要，不应该被忽视。

三、发展中国家

现在我们再来看一下发展中国家的情况。除了较少的几个国家外（巴西、阿根廷、智利、乌拉圭，可能还有南非和印度是其中比较重要的，但并非全部），发展中国家还没有条件选择前面我们提到的政策工具。由于受经济结构（农业依然在国内生产总值中占绝对大的比重）与税收方面的政治和行政障碍等因素的影响，这些国家的平均税收收入较低——只有几个国家例外，包括那些可在价格高企时依赖大宗商品出口的国家。由于难以提高税收收入，大部分发展中国家的政府开支不足以提供有效的社会保障。[2]这些国家曾尝试债务融资的方式筹集社会保障资金，但往往因此陷入宏观经济困境。平均而论，发展中国家的税收负担保持在国内生产总值的20%以下，而经济合作与发展组织国家则是其两倍。数年来，行政方面的完善可能对税收收入产生的正面影响部分地被贸易税的减少所抵消了，至少在一些发展中国家是这样的。贸易税减少的原因在于税率降低，或者由于担心资本出逃而不愿征收金融资产所得税（Tanzi，2008）。

第二种工具，即税式支出，在许多发展中国家也没有得到广泛运用。原因如前所述，只有当一个国家征收个人所得税、有较高的税率和较低的个人减免、能产生较高的税收收入时，税式支出才能取得最佳效果。总体而言，发展中国家没有以创收的方式开征所得税。如果税式支出的概念也包括无须缴纳的增值税和对企业的传统课税激励，一些发展中国家的税式支出估计也较高。当然，这些估计与发达国家税式支出的口径是不一样的。事实上，由于难以提高税率，大部分发展中国家只能使用常规工具。

发展中国家有时也颁布法规，通过向农产品出口征税来防止农产品价格上涨，其结果是农业部门处于不利地位，而城市中产阶级受益。阿根廷长期以来一直使用这一方法。阿根廷曾制定法规条例，通过实行多重汇率或对非必需品的进口实施数量限制的方法，来保障基本生活产品（如药品和食品）能够以较低的本币价格进口到国内。但是，在过去的二十多年中，这些法规不再被普遍使用。由于法规的约束，一些国有企业提供的产品和服务一直维持在较低的价格水平上，这常常给企业带来重大财务问题，继而需要财政预算给予补贴。此外，一些国有企业，例如水力公司和电力公司，被要求实行区别定价，对低消费或低收入客户给予优惠。法规还强制性地要求一些国有企业（铁路、公路、民航）向边远地区提供服务，而其成本远远超出了由此得到的收益。这项政策引发了一个有意思的问题，即对于那些居住在边远地区无法充分享受到昂贵服务的居民，国家应该承担怎样的责任？相关法规将利率维持在较低水平，或强制要求银行以较低的利率给一些重要的社会项目发放贷款。[3]法规规定了最低工资标准，或要求施行加薪，但这些规定有时会违反市场规律。近年来，继智利之后，一些发展中国家对养老金体系进行了私有化改革，强制要求职工拿出一部分工资，存放在一个特别的账户内，这个账户由政府监管、由私人机构操作。

对于受益人（大多为城市中产阶级）而言，这些以及其他形式的法规创建了一个初步的安全网，甚至可以说是一个初步的福利国家，只是没有建立在政府开支的基础之上（Tanzi，2004）。这一安全网（不包括养老金私有化）很容易招致经济学家的批评，因为它会造成经济无效率。对于这些法规的受益者而言，这一安全网不仅是举足轻重的，而且是实实在在的。一旦某些福利被取消，或建议被取消，这些人往往反应激烈。情形就像20世纪90年代实行国有企业私有化那样：当时取消了价格管制，放开了利率，多重汇率也被单一、灵活的汇率制度所取代。

20世纪90年代的经济自由化运动，在很大程度上是对这种有管制的福利国家的正面攻击。杰辛特·乔丹纳（Jacint Jordana）和戴维·利瓦伊-福尔（David Levi-Faur）（2004）认为，“应当结合拉美地区的四个特征来理解改革，即传统‘发展’模式（国家试图通过各项政策强制推进经济发展）的危机、经济改革的全面推行、民主化进程以及国家团结问题”。拉美国家对法规管制的运用始于20世纪20年代，并持续到今天。但随着时间的推移，拉美国家的法规管制由依赖税收和支出、依赖再分配法规转向依赖制定规则和法规。起初，这一转变是为了赋予国家更大的权力，提升其引领经济发展的地位。后来，这一转变向着赋予独立的监管部门更多权力的方向发展。管理这些监管部门的是逐步市场化的个人，而这些“部门”的行为也反映了这一转变。但是，当监管者并不是站在使市场更有效率的角度，而是站在推进某些政策的角度来看待其自身的角色时，这些政策有时并不具有可持续性。

参考文献

Adema, Willem. 2001. “Net Social Expenditures, 2nd Edition.” *OECD Labour Market and Social Policy Occasional Papers*, no. 52 (Paris: OECD Publishing).

Adema, Willem, and M. Ladaique. 2005. “Net Social Expenditure, 2005 Edition: More Comprehensive Measures of Social Support.” *OECD Social, Employment and Migration Working Papers*, no. 29 (Paris: OECD Publishing).

2009. “How Expenditure is the Welfare State? Gross and Net Indicators in the OECD Social Expenditure Database (SOCX).” *OECD Social, Employment and Migration Working Papers*, 92(Paris: OECD Publishing).

Dutton, Paul V. 2002. *Origins of the French Welfare State: The Struggle for Social Reform in France, 1914-1947* (Cambridge: Cambridge University Press).

Förster, M. F., and M. Mira d’Ercole. 2005. “Income Distribution and Poverty in OECD Countries in the Second Half of the 1990s.” *OECD Social, Employment and Migration Working Paper*, no. 22 (Paris: OECD Publishing).

Förster, Michael, and Mark Pearson. 2002. “Income Distribution and Poverty in the OECD Area: Trends and Driving Forces." *OECD Economic Studies*, no. 34: 7-39.

Jordana, Jacint, and David Levi-Faur 2004. "Toward a Latin American Regulatory State?" Mimeo (February).

Kendall, Jeremy, and Martin Knapp. 1996. *The Voluntary Sector in the UK* (Manchester: Manchester University Press).

Ministero di Agricultura, Industria e Commercio. 1911. *Discorso Pronunciato da S.E. l'on. Francesco Nitti* (Rome: Tipografia Nazionale di G. Bertero e c.).

OECD, Committee on Fiscal Affairs. 1995. "Tax Expenditures: Recent Experiences" (Paris: distributed September 19).

Palme, Joakim. 2006. "Income Distribution in Sweden." *Japanese Journal of Social Security Policy* 5, no. 1 (June): 16-26.

Pipkin, Charles W. 1927. *The Idea of Social Justice: A Study of Legislation and Administration and the Labour Movement in England and France between 1900 and 1926* (New York: Macmillan).

Tanzi, Vito. 2004. "Globalization and the Need for Fiscal Reform in Developing Countries." *Journal of Policy Modeling* 26:525-42.

2008. "Introduction: Tax Systems and Tax Reforms in Latin America," in *Tax Systems and Tax Reforms in Latin America*, edited by Luigi Bernardi, Alberto Barreix, Anna Marenzi, and Paola Profeta (New York: Routledge).

U.S. Census Bureau. 2006. Current Population Survey, Annual Social and Economic Supplement (LISA: Government Printing Office).

第十三章　国家的作用及北欧国家的经济运行

一、引言

那些赞同政府应当在经济中发挥重要作用的人通常把北欧作为典型例子，他们认为，北欧国家作为成熟福利国家的典范，证明了在政府高支出、高税收和广泛社会保障的背景下，经济仍能保持良好的运行状态。最近几十年以来，北欧国家的政府支出和税收水平在全世界高居首位，而基尼系数和贫困率却是最低的。这些国家拥有世界上最有效率的安全网，并在各种国家竞争力排名中位居前列，例如，世界银行发布的"经商环境便利指数"、美国传统基金会和《华尔街日报》发布的"经济自由"指数，以及透明国际发布的"腐败印象指数"等。根据2010年4月16日出版的《福布斯》特刊，在全球亿万富翁中，有17人出自这些国家。在2010年对122个国家的经济自由指数排名中，丹麦位居第9位，芬兰位居第17位，瑞典位居第21位。

北欧国家的情况似乎反驳了这样一种观念，即政府高支出和高税收必将对国家的经济运行和个体的经济自由造成负面影响。由此而来的一个问题是，如果这些国家能够做到，那么，为什么其他国家不能做到呢？如果政府支出能够带来高水平的社会保障、高效率的社会安全网、更公平的收入分配制度和更低的贫困率，而且不会有损经济效益和经济自由，那么，政府为何不能以高支出为目标呢？北欧国家是否属于特殊情况或个例，从而能够避免高税收和高支出的负面效应，而其他国家却无法做到？

在此，我们无法全面而翔实地考量这些问题。多年来，各类书籍和文章都试图对此做出回答，但其结论反映的往往是作者早已存在的偏见，证明并不存在如沃尔特·科皮（Walter Korpi）（1996）所言的“毫无价值的”经济学。尽管有不少大力支持相反观点的论证，但经济学并不是一门纯科学，那些无论出于何种原因更重视公平和减贫，并因此而赞同福利国家的人，往往更倾向于关注这些政策的积极效应，并将其成本最小化（Costabile，2008；Atkinson，1999）；那些更重视效率和个体经济自由的人，则往往更关注这些政策的成本（参见Lindbeck，1997，2000；Thakur et al.，2003，Rose，1996；以及《牛津经济政策回顾》，2006年关于福利国家的各类文章）。

在本章中，我们将讨论北欧国家的经验，尤其是瑞典。瑞典是北欧最大的国家，相关信息较为丰富。除了一些细节和个别政策外，北欧国家的经历大体相似，重点关注瑞典并不会太多地影响整体情况的介绍。本章的内容有助于读者更好地了解北欧国家的整体发展情况，形成较为客观的印象。本章的结论是，近年来，这些国家经济运行良好可能受益于一些以提高劳动生产率为目标的重大改革。这些改革主要发生在20世纪90年代。这意味着,短期内,这些国家良好的经济运行并不能充分反映高支出和高税收的影响,也无法说明这些国家经济的长期表现。无论如何,在很多因素共同产生影响的背景下,认为经济增长主要受益于一个因素(高税收),尤其在中短期内,是完全错误的。需要补充的是,挪威作为石油出口大国是个特殊情况,因为石油价格和产量会对其经济增长产生重要影响。挪威对石油收入进行了有效管理,由此无须高额征税就能改善社会保障体系,沙特阿拉伯、科威特、卡塔尔等石油和天然气资源丰富的国家的情形也是如此。挪威积累了大量的外汇资产,每年只需使用其中的一份"收入",便能在不消耗资产或提高税收的情况下抵补政府支出。

二、20世纪50年代以前的情况

19世纪末以前,除了丹麦享有较高的人均收入外,北欧国家普遍非常贫穷。当时很多公民不得不移民到国外,其中大部分人移民到美国。19世纪80年代,瑞典和挪威每年有超过1%的人口移民海外(Einhorn and Logue,1989)。1850—1910年,其有超过100万的瑞典人(占其总人口的较大比重)移民到美国,主要是明尼苏达州和其他中西部各州。

1870年前后,瑞典开始了工业化进程,经济快速发展。其间,出现了强大的民间组织,例如工会、自治组织和独立的宗教团体(参见维基百科中的"瑞典")。1899年,瑞典工会同盟

(Landsorganisationen I Sverige)成立,并与社会民主党建立了紧密联系。在20世纪的大部分时期,社会民主党主导了瑞典的政治走向,并在使瑞典成为福利国家方面发挥了重要作用。福利国家的建立是对社会主义的一种替代,在20世纪初期,这一思想意识在瑞典曾经引发了一场政治运动,尤其是在1917年俄国爆发布尔什维克革命时期。由于没有卷入两次世界大战,并能在非常民主的环境中(有稳固的君主立宪制)和平地开发丰富的自然资源,瑞典经济快速发展,终于在20世纪中叶跃入世界最富有国家之列。

我们在前文曾分析了"北欧替代"、"北欧福利国家"的社会特征。这些特征有利于减轻高税收负担,使税收易于承受,从而降低对个人激励的不利影响。这些特征引发了是否必须通过相关政策建立福利国家的疑问。北欧地区早期社会的基本单元是"结构松散的宗族和村落,有时由一位当地的部落首领统治……(在宗族和村落中),决策是在被称为'Ting'的民众聚会上做出的,会上所有具有政治权利的男人都有权发言和投票"(Rexed,2000)。其中,一些决策涉及向困难家庭提供帮助。当时,妇女的权利依然很少,随着福利国家的建立,妇女的权利得到大幅提升,妇女也因此成为国家政策最强有力的支持者。

北欧地区从未经历过封建社会,而欧洲其他地区在中世纪时普遍处于封建社会。北欧也因此形成了一种明确的社会概念,即社会是由相对自由的个人组成的,即便贫穷,人们也乐于互相帮助。宗族和村落具有一些大家庭的特征,他们认为相互帮助是理所当然的。在16世纪的宗教改革之后,具有广泛慈善网络的天主教会为新教所取代。与天主教等级森严不同，新教不分等级。天主教会退出了原本承担的社会工作，相应的职责也被取代。在社会中，或更确切地说，在由不同村落组成的社会中，“社会主流是强大的道德伦理、团结一致的理念以及（自发的）集体行动的倾向”（Rexed，2000）。此后，北欧政府推出的各项社会救助计划中，依然保持着集体行动的特点。这些计划通常由国家出资，但由地方管理。互帮互助始终是一个重要的社会目标，只是，现在已经被“公有化”。实现收入分配公平化和减少贫困已成为这个社会长期以来自发关注的重点，而不是遥不可及的官僚或政客强加给他们的目标。从某种意义上说，北欧福利国家将传统社会网络收归公有，同时也保留了传统社会的基本特性。

有观点认为，北欧社会自发形成的文化（例如，在小农社会盛行的具有强烈认同感的社会标准以及对集体行动的信赖）推动北欧成为福利国家。在这些社会标准中，尤为重要的是平等主义和对社会价值观及社会目标的遵从。过去，在民众聚会（Ting）上做出的决策被人们广泛接受后便成为社会决策，持不同意见的个人并不会提出反对意见。这便是第七章所描述的集体信任和“集体国家”的范例。在“集体国家”中，个人是社会不可或缺的组成部分，社会以集体或民主的方式制定准则，影响当前和未来的政策，个人对此不会持反对意见。一旦社会制定了准则，这些准则就高于个人利益，甚至高于个人的自由，人们并不认为个人目标与社会目标之间存在冲突。这些集体标准被工会和20世纪执政的政党所采纳，并成为指导国家的方针政策。

当时，北欧国家的人口同根同源，尚未吸引来自其他国家的大批移民，这一点也是其成为福利国家的重要原因。许多学者曾提到过这一特性。例如，杰弗里·萨克斯（Jeffrey Sachs）（2008）写道："社会福利体系（已被证明）在种族同源的社会中最有效率，也最为常见，例如在北欧，那里的人们认为，纳税是在帮助自己。"他补充道："最终，社会福利模式建立在信任之上……如果人们知道纳税是为了帮助与他们相似的人，他们就更愿意承担高昂的税费。"信任与社会凝聚力的关系很多文献中都有讨论（Fukuyama，1995；O'Hara，2004；Putnam，2000）。

从政府计划以及税收和政府支出占国内生产总值的比重看，北欧国家直到"二战"之后才成为福利国家，"二战"时期，上述指标才从原来的低水平快速向上攀升。这样就引出了一些问题，即是否必须由政府提供官方计划？是否可以不受政府干预，通过自发但仍具社会意义的私人计划来维持过去那种非正式的社会保障？也许，正如前一章所述，在全新的工业化环境中，非正式计划的交易成本过于昂贵，因此，需要政府干预。

有一种观点认为，早在第一次世界大战之前，瑞典就播下了福利国家的种子。1847年和1853年，瑞典通过了《消除贫困法》。1898年，强大的瑞典工会同盟设立。1913年，自由党政府开始着手拓宽社会福利范围，并且很快成为在欧洲各国盛行一时的趋势。同年，瑞典通过了第一个全面的社会保障体系，这一社会保障体系的资金来源于中央财政税收。虽然还远称不上慷慨，但可以覆盖到每一个人。社会民主党采用了被工会成员广泛认同的社会准则，逐步踏上了建立世界上最成熟福利国家的征途。如前所述,整个过程进展非常缓慢,1950年,瑞典和其他北欧国家的政府支出及税收占国内生产总值的比重仍然远远低于其他发达国家。

瑞典的经验中有非常有意思的一面,似乎还未引起太多关注,即平等主义和遵从原则的原动力并不是全民支出计划中对再分配税和社会公共支出的运用,而是建立福利国家的具体过程,并且这一过程与政府财政预算鲜有直接关系。有关北欧福利国家,尤其是瑞典的讨论,通常都会强调这些国家成功地将基尼系数维持在较低水平上,并将此与福利国家的预算联系起来。相关讨论显示,20世纪80年代,北欧国家的基尼系数低至0.20(或20%),是市场经济国家中由政府干预后收入差距最小的国家。人们直观地认为,这些较低的基尼系数是高额累进税和大额全民支出计划的直接结果,如果没有这些计划,收入差距可能会大很多。

20世纪60年代,这些欧洲国家尤其是瑞典的收入分配随着税收和政府支出的增加而更为平等,但是,在20世纪上半叶,这些国家就已经进行了重大改革,向着缩小收入分配差距的方向迈进,远远早于福利国家计划的推出。

一项对瑞典高收入人群于1903—2004年间收入变化的研究显示,20世纪伊始,在没有进行任何非正式的再分配之前,瑞典市场极度缺乏平等,至少从高收入人群的收入占比来看是这样的(Roine and Waldenstrom,2008)。随着时间的推移,大约到了1980年,1%的高收入人群的收入占比大幅下降。其中,1915—1950年的降幅尤为显著,随后到1980年,降速明显放缓。

1980年之后，收入差距又开始拉大。瑞典统计局的数据显示，瑞典可支配收入的基尼系数于1981年达到最低，为0.199。直至1988年，此系数一直保持低位，之后开始大幅上升。有意思的是，1915—1950年间1%的高收入人群收入占比的下降与福利国家并没有太大关系，因为瑞典当时还根本不是福利国家。另一个问题是，1981年及此后的一段时间内，基尼系数的上升是否是因为取消了福利国家制度？当时推出的一些改革可能拉大了收入分配差距。

这些结论非常重要，因为它们表明——至少暗示了——收入分配与社会发展和经济发展（全球化和技术革新）有着与政府政策的变化（税收和支出）同样重要的关系。这一观点在保罗·克鲁格曼的著作中也有提及。他强调，最近几十年，美国收入差距拉大，更重要的原因可能是社会发展。经济学家经常强调一些可衡量的技术性或政策性因素，而忽略了从社会学角度给出的解释，因为他们无法借助后者进行计量分析或验证（Esping-Andersen，2007）。这可能与他们的研究习惯或思维定式有关。在他们的眼里，经济就像一部机器，其中的各个变量必然以某种精确的方式互相联系着。用罗伯特·索洛的话来说，“世界上只有一种放之四海皆准的模式”。由此提出的问题是，数学模型是否总能帮助我们更好地了解现实世界？它们能否真正抓住问题的实质？是否存在这样的可能，即这些精美的模型让我们相信他们的确是现实世界的再现，而事实并非如此？关于有效市场的假说就是如此，许多投资者对其深信不疑，认为这一假说就是现实情况的真实再现。实际上，人类的反应可能是变

化无常且缺乏理性的，经济模型并不能完全体现这一点。

在最近几十年中，被广为接受的一个假设是，市场运行是有效、精准的，因此，个人从事经济活动得到报酬是市场效力自然、准确的结果。这一假设还试图解释为什么有些人能得到高收入或高薪酬，其主要观点是，如果市场产生了这些收入，得到收入的人一定付出了辛劳，受之无愧。这个说法忽略了这样一个问题，即有些人是因为身居要职而有权力自己决定自己的薪酬，尤其是大型私有企业的管理者。用凯恩斯的话说，这些管理者有权决定收入分配，而作为企业合法拥有人的股东却作用有限，尤其在短期内。其实有各种方法可以让员工、管理者和股东共同分享企业创造出的价值。这种分享在很大程度上会受到社会主流态度的影响，在一定程度上也会受到市场力量的影响。最近几十年，收入分配有向管理者，尤其是股东较多的企业的管理者倾斜的趋势，管理者有权选择董事会成员，而董事会成员有权决定管理者的收入。“基准”的力量常常会影响结果，如果管理者报酬丰厚，其他人就有正当的理由要求加薪。有一观点常被用来解释为什么金融业会产生巨额红利，企业管理者（即便表现并不突出）能领到高薪。这一观点是：如果我们不支付数以百万美元的红利或薪酬，而其他人愿意支付，那么，我们就会失去顶尖人才。全球范围内争抢人才的现状助推了这一趋势。工人由此而处在非常不利的位置上（Johnson and Kwak，2010）。

我们可以得出如下看法：如果社会普遍认为，高收入人群领取高薪是应当的、理所当然的，那么，他们的薪酬将会继续增加；如果社会对高收入人群创造的价值产生疑问，那么，他们的薪酬

就会逐步减少。在过去20年中,在社会民众的眼中,有些人在工作中创造了巨大的“经济价值”,这些人较易获得比过去丰厚得多的薪酬。从某种意义上说,他们就像过去的贵族一样,因其与生俱来的权利而享有更多利益。人们也认为,这些人理应得到高薪,因为其社会地位已经决定了这一点。

这一时期,高收入人群和普通工人的收入差距明显拉大(Johnson and Kwak,2010)。在许多国家,普通工人的收入水平停滞不前,高收入人群的薪酬却一涨再涨,几百万美元的薪酬,外加黄金降落伞和巨额红利。在一般人看来,这些都是为了更有效率、更快速的经济发展,社会不得不向部分幸运儿支付的报酬。由于假设市场的运行总是有效率的,并且市场的判断总是正确的,因此,这些人得到的报酬被视为他们所创造的价值的体现。这里的关键在于,我们的假设是,所有的报酬都是在竞争机制下由市场力量决定的,如果人为干预,效率反而会降低。[1]在社会态度发生转变后,即便其他因素不变,这样的薪酬能否依然大行其道值得怀疑。

我们再把目光转向瑞典。从1915年至1950年,瑞典的政治和社会领域呈现出一些新气象,这一时期,瑞典成立了众多工会组织,更具城镇化和工业化特征。1938年,在一个名为萨尔茨约巴登(Saltsjöbaden)的小镇上,工会与雇主同盟达成了一项重要协议。这项以萨尔茨约巴登命名的协议确立了员工与企业合作的方式。可以这样说,这一协议大体上确定了国民经济中工业部门所产生的总收入应该如何分配。该协议再次强调了瑞典社会的平等精神,呼吁政府出台相关政策,核准由员工与雇主在自由谈判中达成一致的主要目标。此后，瑞典企业中经常有员工代表坐上董事会的席位，这有助于防止管理层与员工之间的收入差距过大。

双方同意，要大大拉近工人和管理层的薪酬，缩小劳动力市场上的收入差距，提高低收入员工的收入水平，降低高收入员工与管理人员的收入水平。调整后，收入分配更趋平等。20世纪30年代中期至50年代，高收入人群的收入占比出现最大降幅。需要强调的是，当时尚未推行福利国家制度。这一变化还意味着，如果企业雇用（收入增加了的）低技能工人，其平均人力成本将上升；如果企业雇用（收入减少了的）熟练工，其平均人力成本将降低。这样，企业更愿意雇用技术娴熟的工人，从而有利于提高全社会的技术水平。考虑到充分就业的目标，这一变化还要求关注低技能工人的留用问题，尤其对大企业而言。原企业要么留用这些工人，要么帮助他们转到其他企业就业。

在萨尔茨约巴登达成的合作协议中，另外一项重要内容是，通过税收制度鼓励企业留存收益或再投资，而不是将收益用于股东分红。这促使收入分配更合理（尤其是不考虑未实现资本收益时），并且使生产能力较强的企业有了更多资源用于投资。同时，由于企业开始关注对员工的再培训，努力提高其业务水平，高技术企业能够招聘、雇用到接受过良好培训的员工。此外，学校的教育制度也颇为平等，并不会体现出社会阶层的差异。

上述“国家开发作用”的实现，并不是因为政客或政府官员的行政命令，而是出于员工和雇主代表开展的自主合作。瑞典社会讲究诚信，向往平等，国家具备了承担开发作用的条件；在移民较多、诚信较差的社会,"国家开发作用"难以实现。[2]

瑞典没有卷入第二次世界大战,并且在二战之后经济迅速发展,到了20世纪70年代初,瑞典已经成为世界第三富裕国家,仅次于瑞士和美国(Thakur et al.,2005)。此外,"在许多工业领域,瑞典公司都在技术前沿占有一席之地"(Schon,2008)。正如莱纳特·修恩(Lennart Schön)所言,"纵观瑞典在较长一段时间内的发展,最显著的特点是在1910—1950年间经济增长率的加快"。瑞典快速增长的势头一直持续到20世纪70年代。但20世纪50年代至70年代,一些欧洲国家增速更快。因此,1950年之后,在即将正式推行福利国家制度前的一段时期内,瑞典的经济增长速度已落后于其他一些欧洲国家(Krantz and Schon,2007)。这或许意味着,导致经济增速放缓的原因并不是平等主义的倾向(至少从第一次世界大战之后,这一趋势就始终持续着),而可能是将平等主义的决策权交给了政府以及由此造成的税率随福利国家制度的正式推行而大幅提高。

三、20世纪50—80年代的情况

20世纪50年代初之前,北欧国家税收和政府支出占国内生产总值的比重与其他工业化国家大致相当,甚至更低。例如,1940年,瑞典总税收占国内生产总值的比重只有15.1%(见表13.1)。在这些国家,居民的税后收入与税前相差不大,他们对政府支出的依赖也很小。对困难家庭提供帮助并不是因为这是理所应当的事情,而是源于自发的社会行动,很大程度上受到鄙视懒惰、鼓励平等的社会准则的影响。[3]1960年，北欧国家政府支出占国内生产总值的比重仍然较低：丹麦为24.1%，芬兰为26.0%，瑞典为31.0%，与美国的水平（26.2%）大致相当。尽管这些北欧国家的这一比重在过去10年间快速增长，但仍低于法国、德国和英国。

表13.1　1900—2007年瑞典税收占国内生产总值的比重（%）

	直接税	间接税	社保支出	总计
1900	2.7	4.9	0.0	7.7
1912	4.8	3.7	0.0	8.5
1924	6.7	4.0	0.3	10.9
1930	5.5	4.3	0.2	10.1
1940	9.4	5.4	0.3	15.1
1950	12.3	7.4	1.3	21.0
1960	14.7	10.0	3.6	28.3
1970	20.2	12.4	7.6	40.2
1980	21.9	13.7	14.4	50.0
1990	23.4	17.2	15.1	55.7
2000	22.3	15.1	15.1	52.6
2007[a]	19.2	16.9	14.4	50.5

[a] 2007年的数据取自the Statistical Annex of European Commission, *Public Finance in EMU 2009*。

资料来源：Rodriguez, RRV, *Statens Finanser*, RSV. 本表摘自Sweden, National Tax Authorities Statistics, 2008, 表14.5。

表13.1显示的是1900—2007年瑞典的总税收以及根据主要税项分类的税收增长情况。根据此表，1930年之前，瑞典总税收一直保持在很低的水平上。1950年，如果以国际标准衡量，税收水平依然较低。1950年之后，税收急剧上升，直到1990年前后，税收水平（以及政府支出水平）创造了世界纪录，之后开始

下降。表13.1还显示，直到1950年，瑞典的社会保障几乎还未成形；1960年，社会保障支出也很少。这再次证明，正式的、以政府为基础的福利国家（“税收和支出”类型的）是在20世纪下半叶，也就是1950年之后才建立起来的，其他北欧国家也经历了类似的发展（见表13.2）。因此，这些国家成为福利国家距今并不遥远。1950—1980年，这些国家推出了堪称世界最全面、最慷慨的社会福利体系。政府支出和税收以创历史纪录的速度节节攀升，达到世界最高水平。

表13.2　1925—2006年样本国家总税收占国内生产总值的比重（%）

年份	瑞典	丹麦	挪威	芬兰	英国	德国
1925	16.0	19.6	20.9	21.6	22.6	17.8
1933	18.9	20.1	25.1	20.1	25.2	23.0
1950	21.0	19.8	n.a	27.8	33.1	30.1
1960	28.7	25.3	32.0	27.5	27.3	33.9
1970	39.8	40.4	34.9	32.5	37.0	32.9
1980	47.5	43.9	42.7	36.2	35.2	33.1
1990	53.6	47.1	41.8	44.7	35.9	32.6
2000	54.2	48.8	40.3	46.9	37.4	37.9
2006[a]	49.1	49.1	43.9	43.5	37.1	35.6

[a] 2006年数据取自OECD，Revenue Statistics，1965—2007（OECD，2008）。

资料来源：Enriguez Rodriguez，*Den Svenska Skattehistorien*（1925—77）和OECD，*Revenue Statistics*（2011）。本表摘自Sweden，National Tax Authorities Statistical Annual Report（2003，in Swedish），表14.4。

1995年，瑞典、芬兰和丹麦的政府支出占国内生产总值的比重达到世界最高水平，分别为67.1%、61.4%和59.2%，这一比重分别比1950年的水平增长了36.1、35.4和35.1个百分点。这些国家的政府明确表示，增加支出的目的是通过政府出资的正式

计划和立法授权，向所有公民提供生老病死的社会保障。

20世纪伊始，瑞典等北欧国家还较为贫穷，很多人移民美国。时至推行福利国家制度时，瑞典等北欧国家已变得非常富裕。因此，有一种观点认为，坐拥如此多的财富，这些国家可以购买福利国家所能提供的最好的正式保障，这是公民享有的权利。正如阿瑟·林德贝克（Assar Lindbeck）所言，“众所周知，从1870年至1970年，瑞典的经济增长速度几乎超越了所有其他国家”。从1950年至1970年，瑞典的经济增长速度“几乎与富有的经济合作与发展组织国家持平”（Lindbeck，2000）。但此后，瑞典的经济增速大幅下滑。1970年，瑞典的人均国内生产总值在经济合作与发展组织国家中排名第3位。1980年，排名第7位；1991年，排名第14位；1998年，排名第18位。相比之下，同一时期的丹麦和芬兰由于没有像瑞典那样大幅提高税收和政府支出，没有经历如此明显的排名变化。

表13.3给出了在过去的50年中，北欧及其他发达国家的经济增长情况。请注意，后两列数据与前四列数据不具可比性。从中可以看出，1960年至1970年，即福利国家创立时期，以及随后向福利国家转型的20年，经济明显走弱。但同一时期，其他国家也出现了类似的经济增长下滑。因此，我们不能简单地认为，福利国家与经济增速放缓之间存在直接因果关系，尽管瑞典是经济下滑最明显的国家之一。[4]

至此，有必要研究从20世纪50年代至70年代中期，瑞典推行的正式的、政府出资的福利国家制度（以及其他北欧国家推行的略有不同的福利国家制度）所具备的特性。鉴于瑞典是北

表 13.3　1960—2008 年样本 OECD 国家的经济增速

国家	以不变国内价格计算的每个在职人员创造的 GDP				人均 GDP 增速	
	1960—70	1970—80	1980—90	1990—2000	1997—2007	1973—97
丹麦	3.5	1.8	1.5	1.9	1.7	1.8
芬兰	4.7	2.5	2.5	2.9	3.1	1.9
冰岛	2.8	3.6	1.1	1.6	3.8	–
挪威	3.5	3.2	1.8	2.3	1.8	3.1
瑞典	4.0	1.0	1.4	2.4	2.9	1.2
平均	3.7	2.4	1.7	2.2	2.7	–
德国	4.2	2.6	1.7	1.4	1.5	1.7
卢森堡	2.9	1.4	2.7	4.5	4.5	–
奥地利	5.2	3.0	2.1	2.0	2.0	2.1
意大利	6.2	2.9	2.1	1.7	1.0	2.1
比利时	4.2	3.2	1.7	1.7	2.2	1.8
希腊	8.5	4.0	0.6	1.6	4.0	–
西班牙	6.6	4.1	2.3	1.4	2.5	1.9
法国	–	2.6	1.9	1.4	1.7	1.5
荷兰	–	2.6	1.3	0.8	2.0	1.7
瑞士	3.2	1.1	0.2	0.7	2.0	0.6
平均	5.1	2.8	1.5	1.7	2.3	
爱尔兰	4.2	3.8	3.7	3.5	5.7	–
澳大利亚	2.7	1.9	0.9	1.9	2.2	–
英国	2.6	1.8	1.9	1.8	2.4	1.7
加拿大	1.8	1.1	1.0	1.4	2.3	–
美国	1.2	0.6	1.5	1.8	1.8	1.6
新西兰	1.2	0.6	1.5	0.7	2.0	–
平均	2.3	1.6	1.8	1.9	2.7	–

资料来源：20世纪60—90年代的三栏数据来自Lindbeck，2000，p.23，1990—2000年及1997—2007年的数据来自OECD，*Economic Outlook*。1973—97年（最后一栏）的数据来自Maddison，1999。

欧最大、最具影响力的国家，我们主要关注瑞典。瑞典的福利国家模式与其他欧洲大陆国家有所不同，后者较少采用全面计划，而是针对特定人群的制度安排，例如，地中海国家采用的就是以家庭为基础的制度安排。瑞典的模式与盎格鲁—撒克逊国家的社会保障也有差异，后者主要依靠税式支出、有针对性的计划以及私人保障体系，只供出资购买的人享用。

需要强调的是，在推行福利国家制度之前，北欧国家尊崇社会平等，人口同根同源，文化和谐。移民潮发生之后，这一切都发生了改变。随着工业化进程加快，这些国家变得更加富裕，但经济关系的结构性调整和日益加快的城镇化趋势使地方性保障制度面临困境。在这种情况下，社会公众更加信任政府，认为政府更有权威，因此，支持政府制订新计划。此时，对原有的、非正式的社会保障体系进行改革成为大势所趋。

北欧的福利国家模式具有一些独特之处，与北欧之外的国家截然不同。一位来自北欧的经济学家归纳了北欧模式的几大特点。在此，我们简要罗列，并稍做修改：[5]

一是国家在社会保障体系中发挥了更大、更积极的作用，向所有符合条件的居民提供基本养老金、免费或高额补贴的医疗保险等社会保障服务。私人部门提供的保障基本退出市场，或并入政府计划（Boli，1991）。

二是与其他国家相比，更多劳动力在医疗、教育等社会服务行业就业。社会服务、教育等相关工作主要由当地政府，尤其是市政府的公职人员承担。因此，享受服务的公民与提供服务的公职人员之间关系密切。他们来自于同一个社区，具有同样的理念。

三是基本养老金、病假补助、子女补贴、医疗服务等方面的社会服务，由国民体系统筹协调。如前所述，提供社会服务的大多为地方政府，而非中央政府。

四是政府享有高度信誉；而美国、意大利等国则截然不同，大部分国民对其政府的信任度不高。

五是采用全民性的或分门别类的社会保障体系，不看重参保人的收入差异，没有人因为收入较高或性别、家庭地位等原因而无权参保。福利是面向个人的，而非家庭成员。只要是本地居民，无论就业与否（或曾经就业与否）都能享受基本福利。

六是基本福利面向社会大众，不分阶层和职业。

七是基本福利的资金来源于普通税，而非专门的“贡献税”。因此，每个纳税人都做出了贡献。但是，一些非基本福利与个人在缴纳“贡献税”时期的收入挂钩，因人而异。近年来，非基本福利的重要性不断提升。

八是相比其他国家，北欧的实物补助远多于现金补助（托儿所、养老院、向老弱病残提供住家服务）。在20世纪90年代削减补助时期，现金补助削减较多，实物补助则受到保护。例如，2007年，仅长期护理一项，瑞典的政府支出就占国内生产总值的3.5%，居欧盟27国之首，而欧盟的平均占比仅为1.2%（Przywara, Diez Guardia, and Sail, 2010）。

九是充分就业既是重要的社会目标，其本身既是目标，也是为福利国家制度提供资金的渠道。为了实现这一目标，政府制定了各种政策措施，社会对个人也施加压力，要求其就业。

北欧民众一直非常支持这种社会救助模式。不过，近年来，支持力度似乎有所减弱，原因包括移民数量增多、移民能享受到更多福利等。在瑞典，目前移民约占总人口的12%。一些经济学家在相关报告中指出，福利国家制度有损经济表现，要求进行福利制度改革的民众数量不断增加，社会公众对一些政策的支持力度也在减弱。在一些国家，这可能还会导致更加保守的政府上台。

北欧模式有一些区别于高支出型欧洲福利国家模式的重要特点。首先，大部分基本福利面向全体国民，由中央政府机构管理，但失业补助体系主要由工会管理。其次，补助金的发放针对个人，而非家庭，与家庭地位或其他家庭成员的特权无关。因此，论及基本福利时，家庭的法律实体概念被淡化，但在其他国家的福利体系中，家庭仍居核心位置。1971年以来，北欧国家甚至连所得税的缴付都以个人为单位。在累进税制下，家庭总收入不会阻碍配偶或其他无工作成员就业；也不会像法国那样，把孩子计算在内平摊家庭总收入——这会减缓所得税的累进速度。有些特别（非基本）福利（尤其是养老金权益）与受益人过去的“贡献”挂钩，由此鼓励受益人继续工作，赚取更多收入。再次，福利体系需要较高的劳动参与率来保障资金来源和向国民提供社会服务。过去几十年，妇女的劳动参与率显著提高，福利国家为她们创造了很多就业机会。在北欧国家，男性公民和女性公民的就业率都很高，女性公民的就业率居世界之首（Alesina and Giavazzi，2006）。

在就业方面，瑞典与其他北欧国家的福利制度并非对男女一视同仁，而是明显偏向女性，让她们在地方政府部门提供社会服务的岗位上就业，由国家政府拨款购买服务。舍温·罗森（Sherwin Rosen）（1996）认为，“（就业）数据反映了两大基本事实：一是20世纪60年代初以来，瑞典的就业增长来自地方公共部门；二是几乎所有的增长都归因于女性就业人数的增多”。近年来，情况有所转变。瑞典的福利制度向女性提供了很多在政府部门工作的机会，帮助她们从在家照看老人、孩子的任务中解脱出来。在其他国家，女性依然全天在家承担这些任务（例如意大利和日本）。区别在于，现在女性承担这些任务能获得报酬，而在过去，以及在其他国家，是没有报酬的。由此，女性不再受家庭职责的束缚，获得了独立的经济地位和社会地位。但与此同时，这一转变削弱了家庭作为一个社会单位的作用。有数据表明，与地中海国家的高比例相比，北欧国家只有4% ～ 5%的个人与其他家庭成员共同居住，只有很少比例的个人照料家中老人。

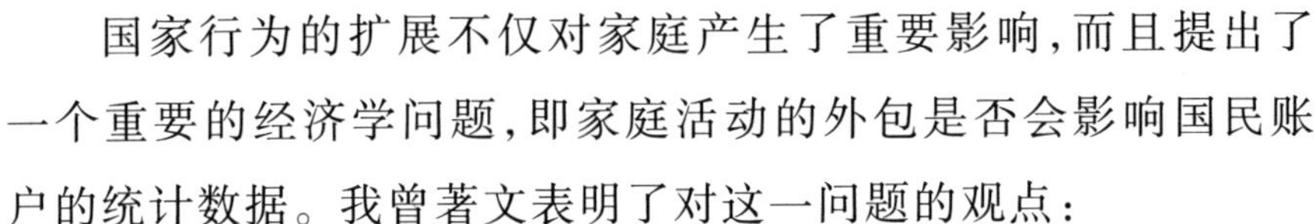

国家行为的扩展不仅对家庭产生了重要影响，而且提出了一个重要的经济学问题，即家庭活动的外包是否会影响国民账户的统计数据。我曾著文表明了对这一问题的观点：

> 在一些国家，例如瑞典，有多达30%的劳动力在政府部门就业，而在意大利，数量只有一半。这些公职人员大多从事托儿所、养老院、廉租房、住家照料年老体弱者等相关工作，并且大多为女性。因此，福利国家在公共部门为女性创造了很多就业机会，帮助她们从照料年老体弱家庭成员的工

作中解放出来。女性劳动参与率快速攀升……到2003年，瑞典和丹麦的女性劳动参与率分别为71.5%和70.5%，而意大利仅为42.7%。

在评价这一转变对福利带来的影响时，应分别从照料服务提供方（女性）和接受方两个角度来判断，或许会得到不同的评价结果（Tanzi，2008）。

这些由政府支持的活动取代了一些家庭生产……或许会影响人均收入国际统计数据的可比性……在瑞典、丹麦等国，这些活动被纳入国民收入的统计数据……在意大利，类似活动局限于家庭范围内，不纳入统计数据（Tanzi，2005）。

这或许意味着，与意大利相比，瑞典的人均国内生产总值和人均收入都被高估了。与此同时，瑞典的经济增长率也因福利制度扩张时期（尤其是20世纪50—70年代）女性就业的增加而有所提高。那么，福利国家制度对家庭这一社会单位究竟会产生怎样的影响呢？显然，对家庭的重视程度越高，像瑞典这样的福利国家的优越性就越小。虽然家庭观念的削弱并非改革的初衷，但是，北欧福利国家的现状却接近于布尔什维克改革家的意图——很少考虑家庭这一社会单位。在福利国家，女性或许是最大的赢家，至少就个人解放而言是这样的。她们也因此成为政府支出和福利政策强有力的支持者。

四、1990年至今的情况

虽然大部分报告都认为,北欧国家的高福利制度受到了多数国民欢迎,但是,总会有一些人不以为然,包括一些知名的经济学家,例如阿瑟·林德贝克。他们对高税收和高支出计划的长期激励效果表示担忧。即便是在尊崇平等且移民较少的社会,这种反向激励的抑制效应也会随着时间的推移而日益明显。我们可以做出具有现实意义的假设,即抑制效应会随着时间的推移而增大,尤其是在一些社会准则开始淡化时。一些经济学家在评估福利国家制度对经济增长的影响时观察的年份太少,因此,无法充分反映阿瑟·林德贝克(1995)所谓"危险的长期动态"。如前所述,影响经济增长的因素不止一个,而且各种因素都会随着时间的推移而发生变化,忽略其他因素而仅仅考虑税收对经济增长的影响显然是不合适的。

由于这些国家的社会准则具有较强的影响力,相对于缺乏准则或准则影响力较弱的国家而言,福利国家的抑制效应或许需要较长时间才能充分显现出来。但是,随着时间的推移,为降低自身的税收负担,一些头脑灵活的人和企业可能会转移到税负较低的地方去。全球化进程不断加快为这种做法提供了可行性和便利性,而且已经有一些企业迁往税负较低的国家。此外,在慷慨的全民社会保障计划下,可能有越来越多的人变得懈怠懒散,不愿参与生产活动。他们会佯装体弱多病,假称丧失劳动能力,或推迟就业。事实上,这些问题已经出现并日益严重。最终，更多的移民会涌入福利国家，并成为慷慨的全民社会保障计划的受益者（Mehrez,2002; Henreckson and Person,2002）。以瑞典为例，目前，移民在总人口中的占比已经很大，而在劳动人口中的占比或许更大。移民的涌入增加了福利国家的财政成本，丹麦和瑞典的保守派已经举起反对福利计划的大旗，较为保守的政府被推选上台。很难预测在未来二三十年内，阿瑟·林德贝克所预言的"危险的长期动态"将如何发展，北欧国家的福利制度将呈现怎样的状态。根据经验，这一动态极具重要意义，将随着时间的不断推移，影响这些国家的静态效益（国内生产总值）和动态效益（经济增速）。其中，福利制度对动态效益的影响还取决于这些国家的其他政策。就福利制度的慷慨程度而言，未来将低于目前的水平，而且会大大低于过去几十年的水平。

20世纪80年代，在福利国家走向完全成熟的同时，这些国家经济增长的黄金时期也走到了尽头。在这种情况下，对20世纪50年代推出的福利政策进行改革的呼声越来越高。20世纪七八十年代，北欧国家的经济增速明显放缓（见表13.3）。其中，丹麦在20世纪70年代末和80年代初最先遭遇了经济危机。芬兰和瑞典也在20世纪90年代初遭遇了经济危机。1990—1993年，瑞典经济急剧衰退，国内生产总值连续三年负增长。[6]芬兰则由于主要贸易伙伴国苏联的解体而深陷经济危机。

随着经济增长放缓或陷入经济衰退，政策调整势在必行。重大改革相继出台，并在随后的几年内对这些国家的经济复苏起到了重要作用。虽然福利国家的慷慨程度有所减弱，但其主要特征未发生改变。可以说，在随后的几年内，新政策对经济产生的积极效应抵消了福利政策减弱的负面效应。从长远来看，近期改革的正面影响与早期改革的负面影响，哪一方将占上风还很难预测。无论如何，20世纪80年代以来（尤其是20世纪90年代以来）的改革，使大多数国家恢复了经济增长（见表13.3）。随着经济复苏，各国国民的收入差距有所拉大。20世纪80年代中期至21世纪初，这些国家的基尼系数普遍有所提高。

北欧国家的改革主要集中在税收制度改革、削减政府支出以及养老金体系改革等方面。这些国家还专门制定了一些提高经济效益的政策。这些改革至关重要，它有可能在未来几年内使这些国家的经济表现焕然一新。

税收改革的主要目标是减少现行税收体制对经济活动的抑制效应，这里所说的抑制效应既包括实际的抑制也包括观念的抑制。税收改革的目标之一是降低边际税率，但要控制总税收收入的减少。正如两位瑞典经济学家所言，“1991年（瑞典）税收改革的实质是扩大税基，降低边际税率（尤其是高收入人群的边际税率），并增加增值税”。其目的在于，鼓励高收入员工更加努力地工作，同时保障税收收入。其他北欧国家也推出了类似的改革。目前，这些国家普遍将被认为有损低收入人群利益的增值税税率设定到最高水平，对工人尤其是高收入人群设定的税率则维持在正常水平。为了弥补收入差距造成的负面影响，这些国家增加了对有子女家庭的转移支付（Aronsson and Palme，1998）。

大量文献试图运用实证分析方法，量化考察高税收负担（尤其是针对劳动所得和资本利得的高边际税率）对各国经济运行的影响，其中包括对瑞典等北欧国家经济的影响（Gustafsson and

Klevmarken，1993）。许多讨论税收问题的文献认为，高边际税率和高税收负担一定会对经济增长产生负面效应。例如，2004年诺贝尔经济学奖得主爱德华·普雷斯科特（Edward Prescott）分析了高劳动契税对小时工作制的影响。他指出，契税差别是美国与欧洲国家的生活水平存在差异的主要原因（Prescott，2002）。马尔蒂·赫特梅基（Martti Hetemaki）（2003）也认为，较高的劳动所得税率会减少工作时数（图13.1；Alesina，Glaeser，and Sacerdote，2005；Andersen，2010；Strand，1999）。至今，还没有经济学家提出，高税率会对工作产生积极影响或正向激励的作用。

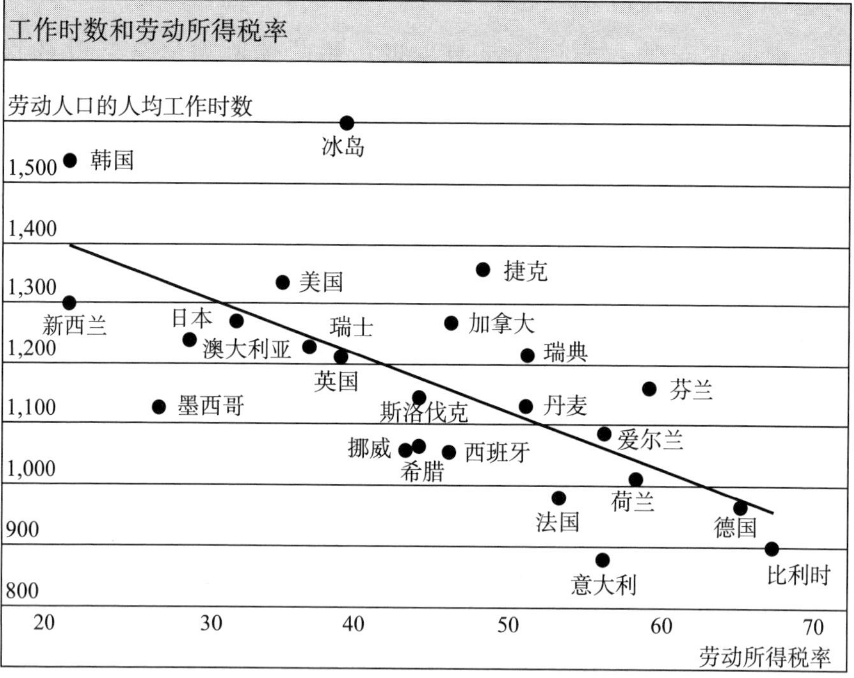

图 13.1　工作时数和劳动所得税率

资料来源：Hetemüki，2003.

一般来讲，现有文献将税收与经济增长相联系的研究方法存在两个缺陷：一是忽略了税收收入的使用情况；二是将经济表现仅仅归因于税收因素。事实上，随着时间的推移，经济政策的变化可能会强化或抵消税收对经济增长的影响。不过，国际货币基金组织在对瑞典的研究中发现，尽管“经济增长与政府干预之间的联系……颇为复杂，目前的研究也不够透彻……但仍有充分的理由认为，高税收……抑制了经济增长”（Thakur et al., 2003）。

为减少高边际税率的抑制作用，北欧国家进行了一项重要的税制创新——“二元所得税”（DIT）。这种税制将企业和个人从资本投资中所获得的回报与企业员工和自由职业者从经济活动中所获得的收入区分开来。根据“二元所得税”的规定，政府对员工和自由职业者劳动所得收入仍根据累进税率征税，对通过资本投资获得的收入则按照最终金额和相应比例，以低于改革前税率的税率征税（Sorensen, 1994）。

在“二元所得税”推出以前，个人需要将全部收入加总后按总收入对应的累进税率缴税。在这种情况下，与其他劳动收入相同的纳税人相比，既有劳动收入又有资本收益的个人就不得不按照更高的边际税率为其获得的资本收益（利息、分红、资本利得、租金）缴税。这种对资本收益课以高税的做法促使个人将资金转移至国外进行投资，且常以“避税天堂”为资金的目的地。于是，出现了资本外逃和偷税漏税现象。由于费雪效应的存在，当通货膨胀扭曲了利息收入等资本收益时，上述现象会愈演愈烈。在通货膨胀带来的扭曲效应和高边际税率的综合作用下，个人资本收益的实际有效税率很容易超过100%（Tanzi，1980，1988）。

北欧国家的“二元所得税”降低了个人资本收益的税率，使其大致相当于公司所得税税率，其中，瑞典和挪威的税率较为适中，均为28%，丹麦和芬兰则低于这一水平，分别为25%和26%。当然，“二元所得税”改革在产生激励作用的同时，也带来了收入差距的扩大，以及基尼系数上升等负面效应。

经济合作与发展组织关于政府再分配的一项问卷调查显示，在所有被调查的国家中，北欧国家直接税的再分配作用最弱：2000年，与其他国家相比，北欧30%的富人支付了总税额的较小部分，而30%的穷人却支付了较大部分（见表13.4）。[7]北欧国家和盎格鲁—撒克逊国家在税收的再分配效应上形成了鲜明的对比。北欧国家30%的穷人和30%的富人所缴税额分别占税收总额的11.3%和53.1%，而盎格鲁—撒克逊国家的这两个比重分别为5.1%和63.8%。造成这一差异的主要原因在于，相对于北欧国家更加均等的市场化收入分配机制而言，盎格鲁—撒克逊国家的税收政策更加强调富裕群体的纳税责任。[8]表1.5也提供了类似的证据。

表13.4还给出了政府转移支付在不同收入群体间的分配情况，[9]三组国家的数据再次显示出了较大的差异。在盎格鲁—撒克逊国家，30%的穷人是政府转移支付的主要受益者，他们获得了大约50%的政府转移支付。在非北欧的欧洲国家，30%的穷人获得了略高于30%的政府转移支付（33.9%），而30%的富人则获得了略低于30%的转移支付（26.2%）。在北欧国家，30%的穷人

获得了41.4%的转移支付,30%的富人只获得了19.5%的转移支付。在这些样本国家中,意大利和澳大利亚是两个极端。意大利30%的穷人只获得20.5%的政府转移支付,澳大利亚30%的穷人则获得了62.3%的转移支付。

表13.4　各国税收和政府转移支付在不同收入人群中的分配(%)

国家	税收		政府一般转移支付	
	最穷的30%人群	最富的30%人群	最穷的30%人群	最富的30%人群
丹麦	14.1	48.7	43.4	17.7
芬兰	9.8	56.8	43.2	16.4
挪威	10.2	53.8	45.1	18.3
瑞典	11.0	53.3	33.7	25.8
平均	11.3	53.1	41.4	19.5
比利时	3.9	63.5	36.0	22.5
法国	8.7	67.9	35.6	25.1
德国	10.0	53.6	31.7	30.7
意大利	6.7	62.3	20.5	34.5
荷兰	11.7	52.2	45.8	18.1
平均	8.2	59.9	33.9	26.2
澳大利亚	3.7	65.1	62.3	6.5
加拿大	6.2	60.4	41.5	20.8
爱尔兰	3.3	66.4	47.1	14.8
英国	6.0	61.0	54.5	11.7
美国	6.3	65.3	41.4	23.0
平均	5.1	63.8	49.4	15.4

资料来源:OECD关于家庭收入分布情况的调查(2000)。整理自Forster and Pearson,2002,p.31,表7。

此外,经济合作与发展组织的问卷调查还显示,从20世纪80年代中期至90年代中期,政府转移支付和间接税在不同收入

群体间进行了重大调整。表13.5显示，在20世纪80年代中期至90年代中期的经济萧条时期，为保护最贫穷的30%的国民，北欧国家的政府试图将总人口中较富有的70%的国民的福利，特别是最富有的30%的国民的福利转移给他们。与此同时，政府还对30%的富人课以高税，而对其余70%的国民实施减税。因此，"二元所得税"制度并非一经推出就损害了低收入人群的利益，至少在20世纪90年代中期前并非如此。

表13.5　20世纪80年代中期至90年代中期再分配的变化（%）

国家	政府一般转移支付			税收		
	最穷的30%人群	中间的40%人群	最富的30%人群	最穷的30%人群	中间的40%人群	最富的30%人群
丹麦	5.1	−1.4	−3.7	0.2	−2.2	2.0
芬兰	2.2	1.5	−3.8	−1.1	−1.0	2.1
挪威	3.2	−1.3	−2.0	−2.9	−1.8	4.6
瑞典	1.3	0.6	−1.9	−1.3	−0.7	2.0

资料来源：OECD关于家庭收入分布情况的调查（2000）。整理自Forster and Pearson，2002，p.31，表7。

1995年以后，北欧各国逐步走出经济危机，经济进入良性增长并保持常态发展的时期。虽然目前我们尚不清楚北欧国家在这一时期究竟削减了多少政府支出，但我们至少可以确定，政府支出的削减力度还是很大的。表13.6列示了1995—2007年间北欧国家政府的总支出及其结构，表中数据由欧盟委员会严格按照可比标准收集汇总。遗憾的是，无法获得挪威的数据。可以看出，尽管是1995年，也就是所收集数据的起始年，北欧各国的政府支出已经有所调整，但在1995—2007年间，政府支出的削减幅度仍相当可观。以其占国内生产总值的比重来衡量，丹麦削减了9.2%的政府支出，芬兰和瑞典分别削减了11.6%和11.5%。尽管大幅削减了政府支出，这些国家的经济在这一时期却表现良好——或者正是因为削减了政府支出，才出现了这样的情况。

表 13.6　1995—2007 年各国的政府支出占 GDP 的比重（%）

	丹麦		芬兰		瑞典	
	1995	2007	1995	2007	1995	2007
实物社会补助	17.0	17.6	14.3	14.8	18.7	19.2
现金社会补助	19.5	15.8	21.9	16.2	20.4	16.9
利息支付	5.9	1.5	4.0	1.3	6.7	1.8
其他支出	16.8	15.1	21.2	17.5	21.3	17.7
总支出	59.2	50.0	61.4	49.8	67.1	55.6

资料来源：整理自the Statistical Annex to *Public Finance in EMU*, 2008（European Commission）。

表13.6显示，实物社会补助的支出没有减少，因此应该不存在从事相关工作的政府雇员被辞退的问题。然而，主要由现金转移支付构成的现金社会补助却大幅削减，按其占国内生产总值的百分比来计算，丹麦、芬兰和瑞典分别削减了3.7%、5.7%和3.5%。从表中还可以看出，由于削减了公共债务，利息支付也大幅下降，这一时期甚至出现了财政盈余。此外，与福利无关的支出也被节省下来，用于为实物社会补助支出提供资金。

这些结果非常有意思，特别是政府支出的削减以及公债和财政赤字的减少非但没有损害经济表现，反而似乎改善了经济绩效。此外，尽管以基尼系数衡量，不平等现象有所增加，但是，这些国家在联合国开发计划署人类发展指数上的排名并没有发生变化。根据欧洲统计局NewCronos数据库2006年的数据，丹麦、芬兰和瑞典的基尼系数分别为0.24、0.26和0.24，[10]这些国家的贫困指数则在欧盟25国中一直保持在最低水平。

养老金改革是20世纪90年代最具创新性的改革之一。20世纪80年代，瑞典经济增长率大幅下降，但人口平均预期寿命却不断延长，养老金体系开始显现出财务上的不可持续性。1994年，瑞典政府公布了关于养老金体系改革的指导意见，引发了数年激烈的政治辩论。1998年6月，瑞典新的养老金体系正式推出。新体系对1953年之后出生的人立即生效，对1938—1952年间出生的人则分步骤实施。瑞典新的养老金体系呈现出以下特征：

改革后的瑞典养老金体系，其资金主要来源于工人和雇员的贡献而非一般税。可用于计算养老金的收入包括工资和个人从国家或雇主那里得到的所有现金收益（例如疾病补助金、失业补助金、助学金、父母补助金等）。投保人最多可将可用于计算养老金的收入的18.5%投入养老基金，并分别列入两个不同的养老金账户，其中16%列入“收入养老金”（income pension），2.5%列入“额外养老金”（premium pension）。投保人实际缴纳的养老基金额度对应其养老金领取权。这两个账户的余额随着缴纳金额、缴纳年限和利息收益的增加而不断增加。其中，“收入养老金”的利率取决于瑞典工资的年增长率，因此是实际利率；“额外养老金”收益取决于由投保人自行选择购买的证券的实际回报率，投保人可以随时改变对“额外养老金”的投资选择，且无须承担任何费用。

由国家出资的“保障养老金”（guarantee pension）则为所

有低收入和没有“收入养老金”的个人提供保障。“保障养老金”的提取有年龄要求，须达到65周岁或以上。瑞典并没有限定个人退休、领取养老金的年龄，但如果个人愿意的话，可以选择在年满61岁后开始提取“收入养老金”或“额外养老金”。他们等待提取的时间越久，每年能够领取到的养老金就越多。因为养老金账户的余额在不断积累，而且养老金领取者的（剩余）预期寿命（自开始提取养老金到生命结束的预期年限）越来越短。每年能够领取到的养老金是根据退休年龄的平均预期寿命计算的。瑞典的“收入养老金”和“额外养老金”在很大程度上被设计成一个“量入为出”的制度。这种制度存在一个自动“平衡机制”，能够使养老金体系的负担与平均收入增长相适应（详见Thakur et al. 2003；Settergren，2001）。“保障养老金”由中央财政预算拨款，并根据个人可能得到的（一定标准以下的）养老金水平对账户进行补充。

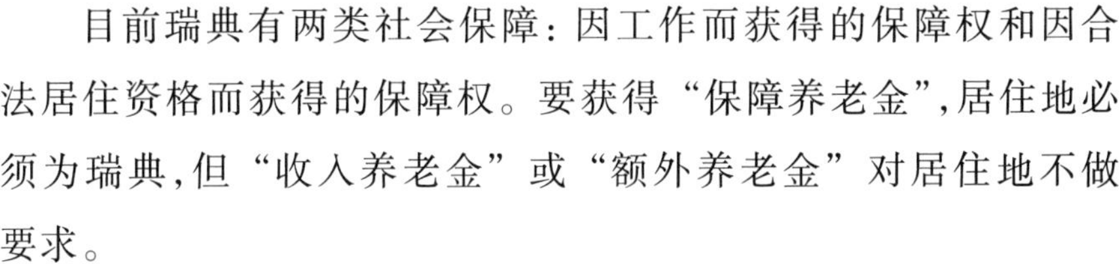

目前瑞典有两类社会保障：因工作而获得的保障权和因合法居住资格而获得的保障权。要获得“保障养老金”，居住地必须为瑞典，但“收入养老金”或“额外养老金”对居住地不做要求。

社会保险办公室每年会对每一个人的养老金保障权进行确认，并加总计算每个人的养老金余额。如前所述，瑞典是在20世纪70年代至80年代推出养老金制度改革的，当时经济增长放缓导致旧的养老金体系难以为继。当然，新的养老金制度还有一些不平等和不公平之处有待改善。例如，2010年，雇主对养老金的缴付额为工资的10.21%，而雇员缴付7%。双方的缴付额将及时调整到相同比例。根据缴付金额和给付金额的结构安排（“平衡机制”），未来养老金体系有望保持收支基本平衡。

关于其他北欧国家的养老金体系，我们在此只能简要讨论其主要特点。1966年，挪威推出了一项名为“Folketrygden”的国民保险综合改革，将养老、残障、疾病、失业、对有子女家庭的补助等多项保险制度整合为一套体系。早在19世纪80年代（德国俾斯麦改革时期），挪威就迈出了将养老金保障制度覆盖至全国人口的第一步。1894年，议会建立了工人委员会。1899年和1902年，工人委员会两次提交报告。但此后直至1935年，没有任何法律出台，也没有任何改革得以推行（Ervik，2001）。1935年，挪威实施了养老金制度，资金来源于对个人和公司收入征收的1%的税。这项制度针对全体国民，但金额很低，且需要对收入情况进行调查，因此，并非每一位老年人都能拿到这份养老金。1957年，挪威取消了收入情况调查，养老金保障覆盖到全体国民。

1967年，挪威推出了一项与收入挂钩的补充养老金制度。该制度规定，要全额领取养老金，工龄必须满40年。因此，第一笔全额养老金一直到2007年才发放。1969年，瑞典又增加了一项对低养老金的特殊收入补充。几经修改，此项基本制度一直持续到1985年。和瑞典一样，20世纪80年代，经济增长率放缓和人口结构变化使挪威原有的养老金制度难以为继，改革势在必行。1985—2000年，人们对养老金改革的必要性展开了讨论。1995年，挪威建立了一个专门的委员会以评估养老金体系的资金情况。今后，挪威还将继续推进养老金体系改革。

挪威的养老金制度与瑞典大致相仿，但不完全相同。在挪威，领取养老金的最低年龄为67岁。挪威的养老金由“基本养老金”和“补充养老金”构成。其中，“基本养老金”是所有合法居民都有权领取的养老金，“补充养老金”则与收入挂钩。没有“补充养老金”或该部分较低的人可以领取特殊补助，但必须经过收入情况调查。全额公共养老金由年龄在16—66岁的人缴纳保费，参保人员缴纳保费满40年后可以领取。挪威的养老金制度要求对养老金领取者的配偶及子女的经济情况进行调查。那些有权领取养老金且工作能力下降了50%的人可以领取残障保险金。丧偶的人在符合一定条件的前提下也有权获得养老金。

占平均工资15.6%的个人全额“基本养老金”，与“补充养老金”共同构成“最低”保险金。自2003年起，挪威政府根据平均收入指数调整了最低保险金水平，并分别于2008年和2010年增加了补充保险金。增加了补充保险金之后，挪威的最低保险金大致相当于平均工资的31%。自2006年起，挪威要求雇主为明确立项的养老金计划缴付保费，最低缴付额为员工收入的2%，最高缴付额也有相应规定。所得收益只有在养老金领取人年满67岁且雇主为其缴费满10年后才能提取。此外，还有自愿投保的私人职业保险金计划。

在挪威，大约有2/3的雇员参加了旧版的退休金计划。该计划于1989年推出，允许的最早退休年龄为62岁，参保人也可在67岁之后退休。这样，他们在工作的同时还可领取退休金，但金额并不会因工作年限的延长而增加。1973年之前，养老金的最低领取年龄为73岁。同瑞典一样，挪威也对养老金收入征收所得税，但税率低于普通劳动收入的所得税税率。

1938年，芬兰首次推出全面的养老金制度，建立了以个人收入为基础的个人养老账户。1956年，该制度发展为与收入相关联的养老金体系。1956年以后，中央劳工组织开始在养老金体系改革中发挥重要作用。1961—1993年，所有与收入相关的养老金均是由私营雇主缴付的。到了20世纪90年代，经济衰退使这一制度难以为继。1992—1993年，雇员同意缴付部分养老金。初期，雇员缴付金额为工资的3%，雇主缴付15%。不过，未来双方缴付的金额将相等。此外，为降低养老金成本，这次养老金制度改革还对包括提高退休年龄、延长计算养老金收入的雇佣年限在内的细节进行了修订。

2005年，芬兰的养老金制度又一次进行了重大改革，改革要点如下：

一是雇员可选择在63岁至68岁之间的任何时间退休。取消原先的退休保险金。二是从63岁至68岁，养老金的增长幅度为2.5%～4.5%不等，从53岁到62岁，养老金的增长幅度为1.5%～1.9%不等。三是养老金根据整个工作期间的收入计算，而不是根据特别选择的高收入年份计算。四是放宽领取兼职养老金的年龄限制。五是引入预期寿命系数。随着预期寿命的延长，养老金额度将自动削减。

这次改革旨在鼓励个人延长工作年限，根据人口结构变化（例如预期寿命增加、劳动者数量减少等）调整养老金制度，以使其具有可持续性，并将养老金与个人的实际贡献联系起来。这次改革仅用于计算2005年以后缴纳的养老金。

芬兰有两套法定养老金制度，一是国家养老金，由中央财政支持；二是与收入挂钩的养老金，由个人缴付额保障。前者向全体居民提供较低额度的养老金；后者根据个人的收入和缴费年限为个人提供较高额度的养老金。在芬兰，领取国家养老金必须满足以下条件：在芬兰居住至少3年以上；年满16周岁；属于芬兰社会保险制度的覆盖范围。领取该项国家养老金无须缴付任何费用，但领取者不得再领取高于规定限额的其他养老金或补助金。老年养老金可在年满65周岁时领取（或在62岁领取较低的金额）。超过65岁后再领取的，将根据平均预期寿命的减少而相应增加给付金额。此外，芬兰还有残障和（长期）失业保险金。由于只有1950年以前出生的人才能领取失业保险金，有资格领取这项保险金的人并不多。

与收入挂钩的养老金取决于个人缴费年限的长短和收入水平的高低。2010年以来，受人均预期寿命延长的影响，养老金的给付水平有所下降。每个人可领取的养老金上不封顶，下不保底。同时，养老金的给付水平还考虑了不同城市的生活成本差异，而且这个差异可能很大。2008年，雇主向社会保险计划的年平均缴付情况如下：养老金缴付额为工资的16.8%，失业保险为2.06%，国家养老金保险为1.51%，国家健康保险为1.97%，工伤保险为1.05%。2008年，被保险人社会保险缴付情况如下：就业养老金缴付额为4.10%～5.20%，失业保险为0.34%，医疗保险为1.24%～1.41%，每日津贴为0.67%～0.81%。1993—2008年，全部养老金支付额占国内生产总值的比重从13.8%下降到11.0%（Kela，2009）。

丹麦的养老金制度与其他北欧国家大致相同（OECD，2005）。丹麦的公共基本保险计划大致相当于人均居民收入的17%；其给付水平每年都会根据人均居民收入进行调整。公共基本保险计划的申请者需要接受收入情况调查，收入情况调查涉及除此项计划外的所有收入来源。正常领取养老金的人须年满65周岁，且在丹麦居住满40年。

除公共基本保险计划外，丹麦还有两项以个人缴付记录为基础的养老金计划：一是劳动市场补充养老金计划（ATP）；二是特别养老金储蓄计划（SP）。其中，劳动市场补充养老金计划于1964年推出，雇主和雇员分别承担2/3和1/3的缴付责任。缴付金额取决于每月的工作时间而不是工资金额。自由职业计划是受到全额资助且明确立项的保险计划，几乎覆盖了全体公民。其缴付金额根据各社会伙伴之间的协议，从收入的9%到17%不等，可在退休时作为养老金提取。该账户的利率为1.5%。养老金收入须缴纳所得税。

五、小结

在评价北欧国家的经济表现时，需要考虑以下因素：一是20世纪90年代后半期以来，这些国家对宏观经济政策进行了重大调整，大幅削减政府开支，并降低了税率。这可能会形成经济良性循环、经济效益提升指日可待的预期。芬兰是削减政府开支最多、降低所得税税率幅度最大的国家，也是随后几年经济增长最快的国家。二是这些国家还进行了重大的结构性改革，以提升经济效率。例如,这些国家对培训的投入多于其他国家,培训不仅针对年轻就业人群,也针对年长的再就业人群。这些国家增加了对研发的投入,以期能够帮助企业开拓创新,成为某一领域的全球领导者。这些国家还简化程序,降低设立公司的成本。丹麦在这一点上尤为突出,开立一个公司只需花费几天的时间,不需要任何成本。而在其他国家,这一过程通常需要花费上百天的时间,并且成本高昂。这些国家率先在学校引入信息技术。丹麦、芬兰、瑞典的在校学生人均计算机拥有量分别为1/2.8、1/5.0和1/3.4,远高于其他国家。

这些国家的教育(尤其是高等教育)质量非常高,其中芬兰最为突出,丹麦和瑞典紧随其后。丹麦在劳动监管方面表现优异,而另两个国家,尤其是瑞典,则有所欠缺。这三个国家在失业保险立法方面做得不是很到位,经济学家据此认为政府过于慷慨。例如,失业保险的"净替代率"长期居高不下(约80%)的状况容易鼓励工人选择长期失业。当然,社会对失业者施加的压力以及"好好工作"的理念有助于缓解这一问题。良好的"社会准则"在这些国家所发挥的作用还不仅于此。与其他大部分欧洲大陆国家相比,这些国家的公司(和政府部门)在招聘和解雇员工方面遇到的障碍较少。资料显示,瑞典每年因罢工造成的工作日损失很少,丹麦和芬兰也较少。但是,在这些国家,尤其是丹麦,每年的标准工作时间并不长。如果按年计算,工作周数较少,且出于各种原因的请假、旷工较多(Alesina and Giavazzi,2006)。

这三个国家的总体监管都不错,其中尤以芬兰表现最

佳。因此,政府的高支出和高税收并不是有效监管的必要条件(Kaufman, Kray, and Masruzzi,2009)。而且,这些国家在反腐败、国家治理、反官僚作风、司法公正等方面也都做得不错。值得一提的是,在世界经济论坛发布的全球竞争力指数排名中,芬兰、丹麦和瑞典都位居前列。这得归功于这些国家(尤其是瑞典和芬兰)有效、透明的监管体系,以及对科技创新的重视和鼓励。

回到之前提到的政府支出水平和支出质量问题。近期研究得出的结论是,这些国家的公共部门(尤其是芬兰和瑞典)都"运行"良好。以经济社会指标衡量,这些国家也都表现不错,与政府期望相符。我们的讨论也基本证实了这一点。但是,如果将居高不下的政府支出比率也考虑在内,并将其作为上述指标的成本,那么,这些国家在"效率"方面的表现欠佳。换言之,为了得到令人满意的经济社会指标,这些国家在税收及个人自由方面付出了过大的成本(Afonso, Schuknecht and Tanzi, 2005)。经济合作与发展组织近期的一项调查显示,与日本相似,北欧国家的员工晋升机会最少。此外,虽然每年的工作时数和周数最少,但请假缺席的次数却较多。瑞典人一直认为他们工作"压力最大",希望缩短工作时间。

总而言之,如果只关注税收和政府支出水平,很容易得出以下结论,即就经济表现和长期展望而言,这些国家逊色于税赋较低、相关抑制政策较少的国家。一些经济学家也强调过这一点。但是,这些国家的确推行了很多卓有成效的政策。那么,究竟什么因素对经济的影响最大呢?目前,边际税率、政府支出、公共债务、财政赤字、养老金未来成本的削减以及其他重大的结构性改革都对这些国家的经济运行有利，但改革驱动的惯性速度能维持多久还是未知数。并且，与其他国家相比，这些国家对政府高支出和高税收的免疫力更强，这或许与这些国家推崇互助精神、人口同根同源、腐败问题较少等社会特征有关。换言之，如果其他国家试图效仿北欧，推行同样的福利制度，那么，经济增长可能会受较大影响。20世纪80年代初以来，北欧国家的制度经历了诸多变化，有些甚至连经济学家都未曾观察到。北欧国家推行的福利制度或许无法复制，因为其他国家可能不具备这种福利制度所依赖的社会特征。至于阿瑟·林德贝克提出的"危险的福利动态"究竟是否还会发展，并对北欧国家经济增长的可持续性造成不利影响，只有让时间来验证了。

参考文献

Afonso, Antonio, Ludger Schuknecht, and Vito Tanzi. 2005. "Public Sector Efficiency: an International Comparison." *Public Choice* 123:321-47.

Alesina, Alberto, and Francesco Giavazzi. 2006. *The Future of Europe: Reform or Decline* (Cambridge, Mass.: MIT Press).

Alesina, A., E. Glaeser, and B. Sacerdote. 2005. "Work and Leisure in the US and Europe: Why so Different?" *NBER Macroeconomics Annual*, edited by Mark Gertler and Kenneth Rogoff (Cambridge Mass.: MIT Press).

Andersen, Carsten, and Peter Skjodt. 2007. "Pension Institutions and Annuities in Denmark." World Bank, Policy Research Working Paper No. 4437 (December).

Andersen, Torben M. 2010. "Why Do Scandinavians Work?" CESifo Working Paper No. 3068 (May).

Anderson, Martin, and Christen Gunnarsson. 2005. "Egalitarianism in the Process of Modern Economic Growth: The Case of Sweden," background paper to *World Development Report 2006: Equity and Development* (Washington, D.C.: World Bank).

Aronsson, Thomas, and Marten Palme. 1998. "A Decade of Tax and Benefit Reforms in Sweden: Effects on Labour Supply, Welfare and Inequality." *Economica*, n.s., 65, no. 257 (February): 39-67.

Atldnson, Anthony B. 1995. "The Welfare State and Economic Performance." *National Tax Journal* 48: 171-98.

1999. *The Economic Consequences of Rolling Back the Welfare State* (Cambridge, Mass.: MIT Press).

Atkinson, Anthony, B., and G. V. Mogensen, eds. 1993. *Welfare and Work Incentives: A North European Perspective* (Oxford: Clarendon Press).

Boli, John. 1991. "Sweden: Is There a Viable Third Sector?" in *Between States and Markets*, edited by Robert Wuthnow (Princeton: Princeton University Press), pp. 94-124.

Barr, Nicholas. 1992. "Economic Theory and the Welfare State: A Survey and Interpretation." *Journal of Economic Literature* 30, no. 2: 741-803.

2004. *Economics of the Welfare State* (New York: Oxford University Press).

Costabile, Lilia, edited by, 2008. *Institutions for Social Well-Being: Alternatives for Europe* (Houndmill, Basingstoke and New York: Palgrave Macmillan).

Disney, Richard. 2000. "The Impact of Tax and Welfare Policies on Employment and Unemployment in OECD Countries." IMF Working Paper WP/00/164.

Einhorn, Eric, and John Logue. 1989. *Modern Welfare States: Politics and Policies in Social Democratic Scandinavia* (New York: Praeger).

Erixon, L. 2008. "The Rehn-Meidner Model in Sweden: Its Rise, Challenges and Survival." Research Papers in Economics, Department of Economics, Stockholm University.

Ervik, Rune, and Stein Kuhnle. 1996. "The Nordic Welfare Model and the European Union," in *Comparative Welfare Systems: The Nordic Model in a Period of Change*, edited by Bengt Greve (Basingstoke: Macmillan, 1996).

Ervik, Rune, 2001. "Pension Reform in Norway." Norwegian Centre for Research in Organization and Management (February 28).

Esping-Anderson, Costa. 1985. *Politics against Markets: the Social Democratic Road to Power* (Princeton: Princeton University Press).

1990. *The Three Worlds of Welfare Capitalism* (Cambridge: Polity Press).

2007. "Sociological Explanations of Changing Income Distributions." *American Behavioral Scientist* 50, no. 5: 639-57.

European Commission. 2009. Public Finance in EMU, 2008, Brussells.

Forbes. 2010. "Billionaires, The World's Richest People," Special Edition, April 26.

Freeman, Richard B., Robert Topel, and Birgitta Swedenborg, eds. 1997. *The Welfare State in Transition: Reforming the Swedish Model* (Chicago: University of Chicago Press).

Förster, Michael, and Mark Pearson. 2002. "Income Distribution and Poverty in the OECD Area: Trends and Driving Forces," *OECD Economic Studies,* no. 34.

Fukuyama, Francis. 1995. *Trust: The Social Virtues and the Creation of Prosperity* (New York: Simon and Schuster).

Golinowska, Stanistawa, Peter Hengstenberg, and Maciez Zukowski, eds. 2009. *Diversity and Commonality in European Social Policies: The Forging of a European Social Model* (Warsaw: Friedrich-Ebert-Stiffung and Wydawnictwo Naukowe Scholar).

Gustafsson, Bjorn. 1995. "Foundations of the Swedish Model." *Nordic Journal of Political Economy* 22: 5-26.

2008. "The Swedish Model in the Era of Integration and Globalization," in *Institutions for Social Well-Being,* edited by Lilia Costabile (Houndmills: Palgrave Macmillan), pp. 176-97.

Gustafsson, Bjorn, and N. Anders Klevmarken. 1993. "Taxes and Transfers in Sweden: Incentive Effects on Labour Supply," in *Welfare and Work Incentives: A North European Perspective,* edited by Anthony Atkinson and G. Mogensen (Oxford: Clarendon Press), pp. 50-134.

Henreckson, Magnus. 1996. "Sweden's Relative Economic Performance: Lagging Behind or Staying on Top?" *Economic Journal* 106: 1747-59.

Henreckson, Magnus, and Mats Person. 2002. "The Effects of Sick Leave on Changes in the Sickness Insurance System." SSE/EFI *Working Paper Series*

in Economics and Finance, no. 444 (Stockholm).

Henriksson, lens. 2003. “The Use of Fiscal Rules in Sweden,” in *Fostering Economic Growth in Europe,* Oesterreichische Nationalbank, 31st Economics Conference (Vienna).

Hetemäki, Martti. 2003. “Experience with Public Sector Reform in Finland,” in *Fostering Economic Growth in Europe*, Oesterreichische Nationalbank, 31st Economics Conference (Vienna).

Johnson, Simon, and James Kwak. 2010. *13 Bankers: The Wall Street Takeover and the Next Financial Meltdown* (New York: Pantheon Books).

Kaufmann, D., A. Kraay, and M. Mastruzzi. 2009. “Governance Matters VIII: Aggregate and Individual Governance Indicators, 1996-2008.” Policy Research Working Paper No. 4978.

Kela (Finland). 2009. *Statistical Yearbook of the Social Insurance Institution, 2008.*

2010. “Finland Pensions” (Home Page).

Korpi, Walter, and Joakim Palme. 1996. “Eurosclerosis and the Sclerosis of Objectivity: On the Role of Values Among Economic Experts.” *Economic Journal* 106: 1727- 46.

1998. “The Paradox of Redistribution and Strategies of Equality: Welfare State Institutions, Inequality, and Poverty in Western Countries.” *American Sociological Review* 63, no. 5 (October): 661-87.

Krantz, Olle, and Lennart Schön. 2007. *Swedish Historical National Accounts, 1800-2000* (Lund: Almqvist and Wiksell International).

Kuhnle, Stein. 1998. “The Nordic Approach to General Welfare.” *Nordic News Network,* www.nnn.se (March).

Lindbeck, Assar. 1995. “Hazardous Welfare-State Dynamics.” *American Economic Review, Papers and Proceedings* 85 (May 1995): 9-15.

1997. “The Swedish Experiment.” *Journal of Economic Literature* 25 (September): 1273-1319.

2000. “Swedish Economic Growth in an International Perspective.” *Swedish Economic Policy Review* 7, no. 1 (Spring): 7-37.

Lindbeck, Assar, S. Nyberg, and J. W. Weibull. 1999. “Social Norms and Economic Incentives in the Welfare State.” *Quarterly Journal of Economics*

114: 1-37.

Maddison, Angus. 1999. "Perspective on Global Economic Progress and Human Development." *Academy of the Social Sciences*, 1.

Mahler, V. A., and D. K. Jesuit. 2006. "Fiscal Redistribution in the Developed Countries: New Insights from the Luxembourg Income Study." *Socio-Economic Review* 4: 483-511.

Mehrez, Gil. 2002. "Sick Leave in Sweden." *Sweden: Selected Issues,* IMF Country Report 02/160 (Washington, D.C.).

OECD. 2008. "Explaining Differences in Hours Worked across OECD Countries." *Economic Policy Reforms* 1: 66-81.

2005. *Pensions at a Glance: Public Policies across OECD Countries* (Paris: OECD).

O'Hara, Kieron. 2004. *Trust: From Socrates to Spin* (Duxford, Cambridge: Icon Books).

Oxford Review of Economic Policy. 2006. Vol. 22, no. 3.

Palme, Joakim. 2005. "Features of the Swedish Pension Reform."

2006. "Income Distribution in Sweden." *Japanese Journal of Social Security Policy* 5, no. 1 (June).

Pierson, P. 1994. *Dismantling the Welfare State? Reagan-Thatcher, and the Politics of Retrenchment* (Cambridge: Cambridge University Press).

Prescott, E. C. 2002. "Prosperity and Depression." *American Economic Review* 92, no. 2: 1-15.

2004. "Why Do Americans Work So Much More Than Europeans?" *Economic Theory* 32: 59-85.

Przywara, Bartosz, Nuria Diez Guardia, and Etienne Sail. 2010. "Future Long-Term Care Needs and Public Expenditure in EU Member States," in CESifo Dice Report. *Journal for Institutional Comparisons* 8, no. 2 (Summer).

Putnam, Robert D. 2000. *Bowling Alone* (New York: Simon and Schuster).

Rexed, Knut. 2000. "Public Section Reform: Lessons from the Nordic Countries, the Swedish Experience," Swedish Agency for Administrative Development, Mimeo (May 19).

Rodriguez, Enrique. 1980. *Offentlig Inkomstexpansion* (The Expansion of Public Revenue) (Lund: Gleerup).

Roine, Jesper, and Daniel Waldenström. 2008. "The Evolution of Top Incomes in an Egalitarian Society: Sweden, 1903-2004." *Journal of Public Economics* 92, nos. 1-2: 366-87.

Rosen, Sherwin. 1996. "Public Employment and the Welfare State in Sweden." *Journal of Economic Literature* 34, no. 2 (June): 729-40.

Sachs, Jeffrey D. 2008. *Common Wealth: Economics for a Crowded Planet* (New York: Penguin Books).

Schön, Lennart. 2008. "Sweden-Economic Growth and Structural Change, 1800-2000." EH. *Net Encyclopedia*, edited by Robert Whaples, February 10. Available at: http://eh.net/encyclopedia/article/schon.sweden.

Settergren, Ole. 2001. "The Automatic Balance Mechanism of the Swedish Pension System," Stockholm: National Insurance Board of Sweden (unpublished manuscript).

Sinn, Hans-Werner. 1995. "A Theory of the Welfare State." *Scandinavian Journal of Economics* 97: 495-526.

Sørensen, Peter Birch. 1994. "From the Global Income Tax to the Dual Income Tax: Recent Tax Reforms in the Nordic Countries." *International Tax and Public Finance* 1, no. 1 (February): 57-79.

Strand, Henning. 1999. "Some Issues Related to the Equity-Efficiency Trade-Offin the Swedish Tax and Transfer System." *OECD Economics Department Working Papers*, no. 225.

Sweden, Ministry of Health and Social Affairs/National Social Insurance Board. 2003. *The Swedish National Pension System* (September).

Sweden, National Tax Authorities. 2008. *Statistical Annual Report, 2008*. In Swedish.

Tanzi, Vito. 1980. "Inflationary Expectations, Ecomomic Activity, Taxes, and Interest Rates," *The American Ecomomic Review*, Vol. 70, No. 1 (March) 12-21.

1988. "The Tax Treatment of Income Taxes and Expenses in Industrial Countries: A Discussion of Recent Changes," in *Taxation*, Proceedings of the 80th annual conference of the National Tax Association-Tax Institute of America (Columbus, Ohio), 128-136.

2005. "Social Protection in a Globalizing World." *Rivista di Politica*

Economica, Anno XCVM, Serie III, Fascicolo III-IV, Marzo-Aprile, pp. 25-45.

2008. Review of *Institutions for Social Well-Being: Alternatives for Europe*, edited by L. Costabile (Houndmills: Palgrave Macmillan, 2008). In *Rivista di Politica Economica*, Anno XCVIII, Serie III, Fascicolo V-VI, Maggio-Giugno, pp. 173-87.

Thakur, Subhash, Michael Keen, Balázs Horváth, and Valerie Cerra. 2003. *Sweden's Welfare State: Can the Bumble Bee Keep Flying?* (Washington, D.C.: IMF)

第五部分

未来政府

自由放任主义在出现问题之前总是运行良好。

——所罗门兄弟公司前任首席执行官约翰·古特弗洛伊德

在至高无上的法律面前,众生平等,无论富人还是穷人,都可以露宿街头。

——阿纳托尔·弗朗斯(保罗·萨缪尔森于1968年引用)

第十四章　政府未来的经济职能：结论与思考

一、引言

21世纪，政府应当或者可能在经济中发挥什么作用？这取决于多种因素。在前面几章中，我们分析了19世纪以来政府职能的演变，讲述了政府是如何在不同支出和税收水平下发挥不同的经济职能的。20世纪30年代以前，尽管政府支出（和税收收入）已经连续几十年上升，但以现代标准来衡量仍然处于较低水平。例如，1930年，瑞典和美国的政府支出（和税收收入）仅占国内生产总值的15%。相比之下，2009年和2010年，美国和英国仅财政赤字就接近其国内生产总值的15%。低税收、低支出下的“小政府”在那个时代看来是正常的，不过，当时包括凯恩斯在内的一些经济学家已经开始呼吁政府加强市场干预，曾经在19世纪非常盛行的自由放任主义不再受欢迎。社会力量发生了变化，一些力量争取到越来越多的政治权力，他们开始将政府视为推动社会变革的重要工具。

在19世纪后半叶和20世纪的大部分时间里，有一种新思潮逐渐流行起来，即增加政府支出有助于满足社会需要并提升公共福利。这一时期，大多数发达国家的政府支出（和税收收入）占国内生产总值的比重呈现持续上升的趋势。正如乔治·约瑟夫·施蒂格勒在半个世纪前所说的那样，政府每一次扩大支出看起来都是理由充分的。一般而言，与为融资而征税（或增加政府债务）所增加的潜在成本相比，由支出增加而带来的收益增加会受到更多的关注。经济学研究了这一现象。早在500年前，尼科洛·马基雅维里就在其经典著作《君主论》（*The Prince*）中指出，受益主体一般比较明确，难的是确定谁将负担成本，因为成本负担者必须是那些很难形成统一力量反对政府支出、征税或融资借款的群体。

随着历史的演进，增加政府支出越来越多地与一些救助方案捆绑在一起，这些救助方案一旦通过，政府支出就很难再减少。这为政府赢得了政治选民，也让民众相信政府支出带来的收益将转化为"权益"或者对社会的法定要求权。在这种情况下，政府预算不断增大，灵活性不断降低，未来政府可自由支配的支出在总支出中所占的比例下降。目前，在大多数年度预算中，政府真正可以自由支配的支出在总支出中的占比一般很小。如果不进行根本性的变革，政府很难削减支出。

如果一国民众（或者一个政治集团）认为政府有增加支出的空间，民众要求政府增加支出的呼声就不会停止。理论上，增加政府支出的要求可能是无止境的，同时，也会有更多的政治集团联合起来，迫使政府增加支出或采取能使他们受益的行动。如果增加政府支出的成本是分散的（例如，进行政府借款和征收普通税)，增加政府支出的收益却主要由几个特定集团享有(在实施救助方案时一般如此)，政府就会面临增加支出的压力。尤其是在“政府应当发挥更大作用”的观点被越来越多的人接受时，[1]只要能在政治上得到回报(很多民主政府都声称，它们试图通过慷慨的政府支出方案促进社会公平)，增加政府支出的要求就不会有止境。在宪法中规定限制政府支出的条款(就像瑞士那样)有助于应对增加政府支出的压力。然而，即便是在瑞士，在过去几年中，政府支出也大幅增加了。

综上所述，现实世界中并不存在政治意义上的“最优”政府支出水平，也不存在经济意义上的“最佳”政府职能范围，这一点与大多数经济学文献的研究结论是不同的。有关公共产品和市场失灵的经济学文献认为，政府可以在诸如纠正市场失灵、提供公共产品等方面发挥作用，即存在非政治的、经济意义上“最佳”的政府职能范围。然而，现实世界中政府的经济职能在很大程度上由政治因素决定，并受到融资难易程度的约束；同时，政治和制度安排(宪法和财政规则等)也可能降低或增加决策者抵制不同集团要求的难度。从这个角度讲，保罗·萨缪尔森所谓“无法从逻辑上推出政府应发挥多大作用”的说法不无道理。

在一个民主化的市场经济环境下，政治对包括资源配置、收入再分配和经济稳定在内的所有政府职能均具有直接影响，政治甚至还会对促进经济增长和增加就业等定义不太明确的职能产生影响。我们之前的研究发现，在20世纪后半叶，政府提供公共产品的职能已经被弱化，取而代之的是收入再分配(分配职能)、对特定风险的防范(保险职能)和稳定经济等职能。[2]事实上，对于一个社会而言，与收入再分配和稳定经济相比，提供公共产品是政府最根本的职能。从历史上看，在收入再分配和稳定经济两项职能缺失的情况下，社会已经延续了上千年。但是，如果政府不能提供基本公共产品（例如国防、司法和个人保护），社会可能无法存续。与过去半个世纪相比，政府提供公共产品的职能在未来几十年应当得到更多关注，并且可以采取与过去不同的形式。

来自美国的一组数据可作为以上研究结果的补充。从1970年至2000年，美国联邦政府的支出（国民收入和生产账户数据）在国内生产总值中的占比下降了5个百分点至6%。2000年以来，这一比例虽小幅上升，但仍处于较低水平，与一个世纪之前的水平相差无几。然而，同期的政府转移支付却大幅上升，甚至超过联邦政府的税收收入。也就是说，如果美国政府只发挥资源配置的职能（主要表现为政府购买），那么，政府支出水平和税收水平将会非常低（数据来自Marron and Toder，2011）。

二、未来可能改变政府职能的因素

我们在第十章曾经指出，公共财政理论过分注重将政府支出和税收作为财政政策工具，其实，为了履行职能，政府完全可以运用更多的政策工具。当国家无法提高税收却不得不增加政府支出时，政府支出和税收以外的其他政策工具，尤其是监管工具和与政府或有负债相关的工具，就会变得非常重要。鉴于许多国家已很难继续提高税收水平，税收收入不足以应付政府支出的情况可能很快就会出现。[3]因此，对政府职能的评估并不仅仅是对税收收入和政府支出的水平及结构的评估。即便税收收入和政府支出不发生重大变化，政府职能也有可能发生很大改变。政府支出和税收以外的其他政策工具应得到更多重视，尽管这会给监管带来一定的困难。政府支出和税收以外的其他类政策工具已经在2008—2009年的全球金融经济危机期间发挥了重要作用，未来还可能发挥更大的作用。

到目前为止，我们关于政府职能的讨论仅限于国家层面，而且主要集中在一国政府能够在其境内发挥的作用上。隐含的假设是一国政府的职能止于国境，境外活动不在政府的职能范围之内。然而，当今世界，全球化进程日益加快，各国之间的联系越来越紧密，国与国之间的“溢出效应”越来越明显，而且“溢出效应”越来越多地来自跨国金融活动。随着不在政府直接控制范围内的活动对一国的影响越来越大，资源配置、收入再分配和稳定经济就不再只是国家层面的问题，而是越来越具有国际性的问题。

受全球化、新技术、金融市场发展、经济和人口增长、移民及其他因素的影响，收入再分配和稳定经济的国际性特点越来越重要。从某种意义上讲，国与国间的空间距离缩小了，外部性和关联性增大了。[4]

当今世界，各国政府联合提供全球公共产品（或处理公害物品）、进行资源配置的迫切性日益上升，一国政府再也不能仅仅根据国内总需求的变化进行资源配置、应对外部性、提供公共产品以及处理公害物品了。与环境、金融市场、气候变化和全球变暖、全球传染病、空气和海洋污染、海洋生物过度开发、全球恐怖主义（一些可能涉及原子能设施和生物制剂）、跨国犯罪、全球争端等相关的全球问题都具有全球公共产品（或公害物品）的性质，能够在国与国之间产生巨大的外部性，单凭一国政府根本无力应对，而在国际层面又没有“看不见的手”进行统一协调。此外，区域公共产品（或公害物品）也逐渐受到各自区域当局越来越多的关注。

稳定经济和收入再分配也具有国际性特点。在传统上，稳定经济是与特定的国家政策相联系的。过去，凯恩斯主义认为，稳定经济是逆周期政策发挥作用的方式。即对一个国家而言，如果出现经济放缓，政府就应当实行扩张性财政政策和货币政策，以应对有效需求不足。正如理查德·马斯格雷夫（1959）在其颇具影响力的著作中所称，在我们将政府视为总需求的“平衡因素”时，事实上，我们认为政府正在发挥稳定经济的职能。经济开放、金融市场全球化及其他全球化因素降低了一国政府逆周期政策的效力，减弱了一国采取独立行动的能力，每个国家都会受到其他国家越来越大的影响。近期的研究表明，经济开放度的提高降低了财政政策乘数。

为提高稳定经济政策的有效性，国际合作与国际协调越来越重要。由于不存在一个全球性政府或一个统一的机制来保证各国采取联合行动，各国政府首脑和经济官员定期召开国际会议，国际货币基金组织、欧盟、经济合作与发展组织和联合国等国际机构也发挥着日益重要的作用，这些机制在一定程度上扮演了全球性政府的角色，而且这一角色的重要性未来可能还会

进一步提升。一国政府必须对自己的职能进行调整，为发展全球性政府贡献力量。[5]任何政府都不应将自己作为特例而试图超越全球协调。

有人可能认为，至少收入再分配仍然是严格意义上的政府职能。20世纪，收入再分配在许多国家发挥了重要作用，促进了政府支出增长。但是，在各国经济联系日益紧密的今天，国与国间的负外部性已经对全球的收入分配产生了直接或间接的影响。例如，穷国向富国输出非法移民、毒品，以及具有犯罪倾向的人口，带来了巨大的负外部性。这个问题在欧洲、亚洲和一些美洲国家尤其严重，非法移民已成为这些国家街头巷尾的热议话题。[6]如果富国能增加对穷国的经济援助，帮助穷国发展经济、创造就业、减少移民，这方面的负外部性就会大大降低。另一方面，富国也会产生负外部性，例如，富国带来的环境问题会导致全球气候变暖。降低这方面的负外部性也符合穷国的利益。

收入分配不均不仅存在于一国内部，还存在于国与国之间。我们估计，全球的基尼系数一定非常高，因为富国的收入在全世界总收入中的占比远远高于富国人口在全世界总人口中的占比。许多政府在国内经济中扮演着收入再分配的角色，但却很少有政府关注国与国之间的收入再分配问题。目前，还没有一个全球性政府或国际机构有能力促成国与国之间的收入转移。同时，由于外国人无法参与国内选举，要求富国在国与国之间进行收入再分配的国际压力也显然没有国内压力有效。联合国和世界银行（在某种程度上，这些机构可以被视为全球性政府的代理部门）等国际机构施加压力的作用有限（Tanzi，2008）。

未来，富国向穷国转移部分收入的压力可能增大，各国联合应对全球和区域公共产品（或公害物品）的压力也可能增大，尽管目前看来这些还都是遥远的事情。[7]

以上例子表明，如果在国际层面没有“看不见的手”引导各国采取行动达到最优，国际社会就有必要统一协调各国政策。以上例子还表明，国家与国际的重要区别在于，国家是有政府的，但在国际上，没有一个国际机构能够扮演全球性政府的角色。鉴于国际性因素越来越重要，各国政府在采取行动时必须更多地考虑国际层面的影响。例如，各国政府可以通过国际机构进行支出，也可以由一些国家的政府直接在全球范围内进行收入再分配，向穷国转移部分收入。另外，各国还可以通过一些国际协议协调行动，这些协议并不一定附有具体（约束性？）的监管举措。未来，这样的活动将越来越普遍，[8]而这将在一定程度上改变现有的政府职能（Tanzi，2008，2009a）。

三、政府职能与金融市场

2008—2009年的全球金融危机表明，世界各国必须进行政策协调，加强金融监管和监管合作。金融稳定是一种全球性公共产品，金融不稳定会造成经济动荡。在过去20年中，由于很多国家允许资本自由流动，再加上互联网和计算机的广泛普及，金融市场实现了真正意义上的全球化。一国境内金融市场活动经常受到其他国家金融政策的影响，从而降低了一国政府控制境内金融市场的能力。与此同时，金融工具越来越复杂，许多关于这些金融工具供给与需求的决策都是在境外做出的，有的是在离岸中心，有的是在避税天堂。一方面，金融市场已实现了真正意义上的全球化；另一方面，现有的金融监管手段仍较为有限，因而金融监管主要局限于国家层面，以实现国内的具体目标为导向。这导致各国金融监管的差异较大，金融机构很容易进行监管套利（尤其可以参见Sinn，2010；Johnson and Kwak，2010；Rajan，2010）。有人宣称，金融市场能够实现自我调节，因而不需要政府监管。现实以昂贵的代价证明，这个看法是错误的。

由于一些经营者越来越贪婪，经营行为越来越复杂、越来越不透明，再加上国家政策的误导以及金融监管当局的自满或无能，金融市场已变成定时炸弹（Tanzi，2007b）。与此同时，金融市场的交易者却有可能轻易地绕开国家法律，而不必担心承担法律后果。[9]2008年，金融市场的炸弹爆炸了，许多国家的政府被迫通过货币政策操作和公共赤字政策等进行规模空前的干预。后来这场全球金融危机演变为全球经济危机，并且引发了财政危机和主权债务危机，许多国家的财政账户和潜在产出严重恶化。

这次全球金融危机可能为将来留下道德风险的隐患，因为为了应对危机，许多国家采用了“或有负债”和超低利率水平下的“量化宽松”等“非常规”政策工具。一些经营机构预期，如果政府在这次危机中为救助金融机构进行干预，那么，将来可能会再次为身陷困境的金融机构埋单。全球金融危机之后，由于部分竞争对手消失，一些曾被视为“大而不能倒”的金融机构变得更加强大，从而进一步强化了这一预期（Scherer，2010），即为了应对危机而进行的干预可能增加未来发生危机的概率。在各国政府和中央银行捉襟见肘、穷于应付时，金融危机也就不远了（Johnson and Kwak，2010；Tanzi，2010b）。

全球金融危机之前，经济学界和金融界有许多人信奉“市场原教旨主义”，他们认为，市场尤其是金融市场总是能够自我修正的。事实证明，“市场原教旨主义”是错误的。近期出版的许多著作都对这一观点进行了详细阐述。[10]艾伦·格林斯潘（Alan Greenspan）等经济学家或金融家，虽然很勉强，但也不得不承认市场原教旨主义是错误的（Dash，2010）。11政府应对金融危机、拯救金融市场的政策选择，尤其是美国政府的选择，是屈指可数的。

政府的选择方案之一是“无为而治”。这种方案认为，此次全球金融危机是百年不遇的随机事件，除解决财政账户和中央银行资产负债表遗留问题以外，不需要进行大的调整。一些人认为，政府必须救助银行和其他金融机构，但没有必要进行监管改革。金融机构很喜欢这个方案，他们的游说团也在劝说决策者选择这个方案。这个方案将把大部分损失分摊给整个社会，而将大部分收益留给金融机构。这个方案的理论基础是加强金融监管将影响一国经济增长、降低一国竞争力。

从2009年底到2010年，一些大银行已经恢复到危机之前的高利润状态，它们继续向高管和员工支付高额奖金，仿佛全球金融危机从未发生过。大银行给国民经济造成的巨额损失大都已由社会分摊。银行之所以能重新盈利，在很大程度上缘于中央银行的量化宽松货币政策，以及由此造成的低融资成本。这表明中央银行在向金融机构提供隐性补贴。然而，这些低利率资金更青睐银行而不是企业。银行只需要从中央银行借款并用于购买国债即可盈利；中小企业却更难以从银行体系获得贷款，即使能够取得贷款，也需要支付较高的利息。尽管银行已经开始盈利，但流向企业的贷款仍然较少，这违背了中央银行维持低利率的初衷。

从长期来看，“无为而治”的方案可能加快以传统指标衡量的经济增长，因为这个方案将继续鼓励金融创新和科技进步（同时增加金融市场复杂度），并为金融机构带来高额利润。这些利润仍将被视为真正意义上的收入，并计入经济增长率的指标。但是，这种“无为而治”方案可能引发资产价格泡沫，提高金融危机发生的概率。只要金融危机造成的损失继续被社会分摊，只要巨额红利继续被银行家瓜分，大量收入将会继续流向金融机构。这将加剧收入分配不公平，引发民众的反市场情绪（参见Tanzi，2007a）。[12]

对于这种“无为而治”的方案，有两种反对意见。第一种反对意见认为，不能将国内生产总值增长率或基尼系数作为判断经济政策好坏的唯一标准或最终衡量标准。在“无为而治”的方案下，没有任何一种机制（这种机制符合福利经济学中的帕累托最优条件，并带有实际补偿机制）能将金融机构在经济高增长时赚取的巨额收入转移给在危机中失去工作的工人。2010年年底，美国和世界其他地区仍有上百万工人失业，上百万个家庭失去住房，这些家庭要么是不能偿还抵押贷款，要么是他们利用银行贷款购置的房产价值降至抵押贷款价值以下，从而不得不将住房归还给银行。向美国工人发放的失业救济已经用完，然而许多银行家仍在领取高额奖金。[13]除非存在一种实际补偿机制，否则金融市场几个幸运儿多赚一美元所创造的福利并不能等价于工人损失的一美元价值。在这种情况下，理论上没有附加补偿机制的帕累托最优就是一个无效解。

最近，有越来越多的研究者将2008—2009年的全球金融危机与危机之前的收入分配恶化联系在一起，尤其是在美国。金融行业获取的利润份额越来越高，金融机构的收入越来越多，这是造成收入分配恶化的部分原因。有一种观点认为，收入分配恶化促使政治家推出相应政策，例如，通过政府担保贷款（例如抵押贷款、学生贷款和其他贷款）"利诱"借款人，使其增加借款数量。为鼓励人们多借款，美国联邦储备委员会曾在相当长的一段时间内将中央银行基准利率维持在超低水平上（Kumhof and Ranciere，2010）。

第二种反对意见认为，此次全球金融危机过后，如果银行和其他金融机构仍然是"大而不能倒"，将来发生危机时政府就不得不再次进行干预。可以说，在基金经理和金融机构赚取的高额收入中，有很大一部分并没有为实体经济创造实际价值，因而不是真实收入，反而更像是"租金"（Tanzi，2007b；Philippon，2010）。没有可信的证据表明，近年来，金融机构赚取的巨额收入为国民经济带来了等量的真实价值。金融市场创造的收入大部分来自赌博或类似赌博的活动，与实体经济的联系很少。这些活动主要是将收入从"输家"向"赢家"再分配。"输家"通常是养老金、市政府、大学和个人，这些主体对他们的投资或基金管理人的投资了解不多。一些“赢家”通过提供社会本来并不需要的产品和服务获取收入。例如，危机前，房地产市场一片繁荣，新建了上百万套房子。事实上，这波房地产行情在很大程度上是虚假需求和人为制造的泡沫。不对称的信息、错综复杂的环境、被误导的货币政策以及暗箱操作等，均对放大房地产市场需求起到了推波助澜的作用。这波房地产行情虽然给一些人带来了巨额收入，但并没有为社会创造真实而持久的财富。房屋建成之后价值缩水，许多房屋被丢弃甚至毁坏，这进一步说明了这波房地产行情所创造的真实价值远远小于它所带来的收入。这意味着，危机之前，经济增长所体现的是虚高的房屋价值及金融机构从房价上涨中所赚取的高额收入。[14]因此，从一定意义上讲，2008—2009年的经济衰退是对2008年以前经济增长过度膨胀的调整。

政府的第二个选择方案是坚决而有效地发挥政府在市场经济中的基本经济职能。这一方案实施起来较为困难，但却是政府更倾向于选择的一种方案。亚当·斯密在《国富论》中曾对此有所暗示。《国富论》称，应当让市场尽可能高效率地运转，这就要求政府在经过深思熟虑之后再进行干预，并且要使干预能够有效地发挥作用，以消除那些不自然的并且可以被消除的市场失灵。[15]当然，在这一过程中，政府应当尽量避免那些扭曲市场的行为。例如，美国政府曾向购房者提供借款补贴，导致住房市场扭曲。这些旨在消除市场失灵的措施，虽然短期可能会对经济产生负面影响，但长期将带来高额回报。

我们必须认识到，许多市场失灵都不是自然的而是人为的。

政府一般都会放任这些市场失灵的存在，甚至政府本身就是市场失灵的始作俑者。这些市场失灵包括非自然垄断、“大而不能倒”的金融机构、与各类特权相关的“租金”、信息披露不充分或虚假信息披露，等等。政府能否有效发挥经济职能？芝加哥学派的乔治·约瑟夫·施蒂格勒及其他经济学家、公共选择领域的学者和市场原教旨主义者对此表示怀疑。

我们必须要认识到，在市场可能出现失灵时，政府过分注重以公共部门活动代替市场，将太多的精力集中在了为使结果公平、收入分配均等而进行的收入调整上，却没有尽力避免市场失灵。在很多情况下，市场之所以失灵，是因为政府放任这些市场形成了导致市场失灵的环境。政府应当集中精力避免市场失灵，而不是在事后对市场进行修补或纠正。这应当成为政府在发挥经济职能时的一条根本原则。

对这个宏大而规范的选择方案而言，一个不可或缺的工具是政治和法律框架，既对市场经济给予明确界定，又清楚地表明何种市场失灵应当予以纠正。从某种程度上讲，这一理论源自布坎南。布坎南认为，政府应当建立清晰的规则，以指引人们的行为。这个框架包括监管、政策工具和监管机构，其中监管机构应不受政治干预。这个方案实施起来会遇到很大阻力。半个世纪以前，施蒂格勒、芝加哥学派的拥护者以及19世纪信奉自由放任主义的经济学家就曾对此展开过激烈的争论，争论的焦点是监管是否经常被滥用。另外，监管机构经常会受到被监管者的影响，还会因为指导方针错误、缺乏相应资源、员工不称职以及政治领导人（这些政治领导人或是认为没有监管的必要，或是已经沦为特别利益和游说团的俘虏）传达的信号而无法进行监管。[16]这就是需要建立一套清晰而有约束力的法律指南的原因。这样一套指南应该有明确的执行机制，甚至可以发挥经济宪法的作用。

如果一个人对市场经济（前提是市场经济没有受到市场参与者的腐蚀，没有因不良经济政策而发生扭曲）的优势深信不疑，那么，他就应当赞成消除垄断、消除垄断操作及其他腐蚀市场经济的行为，而不管这些行为的初衷是什么。对市场的矫正可能在短期内导致经济下滑，但是，这不应成为阻止政府纠正市场失灵的理由。政府的干预行为对市场造成的扭曲应当尽可能小，政府干预应真正以纠正市场失灵为目的，或者以改变收入分配不公平的状况为目的，而不应以市场失灵为借口来代替市场，或将私人损失进行社会分摊。

许多经济学家认为，政府根本不能发挥上述作用。如果果真如此，考虑到现代市场经济越来越复杂且容易滋生不良行为，市场经济的未来就非常值得怀疑。因此，主要依赖自我约束机制是不明智的，这种自我约束机制不会自动发挥作用。我们要充分意识到这个后果，并采取行动予以应对（Tanzi 2007a）。[17]市场经济好比一台价格不菲的机器，需要用心呵护和不定期检修，以确保其持续和高效运转。

在美国和其他国家，能源、资源开采、铁路、航空、金融市场、食品和医药等几大行业的例子表明，如果没有有效的监管，就会有一些市场运营商倾向于在安全问题上偷工减料，试图以不公平甚至是危险的行为来实现其利润最大化，而不是通过公平竞争和诚信交易。由于市场经营活动的不透明以及运营商的贪婪和只承担有限责任,如果缺乏清晰、有效的监管,各行各业就都会有运营商试图绕开或违反法律,从而导致许多灾难的发生。例如,英国石油公司海湾爆炸事件及一些开采事故。这就引出前面我们提到的问题:如果不实行有效监管,从长期来看,市场经济能否真正有效、公正地运转?为保持市场原则,民主国家需要在政治上给予市场持续、必要的支持。在一个由规则主导的系统中,如果没有较好的配套措施,人们很容易绕开法律。规则是针对过去制定的,很难应对新出现的、预料之外的情况,特别是在创新就是为了绕开不合时宜的规则时。[18]规则一般是在新情况出现之后才制定的,并且具有较长时滞,在制定规则的同时还需制定更多的配套措施,并指定一些行政机构(例如美国最高法院)来监督这些规则是否得到了贯彻执行。[19]

在金融市场上,如果某些金融机构是真正意义上的"大而不能倒",那么,就应迫使这样的金融机构缩减至可以"倒"的规模。如果金融机构的激励机制使它们过度冒险,就应改变这种激励机制。金融机构应当披露所有的必要信息,使居民在完全知晓金融机构所承担风险的情况下进行投资。另外,金融机构应以最为透明、最为浅显易懂的方式来披露信息。一些风险应当由最初创设金融工具的人来承担,而不是将带有风险且缺乏透明度的金融工具转移给那些并不知情的投资者。在美国次贷危机期间,次贷抵押贷款证券化产品就曾出现过这种情况。发放贷款或承担其他风险的金融机构应具有充足的流动资本弥补最终损失,因此,应防止过度杠杆化。

在一个全球化的市场上,必须要从全球化的角度来明确界定监管职责,以免由于不同国家和不同监管机构之间的监管标准不同而出现监管套利活动。必须要有一个国际层面的监管机构,或各国监管机构应在一些国际平台上交换信息,协调行动。同时,要消除由于监管宽严尺度不一而使金融机构寻求最"仁慈"监管机构的可能性,过去美国就经常出现这种情况。为应对具体金融机构和整个金融系统的风险问题,微观审慎监管和宏观审慎监管必须双管齐下。鉴于不仅单个机构而且整个系统都有可能出现问题,宏观审慎监管正受到越来越多的关注。

这些建议可能会受到批评。最常见的批评是,它可能阻碍科技进步和金融发展,降低金融市场效率。[20]然而,由于市场效率会对收入分配和短期经济活动造成负面影响(Reinhart and Rogoff,2009),市场效率并不是评判金融这个敏感行业绩效的唯一标准。[21]何况除了在理论上,此处所称的市场效率并不是一个容易界定清楚的概念,具体衡量起来更难。2008—2009年全球金融危机已经充分表明,需要对金融市场进行大刀阔斧的改革。不幸的是,人们会很快忘记此次全球金融危机给世界经济带来的灾难,让金融市场创造出更大财富的想法一定会再次占上风。

2010年,美国和欧洲均进行了金融监管改革。美国颁布了一部复杂的金融改革法案。然而,尽管这项法案长达几千页,仍有很多决定还有待具体的规章出台,才能赋予这项法案以实质性内容。美国金融监管改革与欧洲金融监管改革并不是完全协调的。美国的政治游说团体非常活跃,试图影响那些将赋予法案实质内容的规章。改革的最终结果将对未来经济走势以及政府职能产生重要影响。改革是否有助于防范金融危机，只有时间才知道答案。对于政府而言，改革具有巨大的现实利益；对那些金融机构而言，它们反对改革，它们派出了势力强大的政治游说团，作为它们的代言人，它们为游说团提供活动资金。这两股力量是影响金融监管改革最终结果的决定性因素。

四、未来税收和政府支出

现在，让我们回到财政政策的狭义定义——税收和政府支出，来考察未来财政政策的作用。2010年，国际货币基金组织、欧盟、经济合作与发展组织及其他国际机构都曾指出，2008—2009年全球金融危机爆发之后，许多国家的财政状况更加恶化。根据上述机构的预测，如果现行政策不变，10年之内，二十国集团国家的政府债务占国内生产总值的比重将达到120%；大部分国家未来数年的财政赤字将维持在较高水平，个别国家的财政状况将不可持续（IMF，2010；Tanzi，2010，2010b）。

为使财政赤字和政府债务在不经历痛苦调整的情况下回到可控的水平，有关“退出战略”的讨论一直不绝于耳。人们普遍认为，日本、英国、西班牙、美国、爱尔兰、希腊、葡萄牙等国家的财政收支在未来10年需要进行重大调整，尤其是要提高结构性基础盈余（不包括利息支付的盈余）。但不巧的是，未来10年正好是婴儿潮一代退休的时间，人口结构的变化加大了财政调整的难度。此外，潜在经济增长率下降和失业率上升也在困扰着这些国家。此次全球金融危机使各国的潜在经济增长率有所下降。目前许多国家的中央银行仍然维持着较低的基准利率水平。除非危机持续，否则利率将在未来某个时刻大幅上升。同时，危机导致失业率上升，在未来数年内，劳动力数量可能会减少，例如，一些年龄大的员工技能过时后很难再就业，这些人可能就永远脱离了劳动力大军。[22]

从理论上讲，如果政府债务的利率水平大幅下降，或者经济高速增长，或者出现未能预期的通货膨胀，或者政府进行税收和支出改革，或者更多地依赖市场并极大地改变政府职能，政府还是有可能大幅削减政府支出、提高财政收入、改善政府债务状况，并大幅降低财政赤字的。

但目前的情况是，许多国家的利率已经处于非常低的水平，将来只会上升，而且很可能是大幅上升，这将增加政府融资的难度。希腊、爱尔兰和葡萄牙等国家都曾有过类似经历。近年来，为了降低利息支出，许多国家的政府债务平均期限整体缩短。在这种情况下，如果利率水平上升，偿付巨额政府债务可能造成政府支出更大规模的增加，进而导致财政状况进一步恶化。[23]例如，1978—1985年，美国净利息支出占国内生产总值的比例从1.5%增加至3.1%，主要原因就是当时的利率水平大幅上升。

由于各种各样的原因（一些在前面已有涉及），中期内，大多数经济体不可能实现快速增长。以美国为例，美国国际收支严重失衡，需进行大规模的结构调整。在政府债务水平较高的国家，由于对财政状况、不确定性和政府未来增税的担忧，一些债权人可能不愿意在私人部门进行长期投资，投资者出于“动物精神”（自然本能的冲动）而进行的投资会减少。与此同时，由于高风险持续存在，银行体系对中小企业的贷款数量有限，并且利率较高，这也限制了经济增长潜力的发挥。

鉴于中央银行在过去几年为银行系统注入了大量流动性，不排除未来出现严重通货膨胀的可能。事实上，近期以来，包括英国在内的一些国家通货膨胀上升的势头已经超过预期。一些经济学家建议，应该由中央银行直接为政府借款融资。全球金融危机爆发后，美联储、欧洲中央银行和英格兰银行等为了给巨额财政赤字融资而大幅扩张了自己的资产负债表。现在到了减少这些流动性的时候了，这可能是一个较长期的过程，而且这一过程必然会引发物价上涨的巨大压力。随着世界经济开始复苏，物价上涨的压力可能首先出现在包括大宗商品在内的一些部门，进而扩散至其他部门。如果通货膨胀在预料之中，储蓄者的投资意愿，尤其是投资较长期限国债的意愿，必将很快受到影响，除非调整这些金融工具的利率，以反映投资者的通货膨胀预期。事实上，在通货膨胀阴影的笼罩下，长期利率一直在上升。

因此，从税收和政府支出角度出发，重新界定政府的经济职能是一个更为现实的长期调整策略。一些欧洲国家已表示，愿意采用这一方案，即立即增加税收，并在中期内削减政府支出。与此同时，在经济复苏之前，大多数国家的政府将继续面临增加支出的压力，包括美国在内的一些国家的政府仍然面临维持高额财政赤字的压力（Tanzi，2010a）。

在20世纪的大部分时间里，为了给不断增加的政府支出融资，各国的税负水平持续上升。到20世纪末，大多数国家税负已经达到非常高的水平。然而，进入新世纪之后，一些国家的税负停止上升，甚至开始出现下降趋势（见表1.3和表4.5）。税负下降缘于对税收抑制效应和逃税行为的担忧。一方面，很高的边际税率会产生抑制效应；另一方面，随着科学技术发展和国际税收竞争加剧，一些国家提高税率或维持高税收的成本上升、难度加大。这些破坏了税收系统根基的因素被称为财政白蚁（Tanzi，2001）。

未来，国际经济形势可能更为严峻，推动经济复苏势在必行，大多数国家会因此而不愿意通过提高税率来改善财政账户。[24] 但是，增税至少对于一些国家而言是必要的，也是可能的。提高或开征某些税种可能更容易被接受，例如，环境税，以及为与其他行业税负保持一致而对金融市场活动征收的税。对冲基金经理和其他金融市场上的亿万富翁支付的所得税税率远远低于汽车司机，这显然有损市场经济国家的形象，漠视这些不公平现象的政府总有一天会招致民众的强烈不满。在一些国家，尤其是美国和日本，需要采取更强有力的政策才能改善财政账户，例如，美国可以考虑引入增值税，日本可以考虑大幅提高现行增值税税率。当然，从改善财政账户的角度看，大幅削减政府支出可能比增税更为有效。从中期看，大幅削减政府支出是一种潜在的、重要的调整手段。我们认为，大幅削减政府支出在政治上实施起来较为困难，但是，以福利损失来衡量，可能并不像许多人想象的那么痛苦。需要强调的是，削减政府支出需要大刀阔斧的结构改革，而不仅仅是表面上的小修小补。

在一个管理规范、运行良好的市场中，大多数人可以直接从

市场上购买服务，以防范风险，而不是依靠政府提供的服务。如果能够建立这样一个市场，并辅之以妥善的“自由主义”监管和适当的“自由主义家长式”干预，将有助于政府削减未来数年（尤其是长期）的政府支出，且不影响其基本职能的发挥。

政府在管理医疗、教育和金融市场时，就可以采用上述充分发挥市场作用的方案。这套方案将使政府把更多精力放在降低风险，而不是事后补救上。只有这样，政府才有可能更加关心那些严重残疾或因其他困难而无法自理的人，即真正“应当获得救济的穷人”，这些人在总人口中的占比并不高。对于广大中产阶级来说，政府应当鼓励他们更多地依靠市场进行风险防范。只有这样，政府才有可能削减支出和减少税收。从长期来看，政府减税之后，中产阶级将有更多的税后可支配收入从市场购买风险防范服务。在当前严峻的财政状况下，这套方案实行起来并不容易，但对于许多国家来说，这可能是唯一可行的方案。实施这一方案要求政府放弃过去的老路，重新设计政府职能，同时引入财政规则，减少未来财政政策的滥用。

鉴于还有一些问题会影响到未来，因此，在结束本章及本书之前，还需要对这些问题进行简要分析。对这些问题的全面讨论将另外进行，不在本书中详细展开。在这些问题中，灾难防备以及财政政策和政府运作的复杂性是最重要的两个问题。

五、政府在重大灾难中的职能

最近几年，人类先后遭遇了卡特里娜飓风、伊朗大地震、印尼海啸、墨西哥湾石油爆炸、巴基斯坦洪灾和俄罗斯大火等重大灾难。这些灾难提醒我们，人类的愚蠢行为已经将我们居住的地球变得无比危险。随着人口增长，人们到灾难多发地区定居的情况越来越普遍，日益频繁发生的自然灾害和其他灾难对人类的影响也就越来越大（Cavallo et al.，2010；Kron，2010；Hallegatte and Przyluski，2010）。发生重大灾难时，所有有关自由市场和自由放任主义的讨论都会被束之高阁，人们热切期望政府出面干预，并在应对灾难的过程中发挥主导作用，以减轻灾难所带来的痛苦。在这些时候，政府应当花费比平时更多的时间、精力和资源来应对灾难。但事实上，政府几乎每次都是措手不及。也许，面对重大灾难，政府最根本的职责莫过于帮助那些处在危难中的人们。

显然，如果政府在应对灾难中发挥了主导作用，很容易滋生“道德风险”，至少对于一些国家和地区而言是这样。例如，如果一些人预期，政府将在飓风、地震、洪水、龙卷风、火灾、海啸等重大灾难发生时提供财物救助，他们就会在灾难多发的地区修建度假别墅，从事经济活动，甚至定居。在飓风偶尔光顾的美国东海岸和墨西哥湾一带，这种情况也很常见。当然，我们也应当看到，确实有一些人早在政府救助预期出现前就已经定居在那些危险多发的地区。他们是因为贫困而没有能力迁移到其他地方定居，而不是因为有政府救助的预期才在此定居。

一方面，有些国家（或国内一些地区）比其他国家更容易遭受地震、洪灾、火灾和龙卷风等自然灾难的袭击；另一方面，那些通常被视为安全地带的地区也有可能受到灾难的袭击。政府应当做好准备,以求特大灾难来袭时能够尽最大的努力及时干预。[25] 政府应制定政策,减少因有政府救助预期而在危险地区居住的情况,并要求所有人都做好防灾准备。政府应当明令禁止将新房建在易遭遇洪灾的地区,针对地震多发地区(例如美国加利福尼亚州)提出建筑要求并严格执行。制定并实施上述政策是政府的重要经济职能之一。一些国家(例如智利)在这方面就做得比另外一些国家(例如海地)好。人均收入水平的差异可能无法完全解释这一差异。

政府既应当加强对潜在的破坏性事件的事先预防,也应当注重事后救援。政府履行预防职能的主要政策工具是监管,自由放任的做法并不可取。预防手段还可以应用到灾难以外的其他场合。

对于一些非常严重的灾难,在当地的可用资源无法满足救援需要时,全球协作就显得非常重要。如果存在一个全球性政府,这个政府自然会在应对重大灾难的过程中发挥作用。联合国经常扮演这种全球性政府的角色,但是,其应对灾难的能力取决于各国政府的赈灾捐赠。由于各国政府的赈灾捐赠总是数量有限或姗姗来迟,使联合国应对重大灾难的作用有限。此外,联合国或世界银行也可以将各国每年的捐赠款积累起来,成立专项基金。这样的基金应专款专用,并保持较强的流动性,以保证随时可用于应对重大灾难。在国家层面上,各国政府应当赋予军队预防和应对国内灾难的职责。当今时代,军队大部分时间都没有作战任务,那么,为什么不能让军队来应对其他类型的紧急情况呢?这类紧急情况可能比战争更为频繁。赋予军队预防和应对重大灾难的职责，将使军事开支更具生产性。

六、政府防范和应对外部性的职能不断扩大

政府是否应积极防范重大灾难以外的其他各种风险呢？这个问题已经成为反对政府干预的自由主义者与主张政府加强干预的学派之间争论的焦点，后者坚持，政府的经济职能应包括保护民众免受风险侵扰。虽然他们之间的论战主要与风险防范相关，与再分配的（直接）关系并不大，但是，这场论战引导我们重新思考政府的干预行为对不同收入群体的影响。两派的论战包括许多方面，例如，吸烟，推动建立医疗保险体系，提供免费的公共医疗服务，建立既能保护消费者又能教育消费者自己保护自己的消费者保护机构等。在美国，这类论战经常会引起宪法的改动。例如，1935年的那场论战之后，工人加入联邦社会保障体系的讨论被提上议事日程，目前的论战则推动了改革医保体系的立法工作。

美国的这场论战还涉及另一个问题，即当宪法未明确规定某些公民权利和义务，或并非全体或绝大多数公民要求政府采取某种做法时，联邦政府是否有权将有关义务强加给公民。在政府用来履行风险防范职能的工具中，这项监管工具最为重要。不过，在运用该工具时，应注意把握政策力度，以免滥用。

随着现代社会的发展、大都市人口的增多以及人口密度的上升，新需求不断出现，新产品、生产旧产品的新方法也越来越

普遍。[26]这些新的发展在给人们带来生活水平不断提高的机遇时，也带来了新的风险。一方面，在人与人之间的联系越来越多的情况下，生产商、供应商和用户之间有关产品和服务的质量及安全的信息不对称，引起了新的负外部性；另一方面，随着消费篮子中的服务以及新药、汽车修理、度假套餐等非传统产品的比例上升，哈耶克等奥地利学派所谓“价格能在事前向买者揭示完全信息”的功能逐渐减弱。事前的信息不对称性上升要求政府采取更多的行动。

另外，在公民充分享有个人权利的基础上，集体权利的重要性与日俱增。在一个实行民主制度的市场经济中，个人权利与集体权利必然会以某种形式共同存在。例如，在沙漠中，个人有权随意丢弃垃圾或者高速驾车，但在拥挤的城市中，这些个人权利就不再现实。再如，选择在拥挤的社区居住就必然牺牲一些个人自由，但当人们的居住空间相对独立，尤其是独立于非家庭成员时，人们就不必受由城市化和经济增长带来的一些集体诉求的约束。以吸烟为例，在公共医疗服务（因一些或所有人生病而产生的财务成本由集体负担）出现前，大多数人独自居住（他们不会当着陌生人的面吸烟），吸烟自然不会得到社会和政府的关注。个人有权利随时随地吸烟或不吸烟，有权因吸烟染病，他的这种权利不会遭到指责。然而，在现行的公共医疗体系下，相对于个别吸烟者的权利，集体要求健康生活的权利就重要得多。从这一点上讲，社区制定的规则只要公正、有效，就是必要的，就有其存在的理由。

一个类似的但更为复杂的例子是煤炭和石油产品的生产和

使用。这类产品对用户个人有用,但会造成大范围乃至全球的环境污染。许多科学家认为,这类污染正在引起“全球变暖”。如果这些科学家的判断是正确的,生产和使用煤炭、石油就会带来很多负外部性（McKibben,2010）。当前这场围绕全球气候变暖的争论在一定程度上让我们回想起早些年关于吸烟的争论（Stern,2010）。当时,许多人认为,公民拥有在任何时候、任何地点吸烟的权利,香烟生产商拥有出售香烟和为香烟做广告的权利。在很长一段时间内,他们否认吸烟对吸烟者及其周围被动吸烟的人的健康有任何负面影响。随着时间的推移,科学使这个问题有了定论。现在,人们就全球气候变暖提出了类似疑问。全球气候变暖是否真正存在？如果答案是肯定的,那么,全球气候变暖效应是否严重？政府是否有权干预煤炭和石油等特殊产品的消费和生产,以降低空气中的二氧化碳含量？政府如果限制个人使用这些产品的权利,显然会对个人权利造成一定影响。但是,如果科学证实对全球气候变暖的担忧不无道理,集体的权利也是不容忽视的。[27]我们是否应无视这一“潜在灾难”,而盲目地相信市场会自动解决这个问题,或者说这个问题根本就不存在,从而任由人们继续像200年前那样生存？

然而,全球气候变暖毕竟与吸烟不同。全球气候变暖具有全球性和空间性,很难凭一国政府之力应对全球气候变暖及其效应。在这里,“搭便车”是一个非常严重的问题,因为“搭便车”的可能是整个国家。由于没有世界性政府的存在,甚至连一个有权要求并进行变革的全球性机构都不存在,应对全球气候变暖非常困难。从这个意义上讲,全球气候变暖是与吸烟不同的问题，吸烟在国与国之间产生的“溢出效应”仅限于香烟走私。除尼古拉斯·斯特恩等（Nicolas Stern et al.，2007）以外，经济学家马丁·韦茨曼（Martin Weitzman）（2007，2009）也特别关注全球气候变暖的潜在影响。他使用复杂的统计方法分析了全球气候变暖问题，并在分析中考虑了数据的不确定性。他认为，全球范围内出现灾难性温度上升的概率很大，相当“令人担忧”。他估计，在未来200年中，地球温度上升10℃（18°F）的概率为5%，上升20℃的概率为1%。无论发生上述两种情况中的哪一种，地球都将不复存在。

如果马丁·韦茨曼的预言是正确的，现在花费必要的代价，降低全球变暖概率就是明智的选择。显然，如果有一个世界政府或全球性机构能够就这一问题采取行动，能够完全代表尚未出生的后代们的利益，这个问题将迎刃而解。鉴于有关全球气候变暖的证据越来越有力，如果政府试图以上述预言可能完全错误为理由而敷衍塞责的话，这样的政府就是高度不负责任的政府。在可能出现灾难性后果时，盲目乐观就是掩耳盗铃。然而，我们尚未出生的后代无法投票，也不存在一个能反映他们意志的政府。大多数政府更加重视当前一代人（尤其是有选举权的人）的利益，而不太可能考虑在遥远的将来可能发生灾难这类小概率事件。

就算没有世界性政府或全球性机构，各国政府也应当从自身经济职能出发，重视这场潜在的、毁灭性的灾难。各国政府能否超越以本位主义和既得利益为准绳的行为模式仍需拭目以待。在这个问题上，自由放任显然不可行，因为这可能会导致世界末日的到来。

各种新技术（例如互联网、动物克隆、基因疗法、基因改良作物、纳米技术、深水采油和原子能）、新产品（有时采用难懂的新生产技术）会给人们带来更多选择，也会带来潜在风险。其中，有些新产品和新技术的风险远低于效用，例如，新药有时只会带来较小的副作用，另外一些新产品和新技术则有可能会导致灾难性的后果，例如，英国石油公司在墨西哥湾发生的漏油事故。由于金融机构无法保持谨慎的经营风格，不会时时将人民的福祉记在心上，因此人们通常认为，各国监管机构应当负起责任，防止一些潜在风险的发生。当监管机构未能防止问题发生时，监管机构就会受到指责。这些指责一般来自被监管产业，它们指责监管机构过于严厉，超越监管权限，导致生产活动效率下降。例如，被监管企业经常抱怨，监管提高了生产成本、进而提高了消费者支付的价格。

显然，个人自由与企业自由之间存在矛盾。企业享有过度自由时，可能会给公民带来潜在风险。存在严重缺陷的产品通常会被召回，例如危害生命的婴儿床、有毒食品、存在重大潜在危险的汽车等，其中，有些召回是由监管机构发起的，另外一些召回则是由生产商主动发起的。生产商主动召回主要是担心这些产品会将其声誉毁于一旦，它们也害怕承担后续责任。不管产品召回是由谁发起的，产品召回确实是越来越频繁了，以致消费者出现了“召回疲劳症”——已经购买了被召回产品的消费者越来越无视产品召回。另外，大量证据表明，信息不对称也是一个问题，有些购买了问题产品或危险产品的消费者并不知道产品存在的缺陷，生产商也很难或无法联系到他们（Layton，2010）。出于经济原因，问题产品的生产商有动机隐藏产品的缺陷和副作用，或将其“大事化小”，这种情况经常出现在新药问世时。因此，由于生产商与消费者之间存在“利益不对称”和“信息不对称”，消费者只能被动依赖生产商主动采取措施矫正产品缺陷。此外，当我们需要就某些科技上还未形成共识的特定问题做出决定时，企业可能会贿赂专家，以使他们发表有利于企业的意见。政府拥有的（独立）信息可能不多，而由生产商提供的信息可能是有偏倚的——正确但未知的科学事实与生产商提供的信息之间可能存在着信息不对称。[28]总之，市场正在逐渐远离哈耶克那个“价格能为买卖双方揭示完全信息”的世界，大多数产品价格所揭示的信息并没有哈耶克所假设的那么充分。例如，消费者购买汽车修理、体检等服务时，根本无法控制服务的质量。

瓦格纳法则认为，政府职能应随着经济增长而逐渐扩大。我们不应该把瓦格纳法则简单地理解为政府支出占国内生产总值比重的上升，事实上，瓦格纳法则意味着经济增长使政府监管职能的不断扩大成为现实。我们可以推断，与过去几个世纪相比，政府必须承担更多的监管职能，才能保护公民远离潜在风险、免受负外部性和不当生产消费行为的伤害。政府在履行监管职能时应以防范风险为重点，而不能像重商主义时期那样以某些集团的利益为中心。虽然人们对监管者如何才能有效地履行其监管职能还没有准确答案，但可以预见，长期而言，政府将在市场经济中引入更多的监管职能，同时也将尽可能减少政府支出。

未来，那只“看不见的手”所发挥的作用可能减弱。

七、日益重要的复杂化问题

现代经济的一个重要特征就是经济政策（尤其是财政政策）的实施日趋复杂化，本章最后将就这个问题进行讨论。随着时间的推移，这个问题越来越严重，但还没有得到应有的重视。如果未来这个问题仍然得不到足够重视的话，对决策者而言，复杂化问题可能演变成一个非常棘手的问题（有关复杂性的例子参见Tanzi，2007b，2007c，2010b）。接下来，我们将从不同角度出发，来讨论这个问题。需要指出的是，这个问题并不是财政政策所特有的，但在财政领域尤为突出。

在前几章中，我们看到，随着经济的发展，政府承担的经济职能越来越多。这些职能不仅在数量上增多，而且更加具体，甚至有些职能是专门针对某些团体、某类公民或企业的。同时，这些职能也越来越复杂。以税收为例，立法机关批准的法律一般长达上千页，还附有冗长的解释条款和规章条例。政府预算也演化为没人能看得懂的文件。此外，由于法律只会被修改而很少被废止，实施中的法律条文不断增多。在一些国家，如意大利，现行法律估计约达15万部。日积月累，复杂化问题越来越严重。

反映各国财政状况的统计指标（例如财政赤字和政府债务），以及用以评估各项目的统计数据越来越多地被误读、误报，甚至操纵。在政府内部，将授权、监控和特定行动等具体活动分配到具体机构的过程也比较混乱，结果可能造成政策信号互相矛盾和有关机构严重失职。这方面的例子可以参考财政领域外的一些事件,例如,卡特里娜飓风、墨西哥湾事故、对金融活动的监管和美国国家安全监控等。在一些国家,政府内部某机构批准的许可之后会遭到另一家机构的质疑,甚至被吊销,而有时个人投资者可能已经对被许可的活动或投资项目投入了大量资金。[29]

这个问题不断出现,另外一个问题也变得更加紧迫。随着时间的推移,大多数国家的政府支出上升,但对政府运作及决策过程起着关键作用的投入却没有增加。政府首脑(总理)或国家元首(总统)的职能也许是最极端的例子,尤其是在那些由一个人同时兼任政府首脑和国家元首的国家。对于包括美国在内的一些国家,有一个以上的总统是不可能的;对于议会民主制国家,有一个以上的总理也是不可能的。总统或总理的人数(关键投入)没有随着时间的推移而增加,但是,需要向总统或总理汇报的活动却极大地增加了。无论是1800年还是现在,美国都是只有一位总统,这位身居最高位的总统需要监督政府各项活动的实施,阅读并理解待批准的法律条文,还要做出许多决策,参加很多仪式性活动。当今世界远比1800年更加复杂,随着政府职能的不断增多,政府支出上升与投入不足之间的矛盾越来越严重。

立法委员和部长也无法避免这个问题,尽管他们人数众多。那些提交给立法机关的法案(例如医疗系统改革法案和美国金融体系改革法案)一般长达上千页,而且极其复杂。越来越多的证据表明,这些法案在大多数立法委员还没来得及阅读的情况下就付诸表决了。照此推断，签署法案的总统很可能根本没有时间认真阅读法案，更别提完全理解法案。

立法委员和总统都依赖助理的协助，这就产生了“委托—代理问题”，为游说团打开了方便之门，因为游说团可轻而易举地接触并影响到助理。[30]公共系统到底有多复杂呢？让我们先看看美国联邦税收系统吧。美国联邦税收系统现有超过70万页的法律法规，但几乎没有人完全理解这70万页的内容。一些奇怪的特别税优惠对某些行业或某个公司动辄价值数十亿美元，这些税收优惠被写入法律时并不引人注意，一旦获批，除那些将这些税收优惠写入法律和为之四处奔走游说的人之外，大部分人都会对这样的税收优惠条款表示极大的震惊（Tanzi，2010c）。我们经常会发现，法律中的一些条款非常隐晦，以至于在法律获得批准或根据法律制定相关规章制度时，根本没有人会注意到这些条款。

复杂化问题日益严重。随着政府经济职能日益扩大，政府将最终为此付出代价。同时，这也是市场经济和民主国家未来面临的最大风险（Tanzi，2007b）。由于复杂化问题的存在，现实世界可能会逐渐背离我们的理想。这可能是阿米卡尔·普维亚尼财政幻觉的极端形式，但这种财政幻觉很难理解和控制。当公司等机构的活动超越监管者的监控范围和管理能力时，要么减少这些活动，要么监管者（委托人）失去对这些活动的控制。在这种情况下，公民就成为最终的监管者或委托人。

1968年，施蒂格勒就已经注意到了这一风险的存在。他写道：“随着一个组织的发展，能干的上级必须拥有能干的下级，能干的下级必须拥有能干的下下级，能干的下下级必须拥有能干的下下下级，如此延伸下去……当这个组织达到美国联邦政府的规模时，对‘能干的人’的需求甚至开始超过能力一般的人的供给。”施蒂格勒认为，风险在于能干的人供给有限。当然，这是一个重要的方面，但其重要性远比不上在这些情况中出现的委托—代理问题（Tanzi，2000）。不管一国总统有多么能干，简单地认为他能真正掌控政府政策和行动是不切实际的。

未来，复杂化问题可能会成为政府运行中最为严重的一个问题。如果这一问题得不到控制和解决，政府将逐渐沦为资源占有者的“傀儡”，民粹主义将卷土重来，并对市场经济构成挑战。为妥善应对这一问题，政府必须改革其运行方式。

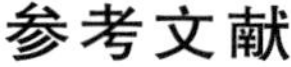

参考文献

ADB/ADBI. 2009. *Infrastructure for a Seamless Asia* (Manila and Tokyo: Asian Development Bank and Asian Development Bank Institute).

Boeri, Tito, Gordon Hanson, and Barry McCormick, eds. 2002. *Immigration Policy and the Welfare State* (Oxford: Oxford University Press).

Cavallo, Eduardo, Sebastian Galiani, Ilan Noy, and Juan Pantano. 2010. *Catastrophic Natural Disasters and Economic Growth* (Washington, D.C.: IDB).

Dash, Eric. 2010. “So Many Ways to Almost Say ‘I am sorry.’” *New York Times*, April 18.

Darvas, Zsolt, and Jakob von Weizsäcker. 2010. “Financial Transaction Tax: Small Is Beautiful.” *Bruegel Policy Contribution*, no. 2 (February).

Estevadeordal, Antoni, Brian Frantz, and Tam Robert Nguyen, eds. 2004. *Regional Public Goods: From Theory to Practice* (Washington, D.C: Inter-American Development Bank and Asian Development Bank).

Hallegatte, Stephane, and Valentin Przyluski. 2010. “The Economics of

Natural Disasters: Concepts and Methods." Policy Research Working Paper No. 5507 (December 1,World Bank)

IMF. 2009. "The State of Public Finances Cross-Country Fiscal Monitor." SPN/09/25 (November).

2010. "Strategies for Fiscal Consolidation in the Post-Crisis World" (IMF Policy Paper, February 4).

Johnson, Simon, and James Kwak. 2010. *13 Bankers: The Wall Street Takeover and the Next Financial Meltdown* (New York: Pantheon Books).

Kaul, Inge, and Pedro Conceição. 2006. *The New Public Finance: Responding to Global Challenges* (Oxford: Oxford University Press).

Kaul, Inge, Pedro Conceição, Katell Le Goulven, and Ronald U. Mendoza. 2003. *Providing Global Public Goods: Managing Globalization* (Oxford: Oxford University Press).

Kron, Wolfgang. 2010. "Natural Catastrophes: Do We Have to Live with Them?" *CESifo Forum* 11, no. 2 (Summer):1-13.

Kumhof, Michael, and Romain Rancière. 2010. "Leveraging Inequality." *Finance and Development* 47, no. 4 (December): 28-31.

Layton, Lyndsey. 2010. "As Product Recalls Pile Up, Consumers Risk Getting Lost." *Washington Post*, July 1, p. 1.

Lowenstein, Roger. 2010. *The End of Wall Street* (New York: Penguin Books).

Marron, Donald, and Eric Toder. 2011. "Measuring Leviathan: How Big is the Federal Government?" (Washington, D. C.: Urban Institute and Brookings Institution, Tax Policy Center, January 14) Powerpoint presentation.

McKibben, Bill. 2010. *Earth: Making a Life on a Tough New Planet* (New York: Times Books).

Monti, Mario, ed. 1989. *Fiscal Policy, Econornic Adjustment and FinanciaI Markets* (Washington, D.C., and Milan: International Monetary Fund and Centro di Economia Monetaria e Finanziaria).

Musgravi, Richard, 1959, *The Theory of Public Finance* (New York: McGraw Hill).

Philippon, Thomas. 2010. "Are Bankers Over Paid?" Available at: http://sternfinance. blogspot.com/2008/11.

Plender, John. 2010. "To Avoid the Backlash, Executives Need to Act on Pay."

Financial Times, April 3-4.

Posner, Richard A. 2004. *Catastrophe: Risk and Response* (Oxford: Oxford University Press).

2009. *A Failure of Capitalism* (Cambridge, Mass.: Harvard University Press).

Rajan, Raghuram. 2010. *Fault Lines: How Hidden Fractures Still Threaten the World Economy* (Princeton, N.J.: Princeton University Press).

Reinhart, Carmen M., and Kenneth Rogoff. 2009. *This Time Is Different: Eight Centuries of Financial Folly* (Princeton: Princeton University Press).

Samuelson, Paul. 1968. "The Economic Role of Private Activity," in *A Dialogue on the Proper Economic Role of the State,* by George Stigler and Paul A. Samuelson. Selected Papers no. 7 (Graduate School of Business, University of Chicago).

Scherer, F. M. 2010. "A Perplexed Economist Confronts 'Too Big to Fail.'" RWP10-007, Faculty Research Working Paper Series, Harvard Kennedy School.

Sinn, Hans-Werner. 2010. *Casino Capitalism: How the Financial Crisis Came About and What Needs to Be Done Now* (Oxford: Oxford University Press).

Stern, Nicholas. 2010. "Climate: What You Need to Know." New York Review of Books, June 24, pp. 35-7.

Stern, Nicholas, et al. 2007. *The Economics of Climate Change* (Cambridge: Cambridge University Press).

Stigler, George. 1968. "The Government of the Economy," in *A Dialogue on The Proper Economic Role of the State*, by George J. Stigler and Paul A. Samuelson. Selected Papers no. 7 (Graduate School of Business, University of Chicago).

Tanzi, Vito. 1989. "International Coordination of Fiscal Policies: Current and Future Issues," in *Fiscal Policy, Economic Adjustment and Financial Markets* (Washington, D.C.: International Monetary Fund), pp. 7-37.

1992. "Structural Factors and Tax Revenue in Developing Countries: A Decade of Evidence," in *Open Economies: Structural Adjustment and Agriculture*, edited by I. Goldin and L. A. Winters (Cambridge: Cambridge University Press).

2000. "Rationalizing the Government Budget," in *Economic Policy Reform*, edited by Anne Krueger (Chicago: University of Chicago Press).

2001. "Globalization, Technological Developments, and the Work of Fiscal Termites." *Brooklyn Journal of International Law* 26, no. 4:1261-84.

2005. "Building Regional Infrastructure in Latin America." Inter-American Development Bank, Intal-ITD Working Paper No. SITI-10.

2007a. "Tax System Reform Can Address Unrest over High Pay." *Financial Times,* March 2.

2007b. "Complexity and Systemic Failure," in *Transition and Beyond,* edited by Saul Estrin, Grzegorz W. Kolodko, and Milica Uvalic (London: Palgrave), pp. 229-46.

2007c. "Fiscal Policy and Fiscal Rules in the European Union," in *Europe after Enlargement*, edited by Anders Aslund and Marek Dabrowski (Cambridge: Cambridge University Press), pp. 50-64.

2008. "The Future of Fiscal Federalism." *European Journal of Political Economy* 24 (June): 705-12.

2009. "The Future of Fiscal Federalism and the Need for Global Government: A Reply to Roland Vaubel." *European Journal of Political Economy* 25, pp. 137-139.

2010a. "The Return to Fiscal Rectitude after the Recent Departure." Mimeo. Paper presented at the annual research Conference at the European Commission in Brussels (November 23).

2010b. "Comments on Recent Fiscal Development and the Exit Strategy." *CESinfo Forum* 6, no. 3: 57-64.

2010c. "Complexity in Taxation: Origins and Consequences." Unpublished manuscript.

Time. 2010. "The Best Laws Money Can Buy," July 12.

Walvin, James. 1988. *Victorian Values* (Athens: University of Georgia Press).

Weitzman, Martin L. 2007. *Review of The Stern Review on the Economics of Climate Change. Journal of Economic Literature* 45 (September): 703-24.

2009. "On Modeling and Interpreting the Economics of Catastrophic Climate Change." *Review of Economics and Statistics* 91, no. 1 (February): 1-19.

注　　释

第一章　总论和主要问题

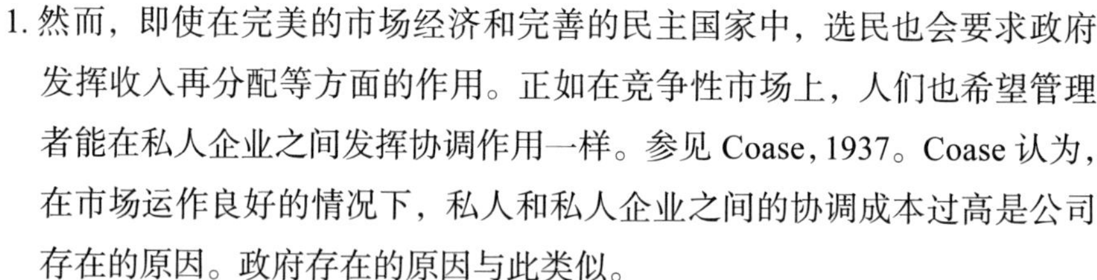

1. 然而，即使在完美的市场经济和完善的民主国家中，选民也会要求政府发挥收入再分配等方面的作用。正如在竞争性市场上，人们也希望管理者能在私人企业之间发挥协调作用一样。参见 Coase, 1937。Coase 认为，在市场运作良好的情况下，私人和私人企业之间的协调成本过高是公司存在的原因。政府存在的原因与此类似。
2. 政府是否能够履行好监管职能，我们将在后面的章节中探讨。大量著作对政府履行监管的有效性甚至必要性提出了质疑。这些著作大多出自芝加哥学派，他们主要关注的是对于行业垄断的监管，近年来，才开始更多关注对金融市场及其他市场的监管。值得一提的是，早在 1849 年，“自由放任理论”的倡导者就表达了与芝加哥学派相似的（关于监管必要性的）观点。参见 de Molinari, 1849 [2009]，他关于反对政府对垄断进行监管的论述与芝加哥学派提出的观点比较接近。当然，芝加哥学派的经济学家是在多年之后才提出这些理论的。de Molinari 是当时非常有影响力的比利时经济学家，他一生的大部分时间在巴黎度过。
3. 逆周期政策有两个维度：一是持续微调；二是经济衰退期间的相机干预。微调理论主要盛行于 20 世纪六七十年代；衰退期间的政府干预一直被认可。微调理论反映了政策制定者的自信，他们相信，自己有能力判断是否有必要进行政府干预，有能力引导经济活动朝着预想的方向发展。参见 1962 年的 *Economic Report of the President*，其中包括了关于微调理论的清晰表述。要了解近期对稳定政策的批评，参见 Tanzi, 2007。

4. 总的来说，普通选民对相关信息的了解并不充分，按照 Antony Down 的说法（Down, 1957），他们往往处于“理性无知”状态。近年来这一问题更加突出，因为有越来越多的问题应该让选民知情。另一方面，特定群体（院外游说者）却获得了大量信息和强大的影响力,从而力推某些政策。与政策制定者相比，院外游说者所掌握的有关政策和法案影响的信息要多得多，因此，信息不对称已经成为非常重要的问题。
5. 参见 Ritter，1996，其中详细介绍了福利国家的发展。要了解一个世纪以来工业国家政府支出增长的相关数据，参见 Tanzi and Schuknecht, 2000。
6. 在美国和其他一些国家，独立“智库”提供的相关信息有助于社会公众对政府计划进行较为公正的评估。然而，在当今世界，很少有真正独立的“智库”。
7. 值得一提的是，即使由政府承担这一职责，国家也不会因此就有更多的资源来应对这些风险。从长远看，政府干预甚至可能造成国家可用的资源减少。
8. 税收价格的概念由来已久。一个多世纪前，税负和政府支出还很少，当时的意大利公共财政经济学家，例如 Antonio De Viti De Marco，就在其著作中对税收价格进行了清晰的陈述。有关这一概念的讨论，参见 Myrdal, 1954，第七章。
9. 横向再分配在家庭或关系密切的群体里比较容易被接受，因为在这样的群体里，援助要求相对容易抑制，而且与陌生人相比，家庭或关系密切群体的成员之间有较强的利他精神。
10. 例如，2005 年，全年意大利公职岗位无故缺勤平均达到了 17.1 天，在某些岗位更是高达 31 天。该报道在 2008 年 9 月 8 日的《晚邮报》（*Corriere della Serra*）第 18 版。高缺勤现象在瑞典和其他欧洲国家也有报道。假病假在许多欧洲国家都是突出问题。
11. 最近十年以来，北欧国家广义政府工作岗位雇员薪酬占国内生产总值

的比重比德国高出8%。欧盟委员会估计，2005年，生产性政府支出（研发、公共交通和教育）总体来讲占基本支出的比例不到20%。参见European Commission，2008，第140页。基本支出是指政府支出总额减去公共债务利息支出。美国总统管理与预算办公室的报告也指出，近年来用于资本积累的政府支出大幅下降。参见www.omb.gov。

12. 高税负造成私人企业的劳动力成本与雇员税后工资之间存在较大差异，还导致从市场购买的产品和服务的费用提高。
13. 纵向再分配的作用比横向再分配的作用受到了更多的关注。
14. 在北欧国家，这种团结精神可能要强于其他国家，例如盎格鲁—撒克逊国家。这可能缘于公民对政府和政治机构的信任。最近的调查表明，北欧国家在这方面的信任度最高。参见European Foundation，2008。正如一位瑞典高层官员所言，“北欧国民之所以能接受较高的税负，合理的解释是他们缴纳的直接税的大部分都会用于他们自己社区的公共服务”。

15. 关于政府支出的效率问题，我们将在后面的章节中探讨。必须认识到，与特定税率相关的福利成本，国家之间各不相同，这不仅取决于公民对税收和公共计划的态度，还取决于税制的结构和效益。
16. 一个多世纪之前，现代“公共选择”学派的诸多观点在法国和意大利的公共财政著作中已有初步表述。
17. “国家领军企业”也是此类目标之一。这样的目标通常与企业的经营活动无关，也无助于为公民提供服务。
18. 关于个人的短视，或者通俗地说，不理智，参见Ariely, 2008; Thaler and Sunstein, 2008; Della Vigna, 2009。他们的研究表明，个人确实容易做出不理智的决定，例如储蓄不足可能就是短视的表现。但是，不理智也可能表现为过度储蓄，吝啬鬼就是典型的例子，在凯恩斯关于消费不足的假设中也有体现。而且，作为个人，政策制定者同样会有不理智的时候，不可能因为他们是政策制定者就具有免疫力。为此，我们有必要了解行为经济学在公共财政中的应用，参见McCaffery and Slemrod, 2006。

19. 有关代际账户的大量研究指出了这些负债问题。参见 Auerback, Gokhale, and Kotlikoff, 1991。

20. 另参见 Rizza and Tommasino, 2008。

21. 一些国家已出现了这样的情况。

22. 由于凯恩斯强调总需求而担心消费不足，凯恩斯革命几乎将作为人类美德的储蓄变成了人类行为的缺陷。在当今社会，良好的信用记录比无负债更加重要。一个人要有良好的信用记录，他需要的不是储蓄，而是按时偿债。只储蓄不借债的人无法获得好的信用记录。凯恩斯革命将储蓄由美德变为缺陷，对于援助贫困人群的政府计划起到了推波助澜的作用。

23. 例如，据报道，19 世纪中期，95% 的英国孩子上私立学校。那时候，父母用于教育的费用占国民总收入的比重大致相当于现在用于同龄孩子教育的公共支出。参见 Tooley, 1996 和 West，1970。而且，那时候学校给予孩子的教育要比今天的公立学校更加贴近市场需要，更具实效。要了解西方国家的正规和非正规教育，参见 Cipolla, 1969。

24. 在美国，慈善捐赠约占国内生产总值的 2%。如果将志愿者用于慈善活动的时间和非正式捐赠也包括在内，捐赠总量还将大幅提高。参见 Andreoni, 2006。

25. 参见 Beito et al., 2002，可了解到丰富的例证和数据。

26. 实际上，情况已经变得更糟，因为早先能提供帮助的私人互助会已经不复存在。

27. 顺便一提，Nozick 的观点与 19 世纪多位有代表性的法国经济学家的观点相似，例如，J. B. Say、F. Bastiat 和 G. de Molinari。

28. 即使取消政府计划并减税，已经被政府计划挤出的私人援助体系也不一定会再度出现。另外，Nozick 也许会说，我完全可以掏钱给穷人，让他们远离我居住的地方，没人能干涉我这样做的自由。从理论上讲，科斯式的合同能够解决这样的外部性问题。参见 Coarse，1960。但是，实际上，合同是不可能关注这样的问题的。

29. 参见 Coarse，1960。

30. 在美国，有人认为，国家强制要求购买医疗保险是违宪的，联邦政府会因此而被告上法庭。20 世纪 30 年代，联邦政府要求工人加入社会保障体系，也曾遭到类似的反对。
31. 在美英等一些国家，“居家教育”越来越受欢迎。
32. 直至本次全球金融危机爆发之前，人们通常认为，私人养老基金的回报率要高于政府养老金。如今，这一认识受到质疑，尤其是在短期内，尽管考虑到危机对政府财政的影响，从长期看，这一认识还是合理的。然而，那种认为政府养老金无风险的观点却是错误的。关键问题是哪个风险更大，哪个更有利于大多数公民。
33. 近年来，北欧国家已推出了这样的界定供款计划。参见第 13 章。
34. 现在至少有 11 个国家（加上马萨诸塞州）强制要求购买医疗保险。参见 World Bank，2008。一个国家（新加坡）要求建立医疗账户。美国也将强制要求购买医疗保险。

35. 尽管发生了 2008—2009 年的全球金融危机，但是，大多数实体市场的运转效率依然很高。

36. 但是，必须考虑到普惠式公共服务的低效率问题。
37. 还必须处理好由“贫困陷阱”所造成的动机问题。如果援助不是一项应得权益，这些问题就不会那么突出。
38. 申报的收入必须有其他信息佐证，例如居住地、车辆所有权、受教育水平，等等。
39. 当然，发展并不仅仅意味着经济增长，阿马蒂亚 · 森和他之前的经济学家都提出过这样的观点。因此，我们不能走向另外一个极端，认为只有增长才是最重要的。
40. 如果这些受益人得到的是现金而不是公共服务，他们就不会心甘情愿地用这些钱购买同样的服务。
41. 在某种程度上，欧洲已经出现了这种情况。在欧洲，现在许多老人都是由来自东欧的移民照护。
42. 2008—2009 年的全球金融危机表明，风险并非仅限于某些国家或私人部门。参见冰岛、希腊、爱尔兰和葡萄牙的经历。如果政府在危机前就已难以负担起未来的养老金和医疗保障义务，今后的困难可能更大。2010 年，爱尔兰和希腊的公共债务融资面临着严重困难。

43. 另外可参见 de Molinari, 1849。他关于对垄断进行监管的观点与芝加哥学派非常接近。

第二章 第二次世界大战之前的政府职能

1. 实际上，马克思的思想在实践中经常被误读和误用。正如一位传记作者所言，"马克思如果知道以他的名义所犯下的罪行，肯定会感到震惊"。参见 Wheen, 1999。马克思认为，国家是为工人阶级服务的工具，并且会随着时间的推移而消失。奥地利学派却解读为计划经济不可避免会导致独裁政府。此外,所谓的"自由放任"究竟在多大程度上反映了亚当·斯密的思想也有待讨论。凯恩斯的思想也遭受了大体相同的境遇。凯恩斯经济学可能大大超出了凯恩斯自己想要达到的程度。Peter Clarke 在最近出版的关于凯恩斯的传记中提到，1944 年凯恩斯参加了在美国举行的关于凯恩斯主义的会议之后，说了这一句话："(他）是会上唯一一位非凯恩斯主义者。"参见 Clarke, 2009。

2. 1983 年，米尔顿·弗里德曼在对 H.C.Simons 的 *A Positive Program for Laissez Faire* 一书进行评论时写道，在该书出版时的 1934 年，美国"大多数社会科学家和芝加哥大学社会科学系的学生要么是共产党员，要么是共产党的追随者"。参见 Van Overtveldt, 2007。在一些欧洲的大学，比例可能会更高一些。

3. 除了纯粹的经济职能，政府还承担很多其他社会职能。在大萧条之前，一些国家推动实施了一些社会性法律（例如成立工会的权利、罢工权、选举权、休假权以及安全工作的权利等等）。这些法律并不要求提高政府支出，但要求改变私人部门的社会关系，这些法律还要求建立高效的官僚机构来实施新法律。参见 Weber, 1947。

4. 标准的说法是，在资本主义国家，失业者被甩出企业，流浪街头；在计划经济国家，企业不会产生失业。

5. 尤其是 19 世纪的一些法国经济学家，他们所秉承的亚当・斯密的思想，远远超过了斯密的原意。这些经济学家包括 F. Bastiat、J. B. Say、de Molinari、Comte 和 Dunoyer。他们认为，政府承担的职能应当更少。参见 Weinburg, 1978。
6. 除了 Buchan 最近关于亚当・斯密的传记之外，其他值得一读的关于斯密的传记包括 Winch, 1978 和 Muller, 1993。
7. 参见 Sergio Ricossa 的著作 *La fine dell'economia*（2006；The End of the Economy），尤其是其中的一章 "Contro il comercio"（Against Commerce）。
8. 参见 Ricossa, 2006，引用 Gerschenkron。
9. 实际上，斯密提出的政策建议，即促进贸易和专业化，将推动经济增长。
10. 需要重申的是，很早以前"市场原教旨主义"就得到了 de Molinari 等一些古典经济学家的强有力支持。de Molinari 要求保护私有产权，不相信垄断的存在。他认为，如果没有国家支持，垄断不可能长期存在。de Monlinari 这位比利时出生、法国生活的经济学家虽然目前不太为人所知，但当时却是一位非常有影响力的经济学家。
11. 1776 年，资本市场尚欠发达，私人参与者很难为大型公共项目融资，相比之下，政府比较容易应对大型基建项目建设中存在的法律障碍。
12. 例如 de Molinari 和其他信奉"自由放任"的经济学家，会质疑此项政府职能。
13. 正如最近一位传记作者所言，"亚当・斯密著书立说时，世界还不是现代经济社会。不过，当时的世界不仅与罗马帝国时代相关，也与阿兰・格林斯潘和戈登・布朗的时代相关"。参见 Buchan, 2006。
14. 正如 Cicero 所描述的，公元前 43 年，"政府必须削减债务，实现预算平衡。执政当局必须控制其傲慢的态度，如果政府不想陷于破产的境地，就必须削减其外债支出。人们必须学会重新就业，而不是依赖政府帮助"。此外，与斯密同时代的大卫・休谟的话也值得关注，他说："采取这种

权宜之计对于政府的部长而言颇具诱惑力，因为这样可以在不增加人们税负或者不引发抗议的情况下，将其造就成为一位伟大的人物。因此，每届政府都会滥用削减债务的做法。”这会“导致以下两种结果，或者政府解决了公共债务问题，或者政府被公共债务摧垮。”Hume，1955。

15. 16 世纪改革期间，北欧国家的教堂是由政府出资设立的，因此，教堂不再独立于政府。16 世纪 30 年代，英国的亨利八世以腐败为借口解散了休道院和寺院，并占有了他们的资产。参见 MacCulloch, 2003。
16. 此处数据需谨慎对待，因为当时没有国民收入的官方统计数据，所使用数据为大概数，不是很确切。
17. J.B.Say 是信奉“自由放任”的法国经济学家，因提出“供应创造需求”的观点而著称，他将当时的公共支出增长定义为“普遍的罪恶”。
18. Jean-Baptiste Colbert 是法国国王路易十四的财长，相当著名。他与法国的重商主义者密切相关。
19. 参见 Bruno Frey，1985。
20. 因此，他们应该会嘲笑那些关于社会福利最大化和社会福利功能的文献，因为那些文献假设存在一位仁慈、全知的独裁者。他们还应该对自愿交换理论表示怀疑。参见 Fausto and De Bonis, 2003。
21. 荷兰在实施有关限制后，大幅削减了公共支出。
22. 19 世纪 80 年代，英国的所得税“从 1 镑中抽取 2 便士到 6 个半便士不等”。参见 Trevelyan, 1942。战争期间，所得税的门槛从每年 160 英镑调整到每年 130 英镑，所得税率从 5.8% 提高到 30%。参见 Stevenson, 2007。
23. 这种借贷基于的理由是，后辈们也应该为战争融资做出贡献。强烈的爱国主义热情推动人们去购买国债，而战后的通胀抹去了他们所持国债的价值，他们就是以这种方式为战争提供资金支持的。

第三章　推动政府职能变化的力量

1. 参见 Hegel, 1956。
2. 参见 *Le Enciclinche Sociali: Dalla Rerum Novarum Alla Centesimus*

Annus, 第六版。(Paoline Editoriale Libri, 2003)

3. 接下来的几十年中，道路建设、公共交通的发展，以及自行车的使用使得工人们能够到较远的地方去工作。
4. 正如 *IL Grido del Popolo* (The Cry of the People，周刊) 1898 年 11 月 25 日发表的一篇文章中所写的，“奴隶可以无所畏惧地面对未来……而工薪人士却迫于当前的生计……因为奴隶们免于饥饿之忧”。参见 Ricossa, 2006。那时，罢工已经比较普遍，有时甚至很暴力，罢工成为一个十分重要的社会问题。根据 1884 年俾斯麦的演讲，不安全也成为一个重要问题。参见 Wikipedia 中对 Otto von Bismarck 的介绍。
5. 目前，一些国家为所有达到规定退休年龄的人提供基本的最低养老保障，最低养老保障的金额不大，并且不与工作期间缴纳的养老保险挂钩。参见第十三章。

6. 鉴于 19 世纪晚期时很少有养老保障安排,《新事》督促国家加强教育培训，以使工人们认识到储蓄的必要性。
7. 下面一段文字能够表明世界已经发生了多么巨大的变化 :“1802 年法案为了保护工厂中学徒的权益，将每天最高工时限定为 12 小时……1818 年下议院同意将 9—10 岁童工的日工作时间限定为 11 小时……而上议院推迟了该法案……1819 年，该法案再次被提交，并最终通过，将 9—16 岁童工的日工作时间限定为 12 小时 (就餐时间除外)。” (Woodward, 1962)
8. 在工业化国家，预期寿命每 10 年延长 1 年或以上。
9. 现代社会的特点是，正规教育太多，而实践训练太少。政府支持教育，培养出诗人，却不提供水管工的培训。当大部分学校是私立学校时，这一问题是不存在的。过去，一些作家表现出对技术和相关教育的偏爱，却不重视一般性教育。在现代社会，企业抱怨，即使在经济衰退时期，也招不到熟练工人。
10. 参见 Wheen, 1999。
11. Williamson 指出，全球化导致了第一次世界大战之前和当前的收入不平等。收入不平等已经成为政府对民主社会实施干预的重要推动力。

12. 推崇小政府的自由主义者，例如 Bastiant 和 de Molinari，可能会认为这一水平太高了。如前所述，在 19 世纪的文献中，我们经常会看到对过度政府支出及支出浪费的抱怨。即使主流经济学家也持有同样的观点。
13. 显然，即使接受 Wagner 的结论，市场经济下政府支出所能达到的水平也必须有一个限度，否则市场经济将不复存在。之后我们会谈到，早在 2000 年，一些国家已经达到甚至超出了这一限度。
14. 这是一个有别于社会主义的概念，即通过将生产资料移交给国家而消灭私人产权和市场经济。
15. 需要重申的是，三条法则中不包括经济发展或经济增长，虽然这通常是政府公开表示所致力追求的目标。
16. Seligman（1913）也质疑过对所得税的使用。
17. 虽然教皇利奥十三世在《新事》中提出工人应该更多储蓄，但是，凯恩斯革命所隐含的建议却是减少储蓄。随着储蓄不再被看作一种美德，低储蓄率使得个人面临风险，从而引出政府干预的必要性，即保护个人免遭经济风险。

18. 正如 Ebenstein（2001）所述，“社会主义被看作是社会发展的下一个阶段，无论是道德方面还是实证方面，一些学术界专家尤其这么认为”。他引用 Paul Samuelson 1989 年版《经济学》第 837 页上的一段话：“苏联经济的发展粉碎了很多人之前的怀疑，实践证明，社会主义计划经济不仅能够正常运行，而且能够实现繁荣。”此番论断恰逢苏联解体之前，因此对于 Samuelson 尤其不利。虽然苏联经历了大挫折，但躲过了大萧条，这可能是苏联改革的主要加分项。
19. 数据来自 Herbert Stein（1984）。需要指出的是，1929—1958 年间，美国公共支出的大幅增长，部分原因在于当时国防开支的较高增长。
20. Richard Musgrave 关于政府三大职能的论述并非新观点。例如，早在 1950 年，一位希腊经济学家就已经在其发表的论文中提到了这三大职能，并对实现每一职能所需的政策措施进行了详细论述（Angelopoulos, 1950）。不过，Musgrave 对这一概念进行了完善，使其能被广为接受，尤其在盎格鲁—撒克逊经济学中。Musgrave 的书是过去 50 年中最具影响力的公共财政教材。

21. Van Creveld 的阐释可能有点言过其实。《大西洋宪章》(原则 5)写道:"对所有人而言，安全的目标是，提高劳工标准、推动经济发展以及实现社会稳定。"希望"天下所有人都能够享有免于恐惧和贫穷的自由"(原则 6)。不过，1941 年 8 月 14 日《大西洋宪章》签订的时候，美国尚未参战。

22. 1952—1960 年，鉴于存在对新政府支出项目公开反对的声音，Eisenhower 当局保持了政府支出的基本稳定。1964 年,肯尼迪执政期间，"新支出项目面临公众很强烈的抵制"(Heller, 1967)。但是，这些反对声音却越来越孤立了。参见 Hayek, 1942 ; de Jouvenel, 1952。

23. 自由主义者甚至会质疑这一观点。

24. 20 世纪 40 年代，战争刚刚结束，大家都很担心，在人们过度储蓄、战争支出削减的情况下，大萧条会再次来临。

25. 政府支出水平较低的亚洲国家受危机影响较小。不过，这可能是其他原因所致而并非由于财政支出较低。

第四章　20世纪政府支出与税收增长情况

1. 本章部分信息出自 Tanzi and Schuknecht (2000)。

2. 一些国家公共支出占国内生产总值的比重上升。在"大萧条"时期，由于经济衰退，美国公共支出占国内生产总值的比重也上升了。关于美国的情况，参见 Stein，1984，第 399 页和 U.S. Office of Management and Budget, 2009。

3. 1946 年，美国公共债务占国内生产总值的比重为 121.7%。到 1953 年，该比重下降至 71.4%。与第一次世界大战末期一些欧洲国家不同的是，美国在第二次世界大战之后并未出现高通胀，只是经历了低通胀。美国发行的债券期限较长，并且利率较低，因此，第二次世界大战之后的几年时间里，通胀水平一直较低，再加上较好的经济表现，足以较快降低了美国的债务水平。到 1960 年，美国联邦政府总债务占国内生产总值的比重下降至 56%。在战后几年的时间里，美国对战争期间购买的公共债券的实际收益，执行超过 100% 的税率。

4. 美国出现了温和增长，也是因为国防支出的下降抵消了一些民用公共支出的增长，并且美国采取了一种不同的社会模式，后面我们将会介绍。从 1960 年到 1999 年，美国联邦政府收入占国内生产总值的比重从 17.8%（1960 年）攀升至 20%（1999 年），美国联邦政府支出占国内生产总值的比重由 17.8%（1960 年）上升至 18.6%（1999 年）。广义地区政府（包括州与地方政府）收入占国内生产总值的比重由 25.2%（1960 年）上升至 30.1%（1999 年），广义地区政府支出占国内生产总值的比重从 26.2%（1960 年）上升至 29.3%（1999 年）。见 U.S. Office of Management and Budget, 2009，表 1.2，第 24—25 页，表 15.3，第 326—327 页。

5. 肯尼迪政府曾打算增加公共支出，但当时缺少必要的支出项目与立法，为此一直等到约翰逊发起“向贫困宣战”。在约翰逊政府时期，美国公共支出增加额超过国内生产总值的 3%。正如 Heller（1966）所说，“增加的支出项目遭遇到了巨大阻力。采取减税措施有可能推动保守派与自由派形成联盟，批准并且实施扩张性财政政策”。

6. 20 世纪 60 年代成立的一些机构，例如房利美与房地美，有效降低了住房抵押贷款的利率，这也是一种住房补贴。

7. 主流经济学观点认为，所得税具有可以刺激纳税人工作的“收入效应”，以及会使人们选择更多闲暇时间的“替代效应”。结论是，上述两种效应会互相抵消。Paul Samuelson 在其《经济分析基础》（1947）一书中认为，弹性不会在个体对高边际税率的反应中发挥重要作用。在随后的几年里，许多人开始相信，对于高收入人群而言，替代效应更为重要，特别是国际流动人口以及特殊类型个体。

8. 凯恩斯革命还消除了财政赤字与公共债务的污名。见 Heller, 1966，第 36—37 页。早期的罪孽现在变成了美德。

9. 美国于 1986 年实施全面税收改革，在之前的准备阶段，一些经济学家探讨了增值税，但无果而终。参见 Tanzi, 2010，第 35—36 页。

10. 参见 U.S. Office of Management and Budget, 2009，表 15.1。

11. 关于对意大利的量化分析，参见 Franco, 1993，尤其是表 51, 第 187 页。

12. 第十三章介绍了与北欧国家养老金改革有关的一些讨论。

13. 通货膨胀还扭曲了税基，纠正扭曲的工作更加复杂。只有一些出现了高通胀的拉丁美洲国家，例如阿根廷、巴西、智利和墨西哥，进行了尝试。

14. 美国许多州征收零售销售税，但是，这些税收的创收效果明显不如增值税。此外，各个州之间的税收竞争导致州级税收水平一直处于低位。参见 Tanzi, 1995，第 3 章。

15. 在克林顿执政时期，“税式支出”大幅增加。在某种程度上，它们替代了公共支出。参见 Toder, 2000。

16. 在 1993—1994 年间以及 1998 年，瑞典政府总收入（不仅仅包括税收收入）占国内生产总值的比重超过 60%；在 1987—1989 年间以及 1993 年之后的几年里，丹麦政府总收入（不仅仅包括税收收入）占国内生产总值的比重超过 56%。

17. 从 2000 年到 2008 年，联邦政府收入占国内生产总值的比重由 20.9% 下降至 17.7%。2009 年，联邦政府收入占国内生产总值的比重估计为 15.1%。支出占国内生产总值的比重则由 2000 年的 18.4% 上升至 2008 年的 21%，估计 2009 年将继续攀升至 28.1%。

18. 这也许是个巧合。但是，2010 年，所有增加现金转移支付的国家都将面临较多的财政困难；所有减少现金转移支付的国家都将面临较少的困难。

第五章　政府的社会保障职能：历史里程碑

1. 在世界部分地区，这种变化更为明显。发展经济学家将较大的家庭规模视为影响经济发展的负面因素。他们认为，家庭规模较大会降低家庭成员的积极性。一个家庭成员努力的成果会被大家庭中的其他成员分享，并非仅仅惠及该成员自身及其直系家庭。然而，近几十年来，家庭规模缩小是导致社会支出增加的一个主要因素。

2. 这也许是与一些政府支持项目的主要区别。后者会努力预测需求，并非仅仅对会引发需求的事件做出反应。

3. 根据 Angus Maddison 的计算，英国、美国和日本 1820 年的人均国内生产总值（按 1990 年国际美元计算）分别是 1,705 美元、1,264 美元和 675 美元。在整个西方，1870 年和 1913 年的人均国内生产总值分别是 1,956 美元和 3,843 美元。参见 Maddison, 1999, 表 6。不过，有一些经济历史学家质疑 Maddison 的估算值。

4. 近期关于经济发展的研究认为，当能够安全并且容易地对储蓄进行投资时，薪资水平较低的工人更有可能增加储蓄。一些国家建立了邮政储蓄体系，旨在将储蓄转化为投资，特别是在农村地区以及小城镇。

5. 如前所述，在美国，慈善捐助款约占国内生产总值的 2%，这其中不包括许多志愿者付出的时间价值以及非正式渠道提供的规模较大的援助。

6. Ashley（1904）指出，英国有与德国大体类似的事故保险体系，但是，友好协会组织，“加上各类工会与行业协会”在年老体迈风险的覆盖面上，远不及 Bismarck 立法。

7. 1900 年，德国出生时预期寿命为 47 岁。参见 Maddison, 1999，表 4。40 岁男性的预期寿命稍微长一些。从 1894 年到 1897 年，在普鲁士与英国，人的寿命可能超过出生时预期寿命 26 岁和 25 岁。数据出自 Ashley, 1904。但那时很少有人能够活到 70 岁。

8. 这段时间内，由于反对盛行一时的政府干预政策，Vilfredo Pareto 和 Maffeo Pantaleoni 这两位重要的意大利经济学家在学术生涯上陷入困境。参见 Are，1974，第 5 章。

9. 另外一个变化是，随着时间的推移，退休年龄与平均预期寿命的比值会越来越小。相对于工作时间而言，人们退休之后的时间会增加。

10. 关于 Roosevelt 改革的介绍，参见 Schlesinger，1959，特别是第 18 章“社会保障的诞生”。同时还可以参见 Stein，1984，特别是第 2 章“胡佛与罗斯福：自由经济学的萧条起源”。

11. 2008 年，社会保险与退休收入约为 9,000 亿美元，占联邦政府总收入的 35.7%。自 20 世纪 80 年代中期以来，该比例未发生过变化。在 20 世纪 80 年代中期之前，社会保险与退休收入不断上升。到 20 世纪 80 年代末期以及随后的时间里，其占国内生产总值的比重约为 6.5%。参见 U.S. Government，2009。
12. 参见 Feldstein，1974；关于对 Feldstein 的批评，参见 Barro，1978。
13. 此外，不断增加的“税式支出”为该类型支出提供了额外支持，特别是在 20 世纪 90 年代。
14. 那些有工作但是失去福利的人面临非常高的边际税率，这又被称为“贫困陷阱”。

第六章　全球化与政府支出

1. 在第十四章中，我们探讨了全球化，更确切地说，是不断增长的跨境外部性改变政府经济职能的其他方式。
2. 这里所说的凯恩斯观点指的是凯恩斯学派的观点，并不一定是凯恩斯本人的观点。
3. 一旦人们的关注点转移到供给方，那些导致政府职能扩大的政策将必定越来越多地受到经济学家的密切观察。
4. 第二次世界大战之后的一段时间里，出现了对大型企业实行国有化的浪潮，但后来出现的私有化浪潮逆转了国有化进程。
5. 1959 年，Schlesinger 曾经对“大萧条”进行了细致的描述。今天看起来，他似乎在解说 2008—2009 年的这场全球金融危机。他说：“1933 年，丧失抵押品赎回权导致人们失去了房产，几乎没有事情比这更加让中产阶级感到不安……止赎率的上升削弱了储蓄银行与保险公司的头寸……房地产市场与建筑业似乎走向瓦解。”

第七章　政府行为理论：政府类型

1. 有关意大利公共财政理论比较好的简介，参见 Fausto and De Bonis,

2003。

2. 他在公共财政学方面第一部意大利语版本的著作——*Il carattere teorico dell' economia finanziaria* 出版于 1888 年。
3. 根据重要性排序，在他所列举的集体需求中，国防最重要，而最不重要的是保障公共卫生和预防垄断。
4. 参见 Mill，2004，第 788 页。
5. 同上。
6. 对直接税的反感由来已久。据记载，在 13、14 世纪，锡耶纳的市民就讨厌直接税（dazio）而偏好间接税（contado），参见 Herliky et al.，1969。1549 年，一位威尔士旅行家写成了第一本有关意大利的英文书，16 世纪 40 年代晚期，他一直生活在意大利。该书记载了威尼斯政府的高税收，高得令人难以置信。参见 Thomas，1549，第 69 页。这样看来，美国不愿意征收间接税，可能是美国税收负担和政府支出低于其他一些国家的重要原因。
7. Pareto 写给 Griziotti 的信，参见 Griziotti，1944，第 137 页。
8. 参见 Dalton，1967，第 33 页。
9. 同上。
10. 参见 Amilcare Puviani, *Teoria dell' Illusion Finanziaria*（Milan: ISEDI, 1973）。该书的第一版发行于 1903 年，但在很长一段时间内，学者们并没有认真讨论过 Puviani 的观点。例如，Dennis C.Muller 写的一个很宽泛的文献综述 *Public Choice*（Cambridge: Cambridge University Press, 1979）在第 90 页介绍了该思想，但总共才有 6 行。有兴趣的读者可阅读 *James M.Buchanan Public Finance in Democratic Process*（Chapel Hill: University of North Carolina Press, 1967）第 10 章。对于 Puviani 的主要工作介绍，可参见 Franco Volpi 关于 1973 年版的 *Teoria dell' Illusion Finanziaria* 的引言。关于这一概念的运用，可参见 R.E. Wagner, "Revenue Structure, Fiscal Illusion, and Budgetary Choice," *Public Choice*（Spring 1976）第 25 卷，第 45—61 页；也可参见 Tanzi, "Taxpayers'

Preferences and the Future Structure of State and Local Taxation," in International Institute of Public Finance, *Issues in Urban Public Finance*, New York Congress, 1972（Saarbrucken,1973）, 第 459—466 页。近年来，Puviani 的工作受到了更多学者的重视。

11. 对于该理论来说，这样的解释也许并不客观，毕竟该理论是规范性理论，而不是实证性理论；它只说明理论上政府应该如何运作，而不是实际上政府是如何运作的。此外，我们还忽略了如何加总的问题，以及政府公共项目收益与成本问题。
12. Puviani，1973，第 5 页（我的翻译）。
13. 同上，第 7 页。
14. 同上。
15. 同上，第 7—8 页。
16. 本段所述的这些方式并没有包含 Puviani 提到的全部案例。
17. 因此，如果卫生部部长提交一份报告说，吸烟会导致癌症，随之而来就会增加烟草税，这种事情在美国曾发生过。类似地，如果有报告说企业经理和金融市场交易员收入过高，可能会引起对这些群体的增税；或者如果有报告说汽车导致全球变暖，可能会增加汽油税。当然这些税收的增加也可能是由于其存在外部性，但是，外部性本身就可以作为高税收的借口。
18. 意大利文献在这方面的完整表述参见 Fasiani（1951），当然，Fasiani 也有很大一部分是参考其他经济学家的，包括 De Viti de Marco。
19. 帕累托认为，不论政府类型如何，政治权力总是由精英集团控制，参见 Pare，1923 和 Mosca，1884，1933，1966。
20. 有关这方面的讨论，参见 Tanzi，1974。
21. 也可能会受到对民众征重税能力的影响。
22. Musgrave，1959，第 86 页。
23. 能否如此加总是一个有意思的问题，但与我们的讨论没有直接联系。这方面的文献可参见 Arrow，1951，1963 以及 Mueller，1979，第

184—206 页。1999 年阿马蒂亚·森的诺贝尔奖获奖演讲也包含大量相关文献。

24. 罗纳德·里根曾被认为具有这样的思想。在他担任加州州长时，曾经试图取消加州从源扣缴收入税制度。他认为，该制度通过制造财政幻觉使人们失去对政府支出真实成本的担心，从而导致更高的政府支出。

25. 黑格尔所认为的国家具有自己的个性和使命，与政府的个性和使命不同。这种观点与国家在任何时点上都是由不同个体构成的观点不同，参见 Weil，1950。

26. 政府可能在一些政策上表现出“家长式政府”的特征，在另外一些政策上表现出“独裁式政府”的特征，在其他政策上则表现出“个人式政府”的特征。

27. 当然，我们要界定“重要”外部性是比较困难的。但是，一些小的外部性一直存在，如果将其作为判断是否需要政府干预的标准，就会发现在大多数情况下，政府是会干预的。政府不断尝试处理各种不同的外部性，是政府职能不断扩大的一个重要原因。布坎南非常强调这一点，他认为，政府将外部性政治化并加以利用，从而扩大自身的职能范围。

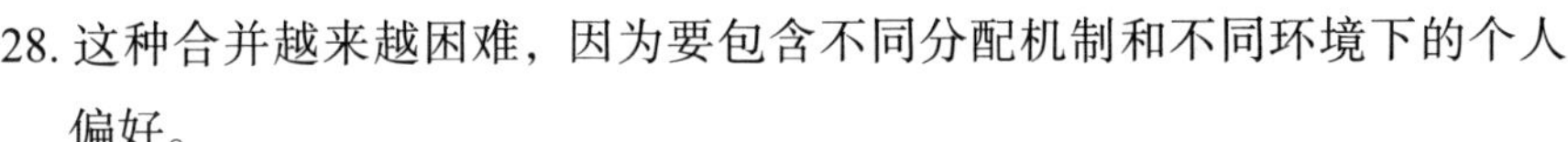

28. 这种合并越来越困难，因为要包含不同分配机制和不同环境下的个人偏好。

29. 这显然会造成一些问题，其中的一个问题是，每一张选票具有或应该具有相同的权重吗？

30. 参见 Parravicini，1970，第 92 页（我的翻译）。

31. 有意思的是，此概念与罗马教皇本笃十六世在 2009 年 7 月 G8 峰会前夕发表的通谕“真理中的博爱”中表达的精神类似。

32. 参见 Putman，2000。

33. 甚至还有一些让被盗窃“国家文化艺术遗产”回国的条约。

第八章　自愿交换理论与公共选择理论

1. 也许道格拉斯·诺思的观点过于激进。文艺复兴时期，在威尼斯共和国的佛罗伦萨和其他一些城市就开始出现担心经济和政府的表现及其对公共产品的影响的情绪。同样，美国在建国初期成立的政府与道格拉斯·诺思描述的也不相同。1338—1340 年，Ambrogio Lorenzetti 在锡耶纳绘制的一些华丽壁画中也充分展示了他对于好政府与坏政府的想象。这些文艺复兴时期最重要的艺术作品表明，至少在意大利文艺复兴时期，人民就对政府有所期望，只是人民能否达成其所愿就是另外一回事了。

2. Buchan（2006）严厉批评了格林斯潘对亚当·斯密思想的解释，格林斯潘的阐述可参见 Greenspan，2007，第 260 —266 页。

3. 1950 年，瑞典税收收入占国内生产总值的比重为 21%，1930 年才 15%。到 1980 年，瑞典税收收入占国内生产总值的比重已经超过了 50%。其他国家也有类似的变化，参见 Tanzi，1970。

4. 对美国来说，转折可能发生在大萧条时期的罗斯福总统时期，那一时期改变了很多美国人对于政府职责的看法。Cohen（2009）认为，罗斯福总统的农业调整法案是“联邦政府第一部承诺帮助穷人的法律”。艾森豪威尔政府试图恢复到以前政府的角色定位，但此后各届政府均尽力扩大政府职能，特别是 1965 年约翰逊总统提出了“向贫困宣战”的倡议。最终的结果是，美国的公共支出增加要少于欧洲。20 世纪 60 年代末期到 2009 年，美国政府总支出占国内生产总值的比重没有增加，通过削减国防开支使得社会支出增加。2008—2009 年的全球金融危机和奥巴马政府上台可能会导致政府支出占国内生产总值中的比重上升。有关美国政府经济职能的历史发展情况，可参见 Stein，1969，1985。

5. 1961—1962 年，我在哈佛的一位教授，Edward Chamberlin，以研究垄断竞争而著名。他在课堂上说过：“经济学正在成为数学的天堂。”虽然这有点偏激，但是，越来越多的经济学家确实是从数学家或物理学家甚至是工程师转行学习经济学的，这不仅使他们具备了数学工具，更重要的是他们形成了既定的心理分析框架，即假设经济系统与物理和机械系统一样，遵循特定的规则，并与特定经济变量之间存在特定的、准确的和一致的关系。在这一点上，诺贝尔经济学奖获得者罗伯特·索洛曾经写道："在我的印象中，经济学发展得越来越像物理学了，即世界存在着一个普遍有效的模型。"（1985）有一种观点或者说幻觉是，经济变量之间存在精确关联，不受历史条件、非理性、社会特点甚至制度的影响。

6. 需要记住的是，盎格鲁—撒克逊学派一直认为，政府支出是无效的。这一观点在政治家的圈子中也很流行，这是里根政府的一条基本信念。在里根政府的前期，美国总务管理局局长曾经表示，公务员工资应该低一点，因为公共事务不需要那些非常有能力的人来做。但是，随着经济学家比例的上升，财政工具成为解决社会问题的重要工具，约翰逊政府的"向贫困宣战"就是一个例证，参见 Heller，1966。

7. 要了解有关公共事务成本收益分析和其他技术的历史，可参见 Merewitz and Sosnick，1971。

8. 这已经带来了一些法律思考，美国的国籍与出生地相关，唯一需要考虑的就是个体的社会地位。在其他国家，国籍是通过公民之间的血缘关系获得，社区或家庭联系成为决定国籍的重要考虑因素。

9. 应当指出的是，在包括"失败政府"在内的一些国家中，政府可能要与恐怖组织、有组织犯罪集团等进行竞争。在墨西哥就存在类似的情形。

10. 近期有关这一概念的讨论，可参见 Eusepi，2002。

11. 可以得出的一个结论是，当税收价格理论形成时，政府生产的多数产品（国防、防卫、司法、公共管理和大型公共项目）都是"公共产品"，每个人都是受益者。很少有纯粹、明确的再分配支出，因此，主要问题在于政府支出是否有效。

12. Peacock（1992）评论道："帕累托认为他提出的资源有效配置的标准仅适用于私人经济。"如果他看到此概念被广泛地应用于政府部门，一定会感到非常惊讶。

13. 1938 年，Bergson 提出了"社会福利函数"的概念，旨在鼓励交换，实现社会福利最大化。但问题是，除非用总产出，比如国内生产总值或类似概念来表示福利，否则福利是不可测量的。"社会福利函数"仍然是一个虚拟的概念。

14. 全球化使得逃税更加容易，尤其是高收入群体。

15. 估计地下经济活动规模很大，在一些国家，有增长趋势。

16. 例如，在越南战争期间，一些美国公民搬到加拿大以逃避兵役。

17. 在讨论合适的社会贴现率时，人们意识到这些难题。马克思主义者假设零贴现率；其他人（Baumol and Eckstein）假设个体在作为个体本身和团体一部分时，贴现率不为零。Eckstein 认为，“贴现率的选择是一种价值判断”。Eckstein，1961，第 460 页。

18. 当一些团体具有做出法律决定的裁量权,或者法律的含义被重新解释(例如被最高法院）时，这种情况可能发生。

19. 参见 Mokyr，2002。

20. 卢卡斯（2009）试图寻找长期内不同国家经济增长率存在差异的原因。该文认为，思想的流动可能是产生这些差异的主要原因，这与诺思的适应性效率不谋而合。一些国家的制度有助于思想传播和运用，更有可能在长期内实现增长和发展。那么，政府在这些制度变迁的过程中应该发挥什么作用呢?

21. 一些规章制度可能会导致资源浪费的例证，参见 Tanzi and Prakash，2003。

22. 可能会在不同程度上影响短期与长期的效率。

23. 这是鼓吹土地改革的人常用的假设，特别是拉美国家的一些大的房地产开发商。

24. 即使这样也会产生一些问题。例如，人们获益是与公共服务的可得性联系在一起，还是与公共服务的实际使用联系在一起? 如果是后者，则税收价格应该在实际使用之后才能确定。这将排除所有再分配的特征。

25. 需要记住的一点是，De Viti de Marco 所提出的应该按收入的一定比例征税，是基于收入是个体从公共产品和公共服务中获益的比较好和实际的度量。但如前所述，在那个时代，多数公共支出都用于提供公共产品，收入再分配还不是政府的目标。

26. 从 2009 年到 2010 年年初，有关美国医疗改革的讨论表明，这些问题非常困难。什么样的医疗保障是基本需求呢？Groopman（2010）表达了一个医生的看法。

27. 1955—1956 年，布坎南曾经休假一年，专门到意大利研究意大利财政学。Buchanan（2003）指出，“De Viti de Marco 是研究意大利财政学的切入点”。

28. 因为美国的建国时间不长，美国人口来自世界各地（有不同的种族、宗教和历史背景），与其他国家相比，美国人口的“共同性”相对较少。因此，Buchanan 和 Tullock 的假设更适用于美国，而不是那些古老的且更具同质性的国家。

29. George Stigler（1988）指出，“每一次政府行为在事前都被认为是没有错误的，政府在事前永远是正确的”。

30. 科斯对私人企业的论证与纳尔逊对私人社区协会的论证非常类似。

31. 有人可能会说，这些安排导致了社区共同精神的下降，也导致了社会资本下降。这些安排还可能导致真实社区精神的分裂。

32. 包括科斯在内的芝加哥学派认为，政府管制越少越好，因为很少存在自然垄断需要政府干预，参见 Van Overtveldt，2007。

33. 同样，外部性也会更加发散，有时，甚至不太容易被识别，从而难以采用科斯的方法加以解决。

34. 根据 Musgrave（1998），Albert Schaffle 的研究中可能也暗含了用科斯的方法来处理政府职能问题。Schaffle（1896）用生物学的思维来分析社会，认为社会是由一组相互联系的器官构成，政府可以加以协调以实现公共利益。

35. Tiebout 总是假设税收与政府支出在不同地区之间存在差异。这也面临一个问题，即当越来越多的人迁移到一个新地区时，可能迫使这个地区改变税收和支出的构成。

36. 当人口迁移受限时，就如同在意大利文艺复兴时期一样，不同地区可能像社区一样竞争，而这会得出不同的研究结论，参见 Burckhardt，1944。

第九章　北欧国家财政政策的经济理论

1. 选举时，人们是给候选人投票，而不是对某项具体政策投票。候选人一旦当选，可能不会兑现竞选时的承诺，或者会改变当初的承诺。通常，候选人不会具体阐述当选后拟实施的政策，而且，他们会以情况已发生改变为由，对此前承诺的政策进行修改。有时，甚至某种情绪化的因素会主导其选择。
2. 本特·汉森是瑞典财政部部长任命的某委员会的一员，该委员会由埃里克·伦德伯格（Erik Lundberg）任主席，负责研究保持物价稳定和充分就业的政策。1955 年，该委员会完成了所赋予的职责，当时瑞典及其他北欧国家的变革刚刚启动。
3. 那时，大家针对经济增长与经济发展的区别展开了激烈讨论。经济发展被认为是一个较宽泛但更有意义的概念。
4. 改变政策工具会受到法律、政治、国际协议或者不易于管理等因素的制约。因此，小变动更为可行。

5. 需要满足的具体条件参见 Johansen，1965。
6. 当我们进行数学求解时，可能会得出需要对政策工具做出不切实际调整的结论，也就是说通过数学求解无法制定出具有可行性的政策。所需做出的变动越大，使用计量模型来预测结果的难度越大。而且，大幅变动可能会降低基于历史数据计算的结果的可靠性。
7. 近年来，受移民影响，北欧国家的社会同族性削弱。以前基于社会同族性制定的政策受到较大争议，政府也变得更为保守。
8. 因此，由谁来决定预算成为一个重要问题。近年来，关于该问题的学术文献越来越多。
9. 联合政府不可能满足第一条假设。
10. 关于该领域，请参见 Persson and Tabellini, 2004；von Hagen，1992；Alesina et al., 1999；以及 IDB，2005，2009。
11. 鉴于新的研究结果不断出现，实证关系所基于的经济学原理会因时而变。

正如缪尔达尔所言，“经济学的科学性受到广泛质疑”（Myrdal，1954）。当然，凯恩斯也持有同样的质疑。

12. 在这方面，财政政策与货币政策存在着根本的区别。货币政策工具的变动不需要立法通过，而且几个人就可以做出决定；财政政策工具的变动需要立法通过，并且涉及的人较多。因此，财政政策的实施要困难得多，也更具有政治色彩。为此，有人建议成立“财政委员会”，在一定范围内推动政策变动。瑞典和匈牙利等国家成立了财政委员会。但是，2010年，匈牙利和瑞典政府均削减了财政委员会的预算。长期内，财政委员会将如何运行、将拥有多大的权力还有待观察。

13. 有时，法案会长达数千页，而需要做出批准决定的人却没有阅读法案。例如，奥巴马政府提交的经济稳定法案（2009 年 2 月）长达数千页，并且有 8,000 多处标注。据报道，那些对法案具有表决权的人很少阅读过（或者没有时间阅读）该法案。医保改革法案的情况也是如此。2010 年 7 月通过的金融体系改革法案长达 2,300 页，同时还有数千页的配套监管法案仍在拟定之中。

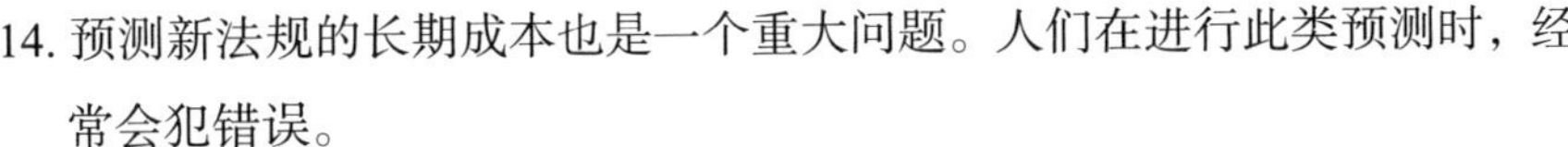

14. 预测新法规的长期成本也是一个重大问题。人们在进行此类预测时，经常会犯错误。

15. 例如，智利的法律就满足此要求。智利宪法对国会提出的可能对财政产生影响的政策动议施以限制（IDB，2005）。美国的情况不同，美国财政政策的变动通常由国会发起，其他政府部门参与较少。不过，美国总统对于其不满意的法案具有否决权。另一方面，总统不中意的政策变动可能会包含在总统希望通过的法案之中。

16. Johansen（1965）中的表述可能是最清楚的。

第十章　政策工具和政府职能

1. 参见 Weber, 1947，和 Weber, 1978, 第 2 卷，第 11 章。还可以参见 Formez（Presidenza del Consiglio dei Ministri, Ministero per la Pubblica Amministrazione e L’Innovazione）具有里程碑意义的研究，共 10 卷，

2008 年。Formez 是意大利学者，该研究具有里程碑意义。较好的官僚机构的腐败程度较轻。参见 Tanzi, 1998a。

2. 此类研究认为，至少在意大利，官僚机构的目的是自身利益最大化，参见 Costa，2002。在意大利的公共财政文献中，经常会对官僚机构的作用提出质疑：它们是在促进国家利益而不是自身利益吗?

3. 正如一位学者所指出的，“明智的税法设计应该考虑相关信息，包括此设计将给纳税人带来多重的负担，以及税务管理当局将背负多大的管理成本”。Evans，2003。

4. 这种做法会导致腐败，因为人们为了得到优先照顾会向公务员行贿。很多关于腐败的文献对此都有所提及。参见 Tanzi，1998a。

5. 当财政规则是限制财政政策产生的量化影响时，政府可能会将合规成本转嫁给居民，从而使得居民承担的成本上升。此外，“外包”通常会减少政府的财务成本，但会增加居民的成本。例如，伴随着私有化，在美国办理护照的费用上升。而且，“外包”还可能导致腐败。

6. 由于信息不对称等因素的影响，近年来与阿克洛夫、斯蒂格利茨等人的论著相关的文献对价格进行了定性分析。参见 Tanzi，2007。

7. 关于“第三部门”的文献可谓汗牛充栋。例如，Andreoni，1988；Blank，2000；Kendall and Knapp，1996。

8. “透明国际”（Transparency International）和一些国际组织已经尝试测算行贿金额。

9. 在此，我们假设腐败不涉及强制力。当腐败与强制力相关联时，它就不折不扣地成为一种犯罪行为。

10. 监管可能旨在将为个体提供保护的成本转给他们自己承担，或者由他们的雇主承担。而当提供保护的成本由雇主承担时，就会形成“隐性福利社会”。医疗、退休保险方面就存在这种现象。参见 Howard，1997。

11. 这就是国企体系内的所谓“内部补贴”。参见 Posner，1971。

12. 伊拉克战争就一定程度上被“私有化”了。士兵和承包商是被有偿雇用来执行各种任务的，成本由政府背负。

13. 在伊拉克战争期间，有人呼吁恢复“征役制”。

14. 政府拥有“黄金股份”的做法，使得一些政策制定者，通常是经济管理部门的部长们，拥有很大的权力。

15. 早期的有关讨论参见 Tanzi, 1986。

16. 随着时间的推移，以前给予的一些激励所隐含的潜在社会成本会发生重大变化。例如，很多年前给予一家私立学校或宗教场所的免税优惠会因其所在地方地价的上涨而产生较大的机会成本。参见 Tanzi and Prakash, 2003。

17. 在一些国家，国企和地方政府也会受益于这种隐性担保，使它们面临“软预算”约束。有关分析参见 Kornai, Maskin, and Roland, 2003。

18. 这会引发一个有意思的理论问题。有时候，人们把房屋建在之前无人居住之地，例如，容易遭受飓风或洪水灾害的大西洋或加勒比海岸。有时候，人们把房屋建在易发生地震的旧城里。那么，在上述两种情况下，一旦发生灾害，政府应该承担与在安全地带所建房屋遇到灾害时相同的责任吗？

19. 这引发了另外一个有意思的理论问题。如果一家企业或者机构变得“大而不能倒”，从而引发了政府干预的预期或看法，那么，政府是不是在此之前就应当干预，以防止“大而不能倒”问题的出现？因为正是由于未能事前干预才导致产生了事后干预的预期。

20. 这也会使一些国家出现更加“大而不能倒”的金融机构。

21. 当作为决策者的政府官员来自金融部门，而且越来越多地来自“大而不能倒”的金融机构时，市场就会预期，他们会说服政府实施干预。

22. 有关代际账户的文献对此有具体分析。参见 Interalia, Auerback, Gokhale, and Kotlikoff, 1991。

23. 随着部分房产的出售，净负债可能会降低。

24. 一个简单的例子是，在跑步机前面安放一台电视机会激励人们用更多的时间来健身，因为在跑步时欣赏节目会增强健身的激励。

25. 在战斗中，亚历山大大帝站到士兵面前，鼓励他们保护自己或者为荣誉而战，这就是“助推”的做法。

26. 参见 McCaffery and Slemrod, 2006。在此论著中，有一些行为公共财政的例子。近年来，个别拉丁美洲国家通过使用可以抽奖的发票，吸引商品和服务的购买者向卖家索取发票。它们之所以这样做，是为了更有效地对上述商品和服务征收增值税。

第十一章　政府支出对社会经济指标的影响

1. 该部分援引自参考文献中所列的我与 Antonio Afonso 和 Ludger Schuknecht 合著的著作，并参见 Tanzi, 2008。
2. “人类发展指数是一项综合指数，用来衡量一国在人类发展方面的综合成就，具体包括对三个方面的衡量：健康、长寿状况，受教育状况以及生活水平，相应的衡量指数为出生时的预期寿命，成人识字率以及小学、中学、大学综合入学率，和以美元购买力平价计算的人均国内生产总值。”参见 UNDP, 2007。人类发展指数的数值越大，人类发展水平越高。挪威的人类发展指数处于世界最高水平。

3. 实际上，即使政府能够有效使用公共资金，政府支出达到国内生产总值的 35% 也确实太高了。
4. 认为税收收入被较好使用的人群在各国不等，较低的秘鲁仅为 10%，智利和委内瑞拉则达到 37% ~ 38%。
5. 接下来的讨论基于 Afonso, Schuknecht, and Tanzi, 2005, 以及 Afonso et al., 2007。
6. 详见原文。

第十二章　从定量角度看当代的社会保障体系

1. 在某些情况下，为税法所规制的“支出”特征逐渐淡化，并导致收入提高，税式支出制度将难以见效。
2. 如前所述，一些国家正在尝试将公共支出直接用于最贫穷和最易受伤害的群体。

3. 例如，这在意大利是一个大问题。意大利拥有 8,000 多个市镇，其中一些位置偏远、交通不畅、规模太小，没有足够的财力提供学校、邮局和其他公共服务。

第十三章　国家的作用及北欧国家的经济运行

1. 根据美国国家税务局的统计，从 1979 年到 2000 年，美国纳税人中收入最高的 1% 群体的收入占全体纳税人收入的比例从 9.6% 上升至 21.6%，随后又小幅下滑。这些数据不包括未实现的资本收益。很难说仅仅是市场的力量导致了这一趋势性的变化，而不是政治和社会观念的变化。
2. 20 世纪 50 年代以来，瑞典所遵循的经济框架由两位与工会有着密切联系的经济学家 Gosta Rehn 和 Rudolf Meidner 起草。他们的方案的宗旨是，在创造一个福利国家的同时，实施那些能够带来充分就业与经济增长的政策。瑞典的国有企业很少，大部分企业为私人所有。与大部分欧洲国家相比，瑞典国有企业的作用非常小。

3. 关于瑞典的平等主义与经济增长的关系问题，参见 Andersson and Gunnarsson，2005。

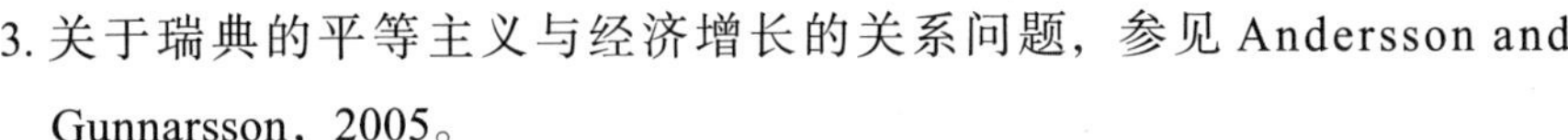

4. 或许应该加上几个非北欧国家，它们也在这一时期建立了自己的福利制度。
5. 该描述基于 Stein Kuhnle，1998。并参见 Gustafsson，1995。
6. 正如瑞典财政部部长 Jens Henriksson 所说，“1994 年 10 月，当社会民主党上台时，瑞典的公共财政赤字超过国内生产总值的 10%。与德国的利差为 450 基点，失业率高于 8%。……公共债务估计是国内生产总值的 128.2%……正面临巨大危机”。见 Henriksson，2003。
7. 直接税包括所得税和社保费用。
8. 美国没有增值税，须缴纳所得税的家庭收入得到大幅扣减，这意味着许多贫穷家庭的税负寥寥无几。
9. 只是指现金转移，不包括那些对北欧国家而言特别重要的实物转移支付。
10. 请注意，在 *Eurostat NewCronos* 一书中，瑞典的基尼系数与瑞典统计局早先公布的数据有所差异。

第十四章　政府未来的经济职能：结论与思考

1. 近些年来，由于普通所得税和销售税的引入，税收的影响越来越分散。政府逐渐淡化公共产品的提供职能，强化收入再分配的职能。这些变化会对支出提出更高的要求。
2. 一些国家的基础设施建设（包括物质性基础设施建设和制度性基础设施建设，例如学校、桥梁、道路、司法及其他重要服务）经常严重缺乏资金，不利于政府有效发挥分配和保险职能。一些国家因为监狱数量有限而不得不释放一些囚犯。还有一些国家，由于法官配备不足，司法过程无法及时展开，通常持续数十年。在一些地方，桥梁因为年久失修而倒塌。
3. 在“自由家长式作风”下，政府采取措施，改变个人的生活态度，降低个人面临的风险或对他人造成的风险（吸烟、长胖、开车过快、吃盐太多等），或者促使个人采取行动防止不良结果的出现。这类措施可能会越来越重要。如果不能降低风险，政府支出最终会因此而上升。

4. 在许多情况下，跨国外部性源自移民、污染、刑事犯罪和恐怖主义活动。
5. 如何实现这一目标，可能会成为未来的G7和G20等峰会的一项重要议题。
6. 当然，移民也可能为一国带来正外部性。例如，美国大多数诺贝尔奖得主是外籍人士。不过，移民对福利国家而言可能是个问题，移民会对学校、医疗体系等造成较大压力。请参见 Boeri, Hanson, and McCormick, 2012。因此，未来各国可能将在公共服务（尤其是医疗和教育）的获取上对本国公民与移民做出区分。
7. 请参见 Kaul et al.（2003）关于全球公共品的文章、Estevadeordal et al.（2004）关于区域公共品的文章以及 Vito Tanzi，2005。发展中国家在如何更有效利用援助方面将面临更大的压力。
8. 当然，这并不意味着协调行动不会产生（全球性）政府失灵的现象，然而，如果世界各国不协调行动，政府失灵则不可避免。我们将把哪种失灵更具破坏性这一问题留给未来的政策专家。请参见 Vito Tanzi（1989）

早先对全球协调财政政策可能性的质疑。最优的财政政策协调就是各国有效管理各自的财政账户。

9. 在一些情况下，可能会发生在道德上饱受诟病而在法律上无须承担后果的行为，因为还不存在将这类行为定为非法的规则。

10. 请参见 Lowenstein, 2010；Sinn, 2010；Johnson and Kwak, 2010；Rajan, 2010。

11. 然而，这并没有阻止他们将从金融市场活动中赚取的上亿美元收归囊中（有时是不道德的）。请参见 Dash，2010。

12. 据报道，2008 年，美国高管人员的收入比美国工人的收入高 319 倍。2009 年，英国 100 强公司首席执行官的收入是英国全职工人人均收入的 81 倍。请参见 Plender, 2010。据彭博社报道，在美国，25 位顶级对冲基金经理 2008 年的总收入相当于肯尼亚的国内生产总值，而肯尼亚有 3,000 万居民。如果说如此高的收入是对高管创造的实际经济价值的回报，那么，高管拿高薪还比较容易被接受。不幸的是，以上解释很难成立。请参见 Tanzi, 2007a。诺贝尔经济学奖得主丁伯根指出，一家企业最高收入与最低收入的比值不能超过 5∶1。这可以作为一个收入参考。

13. 美国和欧盟可能会推出新立法，限制高额奖金或对高额奖金征税。自托宾首次提出以来，金融交易税逐渐受到越来越多的关注。请参见 Darvas and von Weizsacker, 2010。

14. 纽约大学斯特恩商学院的 Philippon 与 Resheff 指出，近年来（而不是仅仅在危机前），银行家多拿了大约 50% 的收入。在他们看来，银行家职业的高报酬导致高技能人才纷纷进入银行业，而不愿进入监管机构，造成监管失灵。他们认为，放松金融市场监管成为此次全球金融危机的一个重要原因。请参见 Philippon（2010）对相关观点的总结。

15. 这里假定政府干预能够真正成为市场经济的有益补充。

16. 近年来，美国减少监管资源，要求监管机构相信市场，减少对市场的干预。受监管行业经常填表说明自己是否遵守了监管规定。这导致市场出现麦道夫骗局、墨西哥湾事故、开采悲剧及其他灾难。据报道，在 2008—2009 年全球金融危机之前及危机期间，美国证券交易委员会一些监管人员在网上看色情片。《华盛顿邮报》2010 年 4 月 28 日报道，这些监管人员没有一个被解雇。

17. 当然，一些人可能会争辩说，不受监管的私人市场纵然存在许多问题，其经济效益还是比受监管的市场更高。不管是以经济增长还是以整体福利来衡量，这一结论是否正确都还有待实证分析的检验。

18. 在金融市场中，一些与新开发的金融工具有关的操作在大多数人看来是不妥当的，但是现有规则并没有予以禁止。

19. 避税就面临这个问题。逃税是指有意违反税法。通过钻法律的空子，避税也可以达到与逃税一样的目的，还不违反法律。一些法规体系惩罚逃税而不惩罚避税。然而，如果一些国家的法院认定纳税人的意图为逃避税收，这些国家的法律体系会同时惩罚逃税和避税，例如印度。

20. 如果制度建设无法迅速调整到位，如果市场参与者难以理解，科技进步的脚步可能就需要放缓。技术的快速进步并不总是令整个社会受益。

21. 金融业所获得的巨额收入无法解释。在评估金融业通过分散风险创造的利益时，必须同时考虑金融业给实体经济带来的交易成本的大幅上升。这就提出了一个问题，即金融市场是否真正创造出与所获取的收入相匹配的实际经济价值。

22. 失业率增加在很大程度上是由结构调整造成的，例如，新房需求大幅下降。

23. 英国政府债务的平均期限少于八年，美国约为五年。

24. 作为以国际标准衡量的低税国家，美国可能不得不仿效世界其他国家，引入增值税。由于代际账户状况堪忧，美国可能会成为少数几个靠大幅增税应对今后财政赤字的国家之一。一些国家（例如英国和西班牙等国）已经被迫上调增值税税率。大幅增税在一些国家可能会遇到很大阻力，例如日本和美国。

25. 对政府在灾难性事件中作用的分析以及对重大灾难的定义，请参见

Posner, 2004，2009。一些文章探讨了自然灾害，请参见 *CES ifo Forum* 11, no.2（Summer 2010）和 Cavallo et al., 2010。

26. Walvin（1988）在历史上截取了一个有意思的例子，表明了英国的城镇化增加了风险，强化了政府作用。Tanzi（1992）做了一项统计分析，指出了城镇化对税收的影响。

27. 在少数人看来，这仍然是一个没有定论的问题。

28. 这种现象在常会投资上亿美元开发新药的制药公司很普遍。为了收回投资成本，制药公司倾向于对药物的副作用轻描淡写或是遮遮掩掩。例如，一个新的问题是，手机是否会增加罹患脑癌的概率，尤其是对儿童而言。在一般情况下，科技的力量是有限的，无法给出确定性结论。旧金山市正计划要求手机生产商披露手机的辐射程度。

29. 一些国家引入“单一窗口”的做法，所有授权均可以在同一个办公室取得，但是，授权的冲突问题仍然存在。

30.《时代》杂志最近的一篇文章总结称，企业和行业最好的投资是聘请游说家，游说家能够以相对较小的投资从立法者那里获得巨额回报。“政府可供出售”的观点逐渐成为主流。许多游说家同时是立法者的助理，甚至以前就是决策者或立法者，这并不奇怪。参见 *Time* 176，no. 2（2010）。

译后记

当2014年第一轮太阳升起的时候，终于完成了《政府与市场——变革中的政府职能》的最后案头工作。当我用通宵未眠的红眼睛望着书桌上厚厚的书稿时，心中充满欣慰，充满感激。

感谢朱民博士。时任国际货币基金组织副总裁的朱民博士主持了维托·坦茨《政府与市场》一书发布会，并且热情地向国内读者推荐了这本书。他还专门为此书写了推荐者序。

感谢中国人民银行上海总部国际部冯润祥主任和李玉青处长。感谢中国人民银行办公厅金鹏辉博士和研究局杨娉博士。他们从不同角度为此书的翻译、校对和出版工作做出了贡献。

感谢商务印书馆学术编辑中心的李彬先生，他是本书责任编辑，他的专业水准和敬业精神给我留下了美好印象。

此书翻译中可能存在的错误由我负责。请大家多多批评指正。

王　宇

2022年1月16日

于北京康乐里

图书在版编目(CIP)数据

政府与市场:变革中的政府职能/(美)维托·坦茨著;王宇等译.—北京:商务印书馆,2024
(汉译世界学术名著丛书:120年纪念版:珍藏本:增订本)
ISBN 978-7-100-23854-0

Ⅰ.①政… Ⅱ.①维…②王… Ⅲ.①行政干预—市场经济—研究 Ⅳ.①F014.3

中国国家版本馆 CIP 数据核字(2024)第 080214 号

汉译世界学术名著丛书
(120 年纪念版·珍藏本·增订本)
政府与市场
——变革中的政府职能
〔美〕维托·坦茨 著
王宇 等译

商 务 印 书 馆 出 版
(北京王府井大街 36 号 邮政编码 100710)
商 务 印 书 馆 发 行
北京新华印刷有限公司印刷
ISBN 978-7-100-23854-0

2024 年 5 月第 1 版　　开本 710×1000 1/16
2024 年 5 月北京第 1 次印刷　　印张 29¾
定价:165.00 元